西南财经大学全国中国特色社会主义政治经济学研究中心
国家经济学拔尖学生培养基地
"中国经济学"规划教材

中国微观经济学

China Microeconomics

主　编◎袁　正　吴开超
副主编◎邢祖礼　吴应军　程　瑶

中国社会科学出版社

图书在版编目（CIP）数据

中国微观经济学 / 袁正，吴开超主编. --北京：中国社会科学出版社，2024.12
（"中国经济学"规划教材）
ISBN 978-7-5227-2824-7

Ⅰ.①中… Ⅱ.①袁…②吴… Ⅲ.①中国经济—微观经济—教材 Ⅳ.①F12

中国国家版本馆 CIP 数据核字（2023）第 241194 号

出 版 人	赵剑英
责任编辑	王　衡
责任校对	王　森
责任印制	郝美娜

出　　版	中国社会科学出版社
社　　址	北京鼓楼西大街甲 158 号
邮　　编	100720
网　　址	http://www.csspw.cn
发 行 部	010-84083685
门 市 部	010-84029450
经　　销	新华书店及其他书店

印　　刷	北京明恒达印务有限公司
装　　订	廊坊市广阳区广增装订厂
版　　次	2024 年 12 月第 1 版
印　　次	2024 年 12 月第 1 次印刷

开　　本	787×1092　1/16
印　　张	19
插　　页	2
字　　数	439 千字
定　　价	68.00 元

凡购买中国社会科学出版社图书，如有质量问题请与本社营销中心联系调换
电话：010-84083683
版权所有　侵权必究

前言：与读者分享

一 编写背景和目的

经济学作为一门社会科学，一定是从特定的社会背景中产生，并运用于特定的国家。目前在国内大学里讲授的微观经济学和宏观经济学统称为西方经济学。顾名思义，西方经济学当然是"舶来品"。自中国实行改革开放以来，西方经济学就被引入高校课堂，成为经济管理类专业的核心基础课程。尽管西方经济学提供了揭示社会经济运行和经济决策的一般理论、分析方法和分析工具，但是其带有西方发达资本主义国家的历史、政治、文化、宗教、伦理、道德和意识形态的烙印。中国社会与西方社会具有很多不同，例如，双方的历史不同、文化不同、政治制度不同、经济体制不同，所处的发展阶段也不同。我们走中国特色的社会主义道路，实行中国特色的市场经济体制，西方经济学并不完全适合中国，更不能教条式地用来指导中国实践，自然就需要反映中国特色的经济学课程和经济学教材。为此，我们编写了《中国微观经济学》这一本教材，从中国实际情况出发，满足经济学学习的需要。

1. 提供一个经济学的全景图。经济学是一门分析和研究个人、企业、市场和政府经济行为的科学。其研究涉及多种经济行为：比如，家庭如何决定挣钱的手段，挣钱之后又如何决定钱的使用；又如，企业如何决定劳动、资本、数据等要素的使用与购买，如何决定生产产品的种类和数量。同时，经济学还关注人们所处的社会制度、经济体制、法律制度和企业制度，这些政策和制度会对人们的行为产生激励和约束。其实，经济学以人们的市场决策为中心，强调成本收益，权衡利弊得失，希望感性的人进行尽可能理性的选择。经济学理论是以人们在生活和生产中的大量现象和事实为依据的，任何忽视事实的经济学理论都不是好的理论。经济学也是以人们所处的社会背景、经济制度、法律制度、伦理道德为底线和规则的，任何超越底线、违背规则的行为都是有悖秩序的。直面事实、敬畏规则、理性决策，构成经济学的全景图。

2. 帮助各行各业的人们了解经济学。无论你学的是什么专业，如医学、计算机、工程、设计、法律、文秘、英语、新闻、管理、农学、行政，也无论你从事什么工作，也许你是牙科医生、建筑设计师、导弹专家、律师、翻译、记者、编辑、公务员、市场咨询人员、教师，无论你愿意还是不愿意、高兴还是不高兴，你都面临经济决策。家庭数以亿计，选择无时不在：我们要把多少时间用于休闲娱乐，多少时间用来上班挣钱；我们挣的钱多少用来存，多少用来花，多少花在吃穿上，多少花在教育上；为什么我们的爷爷奶奶总爱存存存，而我们的子子孙孙整天买买买；为什么人们在穷的时候用健康去换钱，而发财之后又用钱去买健康。企业如雨后春笋般，决策无处不有：为什么有些企业用机器代替劳动，又有些企业用劳动替换资本；为什么有些企业赚钱，而有些企业亏损；为什么有些亏损企业另找发财处，而有些亏损企业执着坚守；为什么有些商家降价甩卖，而有些商家以贵取胜。市场形形色色，交易妙趣横生：为什么农民的水果蔬菜丰收，但他们可能挣不到钱；为什么人们总是股票、房子越涨越买，越跌越不买；为什么环境容易受伤害，污染难以治理；为什么人们担心野生动物灭绝，从不担心猪羊牛会灭绝；为什么人们为自己干事竭尽全力，给他人干事会偷懒取巧。如果你想破解诸多心中疑惑，如果你想懂得企业的商业决策，如果你想探求市场的精彩，请进入微观经济学世界。学习了解微观经济学，你一定更理性、更具智慧，不仅理解自己更容易理解他人。

3. 训练经济思维和掌握经济分析工具。在大大小小的书店，尤其在机场候机楼的书架上，我们会看到每年成批出版的包装精美的新书，作者用极具煽动性的语言介绍当年最具"洞察力"的某一商界领袖的攻略和成功秘诀。实际上，要获得商业成功，经营者必须不断地洞察市场新趋势。然而思考经济决策的经济学方法却是长久的。经济学为商业决策提供了一系列系统有逻辑的分析方法：如边际分析方法、无差异曲线分析方法、博弈分析方法，还有制度分析方法。有了这些分析方法和分析工具，经营者能够避免很多决策错误。尽管经济学不是成功经营者的唯一法宝，但它确实是一个有力且必需的工具。

二　本教材的主要特色

除了简明、通俗，本教材的最大特色是根据中国国情在逻辑架构、分析方法和基本内容上进行了创新。具体表现在以下几个方面（见图 0-1）。

1. 按照经济学研究思路安排逻辑框架：导论+理论分析+结论。经济学研究一般遵循"提出问题—分析问题—解决问题"的思路。本教材按照经济学研究的思路来安排全书逻辑结构。导论部分介绍了中国微观经济学的研究背景、研究对象、研究假设和研究方法。理论分析部分是本教材的核心部分，主要介绍中国企业、中国家庭、中国市场和中国政府的资源配置理论。通过理论分析，本教材最后落脚在效率、增长、稳定和公平的关系上，落脚在中国政府机制和市场机制的边界划分上，这就是全书的研究结论。

2. 集中介绍微观经济学的分析方法：制度分析+最优化分析+博弈分析。尽管经济行为多种多样，经济现象纷繁复杂，但是微观经济学分析的核心是最优化分析，成本收益分析是最主要的财经分析思维。在导论部分，我们用了整整一章来介绍四种具体的分析方法，并指出了它们在教材中的具体运用。边际分析和无差异曲线分析都是最优化分析，为后面的理论分析提供方法和工具上的支撑。

3. 专篇介绍中国政府的资源配置行为：中央政府+地方政府+政府行为人。西方经济学中的微观经济学主要分析单个厂商、单个消费者和单个市场是如何配置资源的，只是

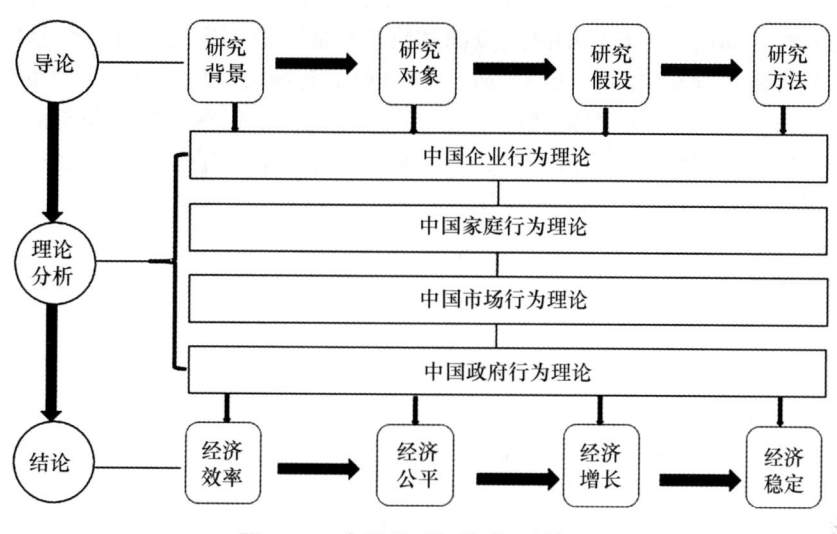

图 0-1　中国微观经济学逻辑框架

在市场失灵的领域才引入政府规制，政府行为仅仅被看成弥补市场失灵的手段。我们认为，无论是从中国改革开放的历史逻辑和实际效果看，还是从建设中国特色社会主义市场经济的现实需要看，政府的资源配置行为都非常重要，其作用不限于弥补市场失灵。因此，本教材的第四篇研究了中国政府的资源配置。除了介绍政府的一般职能，还专门介绍了中国政府的性质、中国政府的层级结构、中国官员的行为。

4. 增加了对中国市场行为的全景分析：完全市场+不完全市场。本教材的第三篇对中国市场的资源配置行为进行了分析。根据市场的竞争是否完全、信息是否完全和产权是否完全，该篇共分四章来介绍完全市场（竞争完全+信息完全+产权完全）、垄断市场（竞争不完全+信息完全+产权完全）、信息不对称市场（竞争完全+信息不完全+产权完全）、外部性市场（竞争完全+信息完全+产权不完全）。在理论分析基础上，加了大量的中国现实特色的内容，如对中国平台垄断的分析、对中国双碳和绿色发展的分析、对中国反贫困的分析、对中国高铁建设的分析，还有对中国资源保护和生物多样化的分析。

5. 增加了对中国国有企业的行为分析：经济利益驱动+社会责任担当。在本教材的第一篇，我们分析了中国企业的资源配置行为。根据市场结构划分，中国企业有竞争企业、垄断企业和寡头企业三类。为此我们分三章介绍了这几种企业的资源配置行为。在此基础上，本教材还增加了一章——中国国有企业行为。中国国有企业，典型的是央企和地方国有企业，它们有较为特殊的股权结构、公司治理和管理模式，还有不同于一般企业的行为目标和行为动机。它们既是市场活动的参与主体，又是政府资源配置的有力抓手，还要承担众多的社会责任。因此，像传统微观经济学一样，仅仅从竞争和垄断两个视角来分析中国国企的行为是很粗糙和片面的，也不能很好地理解中国国企的行为。

6. 增加了对中国农户的特色行为分析：消费者+生产者。在微观经济学中，无论是家庭购买商品，还是供给劳动、资本和土地要素，家庭行为分析都简化为消费者行为理论，也就是消费者如何配置自己的时间资源和货币资源。中国家庭行为，包括商品购买行为、劳动供给行为和资本供给行为。此外，中国除了有城市家庭，还有广大的农民家庭、牧民家庭和渔民家庭，它们既是消费者又是生产者，它们不仅在市场上购买商品，还要向市场提供生产要素。因此，在本教材中，我们除了把家庭看成是一般的商品购买者和二要素供给者，还增加了一章，专门分析中国农户的消费行为。

三 四步学习法

在长期的经济学教学实践中，我们感觉要高效地掌握经济学的理论，并有效地运用经济学理论去解决现实问题必须做到以下两点：一是需要熟悉现象或者事实，而且相较熟悉历史事实，更重要的是要熟悉现在的事实；二是需要掌握经济学的思维方法和分析工具。根据这些需要，我们总结出以下四步学习法。

1. 观察和发现客观存在的事实和现象。初看起来，经济学都是一些概念、一些图形、一些模型，给人感觉很抽象。其实，经济学是相当贴近生活的。我们的生产生活中有许许多多客观存在的现象，它们构成我们生产生活的现实，也构成我们生产生活的历史。不同的人学习经济学，首先出现差异的就是对客观现象的观察和发现。"会生活的人才会学习。"这个世界每天都会出现众多的现象，有些现象让我们觉得容易理解，可有些现象令人感觉费解。会学习的人是用心生活的人，他们对身边出现的事和人都感兴趣，都好奇，都觉得有意思，都用心体会。那些不会学习的人，对于那些容易理解的事觉得太简单不值得去理解，对于感觉费解的人和事又怕难不去理解。实际上，任何客观存在的现象和事实，都一定是有存在的原因和道理的，都是在众多条件具备时的特定结果。这个结果的出现是偶然的，因为只要任何一个条件不具备，呈现在我们眼前的事实可能完全两样。同时，这个结果又是必然的，因为只要具备了那些相应的前提，出现的就一定是这个特定的事实，而不是其他任何事实。

2. 明确经济学的两大任务就是解释现实和预测未来。我们所观察到的客观现象，都可以从两个视角来认识，一是把这个现象看成是结果性现象——它是某些事件发生的结果；二是把这个现象看成是一个事件或一个条件，也就是看成是条件性现象——它是导致某些结果出现的条件。对于结果性现象，经济学致力于探索导致这个结果出现的原因，这就是解释现象。比如，我们发现，节假日期间商场顾客比平时多，销售量也比平时大，而且都降价打折；同时，我们还发现，节假日期间景区的游客比平时多，销售量也比平时大，不进行降价打折，反而涨价。我们要搞明白是什么原因引起商场打折，又是什么原因引起景区涨价，这就是在解释结果性现象。对于条件性现象，经济学致力于研究这个条件或者事件发生会带来什么样的结果，这就是预测。比如，我们发现，次贷危机之后，包括号称自由贸易推手的美国也实行了诸多贸易保护政策，那么美国实行这样的贸易保护政策，会给美国的进口、出口、就业带来什么影响，又会给其他贸易国带来什么影响，甚至会对整个世界应对危机带来什么影响，这就是在预测条件性现象的影响。

3. 运用制度分析和技术分析等专业工具和方法。对于我们所观察到的现象，即使是没有学习过经济学的人也能进行一些解释和预测。比如，农民看到普遍大旱，也知道未来粮价会上涨。即使如此，经济学的"职业选手""非职业选手"的差异还是很明显的：一是经济学的职业选手不仅能够分析自己所亲身感知的特定事实，还能分析一般的事实，而经济学的非职业选手通常只能分析一个特定的现象；二是经济学的职业选手不仅能够解释自己所亲身感知的特定事实，还能推测与这一事实相关联的其他事实，尤其是能够发现隐藏在表象背后的事实真相，而经济学的非职业选手通常只能说明特定的现象，对于表象背后的真相的探究就无能为力了；三是经济学的职业选手对特定事实的解释和预测是前后逻辑一致的，不会出现前后矛盾，而经济学的非职业选手通常会出现逻辑矛盾。导致上述差异的根本原因就在于对专业思维方法和分析工具的掌握：经济学的职业选手掌握了一整套思考经济问题的方法和工具，而非职业选手就缺乏科学的思维方法和分析工具。对于《中国微观经济学》的读者来说，就必须掌握制度分析、边际分析、无差异曲线分析和博弈分析的工具和方法。比如，对于一个理性经济人来说，任何经济决策都是通过权衡成本收益之后决定采取对自己最有利的行动，也就是要决定采取什么行动是利润最大的，或者采取什么行动是成本最小的。又如，企业要决定生产多大的产量才是利润最大的。企业要进行这样的产出决策，利用边际分析方法就很容易，因为企业仅仅需要边际成本和边际收益这两个信息，而不需要平均成本、平均收益的信息，也不需要总收益和总成本的信息。实际上，边际分析告诉我们行动多一点或者少一点是更有利还是更不利的。如果边际收益大于边际成本，那么行动多一点就有利，因此就该继续采取这样的行动；如果边际收益小于边际成本，那么行动少一点就有利，因此就该减少这样的行动；当边际收益等于边际成本，就实现最优化，因此就没必要改变行动。

4. 让实践去检验理论，并根据实践完善理论。我们研究的经济学问题，是从实际经济生活中来的，当然研究的结论就应该放在实际经济生活中去。也就是说，要看理论结论与实际情况是否相符合，如果不一致就需要我们完善理论和创新理论。比如，供求均衡分析说明商品价格和商品数量由供求决定。由于市场需求反映买者在每一个商品单位上的支付意愿，因而反映的是买者从每一个商品单位上得到的边际收益，又由于市场供给反映卖者在每一个商品单位上的销售意愿，因而反映的是卖者为每一个商品单位所耗费的边际成本，所以，市场均衡实质上就是边际收益等于边际成本的状态。供求均衡决定商品价格和商品数量，实质上就是边际收益和边际成本决定商品价格和商品数量。这个市场均衡就是帕累托有效率状态。当把这个结论与实际情况对照，我们会发现存在很多不一致。因此，我们需要修正理论，除了从逻辑上进一步完善，还要从建立理论的假设入手，通过修正理论假设来修正理论。我们在现实生活中发现，或者因为垄断，或者因为外部性，或者因为是公共物品或公共资源，或者因为不对称的市场信息，市场都不是完全竞争的，所以，它们的均衡就偏离了竞争均衡，出现了市场失灵。

四 编者的分工与合作

首先，关于本教材的名称，最初书名为《微观经济学：中国逻辑与观点》，或者《微观经济学：中国理论与实践》，后来征求多方意见和建议，才决定书名定为《中国微观经济学》。虽然定名为《中国微观经济学》，实际上这本书还是大量运用了西方微观经济学的方法和工具，当然也包含西方微观经济学中反映人类一般经济活动的理论观点。

其次，内容章节框架，我们参阅了国内外的政治经济学教材体系和西方微观经济学的教材体系，并从中得到了不少启发，也逐渐形成了我们自己的体系框架。我们认为，现有西方微观经济学的体系需要修正。比如，把供给、需求和均衡放在最前面来介绍，在后面又专章写完全竞争市场，既显得缺乏逻辑也显得重复混乱。又如，把生产理论、成本理论专章介绍，实际上这部分内容只是企业产出决策和要素决策的内容，并没有讲述完整的企业决策，显得零碎孤立。再如，只有在市场失灵的地方才引入政府，这与现代市场经济国家的实际情况很不符合，因为无论是西方市场经济国家，还是中国特色社会主义市场经济国家，政府都是很重要的经济主体。经过反复讨论，才形成本书目前的逻辑体系框架。

最后，根据教材的编写内容进行具体分工。教材的篇章结构和总体设计由吴开超和袁正负责。各章节编写的具体分工如下：前言，吴开超编写；第一章吴开超、袁正编写；第二章，吴开超、袁正编写；第三章，吴开超编写；第四章，邢祖礼、袁正、吴开超编写；第五章，吴应军编写；第六章，袁正编写；第七章，袁正编写；第八章，袁正编写；第九章，程瑶编写；第十章，程瑶编写；第十一章，程瑶编写；第十二章，吴开超编写；第十三章，程瑶编写；第十四章，袁正、吴开超编写；第十五章，吴开超编写；第十六章，吴开超、邢祖礼编写；第十七章，邢祖礼、吴开超编写；第十八章，邢祖礼编写；第十九章，邢祖礼编写；第二十章，袁正编写；第二十一章，袁正、吴开超编写；第二十二章，吴开超编写；第二十三章，邢祖礼、吴开超编写；第二十四章，吴开超编写。

目 录

导论：研究问题和研究方法

第一章　中国微观经济学的研究背景 ··· 3
 第一节　从计划经济走向市场经济 ··· 3
  一　计划经济体制 ··· 3
  二　市场经济体制 ··· 4
  三　转型经济 ··· 6
 第二节　从政府失灵走向市场失灵 ··· 6
  一　兰格—泰勒—勒纳模式 ··· 7
  二　政府失灵与市场矫正 ··· 7
  三　市场失灵与政府干预 ··· 9
 第三节　中国特色社会主义市场经济 ······································ 9
  一　社会主义制度 ·· 10
  二　中国优秀的历史文化 ·· 11
  三　新时代中国特色社会主义市场经济 ······························ 13
 关键概念 ·· 15
 思考题 ··· 15

第二章　中国微观经济学的研究对象 ·· 16
 第一节　市场经济活动微缩景观 ··· 16
  一　企业、家庭和政府 ··· 16
  二　产品市场和要素市场 ·· 18
 第二节　经济资源与机会成本 ··· 19
  一　资源的稀缺性 ·· 19
  二　经济选择 ··· 20
  三　生产可能性曲线 ··· 21
  四　机会成本 ··· 21

五　比较优势 ……………………………………………………………… 22
　第三节　中国微观经济学研究的主要问题 …………………………………… 22
　　一　如何配置经济资源 …………………………………………………… 22
　　二　如何实现效率与公平 ………………………………………………… 23
　　三　如何划分市场机制与政府调节的边界 ……………………………… 27
　关键概念 …………………………………………………………………………… 28
　思考题 ……………………………………………………………………………… 28

第三章　中国微观经济学的研究假设 …………………………………………… 29
　第一节　经济学假设 …………………………………………………………… 29
　　一　假设是为了简化现实使理论推导更加可行 ………………………… 29
　　二　假设帮助人们约定相同的起点避免无效的争论 …………………… 30
　第二节　理性人假设 …………………………………………………………… 30
　　一　完全理性人 …………………………………………………………… 30
　　二　有限理性人 …………………………………………………………… 31
　　三　社会人 ………………………………………………………………… 32
　第三节　经济均衡假设 ………………………………………………………… 32
　　一　物理学中的均衡 ……………………………………………………… 32
　　二　经济均衡 ……………………………………………………………… 32
　关键概念 …………………………………………………………………………… 34
　思考题 ……………………………………………………………………………… 34

第四章　中国微观经济学的研究方法 …………………………………………… 35
　第一节　制度分析法 …………………………………………………………… 35
　　一　制度和制度的作用 …………………………………………………… 35
　　二　制度分析的概念框架 ………………………………………………… 36
　第二节　边际分析法 …………………………………………………………… 37
　　一　成本和边际成本 ……………………………………………………… 37
　　二　利益与边际利益 ……………………………………………………… 39
　　三　经济均衡：最优行为选择 …………………………………………… 39
　第三节　无差异曲线分析 ……………………………………………………… 41
　　一　成本无差异曲线：等成本线 ………………………………………… 41
　　二　收益无差异曲线 ……………………………………………………… 41
　　三　经济均衡：最优行为组合选择 ……………………………………… 42
　第四节　博弈分析方法 ………………………………………………………… 44
　　一　博弈概述 ……………………………………………………………… 44

二　静态博弈与纳什均衡 ………………………………………… 46
　关键概念 ……………………………………………………………… 48
　思考题 ………………………………………………………………… 48

第一篇　中国企业行为理论

第五章　竞争企业的产出决策 ……………………………………… 51
　第一节　竞争企业的短期生产 ……………………………………… 51
　　一　短期生产函数 ………………………………………………… 51
　　二　总产量曲线、平均产量曲线和边际产量曲线 …………… 52
　　三　边际报酬递减规律 …………………………………………… 53
　第二节　竞争企业的短期成本 ……………………………………… 54
　　一　经济成本和会计成本 ………………………………………… 54
　　二　短期成本衡量指标 …………………………………………… 54
　　三　竞争企业短期成本的变化趋势 ……………………………… 55
　第三节　竞争企业的短期产量决定 ………………………………… 57
　　一　竞争厂商产量决定的原则 …………………………………… 57
　　二　竞争企业的短期均衡 ………………………………………… 58
　　三　竞争厂商短期供给曲线 ……………………………………… 60
　关键概念 ……………………………………………………………… 61
　思考题 ………………………………………………………………… 61

第六章　垄断企业行为理论 ………………………………………… 62
　第一节　垄断企业的收益 …………………………………………… 63
　　一　垄断企业面临的需求 ………………………………………… 63
　　二　垄断企业的收益 ……………………………………………… 63
　第二节　垄断企业的均衡 …………………………………………… 65
　　一　垄断企业的短期均衡 ………………………………………… 65
　　二　垄断企业的短期供给曲线 …………………………………… 67
　第三节　垄断企业的价格歧视 ……………………………………… 68
　　一　价格歧视 ……………………………………………………… 68
　　二　价格歧视的类型 ……………………………………………… 69
　　三　其他价格歧视 ………………………………………………… 72
　关键概念 ……………………………………………………………… 74
　思考题 ………………………………………………………………… 74

第七章 寡头企业行为理论 ··· 75
第一节 寡头企业面临的市场需求与策略性行为 ································ 75
第二节 寡头企业的产出决策 ··· 76
一 古诺模型 ·· 76
二 卡特尔模型 ·· 77
三 斯塔克博格模型 ·· 78
第三节 寡头企业的价格决定 ··· 80
一 伯特兰模型 ·· 80
二 价格领导模型 ·· 80
关键概念 ··· 81
思考题 ··· 81

第八章 中国国有企业行为 ·· 82
第一节 中国国有企业的设立与现状 ·· 82
一 中国国有企业的设立 ·· 82
二 中国国有企业的现状 ·· 83
第二节 国有企业的特点和目标 ··· 85
一 国有企业的地位 ·· 85
二 国有企业的特点 ·· 85
三 国有企业的行为目标 ·· 86
第三节 国有企业制度变迁 ·· 87
一 放权让利 ·· 87
二 企业承包责任制 ·· 88
三 建立现代企业制度 ··· 88
四 中国特色现代国有企业制度的全面完善 ································· 89
第四节 做大做强做优国有企业 ··· 91
一 为什么要做大做强做优国有企业 ·· 91
二 做大做强做优国有企业聚焦的主要问题 ································ 92
三 做大做强做优国有企业的主要措施 ····································· 92
第五节 坚持"两个毫不动摇" ·· 93
关键概念 ··· 94
思考题 ··· 94

第二篇 中国家庭行为理论

第九章 中国家庭的商品购买决策 ·· 97

第一节　消费者行为目标 · 97
一　总效用和边际效用 · 97
二　消费者的偏好 · 100
三　无差异曲线与边际替代率 · 101

第二节　预算约束线 · 105
一　预算约束线 · 105
二　预算约束线的变动 · 106

第三节　消费者最优购买决策 · 107
一　消费者的购买行为 · 108
二　效用最大化：等边际原则 · 108
三　消费者均衡 · 109
四　特殊消费者偏好下的消费者均衡 · 111

第四节　消费者均衡的比较静态分析 · 112

关键概念 · 115
思考题 · 115

第十章　家庭的劳动供给决策 · 116

第一节　构建消费预算线 · 116
一　研究问题的提出与转换 · 116
二　消费预算线的构建 · 117

第二节　家庭的劳动供给均衡 · 118
一　劳动供给的静态均衡 · 118
二　劳动供给均衡的比较静态分析 · 118
三　劳动供给曲线 · 119

关键概念 · 121
思考题 · 121

第十一章　家庭的资本供给决策 · 122

第一节　家庭消费预算线的构建 · 122
一　研究问题的提出和转换 · 122
二　现在值与未来值的计算与换算 · 123
三　消费预算线的构建 · 124

第二节　家庭的资本供给均衡 · 125
一　资本供给的静态均衡 · 125
二　中国消费者的储蓄特点与货币政策效果 · 126

关键概念 ··· 127
　　思考题 ··· 127

第十二章　中国农户的消费行为 ··· 128
　第一节　研究问题的提出 ··· 128
　　一　中国农村家庭素描 ··· 128
　　二　研究的问题 ··· 129
　第二节　中国农户行为约束 ··· 129
　　一　家庭的时间约束 ··· 129
　　二　市场工作预算约束 ··· 129
　　三　农村家庭生产技术约束 ··· 130
　　四　农村家庭的预算约束线 ··· 131
　第三节　农村家庭的消费选择 ··· 133
　　一　偏好与效用函数 ··· 133
　　二　农村家庭时间的最优配置 ··· 133
　　三　农村家庭消费的比较静态 ··· 134
　关键概念 ··· 136
　思考题 ··· 137

第三篇　市场行为理论

第十三章　完全市场理论 ··· 141
　第一节　完全市场的特征 ··· 141
　　一　市场划分的依据 ··· 141
　　二　完全市场的特征 ··· 142
　第二节　完全市场的产品需求 ··· 142
　　一　需求和需求曲线 ··· 143
　　二　需求量的变化和需求的变化 ··· 143
　　三　个人需求曲线到市场需求曲线 ··· 147
　第三节　完全市场的产品供给 ··· 148
　　一　市场供给和市场供给曲线 ··· 148
　　二　供给量的变化和供给的变化 ··· 149
　　三　单个生产者供给曲线到市场供给曲线 ··································· 150
　第四节　完全市场的均衡 ··· 151
　　一　市场均衡 ··· 151

二　市场均衡的变化 ·· 153
　第五节　完全市场的福利 ·· 155
　　一　消费者剩余 ·· 155
　　二　生产者剩余 ·· 157
　　三　社会总剩余 ·· 159
　关键概念 ··· 160
　思考题 ·· 160

第十四章　不完全竞争市场理论 ·· 161
　第一节　不完全竞争市场的特征和成因 ··· 161
　　一　不完全竞争市场 ·· 161
　　二　不完全竞争市场形成的原因 ··· 162
　第二节　不完全竞争市场的均衡 ·· 165
　　一　古诺寡头竞争的均衡解 ··· 165
　　二　完全垄断的均衡解 ··· 165
　　三　斯塔克博格模型寡头均衡解 ··· 166
　第三节　不完全竞争市场的福利 ·· 166
　　一　完全竞争市场均衡解 ·· 166
　　二　市场均衡量、均衡价格和福利比较 ··· 166
　　三　不完全竞争市场上的寻租现象 ·· 168
　关键概念 ··· 168
　思考题 ·· 169

第十五章　不完全信息市场理论 ·· 170
　第一节　不完全信息和不对称信息 ··· 170
　　一　完全信息和不完全信息 ··· 170
　　二　不对称信息 ·· 171
　第二节　隐藏信息与逆向选择 ··· 172
　　一　旧车市场上的隐藏信息与逆向选择 ··· 172
　　二　劳动力市场的隐藏信息与逆向选择 ··· 174
　第三节　隐藏行为与道德风险 ··· 175
　　一　保险市场的道德风险 ·· 176
　　二　金融市场的道德风险 ·· 177
　关键概念 ··· 178
　思考题 ·· 179

第十六章　不完全产权市场理论 ……………………………………… 180

第一节　外部性与产权不完全 ……………………………………… 180
　　一　局中人和局外人 ………………………………………………… 180
　　二　外在收益和外在成本 …………………………………………… 181
　　三　外部性与产权 …………………………………………………… 182

第二节　外部性与市场福利 ………………………………………… 183
　　一　正外部性和负外部性 …………………………………………… 183
　　二　正外部性与福利损失 …………………………………………… 184
　　三　负外部性与福利损失 …………………………………………… 184

第三节　公共物品与公共资源 ……………………………………… 186
　　一　相关的基本概念 ………………………………………………… 186
　　二　公共物品的生产与短缺 ………………………………………… 188
　　三　公共资源与"公地悲剧" ……………………………………… 189

　关键概念 ………………………………………………………………… 191
　思考题 …………………………………………………………………… 191

第四篇　政府行为理论

第十七章　政府职能的演进 ……………………………………………… 195

第一节　政府和政府职能 …………………………………………… 195
　　一　政府的产生 ……………………………………………………… 195
　　二　政府职能 ………………………………………………………… 195

第二节　从"守夜人"政府到"赤字"政府 ……………………… 197
　　一　"守夜人"政府 ………………………………………………… 197
　　二　"赤字"政府 …………………………………………………… 198

第三节　从"苏联模式"政府到转型政府 ………………………… 199
　　一　"苏联模式"政府 ……………………………………………… 199
　　二　转型政府 ………………………………………………………… 199

　关键概念 ………………………………………………………………… 200
　思考题 …………………………………………………………………… 200

第十八章　中国政府是有为政府 ………………………………………… 201

第一节　有为政府是人民政府 ……………………………………… 201
　　一　寡头政府 ………………………………………………………… 201
　　二　人民政府 ………………………………………………………… 202

第二节　有为政府是有限政府 203
  一　有限政府是以法律为限的政府 203
  二　有限政府要求依法处理市场与政府的关系 204
  三　有限政府要求依法处理政府与社会的关系 206
第三节　有为政府是强力政府 207
  一　软弱政府 207
  二　强力政府 208
关键概念 209
思考题 209

第十九章　中国政府的层级结构 210
第一节　中央政府对地方政府的分权与控制 210
  一　委托—代理问题 211
  二　中央如何设计最优的分权结构 211
第二节　中央政府与地方政府的互动 212
  一　"行为联邦制" 212
  二　"行为联邦制"的运作机制 213
第三节　地方政府的商业特征 214
  一　中央政府的多重性目标 215
  二　地方政府与中央政府的偏好差异 215
第四节　中国政府模式的显著优势 217
关键概念 218
思考题 218

第二十章　政府行为人理论 219
第一节　中国公务员的产生 219
  一　科举制度 219
  二　公务员制度 220
第二节　中国公务员的激励与约束 221
  一　中国公务员的行为目标 221
  二　中国公务员的激励 222
  三　中国公务员的约束 223
  四　反腐倡廉 225
关键概念 225
思考题 226

结论：有效市场 + 有为政府

第二十一章 建立竞争开放的中国市场 ·· 229
第一节 完全市场上的政府管理 ·· 229
　　一 完全市场均衡是有效均衡 ·· 229
　　二 实行支持价格 ·· 229
　　三 实行限制价格 ·· 230
　　四 实行数量限制 ·· 235
　　五 政府对产品或服务市场征税 ··· 236
第二节 政府对垄断的管理 ·· 238
　　一 不完全竞争市场的市场失灵 ··· 238
　　二 管制垄断与反垄断法 ·· 239
　　三 数字平台的垄断与反垄断 ·· 240
第三节 建立公平竞争的国内大市场 ·· 242
　　一 市场中存在的不公平竞争 ·· 242
　　二 市场中存在的市场割据 ··· 242
　　三 构建国内统一大市场的原因 ··· 243
　　四 如何构建全国统一大市场 ·· 243
第四节 加快构建新发展格局 ··· 244
　关键概念 ··· 245
　思考题 ··· 245

第二十二章 市场信号与机制设计 ·· 246
第一节 逆向选择与信号 ··· 246
　　一 逆向选择与低效率 ·· 246
　　二 信号发送和信息甄别 ·· 246
第二节 道德风险与机制设计 ··· 248
　　一 道德风险与低效率 ·· 248
　　二 解决股权合约中的道德风险 ··· 249
　　三 解决债券合约中的道德风险 ··· 250
第三节 信息披露制度和职业道德建设 ······································· 252
　　一 信息披露制度 ·· 252
　　二 职业道德建设 ·· 253
　　三 己所不欲，勿施于人 ·· 253

关键概念 …………………………………………………………………… 254
　　思考题 ……………………………………………………………………… 255

第二十三章　基础设施建设与绿色发展 …………………………………… 256
　第一节　公共物品生产和公共资源保护 …………………………………… 256
　　一　公共物品的有效提供 ………………………………………………… 256
　　二　公共资源的有效保护 ………………………………………………… 258
　第二节　科斯定理和庇古税 ………………………………………………… 259
　　一　外部性与低效率 ……………………………………………………… 259
　　二　市场方案：科斯定理 ………………………………………………… 259
　　三　借鉴国外政府方案：庇古税和管制 ………………………………… 262
　第三节　网络基础设施建设和绿色发展 …………………………………… 264
　　一　中国网络基础设施建设 ……………………………………………… 264
　　二　"双碳"目标与绿色发展 …………………………………………… 266
　关键概念 …………………………………………………………………… 268
　思考题 ……………………………………………………………………… 268

第二十四章　反贫困和共同富裕 …………………………………………… 269
　第一节　收入决定与贫富差距 ……………………………………………… 269
　　一　工资差别形成收入差距 ……………………………………………… 269
　　二　利润收入形成收入差距 ……………………………………………… 270
　　三　租金收入形成收入差距 ……………………………………………… 271
　　四　管理收入形成收入差别 ……………………………………………… 272
　第二节　精准扶贫和乡村振兴 ……………………………………………… 273
　　一　中国的精准扶贫 ……………………………………………………… 273
　　二　乡村振兴 ……………………………………………………………… 275
　第三节　效率、公平与共同富裕 …………………………………………… 276
　　一　收入初次分配中的效率与公平 ……………………………………… 277
　　二　收入再次分配中的效率与公平 ……………………………………… 278
　　三　收入第三次分配中的效率与公平 …………………………………… 278
　关键概念 …………………………………………………………………… 281
　思考题 ……………………………………………………………………… 281

参考文献 ……………………………………………………………………… 282

后记　大声说感谢 …………………………………………………………… 286

导论：研究问题和研究方法

　　导论是本教材构建的中国微观经济学的引子，介绍构建中国微观经济学的体制背景、主要研究什么问题、有哪些基本假设、运用什么样的分析方法。

　　第一章，中国微观经济学的研究背景。经济学家所关注和研究的经济问题，总是从人类的经济现实生活中提炼出来的，因此研究中国微观经济学就必须首先搞清楚中国微观经济学研究的制度背景。我们认为，由社会主义制度、市场经济体制和中国历史文化融合创新而来的中国特色社会主义市场经济体制是构建中国微观经济学的制度背景，它在一定程度上决定了中国政府、市场、企业和家庭的微观经济行为。

　　第二章，中国微观经济学的研究对象。在中国特色社会主义市场经济体制背景下，中国微观经济学的研究对象可以从两个层面来把握。第一个层面是研究中国政府、市场、企业和家庭是如何决定产品和要素的数量与价格，也就是研究我们如何有效配置经济资源来实现经济效率与公平；第二个层面是研究在中国国内资源配置中市场机制与政府机制各自的职能边界。

　　第三章，中国微观经济学的研究假设。尽管中国微观经济学所要研究的问题来源中国实际的经济生活，但是要进行有效的抽象并得出理论结论，还必须简化现实，这就需要提出一些假设。我们认为，资源的稀缺性、理性人和经济均衡构成中国微观经济学的三个基本假设。

　　第四章，中国微观经济学的研究方法。针对政府、市场、企业和家庭的经济决策问题，我们借鉴西方微观经济学的分析，集中介绍了制度分析、边际分析、无差异曲线分析和博弈分析四种方法。学习这四种分析方法可以帮助大家更好地掌握中国微观经济学方法体系和分析工具。

第一章 中国微观经济学的研究背景

视频讲解

第一节 从计划经济走向市场经济

经济体制是指在一定区域内（通常为一个国家）制定并执行经济决策的各种机制的总和。一般认为，它包括以下四个内容：一是确定各经济行为主体的权利范围；二是确定经济主体共同遵守的行为规范，以约束经济当事人不符合社会整体效率的行为；三是确定利益分享规则，以有效激励经济主体行为；四是确定信息交流结构。作为资源配置方式的基本制度，经济体制主要划分为计划经济体制和市场经济体制。

一 计划经济体制

计划经济体制是指通过经济计划机构的指令来配置资源的经济体制。生产什么、怎样生产、为谁生产均由行政计划来决定。实施资源配置的主体是计划委员会。这种由计划委员会依靠行政计划指令来配置资源的经济模式被称为计划经济。实行社会主义的国家，几乎都选择计划经济体制。计划经济被当作社会主义制度的本质特征，是传统社会主义经济理论的一个基本原理。社会主义实行计划经济的逻辑推理是：社会化大生产把国民经济各部门连接成一个有机的整体，因而客观上要求它们之间保持一定的比例关系。有意思的是，尽管计划经济体制国家的国情有差异，但是它们几乎实行完全相同的计划经济体制，可以说计划经济体制只有一种模式，如中国的计划经济体制与苏联的计划经济体制几乎完全一样。造成计划经济体制同质化的原因在于，后建立的社会主义国家的经济体制几乎是完全照搬先建立的社会主义国家的经济体制。具体而言，计划经济体制的主要特点表现在以下几个方面。

1. 实行公有制，公有制包括全民所有制和集体所有制。在计划经济体制中，大部分资源和要素由政府所拥有，成为国家所有制。此外，还存在集体所有制，即资源为某一个集体组织占有和支配，如农村的集体所有制。

2. 高度集中决策，尤其是中央政府的高度集中决策。在计划经济体制中，解决生产什么、怎样生产和为谁生产三大基本经济问题都依靠政府。改革开放之前的中国，几乎所有的经济决策都集中于中央政府，形成了高度集中的决策体制。

3. 依靠行政命令和政治利益来激励人们的行为。在计划经济体制中，无论是行政部门，还是企业，几乎都按照行政官僚制度划分级别，如省部级、司局级、县处级等。无论是行政部门的行为，还是企业和家庭的行为，几乎都和政治利益挂钩。

4. 通过计划指标来传递信息和平衡市场。在计划经济体制中，生产、资源分配以及产品消费都要事先进行计划。几乎所有计划经济体制都依赖于指令性计划，因此又称指令型经济。计划指标的制定和下达实际上成为市场信息的生产和传递，从而成为调节市场供求状况的杠杆。

二 市场经济体制

市场经济体制是指通过市场来配置资源的经济体制。生产什么、怎样生产、为谁生产三大基本经济问题均由市场来决定。关于资源配置和生产的决策依据自愿交换所产生的价格来判断。在市场经济体制下，经济主体需要什么就向市场去买自己需要的商品或服务，购买所需要的钱通过市场去卖自己所拥有的商品或服务。企业和家庭在商品、服务、生产要素市场上相互交易的经济模式被称为市场经济。

与社会主义国家不同，多数资本主义国家都采用市场经济体制。一般而言，在市场经济体制下，资源和生产要素主要由私人占有，实行分散决策，依靠市场价格来传递信息和协调供求关系，采用经济利益来激励人们的行为。实际上，现实中存在多种模式的市场经济体制，比如美国的市场经济体制是一种典型的模式。美国是个典型的自由竞争的市场经济国家，历来强调自由竞争和市场机制的自发调节作用，主张经济活动按照经济规律自发运行，使资源在市场机制作用下得到优化配置。市场经济体制的主要特点表现在以下几个方面。

1. 市场机制是调节经济运行的基本形式。在美国的经济运行过程中，市场机制发挥着广泛的调节作用。美国基本上依靠市场机制来分配资源，生产什么、怎样生产、为谁生产均依靠市场来调节。企业主要依靠质量管理、价廉物美参与市场竞争，通过供求关系的变化来影响价格，价格反过来又调节产品的供求。经济决策权分散在广大的生产者、经营者手中。绝大多数的生产、销售和分配等活动都是由企业自主决策的，这些决策主要是以价格机制提供的信息为基础的。一般来说，政府不对经济进行直接干预。

2. 激烈的市场竞争形成优胜劣汰的市场法则。竞争是市场经济的基本原则，众多买者和众多卖者进行市场交易，市场供给和市场需求的自由作用会产生压力，导致市场价格和交易数量的调整。具有竞争力的生产者将获得更高的市场份额，失去竞争力的生产者将被无情地淘汰。出价意愿更高的消费者获得稀缺而宝贵的资源，失去支付能力的消费者被市场所拒绝。市场竞争、优胜劣汰，是推动市场经济运行的强制力量。它迫使企业不断创新，开发新技术，推出新产品，更新设备，改进工艺，改善管理，降低经营成本，提高经营效率。市场竞争迫使消费者努力学习、增强本领，通过奋斗创造财富和幸福。市场竞争是推动社会进步的强有力的激励机制。

3. 法律制约着市场经济活动。市场经济中的主体虽然拥有充分的经济自由权，但必须在法律允许的范围内活动，法律保护产权和契约实施。实际上美国的市场经济体制也并非完全自由，美国政府通过立法对国民经济运行进行管理，通过立法和执法为经济活动创造良好的环境和秩序。

4. 政府的干预和指导在市场经济中起着不可或缺的作用。当市场失灵时，需要政府干预来弥补市场失灵，增进市场效率。市场竞争优胜劣汰的残酷结局需要政府干预来促进公平。政府建立社会保障和转移支付，保障市场竞争失败者基本的生存质量。人是有差异的，罗尔斯设计"无知之幕"保证了人们在绝对平等公正的条件下选择正义原则，自由竞争保证了公平的机会平等，但结果因为人的差异不一定平等，保障最弱势群体的利益，符合"无知之幕"下每个人的利益。另外，经济波动会导致经济运行的高昂成本，政府可通过宏观调控政策对经济进行调节或指导以实现经济稳定发展。

市场经济通常是组织经济活动的好方法。全球范围内的发达国家基本上都采取市场经济体制。一些前计划经济国家在转型为市场经济国家之后，经济效率大大提高，经济发展取得了巨大的成功。亚当·斯密用"看不见的手"来描述市场经济。分工是经济增长的源泉，每个人做自己最擅长的事情，即专业化分工。分工的另一面是交易。"请给我所要的东西吧，同时你也可以获得你所要的东西。"每个人都离不开交易，必须从别人那里获得自己需要的东西。这只"看不见的手"就是市场，价格是"看不见的手"指引经济活动的工具。价格上涨，消费者会减少购买，生产者会增加供给。消费者和生产者根据价格做出自己的经济决策。

与计划经济体制相比，市场经济体制的效果是不是更好？这取决于资源配置的效率。有效率的配置是将资源配置到最合适的地方。由计划委员会完成全社会的资源配置，与由单个经济主体分散决定资源配置具有本质上的区别。市场经济是分散决策，目标函数较为清晰，信息相对充分，计算相对准确，因而资源配置效率更高。在市场经济中，经济个体之间公平竞争、自由契约，激励效果更好，市场价格作为社会价值或社会成本的信号，制约经济主体以最低的成本追求最大的价值，整个经济的成本效率大大提升。哈耶克关于劳动分工下知识分工的思想，为市场经济的效率更高这一论断提供了理论支持。关于经济活动的知识或信息分散在社会的各个角落，并且有些知识或信息是默会的，只可意会，不可言传。只有个体更为清楚自己的目标函数和约束条件，个体的理性计算也更为简单。计划经济体制下，计划委员会的目标函数与个体的目标函数是否一致？计划委员会难以获得完备的信息，而且做全社会经济活动的理性计算是困难的，因此，计划委员会的资源配置方案无论如何精心设计，也难以避免计划失败的风险。

三　转型经济

任何经济体一般既有市场经济体制，也有计划经济体制，可称为混合经济。市场经济国家也有计划成分，计划经济国家也有市场成分。只是市场经济国家以市场经济体制为主，而计划经济国家以计划经济体制为主。党的二十大报告指出："构建高水平社会主义市场经济体制。""充分发挥市场在资源配置中的决定性作用，更好发挥政府作用。"[①]

一些前计划经济体制国家的经济体制由计划经济体制向市场经济体制转型，可称为转型经济。在转型经济中，混合经济体制更为明显。20世纪80年代末90年代初，苏联、中东欧国家以及中国等的经济体制由计划经济体制向市场经济体制转型。俄罗斯政府选择了英美的自由市场经济模式，采取"休克疗法"，采用美国经济学家杰弗里·萨克斯等提出的一整套经济纲领和经济政策，主要内容是经济自由化、经济私有化、经济稳定化。这套改革具有很强的冲击力，短期内使社会经济生活产生巨大震荡，甚至出现"休克"状态。"休克疗法"在俄罗斯是失败的，时任总统叶利钦在1994年2月宣布放弃"休克疗法"改革，并在1996年大选时承认"过去在改革中试图抄袭西方经济的做法是错误的"[②]。

中国转型经济采取渐进式改革模式，在改革初期采取"双轨制"模式，既保留了一定的计划经济体制轨道，也实行市场经济轨道。旨在通过给市场经济松绑，市场经济做增量，如乡镇企业、个体经营兴起，搞活国民经济。总的来说是破旧立新，着力发展私营部门，改革中央计划机构，给予企业、个体经济自由，产品和服务自由化定价，开放国际贸易。

第二节　从政府失灵走向市场失灵

在整个20世纪，社会主义经济制度和资本主义经济制度之间的互相较量，或者说计划经济体制与市场经济体制的相互较量，是人类社会重要的制度碰撞。从20世纪初开始，社会主义国家如雨后春笋般出现，而且它们在建国之初几乎不约而同地都选择了计划经济体制。但是，20世纪80年代之后，各个社会主义国家的计划经济都遭遇了前所未有的困难。这些国家先后纷纷进行全面的改革，并不约而同地选择了市场经济体制，其中一些国家取得了举世瞩目的成就。计划经济体制在人类历史上奇迹般现身，又不幸遇到种种挫折，反映了计划经济体制与市场经济体制之间的较量过程。从计划经济体制转型为市场经济体制涉及计划失败、政府失灵和市场失灵三个内容。

[①] 习近平：《高举中国特色社会主义伟大旗帜　为全面建设社会主义现代化国家而团结奋斗——在中国共产党第二十次全国代表大会上的报告》，人民出版社2022年版，第29页。

[②] 许新主编：《叶利钦时代的俄罗斯·经济卷》，人民出版社2001年版，第30页。

一 兰格—泰勒—勒纳模式

1. 泰勒模式。1929 年，美国经济学家弗雷德·M. 泰勒（Fred M. Taylor）在《美国经济评论》上发表了《社会主义国家中生产的指导》一文，证明了社会主义经济中计划是可以合理配置资源的。泰勒模式假定，社会主义不存在生产资料市场，也不存在劳动力市场，但是存在消费品市场，而且消费者可以自由选择。他认为，生产部门应该采用瓦尔拉斯的试错法，通过市场来解决这一难题，也就是计划者首先要确定产品的价格，然后再通过供求机制自发试错来寻找均衡价格。

2. 兰格模式。兰格在《社会主义经济理论》一文中，批驳了米塞斯和哈耶克否定社会主义计划能够进行合理计算的可能性，并根据瓦尔拉斯的一般均衡模型，从理论上证明了在社会主义计划经济条件下能够计算出正确的市场价格，以实现资源的有效配置。他认为，价格是交换选择的条件，价格是配置资源的核心，它不仅决定消费品的供给和需求，而且也决定生产要素的供给和需求。消费品的市场供求直接决定消费品价格，生产要素的供求尽管不能直接决定生产要素的价格，但是中央计划机构根据试错法模拟市场可以加以解决，而且这种计划模拟市场的方法要比单纯依靠市场方法来决定价格好得多。因为与私人企业家比较，中央计划机构对整个经济体系正在发生的事情的认知要宽广得多。

3. 勒纳模式。勒纳在《统制经济学》一书中，提出了一种以公私混合经济为基础的社会主义模式。他认为，即使在公有制经济中，价格机制也应当在资源配置中发挥重要作用。在公有制经济中，价格机制是补救计划机制的好办法。一是必须有一个出售消费品的自由市场，从而使生产出来的货物都可以达到最适度的配置；二是必须有一个向生产经营者出售生产要素的自由市场，形成生产要素的市场价格；三是颁发一条每个生产经营者都得遵守的简单的边际套利规则，来规定每种要素在不同产品间最适度分配。如果生产要素的边际收益大于这种要素的价格也就是该要素的边际成本，就扩大产量；如果生产要素的边际收益小于这种要素的价格，就缩小产量；如果它和这种要素的价格相等，就根据同一速度继续生产。

二 政府失灵与市场矫正

政府失灵是指政府计划不能有效配置社会资源以实现经济效率、公平、稳定和增长的现象。萨缪尔森在《经济学》中给政府失灵下的定义是：当国家行动不能改善经济效率或当政府把收入再分配给不恰当的人时，政府失灵就产生了。三大基本经济问题中，生产什么、怎样生产主要是资源配置问题，而为谁生产主要是分配问题，所以萨缪尔森所说的政府失灵就是政府计划不能改进效率和公平的现象。

政府失灵的原因主要是信息失灵和计算失败。政府进行决策时需要依赖信息，如果这些信息不完全或不准确，政府决策如政府计划就会不准确，从而导致经济效率的损失。政府难以获取完备的信息，民间有如此多的信息，且很多是默会的知识和信息。政府缺少完美的计算能力，个体算自己的决策也许比较准确，但政府没有超级的计算能力做庞大的计算。另外，政策存在滞后效应，政府决策、政策实施、实施起到效果都需要一定的时间，滞后效应使政策效果可能与其初衷离得太远。政府可能越界，如果政府不能正确界定自己的职责，就会造成对市场经济的过度干预，降低市场运行的效率。政府对市场、社会过度的干预，可能使政府规模不断扩张，加剧了全社会的体制成本。政府官员可能存在道德风险，政府官员可能因个人利益驱动而做出不符合公共利益的决策，如贪腐、权力寻租等行为，因而其决策的有效性存疑。经济学者认为，我们可以利用市场来解决政府失灵，包括解放市场、促进市场和模拟市场。

1. 解放市场，一般包括放松管制、合法化和私有化

首先，放松管制。许多国家的政府对竞争市场的价格、数量和进出口进行管制，对生产什么的产业选择进行管制，对怎样生产的技术手段进行管制，对谁生产的产业主体进行管制，等等。这些管制限制了经济效率的发挥。自由市场有利于将资源要素配置到最有效率的地方，例如农村劳动力过剩，而城市生产缺乏劳动力，准许农村剩余劳动力向城市转移，有利于提高要素的配置效率。放松管制一般代表着效率的增进，但必然涉及分配的问题，既得利益者可能反对放松管制，因此，强力的改革是放松管制的前提。

其次，合法化。合法化是指消除犯罪惩罚以解放市场，合法化的推动往往基于国情变化及社会观念变革。例如有些国家推行性交易合法化，个别国家推行器官交易合法化。合法化意味着要立法通过，表示要基于多数同意。一般来说，法律限制如果造成巨额短缺的市场，会形成黑市，因为巨额短缺，所以价格奇高，黑市贸易获利空间巨大，因而催生犯罪。合法化通过合法的市场运行来抑制黑市犯罪。

最后，私有化。私有化表示产权归私人所有。一些国家推行了非国有化改革，将一些国有企业、国有股份出售给私人。一些国家推行非垄断化改革，取消私营企业进入某些领域的限制。激活民营经济活力，放宽市场准入一般程度上可以解放市场。私人产权花自己的钱办自己的事，既讲节约也讲效率。

2. 促进市场，意指通过明确现有物品的产权或者创造新的有销路的物品从而促进市场运行的过程

首先，分配现有物品的产权。确立产权可以促进市场发展，产权保护会鼓励人们努力创造，我想要你的东西，必须用我的东西与你交换，因此市场就得到促进。谁获得某种物品的产权，就会激励他积极生产和保护这种物品。例如，野生的黄牛趋于灭绝，而受到保护的私人产权黄牛繁荣兴盛，也发展了繁荣兴盛的牛肉市场；一些国家允许人们捕杀自己所有的大象，大象成为一种私人物品，土地所有者有激励保护和繁殖自己土地上的大象的动机，结果大象的数量趋于增加；如果确立碳汇的产权，就会走向碳汇交易，对碳汇市场的发展就会激励更多的碳汇行为。

其次，新的有销路物品的创造。技术发明和创新生产了新的有销路的产品，从而扩展

了市场。一些过去不准交易的物品，准许交易之后，也会扩展市场，如许可证交易。中国发展了碳交易市场，允许对碳排放权进行交易。可交易的排污许可证的分配要保证按最低总成本来实现排污的特定水平。排污许可证可交易之后，变成了有价值的资产，会激励企业积极减排，无论是企业节余排污权去卖，还是很难实现减排目标的企业去购买排污权，最终，排污许可证交易的价格趋向最后一单位减排的成本，那是最有效率减排企业的最低减排成本。

3. 模拟市场

在有效市场不能起作用的情况下，政府也可能模拟市场，通过拍卖出售提供产品的权利，类似于许可证拍卖。拍卖自然垄断经营权时，出价最高的投标人将垄断的超额利润以拍卖价格全部付清。但获胜的投标人照此定价，会造成垄断的低效率。更有效率的方法是要求投标人服从于按他们供给顾客的最低零售价格来出价，虽然没有投标人按边际成本供给产品，因为这样将导致亏损，但是获胜的投标人可以按接近平均成本来出价。

三　市场失灵与政府干预

用市场机制来矫正计划失败和政府失灵，并不能完全解决问题，而且还会带来新的问题，因为市场也会失灵。市场失灵是指利用市场机制来配置资源，也不能实现经济效率、经济公平和经济稳定，甚至可能加剧收入分配的两极分化，加剧经济波动。

当市场失灵时，需要政府干预或宏观调控来弥补市场失灵。如果市场配置资源造成效率损失，需要政府干预加以纠正，以弥补效率损失。如果自由市场导致放肆的污染，生态环境被破坏，可持续发展受到挑战，需要政府干预来制止破坏生态环境。例如，工厂污染行为，政府通过征税、技术标准管制等让其减少甚至消除污染行为。如果公共物品市场供给不足，需要政府干预来提供公共物品。如果市场失灵造成公平问题，市场竞争优胜劣汰，若造成过大的贫富差距，不利于公平正义和社会稳定，需要政府干预通过转移支付、社会保障等扶危济困，缩小贫富差距。市场经济会陷入波动，如果波动较大，经济过热或者经济深度衰退，政府应该实施宏观调控政策，通过促进增长政策、财政政策、货币政策、就业政策等，实现经济的稳定健康增长。

第三节　中国特色社会主义市场经济

在计划经济与市场经济之间，中国选择了市场经济。但是不同于西方国家的市场经济，我们走的是中国特色社会主义市场经济道路。从一般意义上讲，它是计划经济体制和市场经济体制的混合体。在产权制度上，体现为公有制和私有制的并存；在决策机制上，体现为集中决策和分散决策的并存；在激励机制上，体现经济效率和分配公平的统一；在信息传递上，既依靠市场价格，又受计划指标的约束。我们创造性地把社会主义制度和中国优秀传统文化融入市场经济体制，从而构成新时代中国特色的社会主义市场经济。

一 社会主义制度

中华人民共和国是工人阶级领导的、以工农联盟为基础的人民民主专政的社会主义国家。社会主义制度是中华人民共和国的根本制度。中国共产党领导是中国特色社会主义最本质的特征。禁止任何组织或者个人破坏社会主义制度。

马克思、恩格斯在唯物史观和剩余价值两大发现的基础上创立了科学社会主义，为区别于其他社会主义学说而将之称为"共产主义"。在《共产党宣言》中，马克思、恩格斯将未来社会，即共产主义社会描述为"自由人的联合体"："代替那存在着阶级和阶级对立的资产阶级旧社会的，将是这样一个联合体，在那里，每个人的自由发展是一切人自由发展的条件。"① 资本主义是以私人资本为基础、由资产阶级统治的社会形态。社会主义是以社会化劳动为基础，由劳动人民掌权的社会形态。劳动人民全面掌权。政治上，实行人民民主专政，在人民内部实行民主而对人民的敌人实行专政。

马克思、恩格斯把社会主义从空想变成科学。但他们没有经历社会主义的具体实践，无法从社会主义本身发展规律来论述社会主义，故而致力于社会主义与资本主义的比较，从人类社会发展的趋势来论述社会主义。社会主义是代替资本主义的制度，那么，与资本主义制度（私有制、无政府生产、按资本分配等）相反，社会主义制度实行公有制、计划生产、按劳分配等。社会主义制度同资本主义制度最本质的区别在于以生产资料公有制为基础。在经济上，实行生产资料公有制，消灭人剥削人的制度，劳动者成为社会生产的主人，对个人消费品实行各尽所能、按劳分配。

列宁将社会主义从科学理论变成了活生生的实践，可以从现实性理解什么是社会主义。列宁认为，社会主义是苏维埃政权加现代化生产，如电气化、铁路、先进技术和大规模生产组织，强调先进的国民教育，也乐于引入外国的好东西。列宁认为，社会主义实行生产资料公有制，是要消灭阶级、消灭剥削的。列宁提出"初级形式的社会主义""小农占人口多数所造成的种种特点的社会主义"，意指极不成熟的社会主义，不可避免地存在商品经济和多种所有制成分。

党的十三大明确指出，"我国正处在社会主义的初级阶段"。② 由于中国社会主义是从半殖民地半封建社会脱胎的，生产力水平比西方发达的资本主义国家落后太多，所以我们必须经历一个相当长的初级阶段，去实现别的许多国家在资本主义条件下实现的工业化、城市化、现代化。党的十九大报告进一步指出："我国仍处于并将长期处于社会主义初级阶段的基本国情没有变。""全党要牢牢把握社会主义初级阶段这个基本国情，牢牢立足社

---

① 《共产党宣言》，人民出版社2014年版，第51页。
② 《中国共产党第十三次全国代表大会文件汇编》，人民出版社1987年版，第8页。

会主义初级阶段这个最大实际。"① 党的二十大报告强调:"中国共产党的中心任务就是团结带领全国各族人民全面建成社会主义现代化强国、实现第二个百年奋斗目标,以中国式现代化全面推进中华民族伟大复兴。""总的战略安排是分两步走:从二〇二〇年到二〇三五年基本实现社会主义现代化;从二〇三五年到本世纪中叶把我国建成富强民主文明和谐美丽的社会主义现代化强国。"②

1992年邓小平在南方谈话中明确指出:"社会主义的本质,是解放生产力,发展生产力,消灭剥削,消除两极分化,最终达到共同富裕。"③ 社会主义最大的优越性就是共同富裕,为实现共同富裕,中国共产党始终代表中国先进生产力的发展要求、代表中国先进文化的前进方向、代表中国最广大人民的根本利益。

总之,社会主义制度的最终目标是建立"自由人的联合体",每个人的自由发展是一切人自由发展的条件,集体主义、生产资料公有制、有计划生产、按劳分配、消灭阶级、消灭剥削、先进生产力、共同富裕等是社会主义的内在特征。

二　中国优秀的历史文化

中华优秀传统文化博大精深,儒家文化是中华优秀传统文化最具代表性的文化。儒家文化最核心的伦理价值观是"仁",是"五常"(仁、义、礼、智、信)之首。《说文解字》说"仁,亲也";孔子曰"仁者,爱人"。人和人之间应该互相尊重、互助和友善。克己复礼,即克制自己的不正当欲望,使自己的言行符合礼制,仁不能违背礼制(礼仪、道德、法制)。"礼尚往来""己所不欲,勿施于人""推己及人""己欲立而立人,己欲达而达人"等儒家倡导的互助交往精神与市场经济的互利交换原则是相互融通的。在市场经济中,经济主体之间都处于一种相互依存关系,离开他人,自己的利益和价值也实现不了。这种交换关系要求双方必须是互利的,经济主体既是为自己谋利,同时也要为别人创造利益。

儒家文化注重规范与秩序,这与市场经济对规范和秩序的要求是一致的。孔子曰:"克己复礼为仁,非礼勿视,非礼勿听,非礼勿言,非礼勿动。"这与市场经济对规范和秩序的要求是一致的。孔子曰"富与贵,是人之所欲也",《史记·货殖列传》说"天下熙熙,皆为利来;天下攘攘,皆为利往"。然而,生财有道,以义为利,"利者,义之和也""仁中取利真君子,义内求财大丈夫""利从诚中出,誉从信中来""君子爱财,取之有道""买卖不成仁义在"。"义"代表正义、威仪,是指合乎道德的行为或道理,应该那样做即为义。重信守诺是中华优秀传统文化关于商业伦理的价值主张。孔子曰"人无信不

---

① 习近平:《决胜全面建成小康社会　夺取新时代中国特色社会主义伟大胜利——在中国共产党第十九次全国代表大会上的报告》,人民出版社2017年版,第12页。
② 习近平:《高举中国特色社会主义伟大旗帜　为全面建设社会主义现代化国家而团结奋斗——在中国共产党第二十次全国代表大会上的报告》,人民出版社2022年版,第21、24页。
③ 《邓小平文选》第三卷,人民出版社1993年版,第373页。

立","人而无信,不知其可也";《史记·季布列传》说"得黄金百斤,不如得季布一诺"。成功的商人几乎都把诚信作为经商之本,"市不豫贾",诚招天下客,信纳万家财。

除了"义""信",传统儒家思想还强调"礼""和"。费孝通在《乡土中国》一书中将中国传统的乡土社会描述为礼治秩序,礼是社会公认的行为规范。礼并不需要有形的权力机构来维持。维持礼这种规范的是传统,传统是社会所积累的经验,使生活能得到保障的经验自然产生了一套价值,照着做就会有福,不照做就会不幸,于是人们对传统经验有了敬畏之感。礼并不是靠外在权力来推行的,而是靠教化中养成的个人敬畏感来维系的。人服礼是主动的,礼是可以为人所好的,所谓"富而好礼"。这与道德和法律不同。道德靠社会舆论维持,做了不道德的事,为人所不齿。法是从外力限制人的,不守法所得到的惩罚是由特定的权力施加于人的。法家基于人性趋利避害的假设,提出"以暴制恶"的治国理念,君主高度集权、以暴力控制臣民以求安定秩序。不过,几千年来中华传统文化遵循"德主刑辅"的治国理政经验。孔子倡导"和为贵",孟子认为"天时不如地利,地利不如人和",儒家倡导人际合作,讲信修睦,和为贵,"和气待人"是商业的基本行为准则,和则两利,斗则两败,和气生财。

儒家倡导的诚信为本的伦理规范与市场交易中信誉至上原则是一致的。市场经济是一种信用经济,不讲诚信、没有信用的经济主体很难在市场经济中立足。一些人唯利是图、见利忘义、损人利己、为富不仁,做精致的利己主义者,是规范与秩序失效的一种表现。重建规范和秩序在儒家看来关键是"义",即适宜、正当、高尚,儒家重义轻利,反对见利忘义。儒家文化提倡追求理想人格,倡导"立功、立德、立言""富贵不能淫,贫贱不能移,威武不能屈"。现代市场经济主张法治、德治、自治相结合,规范引导人们正当谋取利益,保证市场经济健康有序发展。儒家文化倡导"自强不息"的进取精神、"克勤克俭"的自律精神和"重群克己"的合作精神。"天行健,君子以自强不息",在市场竞争中,成功和失败常有,应奋发有为,创新进取。儒家提倡"宁俭勿奢""克勤克俭",节制欲望,勤劳苦干。儒家文化重视群体价值,个体行为必须服从和服务于群体。大同之世,博施济众,大道之行,天下为公。市场经济应有经世济民、经邦济世之意。

党的二十大报告指出:"中华优秀传统文化源远流长、博大精深,是中华文明的智慧结晶,其中蕴含的天下为公、民为邦本、为政以德、革故鼎新、任人唯贤、天人合一、自强不息、厚德载物、讲信修睦、亲仁善邻等,是中国人民在长期生产生活中积累的宇宙观、天下观、社会观、道德观的重要体现,同科学社会主义价值观主张具有高度契合性。"[①] 天人合一是中国文化对人类最大的贡献,主张人与自然的关系是互嵌的、耦合的统一体,同科学社会主义主张的"人与自然界的和谐"价值观高度契合,如"天行有常,不为尧存,不为桀亡""人法地,地法天,天法道,道法自然""人本身是自然界的产物"

[①] 习近平:《高举中国特色社会主义伟大旗帜 为全面建设社会主义现代化国家而团结奋斗——在中国共产党第二十次全国代表大会上的报告》,人民出版社2022年版,第18页。

"人靠自然界生活"。中华优秀传统文化"天下为公""大同世界"思想与科学社会主义价值观高度契合。世界大同与科学社会主义价值观主张的"每个人的自由发展是一切人的自由发展的条件"具有高度契合性。"天下为公""不必藏于己""不必为己"的价值指向同共产主义主张具有高度契合性。在大同社会,犬不夜吠,路不拾遗,相亲相爱、讲信修睦,共产主义与私有制告别之后,人的道德才具有现实性。中华优秀传统文化的社会观与科学社会主义价值观主张高度契合。"民为贵,社稷次之,君为轻""水则载舟,水则覆舟""治国有常,而利民为本""君人者,以百姓为天""民存则社稷存""为国者以富民为本""民者,邦之命脉"等中华文化中的民本思想绵延不绝,这与科学社会主义主张的人是一切社会关系的总和,人民是历史的真正创造者等价值观是契合的。"不患寡而患不均",与科学社会主义共同富裕价值观是契合的。

三 新时代中国特色社会主义市场经济

中国特色社会主义市场经济体制是中国特色社会主义的重大理论和实践创新,是社会主义基本经济制度的重要组成部分。社会主义市场经济是社会主义制度下的市场经济,将社会主义和市场经济有机结合。建立社会主义市场经济体制是中国共产党的伟大创举。市场经济、计划经济不是基本制度的范畴,而是发展生产的方法、调节经济的手段,社会主义可以用,资本主义也可以用。邓小平指出,"计划多一点还是市场多一点,不是社会主义与资本主义的本质区别。计划经济不等于社会主义,资本主义也有计划;市场经济不等于资本主义,社会主义也有市场"。[①] 这就突破了把市场经济看作是资本主义本质特征的传统观念。因此,社会主义和市场经济之间不存在根本矛盾。"我们搞的市场经济是社会主义市场经济。"[②] 把社会主义基本制度同市场经济运行机制结合起来,在社会主义条件下发挥市场机制对资源配置的决定性作用,这是前无古人的,是中国共产党人的创造。党的十四大首次提出社会主义市场经济体制改革目标。党的十七大明确指出要把坚持社会主义基本制度同发展市场经济结合起来。党的十八届三中全会对市场的认识更加深化,首次提出使市场在资源配置中起决定性作用和更好发挥政府作用。

中国特色,即要明确中国特色社会主义最本质的特征是中国共产党领导,中国特色社会主义制度的最大优势是中国共产党领导。中国具有坚持党的集中统一领导,坚持党的科学理论,保持政治稳定,确保国家始终沿着社会主义方向前进的显著优势,以及坚持全国一盘棋,调动各方面积极性,集中力量办大事的显著优势。在党的坚强领导下,权威的管理与市场经济体制有效结合,中国的市场机制和计划机制有效结合,例如"十四五"规划给未来五年设了方向目标,可以清晰地规划和推动基础设施项目和产业项目等。有效的市场加有为的政府是中国特色社会主义市场经济取得成功的根本保证。中国共产党是坚定不

[①] 《邓小平文选》第三卷,人民出版社1993年版,第373页。
[②] 《十四大以来重要文献选编》(中),人民出版社1997年版,第1670页。

移为中国人民谋利益的。中国共产党没有自己的特殊利益，从来不代表任何利益集团、任何权势团体、任何特权阶层的利益。中国共产党为中国人民谋幸福，为中华民族谋复兴这种初心使命不会像西方国家执政党那样因为总统任期的结束而中断。

中国具有坚持公有制为主体、多种所有制经济共同发展，坚持按劳分配为主体、多种分配方式并存，把社会主义制度和市场经济有机结合起来，不断解放和发展社会生产力的显著优势。中国特色社会主义市场经济要解决的重大理论问题是公有制能否与市场经济兼容。中国社会主义的实践表明，所有权同经营权是可以分开的，国有经济企业也可以真正成为相对独立的经济主体，成为自主经营、自负盈亏的经济主体，具有自我改造和自我发展能力，成为具有一定权利和义务的法人。中国国有经济改革的方向之一就是使公有制经济同市场经济结合起来，这也是重要的中国特色。坚持"两个毫不动摇"，国有经济做强做大做优的同时，积极发展非公有制经济。国有经济具有它自己的优势，例如当经济下行时，国有银行按照上级指令，加强对实体经济的金融支持，以及对绿色经济、高技术产业的金融支持。国有经济作为国家权威强有力的执行力量，在经济运行中发挥主导作用。

总之，中国特色社会主义市场经济的特色可以归纳为以下几点。一是坚持把马克思主义基本原理同中国具体实际相结合。我国仍处于并将长期处于社会主义初级阶段的基本国情没有变。牢牢把握社会主义初级阶段这个基本国情，牢牢立足社会主义初级阶段这个最大实际发展中国特色社会主义市场经济。二是坚持把马克思主义基本原理同中华优秀传统文化相结合。传承中华优秀传统文化，坚持社会主义核心价值体系，培育和践行社会主义核心价值观：富强、民主、文明、和谐，自由、平等、公正、法治，爱国、敬业、诚信、友善。增强文化自信，牢固树立共产主义远大理想和中国特色社会主义共同理想。推动中华优秀传统文化创造性转化、创新性发展，不忘本来、吸收外来、面向未来，更好构筑中国精神、中国价值、中国力量，为人民提供精神指引。三是把社会主义公有制与市场经济体制相结合。坚持"两个毫不动摇"，坚持以市场机制为资源配置的决定性手段，同时加强政府的宏观调控，以实现经济效率、经济公平、经济稳定和经济增长，实现可持续发展。四是不断推进马克思主义中国化时代化，推进市场经济的中国化。中国特色社会主义市场经济坚持以马克思列宁主义、毛泽东思想、邓小平理论、"三个代表"重要思想、科学发展观、习近平新时代中国特色社会主义思想为指导思想。中国特色社会主义市场经济强调个人利益与集体利益的兼顾，强调经济利益与社会利益的兼顾，强调短期利益与长期利益的兼顾，强调构建人类命运共同体。五是坚持市场经济与社会主义法治相结合。法治与现代市场经济有极为密切的关联。现代市场经济有效运作的基础是法治。党的二十大报告指出，"明确'五位一体'总体布局和'四个全面'战略布局"。①"四个全面"是指全面建设社会主义现代化国家、全面深化改革、全面依法治国、全面从严治党。传统市场经济中，经济主体之间的交易多为"现货市场交易"，一手交钱一手交货，而非现货市场交

---

① 习近平：《高举中国特色社会主义伟大旗帜　为全面建设社会主义现代化国家而团结奋斗——在中国共产党第二十次全国代表大会上的报告》，人民出版社2022年版，第7页。

易主要依赖所谓"隐含合同",它的执行主要靠交易双方的声誉而非第三方,如国家。传统市场经济中,经济人之间的信任和合作对交易成败至关重要。当经济活动发生于熟人社区时,这种"人格化交易"的成本很低;但一旦超出熟人社区的圈子,仅靠声誉和关系实现交易的成本急剧上升,以致很多交易无法实现,从而限制了企业和市场的规模。总之,人格化交易有很大的局限性。现代市场经济与传统市场经济有本质上的区别。虽然现货交易和人格化交易仍然存在,非人格化交易也成为重要的交易方式,这种交易中买卖双方不一定熟悉对方,甚至都不认识对方,仅靠双方信任来完成交易往往是行不通的,这就需要第三方(通常是政府)来公平地执行合同。法治通过两个经济作用为市场经济提供制度保障。法治的第一个作用是约束政府对经济活动的任意干预。法治的第二个作用是约束经济人行为,包括产权界定和保护、合同和法律的执行、公平裁判、维护市场竞争。

关键概念

经济体制　计划经济体制　市场经济体制　转型经济　市场失灵　政府失灵

思考题

1. 一些国家为何从计划经济体制向市场经济体制转型?
2. 市场经济体制的主要特点有哪些?
3. 党的二十届三中全会聚焦构建高水平社会主义市场经济体制,为何要构建高水平社会主义市场经济体制?
4. 中华优秀传统文化与市场经济有何契合之处?

第二章 中国微观经济学的研究对象

视频讲解

西方经济学有微观经济学和宏观经济学之分,西方微观经济学研究稀缺资源的合理配置。同样地,在中国经济学中,也可以分为中国微观经济学和中国宏观经济学。那么,什么是中国微观经济学,或者说中国微观经济学究竟研究什么问题呢?本章对此进行探讨。

第一节 市场经济活动微缩景观

图 2-1 是市场经济循环活动,它简明地说明了市场经济中的市场主体、市场客体、市场空间和市场活动。

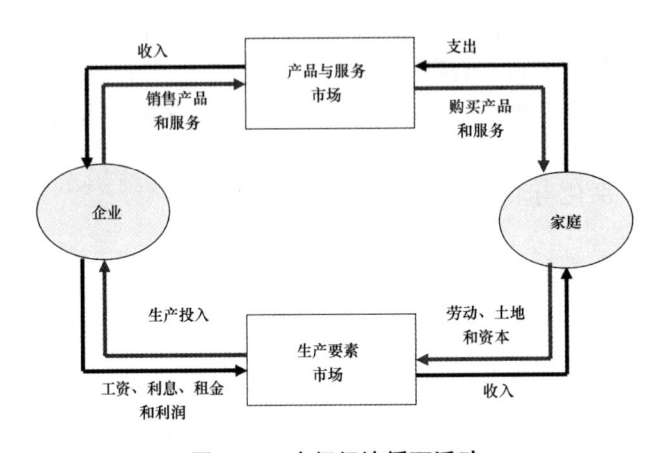

图 2-1 市场经济循环活动

一 企业、家庭和政府

就企业而言,它是产品与服务的生产者,在产品与服务市场上提供消费者所需要的产品和服务,如食品、服装、理发等,从而获得相应的收益。企业拥有的收入成为它的货币选票，它运用这些选票在要素市场上去购买它进行生产所必需的劳动、资本和土地等，同时向这些要素的所有者支付工资、利息、租金和利润等。在中国，除了大量的民营企业和外资企业，还有大量的中央企业和地方国企，它们既有一般企业的属性，也要承担一部分政府责任。

就家庭来说，它是生产要素的所有者，通过向要素市场提供劳动、资本和土地等生产要素而获得工资、利息、租金和利润，这些要素价格构成家庭的收入。家庭同时是消费者，它们拥有的收入是它们的货币选票，支付相应的价格，在产品与服务市场购买所需要的食品、服装等，以满足自己的各种需要。在中国，除了城市家庭，还有众多的农村家庭，包括农民家庭、牧民家庭和渔民家庭，它们从事耕种、养殖、放牧和捕鱼等生产活动，并参与市场买卖活动。

在图2-1中，有两种循环流动，彼此相互关联。里面的环形代表家庭与企业之间的投入与产出流向，包括物质或服务流动。家庭在生产要素市场上把劳动、土地和资本出售给企业使用。然后企业用这些生产要素生产出产品与服务，这些产品与服务又在产品与服务市场上被出售给家庭。就这样，生产要素从家庭流向企业，而产品与服务由企业流向家庭。外面的环形代表相应的货币流动。家庭支出货币向企业购买产品与服务。企业用销售收入支付生产要素的报酬，如工人的工资、土地的租金等，所剩下的是企业所有者的利润，而企业所有者本身也是家庭的成员。这个市场循环流向中，没有政府，也没有外国，是一种简化的市场经济，传统的市场经济接近于此。

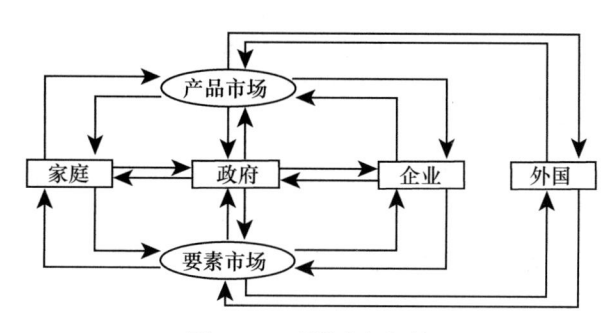

图2-2 现代市场经济

图2-2给出现代市场经济的示意，除了家庭和企业，还包括政府和外国。就政府而言，其扮演的角色是多重的。作为市场活动的参与者，在产品市场上，政府既提供公共物品和服务，又通过政府购买的形式购买产品和服务；在要素市场上，它既提供公共物品和服务，也使用生产要素。企业、家庭要与政府产生联系，一方面，企业、家庭要向政府缴纳税金，以获得政府提供的公共物品和服务；另一方面，政府要为企业、家庭提供服务、转移支付等。作为经济活动的调控者，政府通过财政政策、货币政策、产业政策和区域政策来调节经济运行，以弥补市场失灵。在中国，中央政府和地方政府有各自的权责分工。政府管理的国有企业参与市场竞争是政府参与市场活动的重要主体。当然，

政府是有限的，不是无所不能的。

现代市场经济还包括外国。全球化进程中，开放国家的产品和服务市场、生产要素市场都是面向外国开放的。我们使用外国投资，引进国外人才和技术，进口外国的产品和服务，我们的产品和服务也出口到国外。党的二十大报告指出，"加快构建以国内大循环为主体、国内国际双循环相互促进的新发展格局"。[①] 扩大开放是中国的基本国策，要用好国际国内两个市场两种资源。

二　产品市场和要素市场

无论是家庭、企业还是政府，其开展的经济活动都是在产品和服务市场或要素市场中进行的，因此产品和服务市场及要素市场是各个市场主体的基本活动空间。就市场而言，它是由众多买者和众多卖者进行交易的场所，包括吃、穿、用、住、行等产品和服务市场，还包括土地、资本、劳动、技术和数据等要素市场。

产品和服务市场包括有形产品，如书籍、计算机、手机等市场，以及无形产品如软件、音乐、电影等市场。服务是指任何被履行的职责或工作，以提供劳动的形式满足他人的某种需要，使他人从中受益。服务有时被称作无形货物，服务市场的特点是它们如理发、咨询服务等，在生产地点被消费，不可转售，也无法套利。在产品和服务市场上，家庭购买产品和服务，并支付相应的价格，企业生产和供给产品和服务，并得到相应的收入。

生产要素是指进行社会生产经营活动所需要的各种经济资源，主要包括劳动、土地、资本、技术和数据。在要素市场上，家庭向企业提供生产要素，获得相应的要素报酬，这构成家庭的主要收入。企业向家庭购买生产要素，并支付相应的要素价格，这构成企业的生产成本。

劳动是指人们花费在生产过程中的时间和精力。比如，工人在手机制造厂上班，农民在土地上播种收割，老师在教室里上课，厨师在厨房制作菜品，等等。几乎所有工作和任务都是由劳动完成的。劳动是最原始最古老的生产要素。经济学家威廉·配第指出，劳动是财富之父，土地是财富之母。

资本是指人们在生产过程中使用的过去所生产的产品，如厂房、机器、办公楼、计算机、铁锤、汽车、洗衣机、建筑物等。这些产品不直接进入消费领域，而是被投入生产中，因而被称为资本品。资本主要是通过储蓄转化为投资形成的。如果人们愿意节制眼前的消费以获得更多的未来消费，就会形成储蓄，储蓄通过投资建厂转化成为资本。如果一个国家有强大的资本形成能力，它就具备经济增长的重要推动力。

除了劳动和资本，土地、技术、数据等也是重要的生产要素。土地是人类生产、生活的场所或空间。就中国目前而言，国土面积是既定的，还要保持18亿亩耕地，因此建设

---

① 习近平：《高举中国特色社会主义伟大旗帜　为全面建设社会主义现代化国家而团结奋斗——在中国共产党第二十次全国代表大会上的报告》，人民出版社2022年版，第28页。

用地是稀缺的。应优先保障主导产业、重大项目合理用地，盘活存量土地和低效用地。

技术是指所有能带来经济效益的科学知识、技术发明、生产工艺、产品设计等。技术进步可以提高生产效率，提高生活质量。同样的资源要素可以产出更多的产品或服务。数据是人们的各种经济行为或事物运行产生的特征信息。在数字经济时代，这些信息以二进制的比特数据生成、存储、分析和传输，因而大大提高了数据的共享性。

第二节 经济资源与机会成本

一 资源的稀缺性

我们把土地、劳动、资本、技术和数据等生产要素看成经济资源，却不把阳光、雨水和空气等生产要素看成经济资源，是因为经济资源具有稀缺性，阳光、雨水和空气不具有稀缺性。资源的稀缺性是指资源的数量相对于人类的欲望来说是不足的。

欲望是指人们那种缺乏的感觉和求得满足的愿望，饥饿、干渴、寒冷、疲劳、恐惧等都是人们的不足之感。比如，饥饿是源于食品匮乏，干渴是源于饮水不足，寒冷是源于衣衫单薄，疲劳是源于休息不够，恐惧是源于安全保障不足。在产生不足之感的同时，人们也会形成欲望。比如，人们可能要求用面包充饥、用可乐解渴、用皮衣御寒、用休息消除疲劳。在现实生活中，人们缺乏的感觉是丰富多彩的，这构成了人们吃、喝、玩、乐等千姿百态的欲望。

按照美国著名心理学家马斯洛的划分，人的需要可以分为生理需要、安全需要、社交需要、尊重需要和自我实现需要五个层次。尽管在一定的时间和地点，人们的某种欲望会得到满足，但是，从根本上讲，当人们的某种欲望得到满足之后，又会产生新的欲望，即人们的欲望永远得不到完全的满足，人的欲望是无限的。比如，当人们的吃、喝、玩、乐等生理需要得到满足之后，又会产生安全需要；当低层次的需要得到满足之后，又会产生更高层次的需要。

人的欲望需要用资源、产品和服务来满足，且最终需要用经济资源来满足。但世界上的经济资源是有限的，其远远少于人们的无限欲望对经济资源的需要。

没有稀缺性的社会是不存在的。家庭只有有限的财富要用于各项支出。企业只有有限的投入用于生产。一个国家的财政收入是有限的，要应对各项财政支出。

在一个没有稀缺性的世界里，所有的物品都可以免费得到，所有的价格都变成了"零"；在充满着稀缺性的世界，每一种经济资源都有一个大于零的价格。房地产开发商要得到土地，就得支付土地的价格——地租；老板要雇用员工，就得支付劳动的价格——工资；商人要获得资本，就必须支付资本的价格——利息；企业要聘请职业经理人，就要支付企业家才能的价格——利润。

二 经济选择

由于可利用的资源是稀缺的，并不是每一个人都能拥有海景别墅和名贵跑车，都能到夏威夷度假，甚至不是每一个人都能拥有最基本的食品和医药；企业可能因为没有足够的资本而无法购买专利、聘请职业经理人；一个国家可能因为没有足够的资源，无法同时提供充足的消费品和军需品；当今世界，许多地方缺粮、缺水、缺电、缺药……在这个资源稀缺的世界里，面对约束，我们不得不选择。

资源的用途具有多样性，意味着不同的资源之间可以替代。也就是说，土地、劳动、资本和企业家才能等资源是能够相互替代的。各种生产要素之间的替代程度受许多因素的影响，尤其受要素之间的相对价格影响。一般而言，人们总是用相对低廉的资源来替代相对昂贵的资源。劳动成本高的国家，通常大量使用资本要素，从而大量发展资本密集型产业；劳动成本低的国家，则大量使用劳动资源，从而发展劳动密集型产业。当然，各种要素之间通常不是完全替代的，因为企业不可能只使用一种生产要素就生产出产品和服务来。

经济资源的稀缺性使人们必须选择，经济资源的多用性又让人们可以选择，经济学是关于选择的学问，每一个参与者每时每刻都面临选择。例如，厂商的要素投入选择、产出选择、定价选择、营销选择，消费者的购买选择、劳动—闲暇选择和消费—储蓄选择，以及政府的政策选择等。

生产什么、怎样生产、为谁生产实质上是资源稀缺性导致的选择问题。如果资源不稀缺，则可以什么都生产，随便怎样生产，为所有人生产。当资源稀缺时，生产什么必须做出选择，如一个国家是生产更多的大炮（表示军事）还是生产更多的黄油（表示民用）、家庭的承包地是种大豆还是种小麦。当资源稀缺时，应该以最有效率的方式来生产。当资源稀缺时，为谁生产是分配问题，当无法满足所有人的需求时，可能产生分配上的不公平。同理，家庭消费什么、怎样消费、为谁消费是家庭资源稀缺性导致的选择问题。由于经济中没有足够的资源去生产社会想要的所有商品和服务，我们必须决定把有限的资源用来生产哪一些商品和服务，以及生产多少。生产什么和生产多少的选择主要取决于厂商和消费者之间的关系。在产出决策上，价格因素是关键。价格引导着消费，也引导着生产。如果房价不断上涨会引导资源向房地产配置。

即使生产的产品和服务是既定的，也还存在一个怎样生产的问题。比如，养殖农场主知道众多不同的方式可以把鸡养肥。农场主首先考虑的是养殖业的效率，力争以最低的成本获得最大的经济回报。在饲养过程中，他们既可以使用更多的人工，也可以使用更多的机器，选择科学的光照、温度、饲料……农场主会设法找到养鸡的最佳途径。此外，农场主也要防止养殖对生态环境的破坏。

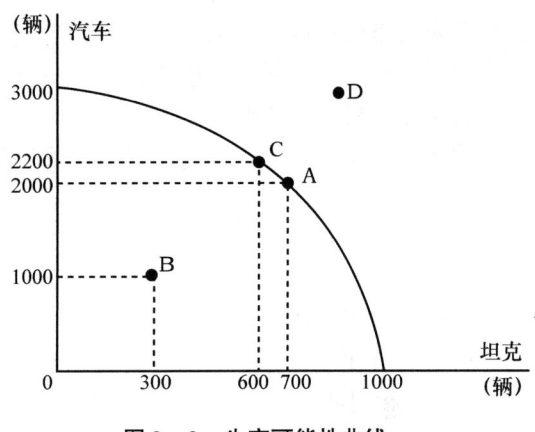

三 生产可能性曲线

生产可能性曲线是指经济主体在资源要素和生产技术既定时所能生产的产品数量组合的图形。生产可能性曲线是分析资源稀缺性下经济选择的工具。如图2-3所示，假设这个经济体的资源要素和技术水平既定，只生产汽车时，可生产3000辆汽车，只生产坦克时，可生产1000辆坦克。该经济体也可以选择A点生产，即生产700辆坦克、2000辆汽车，也可以选择C点生产，即生产600辆坦克、2200辆汽车。A点、C点处在生产可能性边界上，表示在资源要素和生产技术既定时，可实现的最大的生产可能性；D点位于生产可能性边界以外，表示该经济体在资源要素和生产技术既定时实现不了D点的生产；B点位于生产可能性边界以内，表示该经济体在资源要素和生产技术既定时生产B点的组合是可行的，但不是最大可能性生产。

图2-3 生产可能性曲线

生产可能性曲线是负向倾斜的，这是资源稀缺性导致的，在资源要素和生产技术既定时，要增加坦克的生产，必须减少汽车的生产。从C点开始，要多生产100辆坦克，必须放弃生产200辆汽车。随着生产坦克的数量不断增加，生产可能性曲线的斜率越来越大，说明要多生产一辆坦克，必须放弃的汽车就越多。

四 机会成本

一般来说，每一种稀缺资源都具有两种或者两种以上的用途，而且每一种用途的生产效率都不一样。所以，当人们在某种用途上使用一定数量的资源，就不能同时在其他用途上使用这些资源，因而就会失去其他用途可能带来的利益。机会成本是指为得到某种东西而放弃的用同样的资源做别的事情可得到的最大价值。

如果资源可以用于两种以上的用途，当你选择了某种用途，就必然会失去其他用途，而且在所失去的那些用途中，有的用途带来的利益可能大一些，有的可能小一些。那么，机会成本以所放弃的用途中的最佳用途的利益来衡量。比如，高中毕业后的四年时间里，你可以读大学、学修汽车、开发游戏、办公司和写剧本，如果它们的利益分别为5万元、3万元、1万元、2万元和4万元，那么，你选择读大学的机会成本就是你所失去的写剧本的机会可能带来的4万元的利益。那么，为什么不能把读大学的机会成本看成是除读大学以外的其他机会的总利益10万元（3万元+1万元+2万元+4万元）呢？原因在于即便不选择读大学，你也只能选择其他机会中的一种，不可能同时拥有所有机会。

如果资源仅有两种用途，那么，一种用途的机会成本自然就是另一种用途可能带来的利益。比如，如果我们的时间仅可用于劳动和闲暇，那么劳动的机会成本就是闲暇可能给我们带来的享受价值，闲暇的机会成本就是劳动可能给我们带来的收入；如果我们的钱仅可用于消费和储蓄，那么储蓄的机会成本就是消费可能为我们带来的满足，而消费的机会成本就是储蓄可能为我们带来的利益。天下没有免费的午餐，有所得必有所失，资源用于这一用途有所得，但失去了用于其他用途的机会，也失去了这些机会可能带来的价值。

五　比较优势

一个人或经济体生产某种产品的机会成本比另一个人或经济体更小，则其在这种产品的生产上具有比较优势。假设鲁滨逊和鲁智深落到同一个荒岛上，二者都可以生产鱼和椰子。鲁滨逊每小时能生产10斤鱼或20斤椰子，鲁智深每小时能生产20斤鱼或10斤椰子。每人每天工作10个小时，用F表示鱼的数量，C表示椰子的数量，则鲁滨逊的生产可能性曲线为$F/10 + C/20 = 10$，鲁智深的生产可能性曲线为$F/20 + C/10 = 10$。

考虑机会成本，鲁滨逊放弃生产1斤鱼的时间，可以多得到2斤椰子，鲁滨逊生产1斤鱼的机会成本是2斤椰子。鲁智深放弃生产1斤鱼的时间，可以多得到0.5斤椰子，因此，鲁智深生产1斤鱼的机会成本是0.5斤椰子。鲁智深生产1斤鱼的机会成本比鲁滨逊小，因此鲁智深生产鱼具有比较优势。反之，鲁滨逊生产椰子具有比较优势。

按照大卫·李嘉图的思想，不同的人或经济体可以根据比较优势选择专业化分工。鲁智深专业化生产鱼，鲁滨逊专业化生产椰子，然后二者进行交换，每个人可以实现更高的利益，社会总利益也会提高。

第三节　中国微观经济学研究的主要问题

在中国特色社会主义市场经济体制背景下，从中国社会的市场活动出发，可提炼出中国微观经济学研究的主要问题。这些问题可以从以下三个层面来理解。

一　如何配置经济资源

虽然家庭、企业和政府的经济活动纷繁复杂，但是归纳起来不外乎关于价格决定、数量决定的两类决策活动。中国微观经济学是研究中国的稀缺资源配置的学科。中国微观经济学研究中国政府、市场、企业和家庭如何决定产品和服务及要素的价格和数量，这是基本的资源配置问题。

1. 价格决定是一种最为基本的市场决策活动

在产品和服务市场上，家庭需要决定自己以什么价格来购买，企业要决定以什么价格来销售。在要素市场上，家庭要决定自己以多高的价格来提供要素，当然，企业也要决定支付多高的要素价格。就政府而言，如果购买产品或服务，政府当然也要决定买价，如果提供产品或服务，也要决定卖价，如公共物品的收费；如果是提供要素，自然要决定要素卖价，如国有土地的价格；如果是购买要素，也要支付相应的价格，如公务员的工资等。

2. 决定数量是另一种基本的市场决策活动

在产品市场上，企业要决定生产哪些产品，每一种产品生产多少；家庭需要决定自己购买哪些产品，每一种产品购买多少。在要素市场上，家庭要决定把多少要素供自己使用，多少要素供给市场为了进行生产；企业也要决定购买和使用哪些生产要素，每一种要素购买和使用多少。就政府而言，政府不仅要决定产品和服务的采购量和生产量，还要决定要素的购买量和生产量。

3. 定价和定量问题实际上就是资源配置问题

资源配置是指相对稀缺的资源在各种可能的用途之间作出选择，即各种资源在不同使用上的分配。无论是定价还是定量，实际上都是经济资源的配置问题。比如，政府决定雇用多少公务员，这决定了把多少劳动资源配置在公共部门，多少劳动资源配置到私营部门；房地产市场的交易量和交易价格的决定问题，实际上是社会资源在房地产和其他产品的配置问题。对于消费者，在有限的时间里，家庭要决定把多少时间用来休闲、多少时间用来做家务、多少时间用来工作挣钱，其实是在决定劳动资源的配置。

二 如何实现效率与公平

资源配置不仅涉及经济效率，也涉及经济公平。因此，中国微观经济学研究中国特色社会主义市场经济的经济效率与经济公平问题。

1. 资源配置与经济效率

经济效率是指资源配置效率。如果实现了资源的合理配置就实现了经济效率。如果消费者的商品购买和要素提供实现了效用最大化，消费者的资源配置就是有效率的；如果厂商的产品生产和要素使用实现了利润最大化，厂商的资源配置就实现了经济效率；如果全社会资源的使用和产品的分配实现了社会福利最大化，我们就说社会实现了经济效率。一句话，如果资源实现了合理配置就意味着实现了经济效率。

那么，什么样的资源配置才算是合理的呢？显然，这里有一个判断标准问题。在经济学中，资源的最优配置或者经济效率的判别标准是帕累托效率标准。帕累托效率标准是由意大利经济学家阿尔弗雷多·帕累托提出的用于衡量整个社会经济资源是否达到最有效配置的标准，它包含帕累托改进和帕累托最优两个概念。

假设一个社会的现有资源配置状态为 A，通过资源的再配置把配置状态变为 B，从 A 到 B 的资源再配置存在六种情况：一是全社会中的每一个人的福利都提高了，也就是每一个人在 B 状态获得的福利都比在 A 状态下好；二是全社会中有的人福利没有变化，但是有的人福利提高了；三是全社会的每一个人的福利都降低了，即每一个人在 B 状态获得的福利都比在 A 状态下差；四是全社会中有的人福利没有变化，但是有的人福利降低了；五是全社会中的每一个人的福利都是既没有增加，也没有减少；六是全社会中虽然有的人福利增加了，但有的人福利减少了。很明显，如果是第一、第二两种情况，那么可以肯定 B 状态优于 A 状态；如果是第三、第四两种情况，那么 B 状态肯定劣于 A 状态；如果是第五种情况，那么 B 状态与 A 状态就是无差异的；如果是第六种情况，则状态 A 与状态 B 之间的优劣无法判定，因为社会上不同人之间的偏好是不同的，从而不同人的福利评价是不能比较大小的。

按照帕累托的观点，在不使任何人的状况变坏的前提下，通过改变资源配置状态，可以使至少一个人的状况变好，则这种资源配置状况的改变就叫帕累托改进。从这个意义上讲，上述的第一、第二两种情况就是帕累托改进。帕累托改进就是全社会中无人受损有人受益的社会资源再配置。通俗地讲，利己不损人、利人不损己、利己利人的资源再配置都是帕累托改进。

按照帕累托的观点，当社会资源的配置已经没有再进一步改进的机会了，那社会资源的配置就达到了最优。经济学把这种资源配置状态称为帕累托最优。也就是说，如果社会的资源配置已经达到这样的程度，以至于社会无法在不使一部分人境况变差的条件下改善另一部分人的境况，那么，这时的资源配置就达到了最优。

根据这样的观点，在上述第三种至第六种情况中，与 B 状态相比较，A 配置状态就是一种帕累托最优状态。通俗地讲，如果某种资源配置状态的改变，或者是利己损人，或者是利人损己，或者是损人损己，那就说明资源配置不能改进了，因而它就是帕累托最优。当一个市场处于帕累托最优状态时，意味着市场上不再有未被利用的、通过交易增进社会福利的机会。当经济系统的资源配置达到帕累托最优状态时，经济运行是有效率的；反之，不满足帕累托最优状态的经济运行是缺乏效率的。

2. 资源配置与经济公平

如何在整个社会实现平等，这是如何分配的问题。收入分配涉及两个问题——效率和平等，效率是分析如何把蛋糕做大，而平等是讨论如何把蛋糕分得更为平均。中国传统文化强调"不患寡而患不均"，此种观点认为大家都分到相同数量的产品就是公平的。中华人民共和国成立后实行了"大锅饭"的绝对平均分配制度。事实已经证明，绝对平均主义对于效率的损害是巨大的——无论能力如何、是否努力，所有人都得到相同数量的产品，那么人们都不愿意付出更多努力，因为个体的努力结果被所有人分享，而不是独享自己努力的结果，结果就是总产品减少了。

考虑到人们能力高低不同，努力程度也不一样，存在一定的收入差距是合理的。公平并不是一味地要求绝对平均地分配产品，而是提供一个公平竞争的环境，即让所有的市场参与者站在同一起点上，即机会公平。党的二十大报告强调，"坚持多劳多得，鼓励勤劳致富，促进机会公平"。①

可以用收入分配表来分析收入分配的公平性。一个简单的衡量经济不平等的办法是考察不同人群的收入在总收入中所占的比例。如表2-1所示，某国家庭中有8.7%的家庭收入在1万元以下，家庭收入在7.5万元及以上的家庭则占17.2%。

若列出相同数量的家庭集团的收入在总收入中所占的比例，如表2-2所示，把家庭按照收入水平分为5个集团，每个集团的家庭数量占总家庭数的20%，然后考察每个集团的收入在总收入中所占的比例。

表2-1 某国的收入分配（2013年）

家庭年收入（元）	家庭百分比（%）
10000元以下	8.7
10000—14999	6.9
15000—24999	15.0
25000—34999	14.3
35000—49999	18.0
50000—74999	19.9
75000元及以上	17.2

表2-2　　　　　　　　某国的收入分配　　　　　　　　单位：%

年份	一 20%	二 20%	三 20%	四 20%	五 20%	最富有5%
1994	4.2	10.0	15.7	23.3	46.8	20.1
1990	4.6	10.8	16.6	23.8	44.3	17.4
1980	5.2	11.5	17.5	24.3	41.5	15.3
1970	5.5	12.2	17.6	23.8	40.9	15.6
1960	4.8	12.2	17.8	24.0	41.3	15.9
1950	4.5	12.0	17.4	23.4	42.7	17.3
1935	4.1	9.2	14.1	20.9	51.7	26.5

如果分配是平等的，每个集团都应该占到总收入的20%，但事实上并非如此，一些集团占的比例高，比如收入最高的20%家庭收入占总收入的40%以上；另一些集团占的比例低，收入最低的20%家庭收入占总收入的6%以下。

表2-2最后一栏表示最富有的5%的家庭收入，1935年，5%的富人收入占总收入的26.5%，1994年这个比例降到20.1%，仍然远超过5%的家庭占比。可以用洛伦兹曲线和基尼系数来衡量收入分配的公平性。如果把收入分配表中的数据转变为图形，用横轴表示家庭所占百分比，纵轴表示收入百分比，根据表2-2中1994年某国的收入分配，可以得到表2-3。

---

① 习近平：《高举中国特色社会主义伟大旗帜　为全面建设社会主义现代化国家而团结奋斗——在中国共产党第二十次全国代表大会上的报告》，人民出版社2022年版，第47页。

表2-3　　　　　　　　　某国家庭收入分配（1994年）　　　　　　　单位：%

	家庭		收入	
	百分比	累计	百分比	累计
a	20	20	4.2	4.2
b	20	40	10.0	14.2
c	20	60	15.7	29.9
d	20	80	23.3	53.2
e	20	100	46.8	100

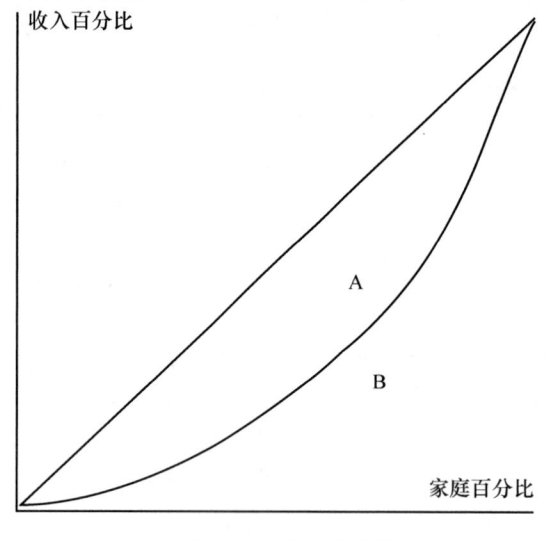

图2-4　洛伦兹曲线

根据表2-3，可以得到洛伦兹曲线，即表示收入分配状况的一条曲线，如图2-4所示的这条曲线。

如果每个家庭得到相同的收入，那么累计的家庭百分比得到累计的收入百分比将沿着平等线（对角线）变化，而洛伦兹曲线表示实际的收入分配。洛伦兹曲线离平等线越近，分配越平等。

根据洛伦兹曲线图，我们可以定义基尼系数。基尼系数等于洛伦兹曲线与对角线之间的面积与对角线下的面积之比：

$$基尼系数 = \frac{A}{A+B}$$

基尼系数越大，表明收入分配不平等的程度越大，其取值范围为0（收入分配完全平均）到1（收入全部归一人所有）。

按照联合国有关组织规定：基尼系数低于0.2表示收入绝对平均；基尼系数在0.2—0.3，收入比较平均；基尼系数在0.3—0.4，收入相对合理；如果基尼系数在0.4—0.5，表示收入差距较大；如果基尼系数在0.5以上，意味着收入差距悬殊。国际上通常把基尼系数等于0.4作为收入分配差距的"警戒线"。中国国家统计局公布的2015年中国基尼系数为0.462。

3．效率与平等关系

对效率的追求不可避免地产生不公平，因此在公平与效率之间，社会面临一种选择。经济首先要有效率，个人在收入约束下追求效用最大化的消费，企业在资源和技术约束下进行利润最大化的生产。市场调节个人和企业的行为，使资源实现最优配置，但市场经济并不能保证所有人都能够平等地得到产品。事实上，市场经济的结果出现了分配的不平等，有些人成为富豪，而另一些人挣扎在贫困的深渊中。追求经济效率不可避免地会产生结果的不平等，有些人天赋佳，运气好，而有些人天赋差，在起跑线上就输了。在残酷的市场竞争下，优胜劣汰导致结果的差异。追求公平也会损害效率，福利制度或失业保障帮助了那些最需要帮助的人。个人所得税将经济上的成功者的部分收入用来帮助贫困者，虽然这些政策实现了更大程度的平等，但会降低效率。当政府把富人的收入再分配给穷人时，一方面会减少对辛勤工作的激励，另一方面也可能增进贫困者的懒惰。结果是人们工作少了，生产的物品与服务也少了，均分蛋糕时，蛋糕本身变小了。

效率与公平的关系可以用图2-5的效率—公平曲线来表示。从效率—公平曲线ab看，曲线是负相关的，它表明效率与公平呈现替代关系。如果从a到b，资源配置效率提高了，但是降低了资源配置的公平；反之，如果从b到a，资源配置是更加公平，但降低了资源配置的效率。从效率—公平曲线的移动看，如果效率—公平曲线右移，可以出现在效率不变的条件下实现更高程度的公平，也可以在保持原有公平性的前提下提高效率。比较c点和d点，可以发现效率与公平都提高了。

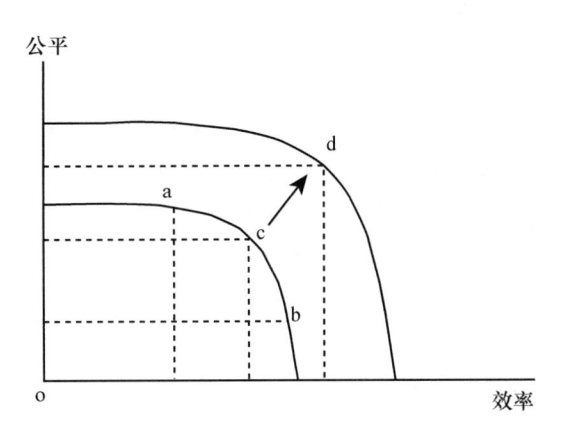

图2-5 效率与公平的关系

关于公平与效率的关系，党的十四大明确提出，要"兼顾效率与公平"。党的十四届三中全会提出，收入分配要"体现效率优先、兼顾公平的原则"。党的十五大报告和党的十六大报告都明确提出，要坚持效率优先、兼顾公平。党的十六大报告还提出，初次分配注重效率，再分配注重公平。这就确立了正确处理效率和公平关系的基本原则，目的就是既要适当拉开收入差距，以发挥收入分配的激励功能，又要防止收入差距过大引起社会不稳定。党的十六届五中全会提出，要"注重社会公平，特别要关注就业机会和分配过程的公平"，"在经济发展的基础上，更加注重社会公平"。党的十七大报告和党的十八大报告进一步提出，初次分配和再分配都要兼顾效率和公平，再分配更加注重公平。党的十九大报告指出："努力实现更高质量、更有效率、更加公平、更可持续的发展！"可见，中国从实际出发对效率和公平的关系认识不断深化和完善，从效率优先、兼顾公平向兼顾效率和公平转变。

三 如何划分市场机制与政府调节的边界

为了实现效率和公平，市场机制这只"看不见的手"应该在哪些方面发挥作用，政府调节这只"看得见的手"又应该在哪些方面发挥作用，这是市场与政府作用边界的划分问题，也是它们的职能划分问题。

根据微观经济学观点，在产权明晰、信息对称和竞争完全的市场中，依靠市场机制来配置资源是能够实现效率的。因此，完全市场中，产量和价格的决定、经济资源的配置，应该由市场机制来发挥作用，而政府仅仅作为"守夜人"，负责一个社会的安全稳定，包括稳固国防、建立法律秩序等，这就是一般说的"大市场、小政府"模式。

完全市场是不现实的，因为实际生活中，有些领域产权是不明晰的，有些领域信息是不对称的，一些领域存在垄断。在一个不完全产权、不完全信息和不完全竞争的市场中，依靠市场来配置资源并不是完全有效的，还可能加剧不平等，所以政府调节是必需的。比如，政府可以对垄断者进行价格管理，根据反垄断法对垄断者进行处罚。在信息不对称的市场上，政府可以利用行政手段或设计有效的制度来治理隐藏行为。在产权不完全的市场中，政府可以通过庇古税来治理外部性。因此，在不完全市场中，尽管市场是配置资源的重要手段，但是政府也是资源配置的重要手段，政府具有管制垄断的职能、传递信号、治理外部性、提供公共物品、管理公共资源的职能。

中国特色社会主义市场经济既关心资源的有效配置，也关心效率与公平的关系。因为领域的不同，市场可能有效，也可能低效；政府行为也可能有效，或者低效。理想的情形是有效市场加有为政府，该市场起作用的地方，政府不干预或少干预；市场失灵或产生不公平的地方，政府应该管起来，管理好。政府本身也应加强制度约束，建设法治政府、有为政府、清廉政府。

关键概念

稀缺性　生产可能性曲线　机会成本　比较优势　产品市场与要素市场　现代市场经济　机会公平

思考题

1. 简述市场经济循环活动中的主体、市场及循环流动。
2. 在数字经济时代，数据为何成为重要的生产要素？
3. 简述公平与效率之间的关系。
4. 生产什么、怎么生产、为谁生产三大基本经济问题与资源稀缺性有何关联？

第三章 中国微观经济学的研究假设

视频讲解

第一节 经济学假设

马克思指出:"分析经济形式,既不能用显微镜也不能用化学试剂。二者都必须用抽象力来代替。"① 此语道出了抽象分析对经济学的重要性。爱因斯坦指出:"全部科学不过是日常生活的精炼而已。"科学研究是从具体生活现象到一般理论的精炼过程:观察生活现象—初步提出观点—验证。验证当然有两种可能:通过验证,或者不能通过验证,那么就得重新思考原来的观点是否合适。经济学研究也是抽象分析过程,根据生活现象的观察提出假设,从假设出发进行逻辑推理,经过验证最终得到理论结论。

一 假设是为了简化现实使理论推导更加可行

蝴蝶扇动翅膀都可能引起远方的海啸,事物之间的相互影响是复杂的,很难同时研究所有的因素,需要依靠假设简化分析。例如,牛顿第一运动定律认为,假设没有外力作用,任何物体都将保持匀速直线运动或静止状态。没有外力作用的假设并不真实,但提供了有用的简化。当然,对现实的简化不能随意进行,应该是对真实现象的模拟或抽象。短期分析中,假设收入不变是合理的;如果涉及50年的消费变化,假设收入水平不变则是不合理的。

在分析经济问题时,经济学家总是依赖于假设。从这个角度看,经济学不像是一门科学。但是,如果把经济学的假设作为一种思考和研究问题的方法来看,它却是最基本和常用的抽象分析工具,其目的在于把复杂的问题简单化并最终得到研究结论。

经济学的方法需要假设,一定的假设只不过是为了得到最终结论的手段,经济学理论的进展往往是在不断放松假设条件并逼近真实的过程中取得的。比如,经济学在假设市场

---

① 《马克思恩格斯选集》(第二卷),人民出版社1995年版,第99、100页。

是完全竞争的基础上研究竞争企业行为，而完全竞争市场是抽象的、不现实的，放松相关假设就可去研究现实中的垄断企业和寡头企业的行为。

二　假设帮助人们约定相同的起点避免无效的争论

任何讨论都有一个起点，起点不同，讨论就没有一致的基础。A 认为，空调的价格上升，人们的购买量就会下降。B 认为，A 错了，在夏天，空调价格上升人们仍然争先恐后购买空调。谁对？谁错？其实，A 和 B 的争论没有太大的意义，因为他们明显不是在一个起点上讨论问题。价格上升导致需求量下降，是建立在其他因素不变的基础之上，而后者的结论建立在气温越来越高的基础之上。

每出现一个经济现象，人们都会思考和讨论，但是任何问题都必须有一个共同的起点，否则所有的讨论都没有意义。为了研究人们的经济选择，经济学建立基本的假设，这些基本假设就是为了约定相同的起点。中国微观经济学最基本的假设主要有三个：一是制度背景假设——中国特色社会主义市场经济体制，二是理性人假设，三是经济均衡假设等。本书第一章已经介绍过中国特色社会主义市场经济体制，这里介绍后两个假设。

第二节　理性人假设

在实际经济生活中，不仅存在个人、厂商和政府三种不同类型的经济行为人，而且不同的个人或家庭、不同的企业和不同的政府在不同的时间、地点和领域都可能有不同的行为动机。但是在经济学中，要得出一般化理论，需对不同主体的行为动机进行抽象，并建立假设。中国微观经济学最基本的行为假设是理性人假设。

一　完全理性人

虽然不同的经济主体行为各异，但经济学意义上的人统称"经济人"。"经济人"是完全理性的。

首先，完全理性人是自利的。也就是说，任何一个行为人的经济行为，在主观上都是追求自身利益的。一切"经济人"的经济行为都是基于自己经济利益的考虑来进行的，而不是基于别的什么东西。

其次，理性经济人追求利益最大化。人在做出经济决策时，总是理性地、深思熟虑地对各种可能的选择机会进行权衡比较，力图以最小的代价去获得自身的最大利益。这就意味着，经济行为人具有自己的目标、完全的信息和超强的计算能力，能够根据所面对的环境进行理性计算，并使自己的利益最大化。

比如，家庭是市场中最基本的经济单位。无论是作为要素供给者，还是作为产品需求者，家庭作为"经济人"，都是追求效用最大化的。厂商作为产品市场上的供给者和要素市场上的购买者，它生产经营的根本目标是获得最大化的利润。尽管政府的多重角色使它的动机和目标复杂多样，但经济学假定政府的行为动机是使自身利益最大化。政府是一个公共部门，是公众和社会的代表，因而政府的利益就是公共利益。因此，作为"经济人"，政府的行为动机是公共利益最大化。

完全理性人的自利行为可以增进他人利益和社会利益。一个人追求自身利益，可能是利己利人的，也可能是利己损人的。如果一个社会存在完备的道德约束、有效的市场约束，以及充分的法律和制度保证，人们追求自身利益的经济行为会无意识地、卓有成效地增进社会的利益。亚当·斯密在《国富论》中给出这样的描述：我们每天所需的食物和饮料，不是出自屠户、酿酒师或面包师的恩惠，而是出自他们利己的打算。每一个人既不打算促进公共利益，也不知道自己是在何种程度上促进那种利益，他盘算的只是自己的利益；他受到一只"看不见的手"的牵引去达到一个并非他本意想要达到的目的。由于追逐他自己的利益，也促进了社会利益，其效果要比他真正想促进社会利益时所得到的效果大。

"完全理性人"假定未必完全合乎事实，但这是对人的行为目标做出的一致性假定：我们假设个人、厂商和政府都是完全理性人，虽然是不同的主体，但经济学本质上是一致的，都是"经济人"。

二 有限理性人

完全理性人的假设不断受到批评，西蒙的"有限理性人"就是针对完全理性人假设的非现实性提出来的。"有限理性人"思想主要包括以下内容。

首先，经济人是理性的，不但自利，而且追求利益最大化。自利是人类的天性，没有自利心，人类就会灭亡。人首先是活着的动物，需要物质资料生存和繁衍，自利的人和利他的人在进化过程中竞争，自利的人会得到更多生存和繁殖的机会。同样的，具有理性计算意识和能力的人和不理性计算的人竞争时，也会生存得更好。

其次，人只能实现有限的理性。由于客观环境是复杂的，充满了不确定性，人的知识和计算能力是有限的，经济行为人只能达到有限的理性，而不是完全理性。理性经济人假定存在一系列不可回避的局限。经济行为人可能目标函数不清晰，可能信息不完全因为信息是有成本的，专业化分工导致知识分工，隔行如隔山，有些知识和信息是默会的，只可意会不可言传。另外，人的理性计算意识和能力是有差异的，有些人精打细算，有些人学过高等数学，他们的理性计算能力更强。有限理性人试图追求最优化，但不应寻求最优的结果，过得去就好，满意就好，满意原则而不是最优化原则是有限理性人的行为原则。稻草堆中有很多针，完全理性人要找到最锋利的针，即寻求最优化，有限理性人找到可以缝衣服的针就满足了，即寻求满意。西蒙提出的有限理性和满意原则纠正了传统的完全理性选择的偏激，拉近了与现实生活的距离。在这一原则下，考试追求最优化，那就是一百分，如果满意就好，就那是足够优秀就好；完全理性人找对象要找到一个最优的对象，有限理性人认为，找一个自己满意的对象就好。

三 社会人

社会人是指人是社会性的存在。人类进化为我们的祖先，靠的是发展了团结合作的群体能力，如果没有这样的能力，智人根本无法站在食物链的顶端，反而是狮子老虎的食物。归属是人类最强烈的动机，离开社会群体，单个人很难生存下去。马克思指出："人的本质并不是单个人所固有的抽象物。在其现实性上，它是一切社会关系的总和。"[①] 因此，人只有作为社会群体的存在，才能生存发展。人要得到社会的认可，必须展现出社会性，对社会有贡献，人的行为要符合社会规范，否则会受到群体的排斥。马斯洛的需求层次理论将人的需求从低到高分为生理需求、安全需求、社交需求、尊重需求和自我实现需求，更高层次的需求体现人的社会属性，人需要发展社交关系、获得尊重、实现价值。

人的经济行为是嵌入在社会关系之中的，不但受经济利益的影响，也受各种非经济因素的影响。哈佛大学教授梅奥主持的霍桑实验发现，工人不是只受金钱刺激的"经济人"，人的社会需要会形成有效的激励。由于受到额外的关注而引起绩效或努力上升的情况称为"霍桑效应"。人们最重视的是工作中与周围人友好相处，物质利益是相对次要的因素。人是独特的社会性动物，希望把自己投入集体中，与同事构建良好的社会关系以获得认同感。人的社会性需求带来社会价值，越能得到社会的尊重，个人实现的社会价值就越大。

第三节 经济均衡假设

一 物理学中的均衡

在物理学上，一个物体受到多个外力的作用，这些外力的作用大小和作用方向就决定了物体的运动状态。如果一个物体受到大小相同、方向相反、作用在一条直线上的力的作用，这个物体将处于静止状态或匀速直线运动状态。只要这些力的大小和方向不变，物体就将保持这个状态不变。在物理学上，均衡是指一定条件下物体运动状态不变的状况。

二 经济均衡

经济现象也是多种因素影响的结果，当外部因素不变时，经济现象将保持不变的状态，即均衡状态。经济学将不变的状态称为静态，意指静止状态。为阐述经济均衡，这里

[①] 《马克思恩格斯选集》（第一卷），人民出版社1972年版，第18页。

引入经济模型的概念。经济模型是描述和分析经济现象之间关系的理论结构。构建经济模型时，先对分析问题进行简化，舍弃一些影响小的因素或变量，把经济现象简化或抽象为数量不多的主要变量。

经济模型中的经济变量可分为外生变量和内生变量。内生变量是指在模型中要解释的变量，即模型要决定的变量。外生变量是指由模型以外的因素决定的变量，在此模型中视为既定的常数。内生变量由外生变量所决定。由一组既定的外生变量决定内生变量的值，这叫静态分析。如果外生变量保持不变，则形成静态均衡。因此，经济均衡是相对静止的状态，即描述外生变量不变时，内生变量的静态状态。分析外生变量的变化对内生变量的影响，被称为比较静态分析。只要至少一个外生变量发生变化，内生变量也会发生变化，由一组新的外生变量决定新的静态均衡点，从原来的静态均衡点到新的静态均衡点，就可以做比较静态分析。当假设其他因素都不变时，探讨某个外生变量对内生变量的影响，就可以分析这两个经济现象之间的关系。

上述外生变量决定内生变量的过程是最优化，描述完全理性人追求利益最大化的过程及结果。一旦人们达到了最优化状态，行为人就没有改变这种状态的动机，这种状态就会保持下去，除非有些因素发生了变化。如果行为人还没有达到最优化，理性经济人会不断调整自己的行为，使之向利益最大化状态运动。经济学把行为人在一定条件下的利益最大化状态称为经济均衡。消费者均衡是指消费者在一定条件下，实现了效用最大化的状态。生产者均衡是指生产者在一定条件下，实现了利润最大化的状态。市场均衡是指产品和服务、要素市场在一定条件下，实现了社会总剩余最大化的状态。

如果一种产品市场达到均衡，那么在目前的价格下，买方愿买的数量恰好等于卖方愿卖的数量。在目前的状态下，买方和卖方的决策都是最优的，因为卖方愿意接受的最低卖价与买方愿意支付的最高买价刚好相等，在外部条件改变之前，价格和数量便静止下来，从而达到均衡。此时，无论是买方还是卖方，都没有改变价格和数量的动机。

经济均衡的含义包括两个方面。一是均衡是一种相对稳定状态。也就是说在一定的条件下，没有人愿意而且能够改变这种状态。因为经济均衡体现了经济主体实现了最优化的资源配置状态。一旦消费者实现了均衡，此时实现了效用最大化，那么消费者就不愿再改变，除非外生变量发生变化。在企业均衡时，它也获得了最大的利润，其也不愿再调整，除非外生变量发生变化。二是均衡状态代表非均衡状态的运动趋势和运动方向。就市场均衡而言，供大于求时，买方有能力压低价格，卖方也被迫愿意降价销售；而供不应求时，卖方有能力抬高价格，而买方也被迫提价购买，因此供大于求和供小于求都会自动趋于均衡。就消费者均衡而言，如果消费者没有达到均衡，理性消费者可以通过重新调整商品量和货币量来增加效用，最终达到消费者均衡。就企业均衡而言，如果企业没有达到均衡，说明企业或者产量过少，或者产量过多，理性的生产者可以通过增加或者减少产量来增加利润，最终达到生产者均衡。

关键概念

经济人　理性人　有限理性　社会人　经济均衡　内生变量　比较静态分析

思考题

1. 经济分析为何先要有经济假设？
2. 简述经济人假设的基本内容。
3. 为何经济行为人常常只能达到有限理性？
4. 经济均衡是一种什么样的状态？

第四章　中国微观经济学的研究方法

视频讲解

中国微观经济学的研究离不开研究方法。中国微观经济学主要有制度分析、边际分析、无差异曲线分析和博弈分析四种研究方法。

第一节　制度分析法

一　制度和制度的作用

1. 制度。一般而言，制度是一个社会用以约束人类行为的规则。制度既包括法律这样的正式制度，靠正式力量强制实施，也包括道德伦理规范等非正式制度，靠人们自觉实施。法不责众，制度一定是符合社会规范的行为框架，而社会规范之所以形成，一定是符合经济主体的理性。

2. 制度的作用。制度总的作用是降低交易成本。通过约束人的行为，达成制度共识，起到降低交易成本的作用。第一，从人格化交易到非人格化交易的转变需要建立起制度规则。这一转变可实现范围更广的交易，工业化、城市化进程伴随着越来越多的非人格化交易。中国经济快速增长与人格化交易扩张紧密相关。建设一整套非人格化交易制度，是步入现代化的重要任务。第二，以低成本方式整合分散的知识不能完全依赖价格体系，还需要依靠制度和组织来克服价格体系知识分散的问题。有关知识、信息、科学技术的生产和扩散是需要制度和组织的。第三，制度降低不确定性，降低交易成本。制度作为正式或非正式的规则，指引人们行为的特定方向，从而降低不确定性。可预期的经济行为可以降低交易成本。第四，制度产生正向激励与反向激励。"制度—行为—绩效"分析范式强调制度的激励特征，不同的制度会产生不同的绩效。好的制度可以让坏人做好事，坏的制度可以使好人做坏事。第五，制度解决公平问题。制度不仅与效率有关，而且与公平有关。一个人负责切蛋糕，他不能负责分蛋糕，这样的制度使他并不知道自己会分到哪一块，最明智的做法是把所有蛋糕都尽可能切成同样的大小。这样的制度才可能实现公平的分配。第六，制度变迁是理解经济增长的关键。人类走向现代文明，是制度不断完善的结果。只要制度能保障自由，将各种要素配置到最合适的地方，并建立起激励人们努力创造的机制，人类社会自然就会走向进步。从某种意义上讲，中国经济的快速增长是改革开放的结果，改革开放建立起中国特色社会主义市场经济体制，吸收人类一切有益文明成果，解放生产力，发展生产力，走向共同富裕。

二 制度分析的概念框架

既然制度如此重要，那么分析制度的形成和变迁就显得特别重要。制度分析就是解释一项制度形成和变迁的原因及结果。具体而言，制度分析关注的典型问题包括：为什么制度会如此不同？为什么会形成某种制度以及如何形成某种制度；这些制度如何以及在何种程度上能够解释生产力的差异？为什么有时无效率的制度会固化下来以及如何固化下来？制度如何以及在何种程度上会朝理想的方向变迁。

制度分析的概念框架是以交易成本（费用）为核心的，制度通过保护产权和合约实施从而降低交易成本。

1. 交易费用。交易费用是为了完成交易而产生的费用。比如，为了完成交易，买卖双方都需要搜寻信息，需要讨价还价，需要拟定交易合约，需要合约监督和执行以及交易纠纷的解决。这个过程中的所有费用都是交易费用。交易费用的高低影响交易的现实可行性。亚当·斯密认为，分工是经济增长的源泉，而分工受限于市场范围。交易费用降低，可以扩展市场范围从而促进分工发展。

2. 产权保护。产权是所有制关系的法律表现形式，是指合法财产的所有权，包括对财产的占有、使用、收益、处分的一系列权利的集合。产权规定了稀缺资源的归属。一个经济体的产权体制界定了个人与稀缺资源利用之间的关系，不同的产权界定会产生不同的激励和约束，从而带来不同的行为。《中华人民共和国宪法》规定，社会主义的公共财产神圣不可侵犯。国家保护社会主义的公共财产。禁止任何组织或者个人用任何手段侵占或者破坏国家的和集体的财产。公民的合法的私有财产不受侵犯。国家依照法律规定保护公民的私有财产权和继承权。国家为了公共利益的需要，可以依照法律规定对公民的私有财产实行征收或者征用并给予补偿。保护产权可以激励人们努力创造。

3. 合约保护。非人格化交易基本上是以合约形式进行的。制度应保护合约的正常履行。合约规定双方的责任和义务，阐明双方需要在期限内进行的工作，一旦发生违约事件，合约规定如何去处理以及提供处理的依据和程序。《中华人民共和国合同法》规定，合同是平等主体的自然人、法人、其他组织之间设立、变更、终止民事权利义务关系的协议。合同当事人的法律地位平等，一方不得将自己的意志强加给另一方。当事人依法享有自愿订立合同的权利，任何单位和个人不得非法干预。当事人应当遵循公平原则确定各方的权利和义务。当事人行使权利、履行义务应当遵循诚实信用原则。当事人订立、履行合同，应当遵守法律、行政法规，尊重社会公德，不得扰乱社会经济秩序，不能损害社会公共利益。依法成立的合同，对当事人具有法律约束力。当事人应当按照约定履行自己的义务，不得擅自变更或者解除合同。依法成立的合同，受法律保护。

制度形成激励上的差异，会决定一个国家的繁荣。制度要保护人的自由，保护产权和合约执行。当市场将个人配置于具有最高生产率的职业，当法律和规章鼓励企业投资于实物资本和技术进步，当教育系统鼓励人们投资于人力资本时，该经济体将比其他制度下的经济体更加繁荣。不同的制度产生不同的激励，激励帮助社会积累生产要素和采用新技术。诺思指出："社会没有能力形成一套有效的、低成本执行合同的体系，这是第三世界国家过去经济停滞和现在经济不发达的最主要根源。"

良好制度的形成有历史文化的原因，也有社会革新的原因。制度变革之所以产生，是由制度变革的收益以及成本共同决定的，如果制度变革的收益大于成本，制度变革就会推进；反之则推进艰难。制度变革既有从上而下的顶层设计，也有从下而上的革新过程。

第二节 边际分析法

人们面临的经济选择主要有两类。一是超边际选择，在不同种类的事物间选择，非此即彼，例如同学选择了经济学专业，就放弃了其他专业，对不同专业的选择是超边际分析。二是边际选择，当选择了经济学专业后，学微观经济学还是学宏观经济学是边际选择。超边际分析超出了本书的范围，而边际分析是本书的重点。

边际分析是关于再多一单位经济资源的选择，如是否再多吃一个鸡腿、是否再多花一个小时学习经济学以备考试、是否再多生一个孩子等。经济学用边际变化这个术语来描述对现有行动的微小增量。这种边际选择存在边际利益和边际成本，理性人通常通过比较边际利益与边际成本来做出决策。如果边际利益大于边际成本，则多选择一单位是值得的。如果边际利益小于边际成本，则不应该多选择一单位，减少一单位是值得的。最优化的配置发生在边际利益等于边际成本的时候。

例如，航空公司的一个航班有200个座位，这趟航班的成本是10万元，平均每个座位的成本是500元。假设这趟航班即将起飞时仍有10个空位，而登机口有乘客愿意支付300元买一张票。航空公司应该把票卖给他吗？当然应该。如果飞机有空位，多增加一位乘客的边际成本是微不足道的，仅仅是这位边际乘客的餐食饮料的成本而已，只要乘客所支付的钱大于边际成本，卖给他机票就是有利润的，因为边际收益大于边际成本。

一 成本和边际成本

成本是人们因某种行为而付出的货币价值，经济学用货币额来衡量人们某种行为的代价。成本概念不只适用于生产者，任何主体做任何事都要消耗经济资源，即付出成本，反映人们行动的代价。消费者购买商品而付出的费用就是消费者的购买成本，企业购买劳动力而付出的费用就是企业的劳动购买成本。这里无意探讨成本的具体内容，可以建立一个简单的成本函数,如果成本用 C 表示,用 X 表示行为量,那么成本函数就可以表示为 $C = C(X)$。在经济学中,衡量行为成本的指标有总成本、平均成本和边际成本。

以某校食堂的鸡腿为例,每个鸡腿的价格是 4 元,某同学购买鸡腿的数量和成本数据如表 4-1 所示。

表 4-1　　　　　　　　　　　　　　行为成本指标

行为量 x	总成本 $TC(x)$	平均成本 $AC(x)$	边际成本 $MC(x)$
0	0	—	—
1	4	4	4
2	8	4	4
3	12	4	4
4	16	4	4
5	20	4	4
6	24	4	4
7	28	4	4
8	32	4	4
9	36	4	4
10	40	4	4

总成本是人们为一定的行为所付出的总费用,$TC(X)$ 是总成本函数,意味着总成本 TC 是行为量 X 的函数。在表 4-1 中,$TC(X) = 4X$。

平均成本是总成本除以行为量,它反映平均一单位行为量所付出的成本。平均成本函数表示为 $AC = TC(X)/X$,在表 4-1 中,平均每个鸡腿的成本是 $4X/X = 4$ 当然,用平均成本乘以行为量就可以得到总成本,即 $TC = AC(X) \times X$。

边际成本是人们改变一单位行为量所引起的总成本的变化。边际成本用函数表示为 $MC = \dfrac{\Delta TC(X)}{\Delta X}$,在表 4-1 中,边际成本恒为 4。

总成本是边际成本的总和,比如,$TC(4) = MC(1) + MC(2) + MC(3) + MC(4)$,消费 4 个鸡腿的总成本是 16,等于前 4 个鸡腿的边际成本之和 (4+4+4+4)。

在总成本函数连续可导的条件下,边际成本 $MC = \dfrac{dTC(X)}{dX}$,边际成本是总成本函数对行为量的一阶导数,反过来,对边际成本的积分是总成本。

二 利益与边际利益

利益是人们因某种行为而获得好处的货币价值。比如消费者消费产品或服务得到的满足的货币价值。企业因为销售商品而得到的货币额即利益用 B 表示，用 X 表示行为量，那么利益函数就可以表示为 $B=B(X)$，利益随行为量的变化而变化。以同学在食堂消费鸡腿为例，购买并消费鸡腿的数量与利益 B 的一系列数据，编制出表 4-2。

表 4-2　　　　　　　　　　　行为利益指标

行为量 x	总利益 TB(x)	平均利益 AB(x)	边际利益 MB(x)
0	0	—	—
1	8	8	8
2	14	7	6
3	18	6	4
4	20	5	2
5	20	4	0
6	18	3	-2

总利益是人们在某个行为量所得到的总利益，总利益函数表示为 $TB(X)$，是行为量 X 的函数，随着行为量 X 的变化而变化。比如，表 4-2 中当鸡腿消费量 $x=4$ 时，总利益为 20。

平均利益是总利益除以行为量，它反映平均 1 单位行为量所得到的利益。平均利益函数表示为 $AB=TB(X)/X$，比如，表 4-2 中鸡腿消费量 $X=4$ 时，平均利益就是 5。当然，用平均利益乘以行为量就可以得到总利益，即 $TB=AB(X)\times X$。

边际利益是人们改变一单位行为量所引起的总利益的变化，边际利益用函数表示为：$MB=\dfrac{\Delta TB(X)}{\Delta X}$，在总利益函数连续可导的条件下，有边际利益 $MB=\dfrac{dTB(X)}{dX}$。也就是说，边际利益是总利益的一阶导数。总利益是边际利益的总和，比如，$TB(4)=MB(1)+MB(2)+MB(3)+MB(4)$，即 20 (8+6+4+2)，对边际利益积分可得到总利益。

三 经济均衡：最优行为选择

在分析了行为成本和行为利益之后，行为人就可以进行最优行为选择，也就是可以进行均衡分析。理性的行为人考察边际量如图 4-1 所示。当某种行为的边际利益 > 边际成

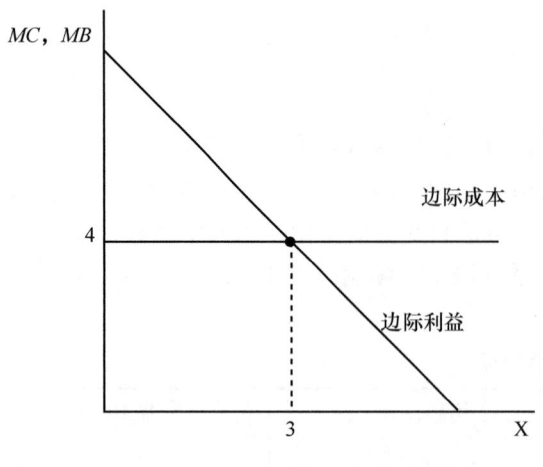

图4-1 边际利益与边际成本分析

本时,则增加这种行为;当边际利益<边际成本时,则减少这种行为;当边际利益=边际成本时,这种行为就实现了最优数量。在食堂鸡腿的例子中,消费第1个鸡腿时,边际利益(8)大于边际成本(4),则继续多买1个;消费第2个鸡腿时,边际利益(6)大于边际成本(4),仍然继续多买1个;消费第3个鸡腿时,边际利益(4)等于边际成本(4),这是最优的鸡腿数量。如果再买第4个鸡腿,边际利益(2)小于边际成本(4),应该减少鸡腿的消费量。在经济学中,边际成本=边际利益,就是最优行为量准则。

在某个行为量,如果边际利益>边际成本,行为人可以通过增加这种行为来套利,因为他可以较低的代价获得更高的利益。

在某个行为量,如果边际利益<边际成本,意味着行为人可以通过减少行为量来套利,因为他此时的行为得不偿失,以较高的成本获得更低的利益。

在某个行为量,如果边际利益=边际成本,意味着无论是增加还是减少1单位行为都不能实现套利,因此,在这个行为量实现了最优化。边际成本=边际利益也称为无套利条件。

在经济学中,边际分析法是人们进行最优决策最为有效的方法。它根据决策变量所产生的得失,分析行为的边际成本、边际利益,并根据边际成本曲线和边际利益曲线的交点来决定最优行为量。

边际分析法作为最为常用的经济管理决策方法,本质上是在思考未来的每一个行为是否值得、是否有利可图。如果边际利益大于边际成本,说明增加行为量是值得的;如果边际利益小于边际成本,说明减少行为量是值得的;如果边际利益等于边际成本,说明改变与不改变边际行为量是一样的,所以人们的行为量就保持不变。

边际分析遵循一般套利逻辑。只要边际成本不等于边际利益,就存在进一步套利的机会,决策者就应该继续调整行为,直到满足边际成本等于边际利益的无套利条件。

边际分析法适用于任何主体,消费者、生产者、政府的利益目标虽然不同,但边际分析方法是同一的。在本书后续的章节,我们将学习到消费者的边际利益是边际效用,生产者的边际利益是边际收益。不过本节所讲的成本利益分析,更多的时候被称为成本收益分析。不管是一元函数,还是二元函数,都适合用边际分析,对二元函数做边际分析时,要假设其他因素都不变,探讨一个变量的变化对因变量的影响,数学上表现为求偏导数。

第三节 无差异曲线分析

无差异曲线分析就是通过成本无差异曲线和收益无差异曲线来求解最优组合的分析方法。无差异曲线分析方法可以分析行为的成本和收益，从而做出最优决策。无差异曲线分析可理解为等量分析，等量的成本是无差异的，可称为等成本线，等量的收益也是无差异的，可称为等收益线。一般来说，二元函数的最优化用无差异曲线分析比较方便。

一　成本无差异曲线：等成本线

成本无差异曲线可称为等成本线，就是由那些需要付出相同成本的行为组合点的轨迹。如果行为成本 C 受两种行为变量 X 和 Y 的影响，那么行为成本函数就可以表示为 $C = C(X, Y)$。若一系列 (X, Y) 的组合表示某一个固定的成本，这些组合的连线构成一条等成本线。有些行为组合的总成本更大，位于更高的等成本线，也有些行为组合的总成本更小，位于更低的等成本线。

购买支出的成本 $C(X, Y) = P_X \times X + P_Y \times Y$，只要已知购买支出 C，X 的价格 P_X，Y 的价格 P_Y，就能得到一条等成本线，这条等成本线的方程为：

$$Y = \frac{C}{P_Y} - \frac{P_X}{P_Y} \times X$$

图 4-2 的等成本线上 A、B、C、D、E 点的成本支出是无差异的，这条线以外的组合点，是成本 C 购买不到的；这条线以内的组合点，成本 C 都能购买，且有余。

成本无差异曲线或等成本线表达了经济主体的资源稀缺性，它的成本支出限定在 C，要想增加 X 的购买，必须减少 Y 的购买，等成本线的斜率为 $-P_X/P_Y$，表示增加一单位 X 的购买，必须放弃 P_X/P_Y 单位的 Y。

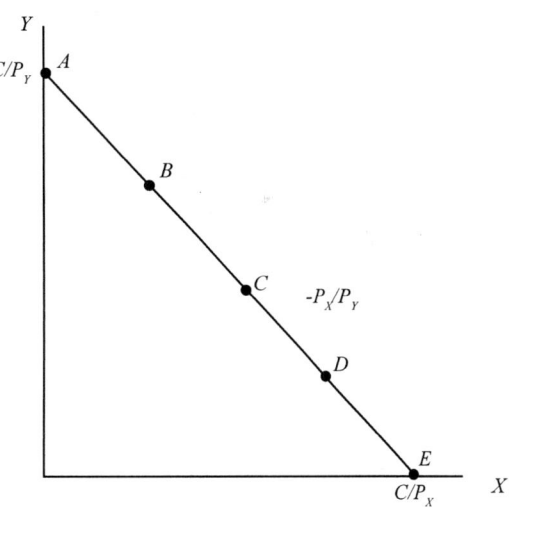

图 4-2　成本无差异曲线：等成本线

二　收益无差异曲线

如果行为收益受到两种行为变量 X 和 Y 的影响，那么行为收益函数就可以表示为 $R = R(X, Y)$，这可以理解为经济主体的目标函数，这里的收益泛指经济主体采取经济行为所获得的利益，如消费者消费产品或服务所获得的效用，生产者生产产品或服务所获得的利润等。

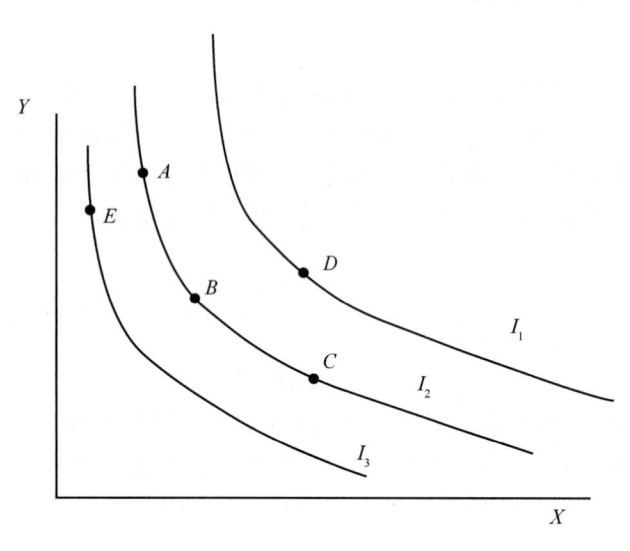

收益无差异曲线可以称为等收益曲线。能给经济主体带来相同收益的一系列行为组合点连接而成的曲线叫等收益曲线。

收益无差异曲线的形状可能是直线，也可能是曲线，后述章节会探讨这个问题，这里先给出收益无差异曲线的一般情形。如图4-3所示，A、B、C三点的行为组合带来的收益是无差异的，这三个点在同一条无差异曲线I_2上，D点的行为组合在更高的无差异曲线I_1上，而E点的行为组合在更低的无差异曲线I_3上。更高的收益无差异曲线代表的收益更高。

图4-3　收益无差异曲线

收益无差异曲线的斜率叫边际替代率dY/dX，由$R(X,Y)=R_0$，两边取全微分并整理可得：

$$\frac{\partial R}{\partial X}dX + \frac{\partial R}{\partial Y}dY = 0$$

故$\frac{dY}{dX} = -\frac{MR_X}{MR_Y}$，其中，$MR_X = \frac{\partial R}{\partial X}$，$MR_Y = \frac{\partial R}{\partial Y}$。

三　经济均衡：最优行为组合选择

理性经济人的最优化行为可以是行为成本既定条件下的收益最大化行为，也可以是行为收益既定条件下成本最小化行为。

理性的经济主体在成本约束下，追求收益最大化，这是经济主体在资源稀缺约束下的经济选择问题。如图4-4所示，资源稀缺性用等成本线表示，经济主体的目标函数用收益无差异曲线表示。在既定的成本约束下，经济主体能够实现的最大收益是I_2，均衡点是e，I_1是当前的成本条件达不到的，I_3是当前的成本条件能达到的，但不是最大的收益。

既定成本条件下总收益最大化的数理证明如下。

1. 既定成本下的收益极大化

已知目标函数：$\max R = R(x, y)$

满足约束条件：$C = xp_x + yp_y$

根据拉格朗日法构造拉格朗日函数：

$L = R(x, y) - \lambda(C - xp_x - yp_y)$

要实现收益极大化必须满足三个边际条件：

$$\frac{\partial L}{\partial x} = \frac{\partial R}{\partial x} + \lambda p_x = 0 \Rightarrow MR_x = -\lambda p_x \quad (4-1)$$

$$\frac{\partial L}{\partial y} = \frac{\partial R}{\partial y} + \lambda p_y = 0 \Rightarrow MR_y = -\lambda p_y \quad (4-2)$$

$$\frac{\partial L}{\partial \lambda} = C - xp_x - yp_y = 0 \Rightarrow C = xp_x + yp_y \quad (4-3)$$

式（4-1）除以式（4-2）可得：

$$\frac{MR_x}{MR_y} = \frac{p_x}{p_y} \text{或者} \frac{MR_x}{p_x} = \frac{MR_y}{p_y} = \lambda$$

因此，在既定成本下实现收益最大化的条件为：

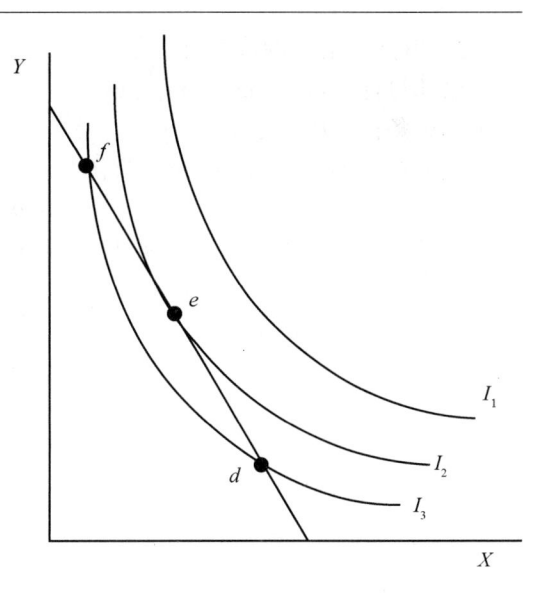

图 4-4 成本约束下的收益最大化

$$\begin{cases} \dfrac{MR_x}{MR_y} = \dfrac{p_x}{p_y} \\ C = xp_x + yp_y \end{cases} \text{或者} \begin{cases} \dfrac{MR_x}{p_x} = \dfrac{MR_y}{p_y} = \lambda \\ C = xp_x + yp_y \end{cases}$$

在图 4-4 中，最佳要素组合 e 是收益无差异曲线与等成本曲线的切点。在切点处，等成本线的斜率等于收益无差异曲线的斜率。收益无差异曲线与等成本曲线相交时，没有实现最优化，如图 4-4 所示的 d 点，经济主体可以沿着等成本线减少行为 X，增加行为 Y，从而达到更高的收益无差异曲线，而在 f 点，经济主体可以沿着等成本线增加行为 X，减少行为 Y，从而达到更高的收益无差异曲线，这一调整过程直到实现最优化 e 为止。

经济主体的最优化行为也可以是行为收益既定条件下的成本最小化，如图 4-5 所示，经济主体为获得既定的收益，追求最小的成本，在 e 点实现均衡，最小的成本是 C_2，C_3 代表的成本达不到既定的收益，C_1 代表的成本可以实现既定的收益，但不是最小的成本。

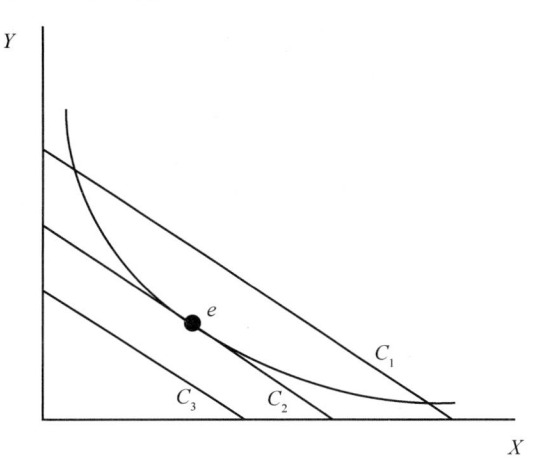

图 4-5 既定收益下的成本最小化

既定收益下的成本最小化，数理证明如下。

2. 既定收益下的成本最小化

已知目标函数：$\min C = xp_x + xp_y$

约束条件：$R(x,y) = R^*$

根据拉格朗日法构造拉格朗日函数：

$$L = xp_x + yp_y - \theta(R(x,y) - R^*)$$

要实现成本最小化，必须满足三个边际条件：

$$\frac{\partial L}{\partial x} = p_x - \theta\frac{\partial R}{\partial x} = 0 \Rightarrow MR_x = \frac{1}{\theta}p_x \qquad (4-4)$$

$$\frac{\partial L}{\partial y} = p_y - \theta\frac{\partial R}{\partial y} = 0 \Rightarrow MR_y = \frac{1}{\theta}p_y \qquad (4-5)$$

$$\frac{\partial L}{\partial \theta} = R(x,y) - R^* = 0 \qquad (4-6)$$

$$\Rightarrow R(x,y) = R^*$$

式(4-4)除以式(4-6)可得：

$$\frac{MR_x}{MR_y} = \frac{p_x}{p_y} \text{ 或者 } \frac{MR_x}{p_x} = \frac{MR_y}{p_y} = \frac{1}{\theta}$$

因此，在既定收益下实现成本最小化条件为：

$$\begin{cases} \dfrac{MR_x}{MR_y} = \dfrac{p_x}{p_y} \\ R^* = R(x,y) \end{cases} \text{ 或者 } \begin{cases} \dfrac{MR_x}{p_x} = \dfrac{MR_y}{p_y} = \dfrac{1}{\theta} \\ R^* = R(x,y) \end{cases}$$

最优要素组合 e 点是收益无差异曲线与等成本曲线的切点，在切点处，等成本线的斜率等于收益无差异曲线的斜率。如果收益无差异曲线与等成本曲线相交，经济主体就可以通过调整行为量组合来走向最优点。

无差异曲线分析的逻辑就是在一系列成本无差异的组合中选择收益最大的组合，或者在一些收益无差异的组合中选择成本最小的组合。

无差异曲线分析的工具就是两条线，即成本无差异曲线和收益无差异曲线。只要不在两条曲线的切点上，就存在进一步套利的机会，决策者就应该继续调整行为，直至满足无套利条件。

在中国微观经济学中，分析二元变量的最优决定时习惯用无差异曲线分析方法。比如，在家庭的两种商品的购买组合决策中，经济学习惯运用无差异曲线分析；在企业的长期产出组合决策中，也习惯运用无差异曲线分析。

第四节 博弈分析方法

一 博弈概述

博弈论是研究行为主体的策略对抗及策略均衡的理论。当任一行为主体的决策及结果受到其他行为主体决策的影响时,各个行为主体面临应该如何选择策略的问题,此时博弈分析方法就是很好的分析工具。

为了了解博弈的基本概念,我们先从经典的囚徒博弈开始。假设有两个合伙作案的犯罪嫌疑人被抓住后,警方并没有找到他们作案的确切证据,因而对这两名犯罪嫌疑人犯罪事实的认定及相应的量刑取决于他们自己的供认。警方对两名犯罪嫌疑人实行隔离审讯,每个犯罪嫌疑人都无法知道对方的具体行动,警方明确地告知两名犯罪嫌疑人,如果两人都供认犯罪事实,那么,两人各面临8年徒刑;如果某一人供认犯罪事实,而其同伙抵赖,则供认者坦白从宽,从轻判面临1年徒刑,而不供认者抗拒从严,从重面临12年徒刑;如果两人都不供认,那么根据现有的证据,他们分别面临2年徒刑。

一个完整的博弈包括参与人、策略和支付这三个基本的博弈要素,另外,博弈顺序和博弈信息也是非常重要的博弈要素。

参与人,又称为博弈方,是指博弈中的决策主体,如囚徒博弈中的犯罪嫌疑人。博弈论认为,博弈参与人都是理性的,其目的是通过选择策略行为来使自己的利益最大化。参与人可以是一个、两个或多个,博弈论适合分析较少的参与主体,因为此时主体间的策略影响和策略对抗非常显著。本节主要研究双人博弈。

策略是指参与人的行动方案,如坦白、抵赖是囚徒博弈中犯罪嫌疑人的策略。一个博弈方的所有策略构成这个博弈方的策略集,比如两位囚徒的策略集都是{坦白,抵赖},各个博弈方的一定策略构成策略组合,比如(A坦白,B坦白)、(A坦白,B抵赖)、(A抵赖,B坦白)和(A抵赖,B抵赖)构成囚徒博弈的四个策略组合。在不同的博弈中,策略的数量也多少不一。有些博弈的策略数量是有限的,称为有限策略博弈;有些博弈的策略数量是无限的,称为无限策略博弈。

支付,又称为得益,是指在一个特定的策略组合下,博弈参与人得到的得益,这里得益不一定是金钱收益,任何表达参与人损益结果的收入、利润、亏损、成本、效用,甚至囚徒博弈中犯罪嫌疑人被关押的时间都是可以的。博弈论假定,每个参与人的得益都是可以量化比较的。每个博弈方的得益,不仅取决于博弈方自己的行为,还要受其他博弈方行为及博弈规则的影响,因而得益是所有参与人策略的函数。在双人的剪刀、石头、布博弈中,U_A(剪刀,石头)不等于U_A(剪刀,布),参与人A的策略是既定的,其得益还取决于对方行使的策略。在博弈论中,每个博弈方在每一种策略组合下都有相应的得益,各个博弈方的得益和就构成博弈的总得益。在许多博弈中,博弈的策略组合不同,博弈的总得益就不同,这就是变和博弈。当然,也有些博弈,无论博弈的策略组合如何变化,博弈的总得益始终为0,这就是零和博弈,或者总得益总是为一个非零常数,就是常和博弈。

博弈顺序是指各个参与人在什么时候行动或者选择。很多博弈中,博弈方同时做出选择,因为这样能保证公平合理。而且很多博弈中,博弈方的决策有先后之分,这就有一个行动次序问题,有人先行动,有人后行动。在博弈论中,根据参与人行动的先后顺序,可以将博弈分为静态博弈和动态博弈。静态博弈是指博弈参与人同时行动,这个同时不是严格意义上同一时刻,是指任何行动者不能观察到其他行动者的策略。动态博弈是指参与人的行动有先后顺序,而且后行动者可以观察到先行动者的选择,并据此做出相应的选择。在剪刀、石头、布博弈中,要求同时行使策略才是公平的。

二 静态博弈与纳什均衡

1. 博弈的表述形式——标准式

如果每个博弈方都清楚地理解参与人的特征、策略和得益状况,并且各个参与人同时选择行动,这样的博弈叫完全信息静态博弈。完全信息静态博弈通常采用标准式或策略式来表述,即通过支付矩阵的形式来直观地表述一个博弈的参与人、策略及策略组合、博弈得益或者支付等基本要素,如表4-3所示。

表4-3　　　　　囚徒困境博弈

		犯罪嫌疑人 B	
		坦白	抵赖
犯罪嫌疑人 A	坦白	-8, -8	-1, -12
	抵赖	-12, -1	-2, -2

2. 上策均衡和纳什均衡

研究博弈的关键是求解博弈均衡,即求解均衡策略(组合)。求解博弈均衡遵循经济学的基本假设,即完全理性人假设。而且,博弈参与人达成理性共识,即我是理性的,你是理性人,我知道你是理性的,你知道我是理性的,我知道你知道我是理性的,你知道我知道你是理性的……如果我相信对方是理性的并追求他的最大利益,那么我进行利益最大化决策时,应该考虑对方的行为。

一般的,在一个策略组合上,博弈参与人都实现了最优化,对任一参与人来说,只要对方不改变策略,他就不会改变自己的策略,这个策略组合就构成博弈均衡。在博弈均衡上,每个参与人都实现了最优化,给定对方的行为,他是最优的,且不会离开均衡。

上策均衡或者占优策略均衡。不管对方采取什么策略,如果参与人的某个策略比其他策略都要好,这个最好的策略称为上策或占优策略。每个参与人遵循理性而选择上策,如果存在一个策略组合,组合中的策略均是不同参与人的上策,则这个策略组合构成上策均衡或者占优策略均衡。该均衡中的策略都是参与人能够选择的最好的策略,因而他们都满意自己的策略选择,没有谁愿意改变自己的策略选择。在囚徒博弈中,犯罪嫌疑人 A 有一个上策,即坦白,因此,抵赖不是他的选择,他会选择坦白,犯罪嫌疑人 B 也有一个上策,即坦白,他也会选择坦白。因此,(坦白,坦白)构成一个上策均衡。(坦白,坦白)表示一个策略组合,前面的坦白表示支付矩阵中行参与人的策略,后面的坦白表示支付矩阵中列参与人的策略。上策均衡可能存在,可能不存在,若存在上策均衡,具有唯一性。

纳什均衡。上策均衡不存在时,仍可能求解纳什均衡。纳什均衡是经济学家纳什提出并定义的。纳什均衡求解相对优势策略组合,相对于其他参与人的策略,每个参与人选择自己的优势策略。由所有参与人的相对优势策略构成的策略组合,就是纳什均衡。

以情侣博弈(见表 4-4)为例,男生和女生都没有上策,即绝对的优势策略,但可以寻找相对优势策略。相对于女生选球赛,男生的优势策略是足球赛,因为他选足球赛时得到 2,而选芭蕾舞时,只得到 -1,我们在 2 下面画一个下划线。相对于女生选芭蕾舞,男生的优势策略是芭蕾舞,因为他选足球赛时得到 0,而选芭蕾舞时,得到 1,我们在 1 下面画一个下划线。同理,相对于男生选足球赛,女生的优势策略是足球赛,因为她选足球赛时得到 1,而选芭蕾舞时,只得到 0,我们在 1 下面画一个下划线。相对于男生选芭蕾舞,女生的优势策略是芭蕾舞,因为她选足球赛时得到 -1,而选芭蕾舞时,得到 2,我们在 2 下面画一个下划线。如果存在策略组合的两个支付下都画了下划线,则这个策略组合构成纳什均衡,因为这是相对优势策略组合。在情侣博弈中,(足球赛,足球赛)是纳什均衡,(芭蕾舞,芭蕾舞)也是纳什均衡,情侣反正要在一起,要么是一起看足球赛,要么是一起看芭蕾舞。纳什均衡可能存在,可能不存在,纳什均衡可能唯一,可能不唯一,情侣博弈出现了两个纳什均衡,纳什均衡具有多重性问题。

表 4-4　情侣博弈

		女生	
		足球赛	芭蕾舞
男生	足球赛	<u>2</u>, <u>1</u>	0, 0
	芭蕾舞	-1, -1	<u>1</u>, <u>2</u>

表 4-5　斗鸡博弈

		B	
		斗	不斗
A	斗	-2, -2	<u>1</u>, <u>-1</u>
	不斗	<u>-1</u>, <u>1</u>	0, 0

斗鸡博弈(见表 4-5)同样出现纳什均衡的多重性,两个纳什均衡(斗,不斗)(不斗,斗)只是说明总有一方要斗,另一方不斗,对参与人来说,到底是斗还是不斗并没有明确的结论。破釜沉舟博弈(见表 4-6)实际上是斗鸡博弈,存在两个纳什均衡(进攻,撤退)(撤退,进攻),项羽下令破釜沉舟之后,项军已无退路,相当于撤退策略已被剔除,项军只会进攻,这时秦军只会选择撤退,两个纳什均衡只剩下(进攻,撤退)一个了。

在囚徒博弈中,(坦白,坦白)是纳什均衡,前面讲到(坦白,坦白)也是上策均衡,这并不构成矛盾,上策均衡一定是纳什均衡,但纳什均衡不一定是上策均衡。纳什均衡是个体理性选择的结果,这时,犯罪嫌疑人 A 和 B 各得 -8,总收益是 -16,比(抵赖,抵赖)这一策略组合的总收益 -4 差得多。个体的理性选择不符合集体理性,这种状况被称为囚徒困境。

表 4-6　破釜沉舟博弈

		秦军	
		进攻	撤退
项军	进攻	-2, -2	<u>1</u>, <u>-1</u>
	撤退	<u>-1</u>, <u>1</u>	0, 0

关键概念

制度分析　边际分析　无差异曲线分析　博弈分析　边际成本　边际利益　纳什均衡　囚徒困境

思考题

1. 制度对经济活动及经济发展为何重要？
2. 边际利益与边际成本如何决定最优行为量？
3. 简述上策均衡与纳什均衡之间的关系。
4. 简述囚徒困境的本质含义。

第一篇　中国企业行为理论

第五章　竞争企业的产出决策

视频讲解

中国微观经济学研究中国企业的产出和价格决策,在本章我们着重研究中国的企业是如何竞争的。由于企业是理性的,因此要追求自己的利润最大化。按照边际分析方法,我们需要分析企业的成本和收益,然后按照边际成本等于边际收益的原则来决定产出量。

本章分析的竞争企业是指完全竞争市场中的企业。完全竞争市场中,存在许许多多厂商生产同质产品,竞争企业可以自由进入或退出完全竞争市场,假设竞争企业具有完全的信息。为简单起见,我们假设企业仅生产一种产品。同时,企业所在的产品市场和要素市场都是完全竞争的。在完全竞争市场上,企业是价格接受者。也就是说,在产品市场上,企业接受产品市场的均衡价格,并按照产品的市场价格来销售全部产品;在要素市场上,企业也接受要素市场的均衡价格,并按照要素的市场价格来购买所需要的全部生产要素。

第一节　竞争企业的短期生产

一　短期生产函数

生产函数是反映在特定技术条件下,产量与影响产量的各种要素之间的经济关系的函数。如果某个厂商的生产中,技术、资本和劳动是影响产量的全部要素,那么生产函数就可以写为:

$$Q = f(A, L, K)$$

其中,Q 代表厂商产量,A 代表技术,L 代表劳动,K 代表资本。

微观经济学生产者行为理论区分短期和长期。短期是指在一定生产时期内,厂商生产中有些生产要素如厂房、设备等难以改变其投入量,经济学把这部分要素称为固定要素或者不变要素。固定要素往往决定企业的生产规模。在长期,企业所有的生产要素都是可以调整的。与固定要素不同,还有部分生产要素,厂商在短期内很容易改变它们的投入数量,如一般的原材料和普通工人,这部分生产要素称为可变要素。在短期,固定要素不随产量的变化而变化,可变要素随产量同向变化。竞争企业的短期生产存在固定要素,通过调整可变要素来改变产量。在短期生产中,由于技术和固定要素的限制,厂商无法对其生产规模进行调整,所以短期生产可看成是厂商在既定生产规模下的生产。在厂商的短期生产中,技术 A 和资本 K 数量通常是不变的,只有劳动要素量是可变的,因此短期产量随可变要素量 L 的变化而变化。于是,我们一般将短期生产函数写为 $Q = f(L, \overline{K})$, L 表示劳动,是可变要素;$\overline{K}$ 表示固定要素。

生产函数 $Q = f(L)$ 被用来表示劳动的总产量函数,表示在技术水平和资本要素给定的情况下,厂商投入某一数量的劳动所生产的总产量。

劳动的总产量除以劳动数量就是劳动的平均产量(AP),它也是劳动投入量的函数:

$$AP(L) = \frac{Q}{L} = \frac{f(L)}{L}$$

劳动的边际产量(MP)是指在现有劳动投入的基础上,企业增加 1 个单位劳动所增加的产量:

$$MP(L) = f(L+1) - f(L)$$

一般情况下,劳动的边际产量可表示为:

$$MP(L) = \frac{\mathrm{d}f(L)}{\mathrm{d}L}$$

比如,某个企业的短期生产函数为 $Q = 15L^3 - 2L^4$,很容易得到相应的平均产量函数为 $AP = 15L^2 - 2L^3$,边际产量函数为 $MP = 45L^2 - 8L^3$。

二 总产量曲线、平均产量曲线和边际产量曲线

曲线是函数的几何表现形式,总产量函数、平均产量函数和边际产量函数可以用总产量曲线、平均产量曲线和边际产量曲线来表示。

竞争企业的短期生产曲线如图 5-1 所示,随着劳动投入量 L 的增加,总产量也趋向增加。短期生产曲线上点的特征值得注意,短期生产曲线的斜率表示其边际产量,B 点处斜率最大,说明此时边际产量达到最大。短期生产曲线上的点与原点连线的斜率,表示平均产量,C 点与原点的连线斜率最大,此时平均产量达到最大。在 D 点,总产量曲线斜率为零,此时边际产量为零,总产量达到最大,之后总产量开始下降,因此,总产量曲线为倒"U"形曲线,先增加后减少。

边际产量曲线描述边际产量,是对总产量曲线各点斜率的描述。总产量曲线上 B 点形成

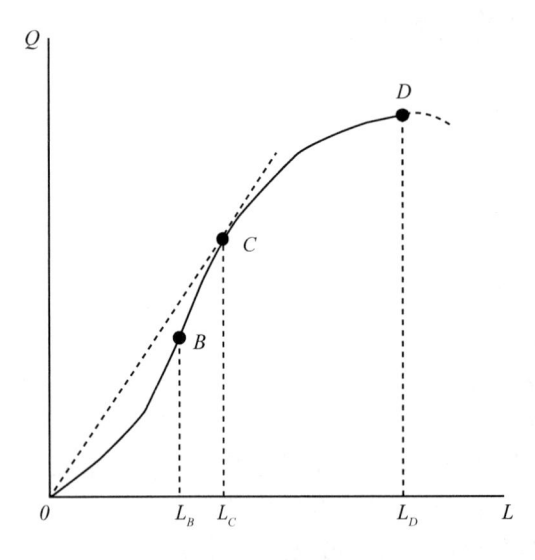

图 5-1 短期生产曲线

一个拐点,在 B 点之前,边际产量递增;在 B 点之后,边际产量递减。只要边际产量为正,无论它是递增还是递减,总产量趋向增加。当边际产量为零时,总产量达到最大。当边际产量为负时,总产量趋向下降。因此,边际产量曲线为倒"U"形曲线,先增加后减少(见图 5-2),在 L_B 时,边际产量达到最大,然后开始下降,L_D 时,边际产量为零,之后,边际产量为负。当边际产量为正且上升时,总产量以递增的速度增加。当边际产量为正且下降时,总产量以递减的速度增加。边际产量的总和就是总产量,因此可以用边际产量曲线对 L 积分,得到总产量:

$$Q = f(L) = \int_0^L MP(t)\,\mathrm{d}t$$

平均产量曲线描述平均产量,是对总产量曲线各点与原点连线斜率的描述。总产量曲线上 C 点之前,平均产量增加;C 点之后,平均产量减少。因此,平均产量曲线也是倒"U"形曲线,先增加后减少,在 L_C 时,平均产量达到最大(见图 5-2)。

边际产量曲线和平均产量曲线在 E 点相交,在 E 点之前,边际产量大于平均产量,这时把平均产量往上拉;在 E 点之后,边际产量小于平均产量,这时把平均产量往下拉。边际产量曲线和平均产量曲线相交于平均产量曲线的最大值点。这种边际量与平均量的关系永远成立,当边际量大于平均量,平均量上升;当边际量小于平均量,平均量下降,边际量和平均量相交于平均量的极值点。

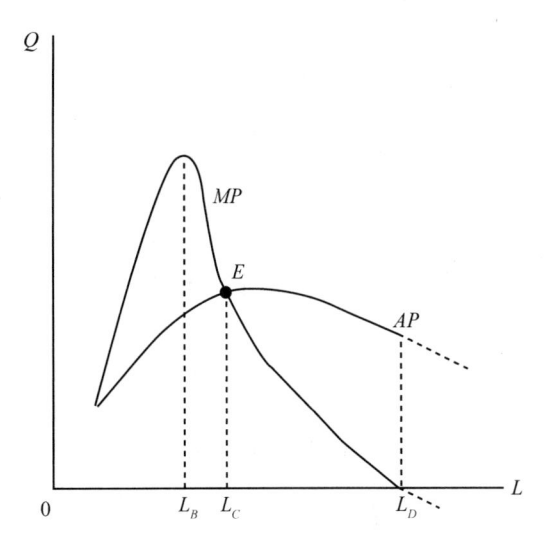

图 5-2 边际产量曲线与平均产量曲线

三 边际报酬递减规律

为什么总产量、平均产量和边际产量都呈倒"U"形变化?经济学认为这是因为边际报酬递减规律的作用。边际报酬递减规律是指在生产技术和其他要素的数量保持不变的条件下,如果连续增加一种可变要素的投入,随着可变要素的不断增加,边际产量先递增后递减的现象。边际报酬递减规律又称边际产量递减规律。

需要特别指出两点。第一,这一规律适用于生产技术不变,且至少有一种投入要素固定不变的生产,只要在生产过程中至少存在一种固定要素,连续追加可变投入要素,迟早会出现报酬递减的现象。第二,一般认为,边际产量的递减变动趋势,根源在于可变投入要素的效率变化。可变要素和固定要素之间存在最佳搭配比例。在固定要素不变时,最初由于可变要素投入相对不足,固定要素得不到充分利用,从而限制了可变要素的生产效率。随着可变要素的增加,可变要素与固定要素的比例趋于合理,固定要素的利用越来越充分,可变要素的生产效率也随之提高。但是,在固定要素得到充分利用之后,继续扩大可变要素的投入量,与单位可变要素搭配使用的固定要素越来越少。这时固定要素的不足和可变要素的过多,使可变要素不能得到有效运用,于是生产效率也降低。这样,可变要素的边际产量将随着投入量的增加先递增,达到一定点后递减,最后甚至变为负值。

第二节　竞争企业的短期成本

一　经济成本和会计成本

经济成本是经济学意义上的成本。经济成本都具有机会成本的性质。一般的,成本是指厂商在某种产品生产中使用的各种生产要素上的支出。经济成本由显性成本和隐性成本构成。

在生产中,厂商所使用的生产要素包括两部分,相应地就有这两部分成本,分别是显性成本和隐性成本。一部分要素是从生产要素市场上购买和租用的,如厂商在人力市场上雇用工人和职业经理,在金融市场上向银行贷款,通过土地市场来购买土地;另一部分来自厂商自己,如厂商在进行生产时,动用了自己的资金和土地,并亲自参加管理。无论厂商的生产要素来自市场,还是来自它自己,当它把这些要素用来生产某种产品,就失去了再把这些要素用来生产其他产品的机会,因而都存在机会成本。

就购买和租用的那部分要素来说,厂商为了得到这部分生产要素,就必须支付工资、利息和地租等。由于这部分费用都要体现在会计账面上,故称为显性成本或者会计成本。就厂商的自有生产要素来说,它们在生产过程中被耗费,也是有机会成本的,厂商也应该为这部分生产要素支付利息、租金和薪金等费用。与显性成本所不同的是,厂商使用自己的生产要素时不用以货币形式支付,不体现在账面上,故称隐性成本。

二　短期成本衡量指标

企业在要素购买上所花费的费用就构成企业的生产成本。显然,企业的成本要受到要素量和要素价格的影响。根据生产函数,企业的产量与要素量存在依存关系,因此企业的生产成本受到产量的影响,短期总成本 $STC(Q)$ 表示生产产量 Q 所需要支出的成本。

由于短期生产中,企业的生产要素有不变要素和可变要素,相应的,厂商的成本就有不变成本和可变成本。厂商为使用可变要素而支付的费用就是可变成本,为使用固定要素而支付的费用就是固定成本。显然,固定成本不随产量变化而变化,而可变成本要随产量变化而变化。另外,经济学从总量、平均量和边际量来分析成本,所以成本可以被划分为短期总成本、短期平均成本和短期边际成本。

短期可变成本(SVC),是指厂商在短期内为全部可变要素支付的总费用,如购买原材料、燃料的支出和工人的工资等属于短期可变成本。

短期固定成本(SFC),是指厂商在短期内为全部固定要素支付的总费用,如厂房、设备、技术费用等属于短期固定成本。

短期总成本(STC),是指厂商在短期内为全部固定要素和可变要素所支付的总费用,它是短期固定成本和短期可变成本之和,即 $STC = SFC + SVC$。

上述短期成本均有平均成本和边际成本的概念。

平均固定成本(AFC),用短期固定成本与产量之比来表示,即 $AFC = SFC/Q$。

平均可变成本(AVC),用短期可变成本与产量之比来表示,即 $AVC = SVC/Q$。

短期平均成本(SAC),是指短期总成本与产量之比,是平均固定成本和平均可变成本之和,即 $SAC = STC/Q = AFC + AVC$。

短期边际成本(SMC),是指厂商在短期内增加1个单位产品生产而增加的总成本,用公式表示为 $SMC = \dfrac{\Delta STC}{\Delta Q}$ 或者 $SMC = \dfrac{dSTC}{dQ}$。其中,ΔSTC 代表总成本增加量,ΔQ 代表增加的产量。

由于短期固定成本不变,短期总成本的变动只是短期可变成本的变动,所以短期边际成本也就是厂商为增加1个单位产品生产而增加的总可变成本。即短期边际成本(SMC)等于边际可变成本(MVC)。因为边际成本只产生于可变成本,所以,对边际成本积分就可得到短期可变成本。企业短期总成本函数一般可表示为 $STC(Q) = aQ^3 + bQ^2 + cQ + d$,其中 d 为短期固定成本,$aQ^3 + bQ^2 + cQ$ 是短期可变成本:

$$AVC(Q) = aQ^2 + bQ + c$$
$$AFC(Q) = d/Q$$
$$SAC(Q) = aQ^2 + bQ + c + d/Q$$
$$SMC(Q) = 3aQ^2 + 2bQ + c$$

从企业短期总成本的来源上,可根据短期生产函数 $Q = f(L, \overline{K})$,假设资本的价格为 r,即利率,劳动的价格为 w,即工资,$STC(Q) = w \times L + r \times \overline{K}$。其中,$SVC = w \times L$,$SFC = r \times \overline{K}$。

三 竞争企业短期成本的变化趋势

既然企业短期总成本取决于产量,那么它们与产量的变动关系特征值得关注,本小节先给出短期总成本曲线,再解释其形状。

1. 短期总成本的变动趋势

图5-3显示,短期固定成本(SFC)是一条水平线,它不受产量影响,不随产量而变化,即使产量为0,它也是存在的。短期可变成本(SVC)是一条向右上方延伸的曲线,它起于原点,产量为0时,它也为0。随着产量增加,它也不断增加。短期总成本(STC)是短期固定成本与短期可变成本的和,因而短期总成本曲线相当于把短期可变成本曲线向上平移,并随着

产量增加而不断增加。

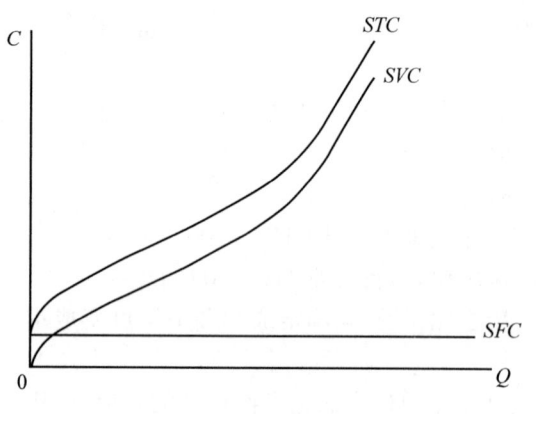

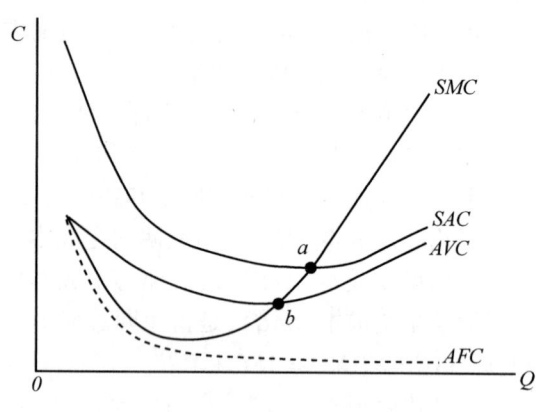

图 5-3 短期总成本曲线

图 5-4 短期边际成本和短期平均成本

2. SAC、AVC、AFC 和 SMC 的变化趋势

图 5-4 给出短期边际成本和短期平均成本。平均不变成本（AFC）曲线是一条渐进于横轴的曲线，随着产量增加，$AFC = SFC/Q$，呈不断下降趋势。平均可变成本（AVC）、短期平均成本（SAC）和短期边际成本（SMC）都是呈"U"形的曲线。这意味着随着产量的增加，它们都先递减，达到最低点后，就会上升。

3. 成本曲线形状的成因

上述短期成本曲线为何呈现这样的规律？或者说，短期边际成本曲线（SMC）、平均可变成本曲线（AVC）、短期平均成本曲线（SAC）为什么呈"U"形曲线，短期总成本曲线（STC）和短期可变成本曲线（SVC）为何呈现先递减后递增的"S"形？其根本原因在于边际报酬递减规律：

$$Q = f(L, \bar{K}), STC(Q) = w \times L(Q) + r \times \bar{K}$$

$$SMC(Q) = \frac{dSTC(Q)}{dQ} = w \times \frac{dL(Q)}{dQ} = \frac{w}{MP_L}$$

短期边际成本和边际产量呈倒数关系，根据边际报酬递减规律，边际产量是先递增后递减的，因此，短期边际成本是先递减后递增的，当边际产量递增时，短期边际成本递减；当边际产量递减时，短期边际成本递增；当边际产量达到最大时，短期边际成本达到最小。边际产量呈倒"U"形、短期边际成本呈"U"形变化，根源在于边际报酬递减规律：

$$SVC(Q) = w \times L(Q),$$
$$AVC(Q) = w \times L(Q)/Q = w/AP(L)$$

可见，平均可变成本（AVC）与平均产量（AP）呈现倒数关系。AVC 依存于 AP 的变动。根据边际报酬递减规律，AP 是先递增后递减的。因此，AVC 是先递减后递增的，当 AP 递增时，AVC 递减；当 AP 递减时，AVC 递增；当 AP 达到最大时，AVC 达到最小。AP 呈倒"U"形，

AVC 呈"U"形,其根源于边际报酬递减规律。

此外,由"U"形变化的 AVC 和不断下降的 AFC 可推导短期平均成本曲线(SAC)也是"U"形的。在 AVC 递减时,由于 AFC 是递减的,所以 SAC 一定是递减的;在 AVC 达到最小时,由于 AFC 是递减的,所以 SAC 还在递减;当 AVC 进入递增区间时,只要 AVC 的递增与 AFC 的递减刚好抵消,那么 SAC 就达到最小;一旦 AVC 的递增超过 AFC 的递减,SAC 就开始递增了。因此,SAC 曲线也是"U"形的曲线。正是由于上述原因,SAC 的最低点 a 比 AVC 的最低点 b 来得更晚一些。

就短期边际成本、短期平均可变成本、短期平均成本的相互关系而言,可以用一句话来概括:短期边际成本曲线从下向上穿过短期平均可变成本曲线和短期平均成本曲线的最低点。在图 5-4 中,a 点是 SAC 的最低点,b 点是 AVC 的最低点。

从短期边际成本(SMC)与短期平均成本(SAC)的关系看,在 a 点,SMC = SAC,SAC 达到最低点;在 a 点的左侧,SMC < SAC,SAC 下降;在 a 点的右侧,SMC > SAC,SAC 上升。边际量与平均量的关系在起作用,当 SMC 小于 SAC 时,把 SAC 往下拉;当 SMC 大于 SAC 时,把 SAC 往上拉。SMC 和 SAC 相交于 SAC 的最低点。

从短期边际成本与平均可变成本的关系看,在 b 点,SMC = AVC,AVC 达到最低点;在 b 点的左侧,SMC < AVC,AVC 下降;在 b 点的右侧,SMC > AVC,AVC 上升。边际量与平均量的关系也在起作用,当 SMC > AVC,把 AVC 往上拉;当 SMC < AVC,把 AVC 往下拉,SMC 与 AVC 相交于 AVC 的最低点。

第三节　竞争企业的短期产量决定

一　竞争厂商产量决定的原则

1. 利润

假设竞争企业是追求利润最大化的,利润等于收益减成本。成本有会计成本与经济成本之别,利润也有会计利润与经济利润之分。会计利润是收益与会计成本之差,经济利润是收益与经济成本之差。显然,会计利润大于经济利润,经济利润 = 会计利润 - 隐性成本。当会计师说某企业赚了钱时,经济学家可能说"并非如此,考虑到隐性成本,该企业实际上是亏损的"。值得注意的是,正常利润是指企业对企业家才能的报酬,正常利润是隐性成本的一部分。

2. 竞争企业的收益

竞争企业是价格接受者,接受市场均衡所形成的价格,因此,竞争企业面临水平的需求曲线,价格 P^* 可视为恒定。

竞争企业的收益 $TR = P^* \times Q$，$MR = AR = P^*$，因此，竞争企业的边际收益和平均收益与其需求曲线重合（见图 5-5）。

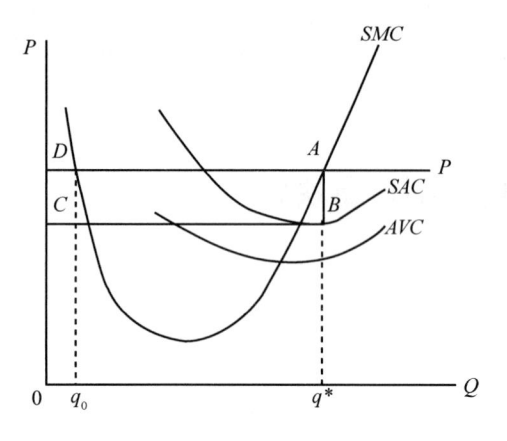

二 竞争企业的短期均衡

竞争企业追求利润最大化：
$$\pi(Q) = P \times Q - STC(Q)$$
一阶条件满足：
$$\frac{d\pi}{dQ} = P - SMC(Q) = 0, 即 P = SMC(Q)$$

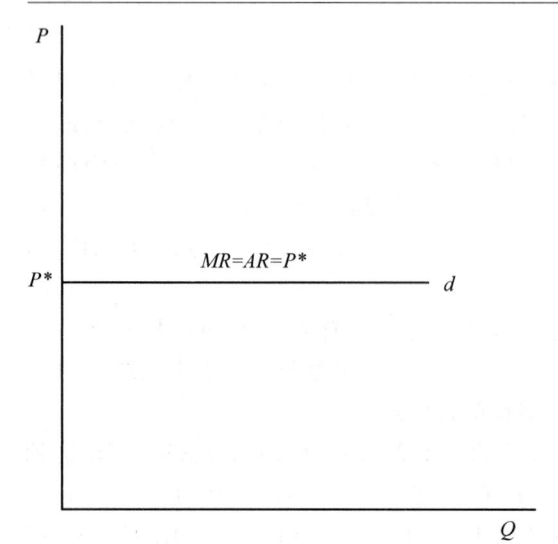

图 5-5 竞争企业的需求曲线

在竞争企业的短期生产中，当企业实现利润最大化时，竞争企业实现了短期均衡。在竞争企业的短期生产中，市场价格是给定的，不变要素的投入量即生产规模也是给定的，SMC、SAC、AVC 曲线也是给定的。根据 $P = SMC$ 的极值条件，寻找竞争企业的短期均衡。图 5-6 中，P 与 SMC 可能存在两个交点，右边那个交点是竞争企业的短期均衡点，这时实现了利润最大化。左边那个交点不是利润最大化点，是利润最小化点，因而不是竞争企业的短期均衡点，这可以根据竞争企业利润函数的二阶条件来判别。

竞争企业的利润等于收益减短期总成本。在短期均衡产量 q^* 上，如果 $P > SAC$，则竞争企业获得正的利润，图 5-6 中的竞争企业获得面积 $ABCD$ 的利润，大小等于 $(P - SAC)$ 与 q^* 的乘积。

图 5-6 竞争企业的短期均衡

在短期均衡产量 q^* 上，如果 $P < SAC$，则竞争企业获得亏损，图 5-7 中的竞争企业获得面积 $ABCD$ 的亏损，亏损大小等于 $(SAC - P)$ 与 q^* 的乘积。

在短期均衡产量 q^* 上，如果 $P = SAC$，则竞争企业盈亏相抵，图 5-8 中的竞争企业既不获利，也不亏损，该均衡点叫收支相抵点。

若竞争企业在短期可能亏损，这时困扰企业的问题是企业是否应该停产的决策。对于竞争性厂商的短期产出决策来说，它必须决定在现有的生产成本和市场价格条件下是否应该继续生产。

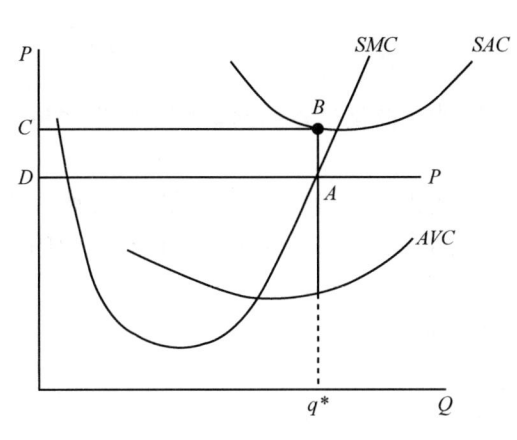

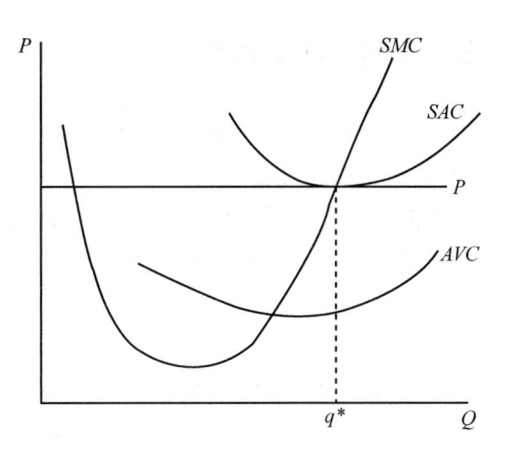

图 5-7 竞争企业短期均衡亏损　　图 5-8 竞争企业短期均衡收支相抵

短期固定成本是已经发生的,是否停产取决于生产是否比停产有更多的利润。若生产,则利润 = $P \times Q - SVC(Q) - SFC$;若不生产,则利润 = $-SFC$,只要:
$$P \times Q - SVC(Q) - SFC > -SFC$$
即 $P \times Q > SVC(Q)$,$P > AVC(Q)$ 时,竞争企业在短期应该继续生产。

因此,$P = AVC(Q)$ 的均衡点称为停止营业点,这个点正好是 AVC 的最低点(见图 5-9)。若 $P = SMC$ 的均衡点有 $P < AVC$,则应该关门停业。

在短期,若固定成本已经发生,且收不回来了,应该把固定成本视为沉没成本,沉没成本不应该计入短期生产决策,只要收益大于可变成本,则应该生产。沉没成本是指已经发生且收不回来,也无法挪作他用的成本。已经沉没的成本不应影响现在的决策。

若把短期固定成本视为沉没成本,只要收益大于可变成本,则为企业带来生产者剩余,生产者剩余 = 收益 - 可变成本,而利润 = 收益 - 可变成本 - 固定成本,因此,生产者剩余大于利润(见图 5-10)。P^*ECD 是生产者剩余,P^*EAB 是利润。

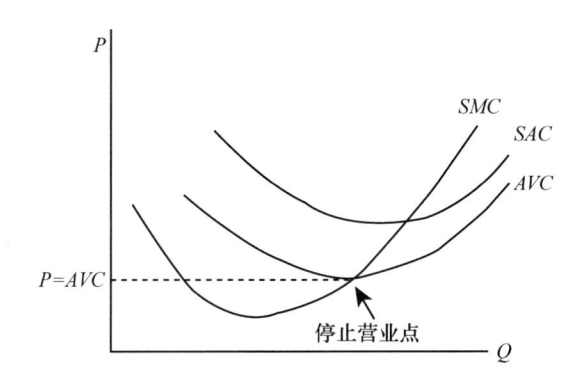

图 5-9 竞争企业的停止营业点　　图 5-10 生产者剩余

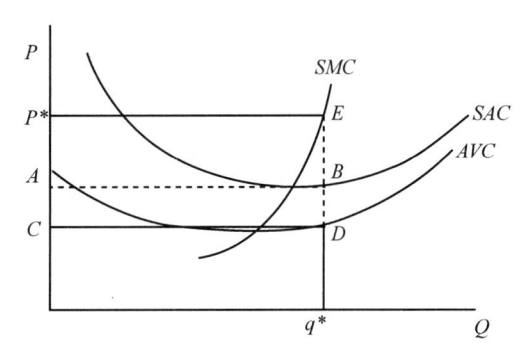

三 竞争厂商短期供给曲线

竞争厂商的产量是根据 $P=SMC$ 来决定的,影响厂商供给量的因素主要有生产技术水平、生产要素价格和商品价格。

在其他因素既定的条件下,如果市场价格发生变化,企业就会调整产量,以便始终获得最大化利润。经济学用企业短期供给曲线来表示企业的产品供给量与市场价格之间的关系 $Q_S(P)$。

如图 5-11 所示,$P=AVC$ 是停止营业点,只要价格不低于这一点,企业就会生产并供给。当价格为 P_1 时,由 $P_1=SMC$,决定供给的产量为 q_1;当价格为 P_2 时,由 $P_2=SMC$,决定供给的产量为 q_2,任何一个 P 根据最优化原则都会决定一个 q,因此形成 P 与 q 的一一对应关系。当 $P<AVC$ 时,企业停业,供给量为 0。因此,竞争企业短期供给曲线包括两段:一段是 $P<AVC$ 时与纵轴重合的那段,表示供给量为 0,另一段沿着边际成本曲线向上,正向的供给曲线表明,供给量随着商品价格的上升而增加。对于竞争企业,其供给曲线表达的是它的边际成本,是边际成本曲线高于 AVC 最低点的那一段。若低于 AVC 最低点,企业的供给量为 0。

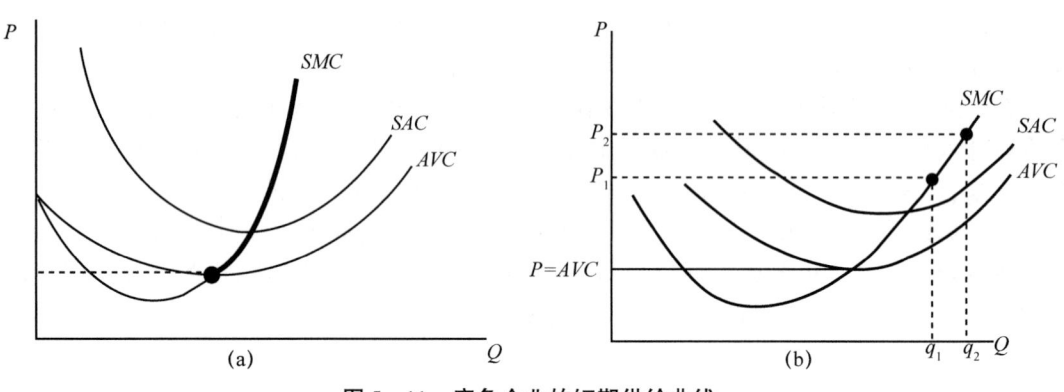

图 5-11 竞争企业的短期供给曲线

竞争企业的短期供给曲线在微观经济学中的地位是形成市场供给曲线。把单个企业的短期供给曲线水平加总,就得到市场供给曲线。竞争企业都是价格接受者,在相同的价格下,加总单个企业的供给量,就得到市场的供给量:

$$S(p) = \sum_{i=1}^{n} S_i(p)$$

图 5-12 简化了竞争企业短期供给曲线加总成为市场供给曲线的过程。假设 3 个企业的短期供给曲线,均为价格接受者。当 $P<P_1$ 时,没有企业供给,市场供给为 0;当 $P_1<P<P_2$ 时,只有企业 3 供给;当 $P>P_2$ 时,3 个企业均有供给。当 $P=P_3$ 时,企业 1 供给 4 单位,企

业 2 供给 7 单位，企业 3 供给 10 单位，市场供给量等于加总这 3 个企业的供给量，是 21 单位。

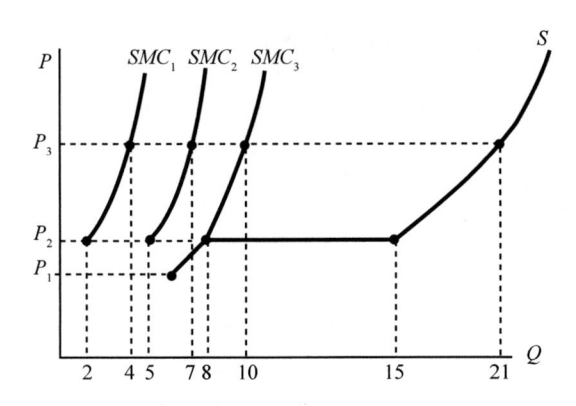

图 5-12 竞争企业短期供给曲线加总成为市场供给曲线

关键概念

生产函数　短期　边际报酬递减规律　平均可变成本(AVC)　利润　生产者剩余　完全竞争厂商的短期供给曲线　停止营业点

思考题

1. 简述边际量与平均量之间的关系。
2. 经济成本和会计成本有何区别？
3. 为什么边际成本曲线、平均成本曲线、平均可变成本曲线呈"U"形？
4. 完全竞争企业的短期均衡如何实现？
5. 完全竞争市场的短期供给曲线如何得到？

第六章 垄断企业行为理论

视频讲解

垄断市场是由一家厂商供给整个市场的市场结构类型。垄断状态之所以可以持续,是因为存在某种进入壁垒,其他任何生产者进入该市场极为困难或不可能。进入壁垒是垄断的根源,如果其他厂商能够进入一个市场,该市场就不可能是垄断市场。垄断市场的进入壁垒形式包括特许垄断、自然垄断、独家控制资源、独家控制技术等。特许垄断和专利技术导致的垄断是一种法律壁垒,而自然垄断、独家控制资源、独家控制技术导致的垄断是技术壁垒。

特许垄断。政府通过行政手段授予一家企业独家经营某种产品的资格,不允许其他任何企业经营该产品。例如我国只许可中国铁路总公司经营铁路运营业务,其他任何公司即使有经营铁路运输业务的意愿和能力,也不能参与经营。城市的公用事业如供电供水一般也属于特许垄断。

自然垄断。有些产业具有天然的垄断属性,当一家厂商经营比由两家或两家以上厂商经营成本更低时,由一家厂商经营更有效率,那这个市场就具有自然垄断属性。自然垄断与规模经济有关,当固定成本很高、边际成本很低时,平均成本不断降低,以至于全部市场需求都由一家厂商供给时,平均成本最低,从而效率最高,产品价格最低。这样的市场若允许多家厂商进入,则每家厂商只能分到市场需求的一定份额,与一家厂商经营相比,平均成本和价格都将增加。像通信、自来水、煤气、铁路、公路、输电等有管网、路、线的产业,一般符合自然垄断的特性,铺设这些管网、路、线的固定成本很高,而建好之后的边际成本很低。

独家控制资源。如果生产某种产品的资源归一家企业独家所有,这家企业因为垄断了这种资源,从而垄断了这种产品的供应。茅台镇的独特资源如水、气候、微生物等使茅台酒只能在茅台镇生产,因此,茅台酒的生产者就具有垄断特性。

独家控制技术。跟独家控制资源类似,如果生产某种产品的技术归一家企业独家所有,这家企业因为垄断了这种技术,从而垄断了这种产品的供应。这种垄断与技术专利有关,专利法保护专利所有者的独家使用权利,在专利期内该产品生产具有垄断特征。中国的特高压输电技术全球领先,中国领衔制定了世界特高压输电标准,相关技术具有垄断地位。《中华人民共和国专利法》规定:"发明专利权的期限为二十年,实用新型专利权的期限为十年,外观设计专利权的期限为十五年,均自申请日起计算。"

第一节 垄断企业的收益

一 垄断企业面临的需求

垄断又称为独占。如果一家企业供给整个行业或者整个市场，就形成垄断企业。垄断企业是与完全竞争企业相反的一种极端，即完全垄断企业，总是与特定范围相联系的。在中国，全国性的完全垄断几乎不存在，严格意义上的垄断市场更多的是理论意义。例如，中国铁路总公司在中国垄断经营铁路运营业务，从铁路运营来讲，它是垄断的，但是从交通运输来讲，中国铁路总公司的运输业务仍然受到航空运输、公路运输和水路运输的竞争。但是在一个省、市或者县范围的完全垄断企业还是存在的。在现实生活中，与垄断企业比较接近的是天然气、自来水等公用事业公司。小区的固定电话只有一家电信公司在运营，这是垄断。但固定电话业务仍然受到移动通信的竞争。另外，市场中还有其他的电信公司在经营固定电话。若这个小区固定电话业务的垄断行为引起诸多不满，该小区仍然可以选择其他的电信公司。

与完全竞争厂商面对水平需求曲线不同，完全垄断厂商面对向右下方倾斜的需求曲线。由于垄断厂商完全控制了一种产品的生产和供给，只要消费者需要它所生产的那种产品，就只能到它那里去买。因此，如果垄断企业把价格定得高一些，它就只能销售较少的数量；如果价格定得低一些，则可以销售较多的数量，垄断企业可以控制它的产量和价格。

二 垄断企业的收益

厂商的收益就是厂商在市场上销售产品的收入，收益指标有总收益、平均收益和边际收益。显然，厂商的收益受销售价格和销售数量的影响，收益函数可以表示为 $R = P \times Q$。根据收益函数，我们可以定义垄断企业的总收益、平均收益和边际收益。

总收益是指厂商按一定价格出售一定数量产品所获得的收入，它等于单位商品价格与销售量的乘积。如果以 TR 代表总收益，以 P 代表价格，以 Q 代表销售量，则有 $TR = P \times Q$。

平均收益是指厂商平均每一单位产品销售所获得的收入，它等于总收益与总销售量之比。公式可表示为 $AR = (P \times Q)/Q$。显然，厂商在任何销售量上的平均收益都恒等于价格，即 $AR = P$。

边际收益是指厂商每增加一单位产品销售所获得的收入增量，它等于总收入的增量与销售量的增量之比。以 MR 代表边际收益，其计算公式为：

$$MR(Q) = \frac{\Delta TR}{\Delta Q}, \text{或者} \ MR(Q) = \frac{dTR}{dQ}$$

对于垄断企业的边际收益：

$$MR = \frac{dR}{dQ} = P + Q \cdot \frac{dP}{dQ} = P(1 + \frac{dP}{dQ} \cdot \frac{Q}{P}) = P(1 + \frac{1}{e_d}) = P(1 - \frac{1}{|e_d|})$$

当需求价格弹性$|e_d|>1$，$MR>0$，产量增加，收益增加。

当需求价格弹性$|e_d|<1$，$MR<0$，产量增加，收益减少。

当需求价格弹性$|e_d|=1$，$MR=0$，这时产量达到收益的极大值点。

垄断企业的边际收益$MR<P$，边际收益曲线在需求曲线的下方（见图6-1）。垄断企业不会在$|e_d|<1$的地方生产，因为这时增加产量反而让收益减少，增加产量总是有成本的，这相当于费力不讨好。当边际收益$MR>0$时，总收益上升；当$MR=0$时，总收益达到最大值；当$MR<0$时，总收益下降。

为了简化分析，我们假设垄断厂商面临的需求曲线是线性的。如果$P=a-bQ$，$a>0$，$b>0$，由此我们可以得到：

$$\text{总收益 } TR(Q) = P \times Q = aQ - bQ^2$$

$$\text{平均收益 } AR(Q) = \frac{TR(Q)}{Q} = a - bQ$$

$$\text{边际收益 } MR(Q) = \frac{dTR(Q)}{dQ} = a - 2bQ$$

可见，线性反需求曲线和平均收益曲线是一致的，并且和边际收益曲线的截距相同，而边际收益曲线的斜率是线性反需求曲线斜率的两倍（见图6-2）。

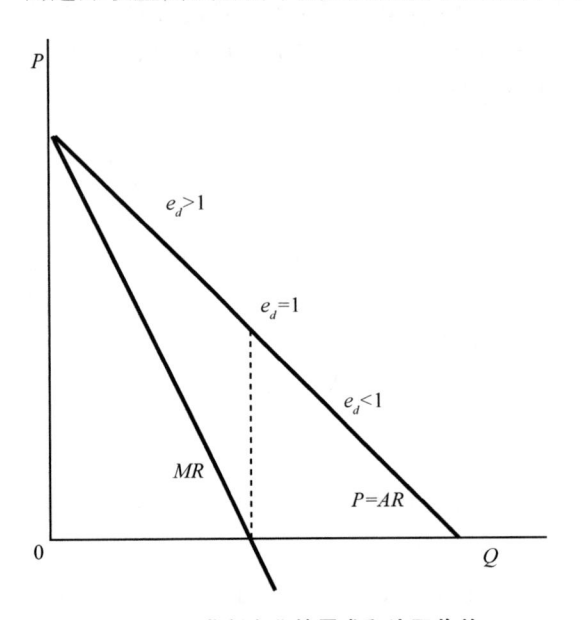

图6-1 垄断企业的需求和边际收益

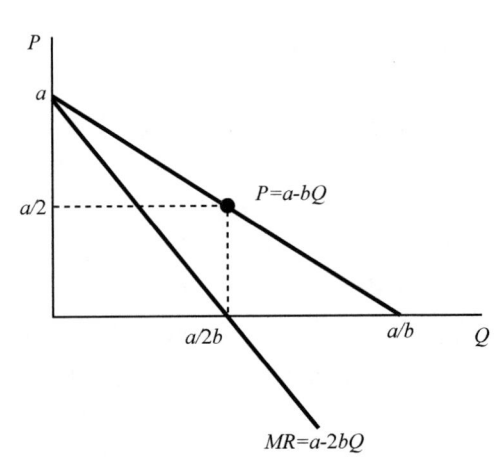

图6-2 垄断企业面临线性需求曲线的边际收益

第二节 垄断企业的均衡

垄断企业是理性的,追求利润最大化:

$$\pi(Q) = R(Q) - C(Q)$$

垄断企业获得利润最大化的条件是:

$$\frac{d\pi}{dQ} = \frac{dR}{dQ} - \frac{dC}{dQ} = 0$$

$MR(Q) = MC(Q)$ 是垄断企业实现利润最大化的条件。

如果 $MR(Q) > MC(Q)$,垄断企业会增加产量,直到边际收益等于边际成本为止。同理,如果 $MR(Q) < MC(Q)$,垄断企业会减少产量,直到边际收益等于边际成本为止(见图6-3)。

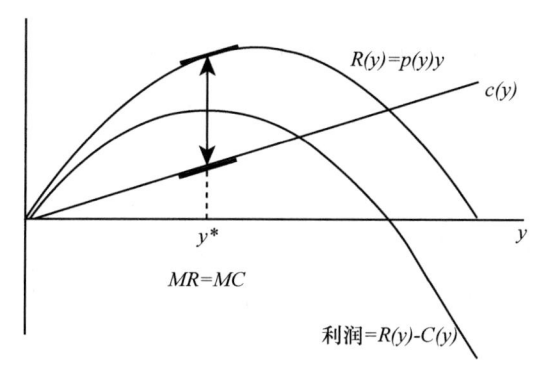

图6-3 垄断企业利润最大化的条件

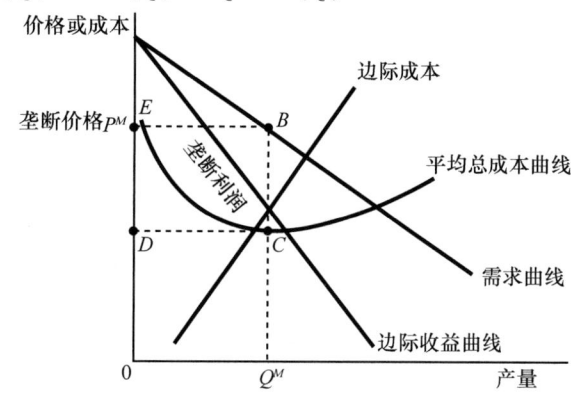

一 垄断企业的短期均衡

垄断企业的短期均衡可通过求解利润最大化来得到:

$$\pi(Q) = R(Q) - C(Q) = P(Q) \times Q - C(Q)$$

一阶条件可得 $MR(Q) = MC(Q)$,进而可求解垄断产量和垄断价格(见图6-4)。垄断企业的短期均衡在边际收益曲线和边际成本曲线相交时实现,交点对应的数量是垄断产量 Q^M,在需求曲线上,垄断产量对应的价格叫垄断价格 P^M。

垄断企业实现均衡时,是否获得正的利润取决于垄断定价 P^M 是否高于平均成本,若 $P^M > AC$,则获得正的利润,垄断利润可根据 $(P^M - AC) \times Q^M$ 求得。若 $P^M = AC$,则垄断厂商盈亏相抵,若 $P^M < AC$,则亏损。因此,垄断企业不是一定会获得正的利润,如果平均成本太高的话,也可能导致亏损。因此,垄断企业既可能获得正的利润,也可能亏损,也可能不盈不亏。

图6-4 垄断企业的短期均衡

如果一家垄断企业有两个工厂,工厂1的成本函数为 $C_1(Q_1)$,工厂2的成本函数为

$C_2(Q_2)$，这两个工厂生产的产品是同质的，且统一销售，则该垄断企业最优化的生产配置要满足 $MR = MC_1 = MC_2$，如图 6-5 所示。

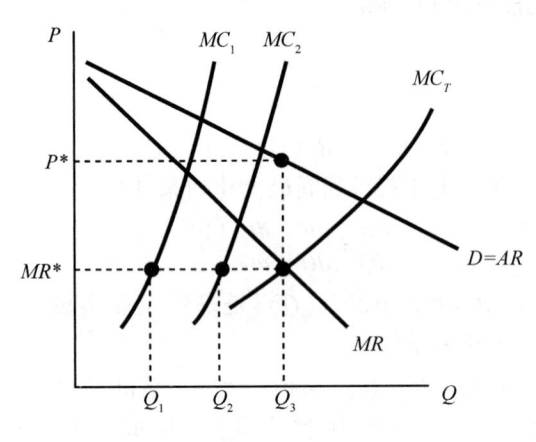

图 6-5 垄断企业的两个工厂生产

由 $MR = P\left(1 - \dfrac{1}{|e_d|}\right) = MC$，得 $P = \dfrac{1}{1 - \dfrac{1}{|e_d|}} \times MC$。

垄断企业的定价在边际成本基础上加乘了一个系数 $\dfrac{1}{1 - \dfrac{1}{|e_d|}}$，叫垄断加成系数，因为 $1 \leqslant |e_d|$，垄断加成系数 $\geqslant 1$，意指垄断企业高于边际成本定价。

由 $P = \dfrac{1}{1 - \dfrac{1}{|e_d|}} \times MC$ 可以转化为 $\dfrac{P - MC}{P} = \dfrac{1}{|e_d|}$，可衡量垄断企业在边际成本基础上的加价率，这可以衡量垄断势力。这个加价率取决于需求价格弹性。如果是完全竞争市场的厂商，需求价格弹性为无穷大，因此 $P - MC$ 必须为 0，即 $P = MC$，完全竞争厂商按边际成本定价。需求价格弹性越小，垄断价格在边际成本基础上的加价率越高，表明该厂商的垄断势力越大（见图 6-6）。

众所周知，抗癌专利药非常贵，在边际成本基础上的加价率非常高，因为这些救命的药需求价格弹性很小。一般来说，专利药具有垄断性，其价格较贵，当专利到期后，市场趋向竞争性，其价格等于边际成本，因而变得更便宜（见图 6-7）。

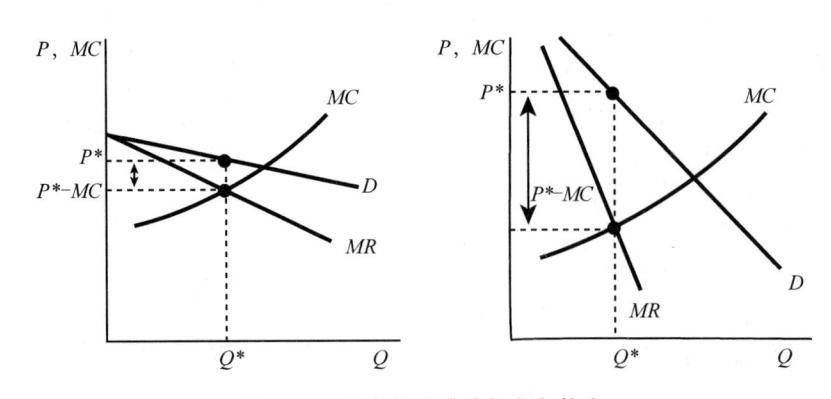

图 6-6 需求价格弹性与垄断势力

时间维度可以区分为短期和长期。长期意味着厂商可以调整它的规模，也可以退出所在的市场。据此可以区分垄断厂商的短期均衡和长期均衡。在短期，垄断厂商的边际成本曲线为 SMC，因此短期均衡在 $MR = SMC$ 时实现。在长期，垄断厂商的长期边际成本是 LMC，因此长期均衡实现在 $MR = LMC$，长期均衡的分析方法与短期分析是一致的。在短期，由于其他厂商不能进入，垄断厂商可以保持其经济利润。垄断厂商可能谋求长期利润而继续经营以实现长期均衡，但如果长期亏损，垄断厂商也可能退出市场。

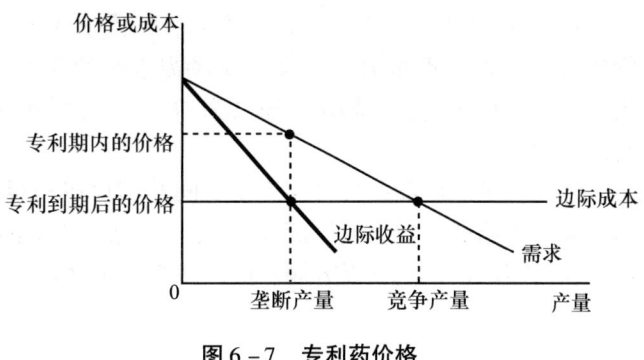

图 6-7 专利药价格

二 垄断企业的短期供给曲线

在完全竞争市场上，厂商高于 AVC 的 SMC 曲线成为厂商的短期供给曲线。然而，在垄断市场上垄断厂商不存在短期供给曲线。垄断厂商的边际收益曲线与需求曲线是相互分离的，均衡产量由 MC 和 MR 的交点决定，而价格取决于与之相分离的需求曲线。由于需求曲线的倾斜度或所处的位置不同，在不同的价格下，厂商可能生产相同的产量，而在相同的价格下，厂商也可能生产不同的产量。

在图 6-8 中，当垄断厂商面临的市场需求为 D_1 时，对应的边际收益为 MR_1，其均衡价格为 P_1，均衡产量为 Q_1。如果市场需求改变为 D_2，边际收益曲线为 MR_2，均衡产量为 Q_2，这里 $Q_2 = Q_1$，均衡价格为 P_2。可见，在不同价格下，垄断厂商可能生产相同的产量。

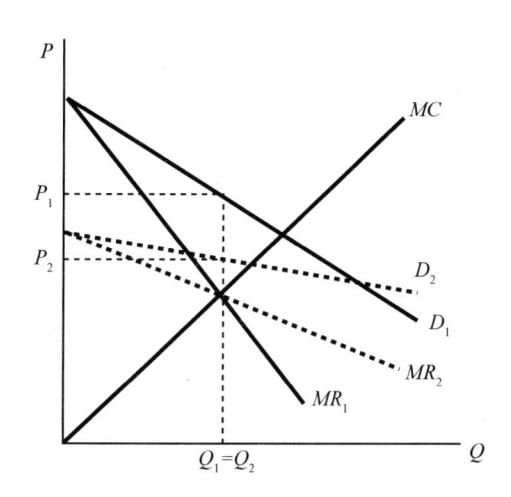

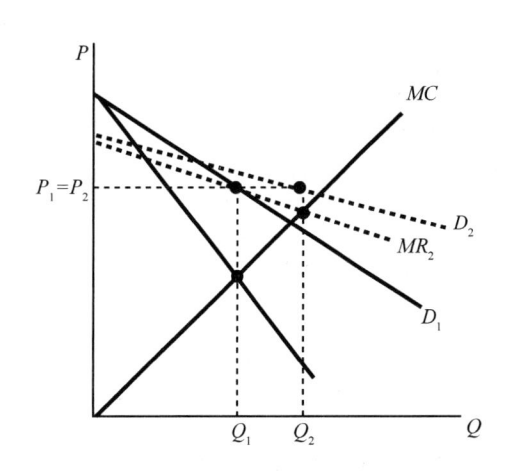

图 6-8 垄断企业同一个 Q 对应不同的 P 的情形　　图 6-9 垄断企业同一个 P 对应不同的 Q 的情形

在图 6-9 中，当垄断厂商面临的市场需求为 D_1 时，对应的边际收益是 MR_1，其均衡价格为 P_1，均衡产量为 Q_1。如果市场需求改变为 D_2，边际收益曲线为 MR_2，均衡价格为 P_2，这里，$P_2 = P_1$，但均衡产量变为 Q_2。这说明在相同的价格下，垄断厂商可能生产不同的产量。

因此，垄断厂商的价格与产量之间并不存在一对一的对应关系，因而不可能建立起垄断厂商的供给曲线。垄断厂商 AVC 之上的边际成本曲线不是其短期供给曲线。上述结论，对于任何需求曲线向右下方倾斜的厂商都是适用的。

第三节　垄断企业的价格歧视

垄断厂商具有垄断势力，因此可以实施某种垄断行为以追求某种利益。即使消费者对这些垄断行为很厌恶，垄断厂商也不会失去全部消费者。

一　价格歧视

价格歧视是指垄断厂商将同样的产品以不同的价格卖出。垄断厂商实施价格歧视是为了获得更高的利润，当实施单一的垄断定价时，有部分消费者尽管支付意愿更高，也只支付了垄断定价，因而对这部分消费者有提价的空间；也有部分的消费者支付意愿低于单一定价，因而退出了市场，对这部分消费者有降价的空间，只要价格高于边际成本，就应该供给所有愿意购买的消费者。图 6-10 解释了垄断企业为何要价格歧视。若单一定价，在 $MR = MC$ 时，决定了垄断产量 Q^* 和垄断定价 P^*，这时 A 这部分消费者获得了消费者剩余，因为他们的支付意愿比垄断定价高，B 这部分消费者退出了市场，因为他们的支付意愿低于垄断定价。若能实施价格歧视，可以对 A 部分消费者定较高价格，如 P_1，对 B 部分消费者定较低价格，如 P_2，这样可以实现更大的销售量，最大可达到 $P_c = MC$ 时的产量，即完全竞争产量，而且，垄断企业将获得更大的利润。

垄断厂商之所以能够实施价格歧视，是因为具有垄断势力，因为卖者只有一个，歧视性的定价购买者要么退出市场，要么只能接受。成功的价格歧视要能阻止低价购买者以高价卖出进行套利，例如曼昆的《经济学原理》教材在美国市场比中国市场卖得更贵，为防止中国市场的低价版进入美国市场流通，在中国市场

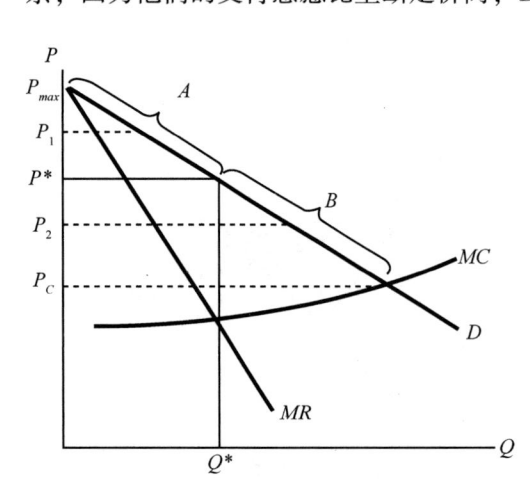

图 6-10　垄断企业为何价格歧视

只允许销售中文版。

要使价格歧视得以实行，一般须具备三个条件。第一，厂商要具有一定的垄断势力。垄断势力是指垄断企业的价格控制能力，表现为商品卖价高于边际成本的程度。完全竞争企业按照 $P=MC$ 来销售产品，价格刚好等于边际成本，所以完全竞争企业没有垄断势力，当然就不能实行价格歧视。垄断企业可以制定高于边际成本的卖价，所以它有垄断势力。

第二，厂商掌握消费者需求的信息。厂商要了解消费者所面临的需求，了解消费者的支付意愿。当购买者分别属于对某种产品需求价格弹性差别较大的不同市场，而且垄断厂商又能以较小的成本把这些市场区分开来，垄断厂商就可以对需求价格弹性小的市场实行高价格，以获得更高的垄断利润。

第三，企业要能够防止他人套利。垄断厂商能够根据某些特征把不同市场或同一市场的各部分有效地分割开来。市场有效分割的实质就是厂商能够防止他人从差别价格中套利。

二 价格歧视的类型

价格歧视有第一级价格歧视、第二级价格歧视和第三级价格歧视三种类型。

1. 第一级价格歧视

第一级价格歧视是指按不同消费者的保留价格（消费者愿意支付的最高价格）销售每一单位产品。如图 6-11 所示，对支付意愿为 P_1、P_2、P_3、P_4、P_5、P_6 的消费者分别定价 P_1、P_2、P_3、P_4、P_5、P_6，与此类似，对每一个愿意按保留价格购买的消费者，都收取其保留价格的定价。这时，每一个消费者的消费者剩余都为零。当采取单一定价 P_4 时，消费者将获得该价格以上的、需求曲线以下的消费者剩余，垄断企业实行一级价格歧视将攫取这部分剩余。单一定价 P_4 时，这一价格以下、边际成本以上的这部分消费者将退出市场。一级价格歧视可以面向这部分消费者销售，收取他们愿意支付的保留价格，直到 P_6 为止。一级价格歧视最后一单位产品的销售价格是 P_6，且等于边际成本。这时，垄断市场能够实现完全竞争市场的产量（Q^c），需求曲线以下、边际成本以上的所有剩余都归垄断企业占有，而消费者剩余为零（见图 6-12）。第一级价格歧视也称为完全价格歧视，这是一种理想化的状态，具有理论意义，但实际经济中，几乎没有完全价格歧视的案例，垄断厂商不可能知晓每个消费者的保留价格。让消费者愿意付多少钱就付多少钱时，消费者会隐瞒和低报自己的保留价格，具有高支付意愿的消费者会伪装成低支付意愿。随着大数据时代的到来，平台企业可以使用大数据精准地评价每一位消费者的支付意愿，并收取相应的价格，这是完全价格歧视最接近的例子。

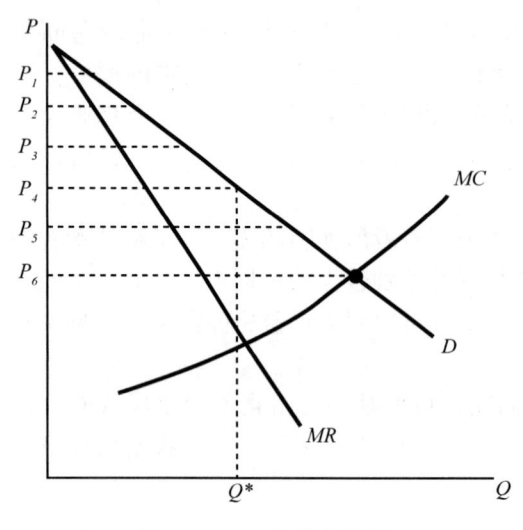

图 6-11 一级价格歧视

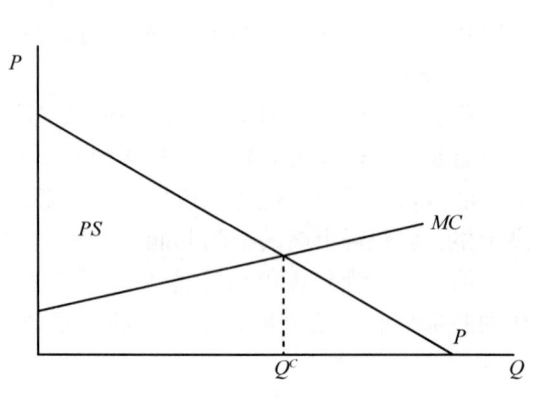

图 6-12 一级价格歧视的生产者剩余

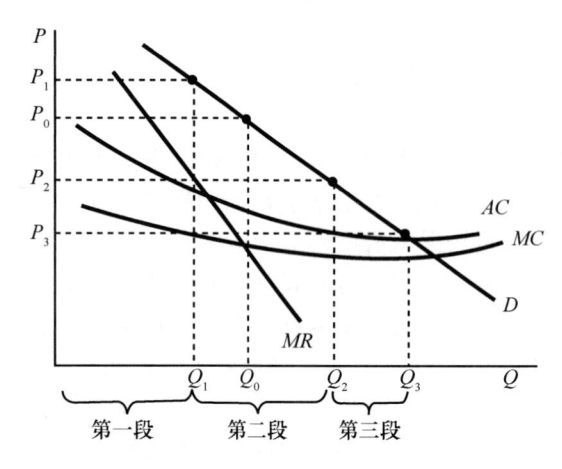

图 6-13 第二级价格歧视

2. 第二级价格歧视

第二级价格歧视也称非线性定价，价格取决于购买商品的数量，垄断者提供一组消费自选择的价格计划，不同的数量对应不同的价格，消费者根据自己的意愿做出最合适的选择。垄断者不需要了解消费者的偏好，消费者会主动显示其偏好。第二级价格歧视与消费者的群体特征无关，由购买产品的数量段决定价格。如果消费者购买商品达到更高的数量段，则可以获得更低的价格来购买此数量段上的商品。如图 6-13 所示，第一数量段的商品价格为 P_1，第二数量段的商品价格为 P_2，第三数量段的商品价格为 P_3。第二级价格歧视时，消费者仍能获得少量的消费者剩余，例如消费者购买第一段商品数量时，这一段消费者的支付意愿大于定价 P_1，同理，购买第二段商品数量时，这一段消费者的支付意愿大于定价 P_2，购买第三段商品数量时，这一段消费者的支付意愿大于定价 P_3，这些消费者都能获得一定的消费者剩余。如果垄断企业采取单一定价，则价格为 P_0，以该价格购买且支付意愿大于 P_0 的所有消费者将获得消费者剩余，而支付意愿低于 P_0 的消费者将退出市场。显然，第二级价格歧视时，垄断企业不但能销售更多的产品，而且将攫取比单一定价更高的消费者剩余。第二级价格歧视最后一段的合理价格是平均成本，意指最后一段不亏损销售。之所以购买的数量越多，价格可以越便宜，主要的原因是规模经济效应。

3. 第三级价格歧视

第三级价格歧视是指垄断厂商将相同的产品向不同的消费者群体（代表不同的市场）收取不同的价格。假设垄断厂商向两个市场销售其产品，每个市场的需求函数不同，分别是 $p_1(q_1)$、$p_2(q_2)$。两个市场之所以能收取不同的价格，是因为这两个市场的消费者具有不同的需求价格弹性，需求价格弹性大的市场定低价，需求价格弹性小的市场定高价。对老年人市场和学生市场收取低价是常见的例子。

假设垄断厂商在两个不同类型的市场销售，分别是市场1和市场2，市场1的需求函数为 $p_1(q_1)$，市场2的需求函数为 $p_2(q_2)$，垄断厂商的最优化问题为：

$$\pi(q_1, q_2) = p_1(q_1)q_1 + p_2(q_2)q_2 - c(q_1 + q_2)$$

由一阶条件可得：两个市场的边际收益相等，且等于边际成本，$MR_1 = MR_2 = MC$。

$p_1(1 - \frac{1}{|\varepsilon_1|}) = p_2(1 - \frac{1}{|\varepsilon_2|})$ 假设在市场1定高价，即 $P_1 > P_2$，当且仅当：

$$|\varepsilon_1| < |\varepsilon_2|$$

三级价格歧视时，需求价格弹性小的市场定高价；反之需求价格弹性大的市场定低价。如图6-14所示，市场1的需求价格弹性更小，定价 P_1 更高。

例如，畅销书作者对其著作若统一定价，则其粉丝也只支付了这个价格，粉丝本来愿意支付更高的价格，他们的需求价格弹性小，而支付意愿低的普通读者则不愿意加入这个市场。价格歧视可以解决这个问题，对粉丝定高价，对普通读者定低价。为了实现这一点，高价图书印成精装本，有作者签名等；低价图书印成平装本，没有作者签名。如果有的市场支付意愿过低，边际收益也低，而边际成本较高，垄断厂商会放弃在这个市场销售（见图6-15）。

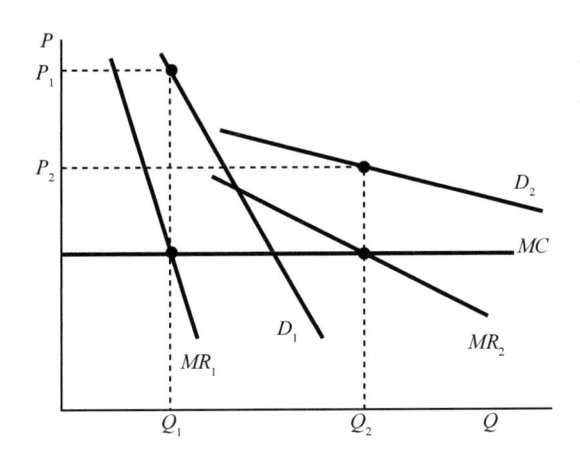

图6-14 第三级价格歧视

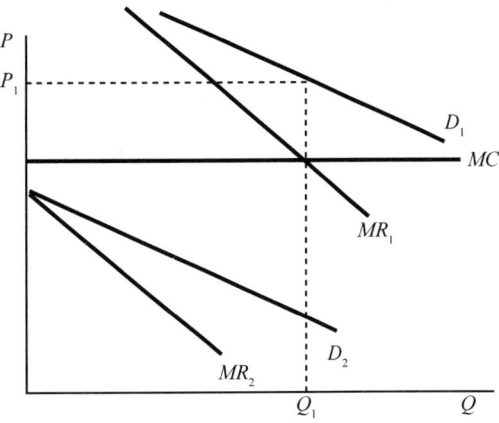

图6-15 垄断企业只供给市场1、不供给市场2

三 其他价格歧视

1. 高峰定价

高峰定价是一种跨期价格歧视。需求曲线 D_1 表示高峰期，而 D_2 表示低峰期，一般高峰时期的边际成本也更高。由 $MR_1 = MR_2 = MC$，高峰期定高价，低峰期定低价，如图 6-16 所示。

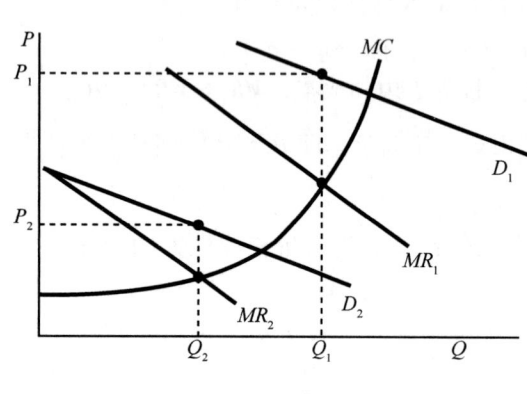

图 6-16 高峰定价

中国电价实行阶梯定价，家庭使用的电越多，达到更高的阶梯之后，电价就会上升，阶梯定价鼓励居民节约用电。中国也实行高峰定价，高峰时段电价更高，低峰电价要低一些。电价基于年度累计用电计算，如果 12 月用电比较多，达到第三阶梯，则执行的电价就比较高，可能出现 12 月电费比之前月份电费跳涨的情况。

2022 年上海市居民生活用电电价执行 2012 年颁布实施的居民目录电价。如表 6-1 所示。一户一表居民用户电价按照阶梯递增，其中第一档的未分时电价为每度 0.617 元，分时电价为峰时段每度 0.617 元，谷时段每度 0.307 元；第二档的未分时电价为每度 0.667 元，分时电价为峰时段每度 0.677 元，谷时段每度 0.337 元；第三档的未分时电价为每度 0.917 元，分时电价为峰时段每度 0.977 元，谷时段每度 0.487 元。

表 6-1 上海市居民生活用电电价

用户分类	分档	电量水平（千瓦时/户·年）	电价水平（元/千瓦时） 未分时	电价水平（元/千瓦时） 分时	
一户一表居民用户	第一档	0—3120（含）	0.617	峰时段	0.617
				谷时段	0.307
	第二档	3120—4800（含）	0.667	峰时段	0.677
				谷时段	0.337
	第三档	4800 以上	0.917	峰时段	0.977
				谷时段	0.487

续表

用户分类	分档	电量水平（千瓦时/户·年）	电价水平（元/千瓦时）	
			未分时	分时
非居民用户（学校、养老院、居民公建设施等）	不满1千伏		0.641	—
	10千伏		0.636	—
注：	一、居民用户分时峰谷时段划分为：峰时段（6—22时），谷时段（22时至次日6时）			
	二、居民累计电量在第二档或第三档临界点的月份，由于当月超基数部分的峰谷电量数据无法准确区分，具体执行时，该月第二档、第三档的加价按照峰、谷均为0.05元或0.30元的水平执行，次月起再按峰、谷不同加价水平执行			

资料来源：https://sh.bendibao.com/news/202316/265282.shtm。

2. 两部收费制

两部收费制是指收费包括两个部分，$R = p_1 + p_2 q$，p_1是一个固定收费，p_2是对单位消费收费。游乐场所收取一个入场费，里面的项目还要按消费单位收取单价。使垄断者获得最大利润的收费是$p_2 = MC$，这时，市场达到有效率的产量，所有支付意愿不低于边际成本的消费者都加入了市场。当$p_2 = MC$时，消费者将获得消费者剩余CS，第一步收费最大可按$p_1 = CS$收取固定费用。虽然前文指出，垄断厂商最优化时$MR = MC$，但此时会造成无谓损失，垄断者通过两部收费可以避免这个无谓损失，实现市场最有效率的产量，且获得最大的利润，不过此时，消费者剩余全被垄断企业榨取。

3. 搭售

搭售也被称为捆绑销售，具有垄断势力的厂商将几种产品捆绑在一起销售以获得更高的利润。典型的例子是微软公司将Word、Excel、Powerpoint等软件捆绑在一起销售。搭售的原因多样，搭售的产品具有较好的相关性或互补性，如将相机和胶卷搭售，搭售产品的价格一般比单独出售产品的价格总和要便宜。搭售最重要的原因是不同消费者对产品组合具有相反的偏好，如表6-2所示，消费者A更喜欢Word且愿意支付更高的价格，消费者B更喜欢Excel且愿意支付更高的价格。消费者A和消费者B对Word和Excel的评价各不相同，且具有相反的偏好，将Word和Excel搭售时，可以比单独销售Word和Excel获得更高的收益。搭售时，这两个消费者对这个捆绑产品的评价都是220，厂商定价为220，可获得440的收益。若单独销售，厂商只能

表6-2　搭售

	Word	Excel
消费者A	120	100
消费者B	100	120

按照支付意愿低的消费者的评价来定价,对 Word 定价 100,收益是 200,对 Excel 定价 100,收益是 200,总的收益是 400,低于捆绑销售时的收益。与此类似,一本杂志将良莠不齐的文章编在一起、一张音乐专辑将主打歌和其他普通歌曲编在一起,都是搭售的例子。

关键概念

垄断企业　垄断加成系数　垄断势力　价格歧视　高峰定价　两部收费制　搭售

思考题

1. 造成垄断的原因主要有哪些?
2. 垄断企业短期均衡的条件是什么?
3. 垄断企业边际收益曲线与市场需求曲线有何关联?
4. 垄断企业存不存在短期供给曲线?
5. 第三级价格歧视时,垄断厂商对不同市场的定价与该市场的需求价格弹性有何关系?

第七章 寡头企业行为理论

视频讲解

前面的章节已经分析了市场结构中的两种极端情况——完全竞争和完全垄断。在完全竞争市场中，有大量的生产同质产品的厂商，它们对价格没有任何影响，是价格接受者。在完全垄断市场中，只有一个厂商，它是价格制定者。事实上，这两种市场类型都是抽象出来的，更具理论意义，实际上完全竞争和完全垄断是很少真正存在的，许多行业介于这两种市场类型之间，即寡头市场。

本章我们将介绍并分析寡头市场。寡头企业的决策变量主要是产量和价格，分别是产量决策和价格决策，即生产多少产量、定什么样的价格。厂商决策有一个时间维度，厂商之间是同时决策，还是先后决策。同时决策通过各自的反应曲线联立求解，包括联合定产和联合定价。先后决策中，先行动者为领导者，后行动者为追随者，包括产量领导和追随、价格领导和追随。先后决策和同时决策相比，后行动者知道了先行动者的信息，这对市场结果产生显著的影响。

根据这两个维度，寡头市场理论主要研究以下四类模型。一是古诺模型，寡头厂商同时决策产量，即联合定产。二是斯塔克博格模型，寡头厂商先后决策产量，即先后定产，三是伯特兰模型，寡头厂商同时决策价格，即联合定价。四是价格领导模型，寡头厂商先后决策价格，即价格领导和追随。

第一节 寡头企业面临的市场需求与策略性行为

少数几家厂商供给整个行业的市场叫寡头市场。出现寡头市场的一个主要原因是存在规模经济效应，规模较小的企业由于面对较高的平均成本而无法参与市场竞争。如果寡头市场只有两个厂商，称为双寡头市场。例如，中国的移动通信市场，中国联通和中国移动之间的竞争与合作就可以用双寡头模型加以分析。寡头企业与完全竞争企业不同，因为完全竞争厂商的产量都只占微不足道的市场份额，从而并不存在相互影响的关系，也就可以独立考察每个厂商的决策。寡头企业也不同于垄断企业，垄断厂商同样是独立决策，但垄断市场里只有它一个企业，它不用考虑其他企业的反应。寡头厂商的决策却是相互依存的。相互依存意味着任何一个企业在市场中的行为都将影响到其他企业的销售和收益，每一个企业也受到其他企业的影响。正是因为这种相互依存的关系，一个寡头企业的决策收益还同时取决于其他企业的行为，因此一个企业在决策时必须考虑竞争对手的反应。

假定寡头厂商是一个理性的决策者，仍然要按照边际成本等于边际收益的原则来决定自己的产出，因此我们必须研究寡头企业面临的需求。

寡头市场是少数几个厂商共享总的市场需求。若寡头厂商生产的是同质产品，则产品的价格是同一的 P，假设总的市场需求为 $Q(P)$，以双寡头为例，若厂商1决策的产量为 $Q_1(P)$，则厂商2面临的需求是 $Q_2(P) = Q(P) - Q_1(P)$。若两个厂商是同时决策，任一厂商都不知道对方的产量，厂商1只能猜测厂商2的产量 Q_2，并据此做出理性选择并得到自己的反应函数 $Q_1 = R(Q_2)$，厂商2只能猜测厂商1的产量 Q_1，并据此做出理性选择并得到自己的反应函数 $Q_2 = R(Q_1)$。因此，寡头厂商面临的需求是策略行为，寡头厂商之间相互依存决定了每一个厂商的销售量并不完全独立地取决于它自己的行为，还取决于其他寡头厂商的行为。因此，寡头厂商面临的需求是策略行为，寡头厂商之间相互依存决定了每一个厂商的销售量并不完全独立地取决于它自己的行为，还取决于其他寡头厂商的行为。利润也是同理，厂商1的利润不但取决于自己的决策，也取决于厂商2的决策。在产量决策模型中，厂商1的利润 $\pi_1(Q_1, Q_2)$ 既取决于自己的产量，也取决于厂商2的产量。同理，在价格决策模型中，厂商1的利润 $\pi_1(p_1, p_2)$ 既取决于自己的价格，也取决于厂商2的价格。

第二节 寡头企业的产出决策

一 古诺模型

古诺模型最早是由法国经济学家古诺于1838年提出的。古诺模型的一般情形假设 n 个厂商生产同质产品，以双寡头为例，两个厂商生产同质产品，产量分别是 q_1、q_2，市场产量 $Q = q_1 + q_2$，市场价格由需求曲线 $p(Q)$ 决定，两个厂商生产同质产品因而是统一的定价 p。厂商1是理性的，追求利润最大化。因此，厂商1的目标函数为：

$$\text{Max } \pi_1(q_1, q_2) = p(q_1 + q_2) q_1 - c(q_1)$$

由一阶条件：

$$\frac{\partial \pi_1}{\partial q_1} = 0$$

可得厂商1的反应函数：

$$q_1 = R(q_2)$$

反应函数是指任何猜测对方的产量，都有一个最优的产量与之对应来做出反应。因为是同时决策产量，厂商1并不知道对方的产量，但对方决定的任何可能的产量，厂商1都有一个最优的产量与之对应。

同理,厂商 2 也是理性的,厂商 2 的利润最大化体现为其目标函数:

$$\text{Max } \pi_2(q_1, q_2) = p(q_1+q_2)q_2 - c(q_2)$$

由一阶条件:

$$\frac{\partial \pi_2}{\partial q_2} = 0$$

可得厂商 2 的反应函数:

$$q_2 = R(q_1)$$

厂商 1 和厂商 2 是同时决策,将厂商 1 和厂商 2 的反应曲线联立求解,可解得 (q_1^*, q_2^*),这一产量组合便是古诺均衡。从模型结构可以看出,两个厂商面临的价格是一样的,只要成本函数不同,则它们的均衡产量各不相同,如果两个厂商的成本函数也相同,则它们的均衡产量是一致的,它俩处在对称的位置上。古诺均衡位于两条反应曲线的交点,此时,每个厂商都实现了利润最大化,任何厂商都不会单独离开此点。古诺均衡之外的某个产量组合都不是均衡结果,且会向均衡结果调整。如图 7-1 所示,从这个意义上说,古诺均衡是纳什均衡。

例如,双寡头供给同质产品,面临的市场需求函数为 $Q = a - p$,每个厂商的边际成本恒为 c,$a > c$,且没有固定成本,两个厂商同时定产 q_1,q_2。

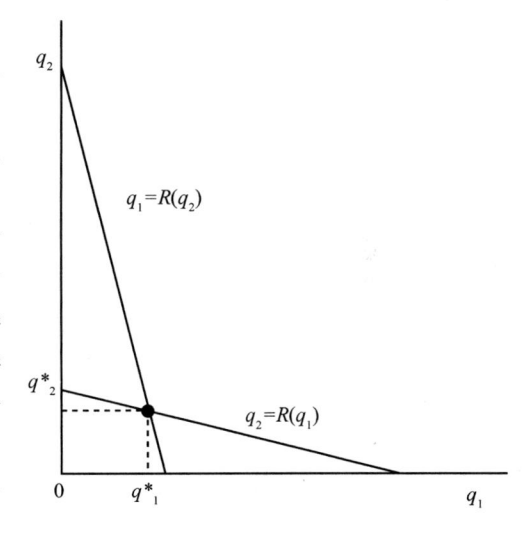

图 7-1 古诺均衡

厂商 1 的目标函数为:

$$\text{Max } \pi_1(q_1, q_2) = (a - q_1 - q_2)q_1 - cq_1$$

一阶条件为:

$$\frac{\partial \pi_1}{\partial q_1} = a - 2q_1 - q_2 - c = 0$$

注意到两个厂商面临的价格是一样的,而且成本函数也相同,因此,两个厂商处于对称的地位上,它们的均衡产量是相同的:

$$q_1 = q_2 = \frac{a-c}{3}$$

二 卡特尔模型

寡头厂商串谋起来一致行动,结成卡特尔组织,该组织通过协议决定每个厂商的产量。寡头厂商之所以愿意结成卡特尔组织,是想像一个垄断组织一样减少产量,提高价格,从而扩大利润。

卡特尔模型研究卡特尔组织追求利润最大化,并分配组织成员的产量。卡特尔组织的目标函数为:

$$\text{Max } \pi(q_1, q_2) = p(q_1+q_2)(q_1+q_2) - c_1(q_1) - c_2(q_2)$$

通过求解二元函数的最大值就可以求出串谋解 $(q_1^\#, q_2^\#)$,这是签署卡特尔协议的依据。

例子:双寡头供给同质产品,面临的市场需求函数为 $Q = a - p$,每个厂商的边际成本恒为 c,$a > c$,且没有固定成本,若两个厂商串谋结成卡特尔组织,求解串谋均衡产量。

该卡特尔组织的目标函数为:

$$\text{Max } \pi(q_1, q_2) = (a - q_1 - q_2)(q_1 + q_2) - cq_1 - cq_2$$

一阶条件可得:

$$\frac{\partial \pi}{\partial q_1} = a - 2q_1 - 2q_2 - c = 0$$

$q_1 + q_2 = (a - c)/2$,这叫合谋曲线,合谋曲线决定了两个厂商讨价还价的空间,利用两个厂商的对称性可知它们是势均力敌的,因此:

$$q_1 = q_2 = \frac{a-c}{4}$$

卡特尔组织中的单个厂商类似于垄断厂商的单个工厂,卡特尔组织中,$MR = MC_1 = MC_2$,在不完全竞争市场,$P > MR$,因此,$P > MC_1 = MC_2$,由于产品价格高出其边际成本,每个厂商都想多生产,因此,卡特尔组织是不稳定的。全球范围内,少有稳定运行的卡特尔组织。石油输出国组织"欧佩克"(OPEC)类似于卡特尔组织,虽说较为稳定,但也有成员国动不动就退出。

三 斯塔克博格模型

在产量领导情况下,一个领导厂商先决定产量,另一个追随者厂商后决定产量。德国经济学家斯塔克博格在 1934 年最先研究领导者追随者相互影响的产量决策。

斯塔克博格模型假设领导者、追随者提供同质产品,领导者先决定产量 q_1,追随者知道领导者的产量,再决定自己的产量 q_2,同质产品具有相同的价格,市场需求函数为 $P(Q)$,$Q = q_1 + q_2$,领导者的成本函数为 $c_1(q_1)$,追随者的成本函数为 $c_2(q_2)$。

领导者和追随者都要考虑到它们之间的相互影响,追随者知道了领导者的产量,追求利润最大化实现自己的最优产量,领导者制定产量决策的时候,要考虑到追随者的反应,并追求利润最大化决定自己的产量。

模型的求解从追随者利润最大化开始,这和古诺模型中的厂商 2 是一样的。追随者的目标函数为：
$$\text{Max } \pi_2(q_1, q_2) = p(q_1 + q_2) q_2 - c(q_2)$$

由一阶条件：
$$\frac{\partial \pi_2}{\partial q_2} = 0$$

可得追随者的反应函数：
$$q_2 = R(q_1)$$

追随者的这个反应领导者必须考虑到，它也是知道的，因此领导者的利润最大化目标函数为：
$$\text{Max } \pi_1(q_1, q_2) = p(q_1 + q_2) q_1 - c_1(q_1)$$

把 $q_2 = R(q_1)$ 代入领导者的目标函数，就变成一元函数的最大值问题，通过一阶条件就可求出 q_1，再代入追随者的反应函数就可求出 q_2。

例如，双寡头供给同质产品，面临的市场需求函数为 $Q = a - p$，每个厂商的边际成本恒为 c，$a > c$，且没有固定成本，厂商 1 是领导者，先决定产量，厂商 2 是追随者，后决定产量，求斯塔克博格解。

产量领导决策从追随者利润最大化开始，追随者的目标函数为：
$$\text{Max } \pi_2(q_1, q_2) = (a - q_1 - q_2) q_2 - c q_2$$

由一阶条件：
$$\frac{\partial \pi_2}{\partial q_2} = a - q_1 - 2q_2 - c = 0$$

可得追随者的反应函数为：
$$q_2 = \frac{a - q_1 - c}{2}$$

领导者在决策的时候要考虑追随者的反应函数，回到领导者的目标函数：
$$\text{Max } \pi_1(q_1, q_2) = (a - q_1 - q_2) q_1 - c q_1$$

将追随者的反应函数代入领导者的目标函数可得：
$$\text{Max } \pi_1(q_1, q_2) = (a - q_1 - \frac{a - q_1 - c}{2}) q_1 - c q_1$$

由一阶条件：
$$\frac{\partial \pi_1}{\partial q_1} = \frac{a - c}{2} - q_1 = 0$$

可解得：
$$q_1 = \frac{a - c}{2}$$

$$q_2 = \frac{a - c}{4}$$

这里，虽然领导者和追随者生产同质产品，产品价格相同，成本函数也相同，但是领导者和追随者处于不同的决策时间地位上，领导者因为先决策，因而具有先动优势，其均衡产量和利润均大于追随者。

第三节 寡头企业的价格决定

一 伯特兰模型

提供同质产品的寡头厂商同时决策价格，价格竞争的结果是两个厂商的定价 $p_1 = p_2$，因为如果 $p_1 > p_2$，对于同质产品，全部消费者购买厂商 2 的产品，市场变成垄断。反之，如果 $p_1 < p_2$，全部消费者购买厂商 1 的产品，市场也将变成垄断。

假设市场上有两个完全同质的寡头厂商，它们的边际成本均为 c，没有固定成本，这两个厂商价格竞争的结果是 $p_1 = p_2 = c$，若 $p_1 = p_2 < c$，两个厂商亏损，因此均不会生产。若 $p_1 = p_2 > c$，任何一个厂商只要把价格下降一个微小的值，就可把消费者争夺过来，另一个厂商也是这么想的，这个降价的过程一直持续到 $p_1 = p_2 = c$ 才会形成均衡。1883 年，法国数学家伯特兰发现，本来具有市场势力的寡头厂商，最终只能按边际成本定价，居然实现了完全竞争市场一样的结果，这一结论被称为伯特兰悖论。

例如，两个同质寡头供给同质产品，面临的市场需求函数为 $Q = a - p$，每个厂商的边际成本恒为 c，$a > c$，且没有固定成本，求伯特兰模型的解。

伯特兰模型的均衡和完全竞争市场的均衡（$p = mc$）相同，$p_1 = p_2 = c$，因此，$Q = a - c$，两个厂商处在对称的地位上，$q_1 = q_2 = \dfrac{a-c}{2}$。

伯特兰模型的结果理论意义大于实际意义。实际上，同质的寡头厂商是少见的，如果厂商的成本有高低之分，那两个厂商的定价等于高成本厂商的边际成本，而低成本厂商可以获得正的利润，或者低成本厂商可能采取低价把高成本厂商赶出市场，待它实现垄断梦想之后又可能实施垄断高价。寡头厂商可能结成一个价格卡特尔，双方都能获得利润，例如，国内几家纯净水品牌，非常默契地都是建议零售价 2 元/瓶。有时单个厂商即使降价，也未必有供给能力满足整个市场，这样的话，厂商便没有强烈的降价动机。厂商为了避免价格战，可以制造种种差异化，如包装、广告、品牌等方面的区别。

二 价格领导模型

假设双寡头提供同质产品，厂商 1 是领导者，先决定价格，厂商 2 是追随者，后决定价格，因为是同质产品，有理由认为厂商 2 会采取与领导者相同的价格，即 $p_2 = p_1$，如果 $p_2 > p_1$，全部消费者将购买厂商 1 的产品，如果 $p_2 < p_1$，则全部消费者将购买厂商 2 的产品，都将变成垄断，寡头市场就不再存在。因此，领导者定价为 p，追随者接受领导者的

定价，于是该市场的价格统一为 p。需求函数为 $Q(p)$，领导者和追随者的成本函数分别是 $c_1(q_1)$、$c_2(q_2)$。

价格领导模型的求解，先从后行动者开始，领导者做价格决策时，要考虑到追随者的反应和行为，显然，追随者是理性的，追求利润最大化：

$$\text{Max } \pi_2 = pq_2 - c_2(q_2)$$

在追随者的决策中，p 是已知的常数，它是价格接受者，由一阶条件可得：

$$p = mc(q_2)$$

这得到厂商 2 的供给函数 $q_2(p)$。

市场需求函数为 $Q(p)$，厂商 2 供给了 $q_2(p)$，厂商 1 所面临的需求函数为：

$$q_1(p) = Q(p) - q_2(p)$$

接下来是领导者的最优化行为，它在最初决定价格时，必须考虑到追随者的上述反应，并建立自己的目标函数：

$$\text{Max } \pi_1 = p(q_1)q_1 - c_1(q_1)$$

由一阶条件可得：

$$\frac{\partial \pi_1}{\partial q_1} = MR_1(q_1) - MC_1(q_1) = 0$$

$$MR_1(q_1) = MC(q_1)$$

据此可求出 q_1，代入 $p(q_1)$ 可求出 p，将 p 代入追随者的供给函数 $q_2(p)$ 即可求出 q_2。如图 7-2 所示。

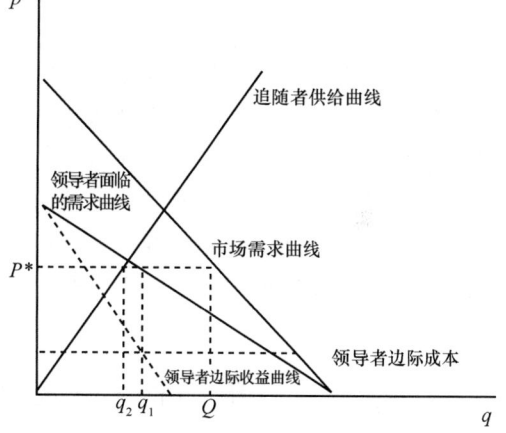

图 7-2 价格领导模型

关键概念

寡头市场　反应曲线　古诺模型　卡特尔模型　斯塔克博格模型　伯特兰模型　价格领导模型

思考题

1. 寡头企业之间的策略互动为何至关重要？
2. 卡特尔组织为什么具有不稳定的特征？
3. 古诺模型和斯塔克博格模型有何区别？
4. 什么叫先动优势？

第八章　中国国有企业行为

中国社会主义经济制度的基础是生产资料的社会主义公有制,即全民所有制和劳动群众集体所有制。中国在社会主义初级阶段,坚持公有制为主体、多种所有制经济共同发展的基本经济制度。国有经济即社会主义全民所有制经济,是国民经济中的主导力量。国家保障国有经济的巩固和发展。从市场结构看,中国的国有企业有竞争性企业,也有垄断企业和寡头企业。之所以要用专章来分析中国国有企业,除了是因为它具有很多不同于民营企业、外资企业的地方,还因为它在中国特色社会主义市场经济中的重要作用。

第一节　中国国有企业的设立与现状

一　中国国有企业的设立

按照马克思主义的观点,社会主义的基本特征是由社会占有全部生产资料,社会占有生产资料,个人占有生活资料和享受资料。科学社会主义的出发点是,在资本主义社会,生产社会化和资本主义私人占有制之间的矛盾已不能调和,只有使生产资料所有制与其社会性相适应才能使尖锐的社会矛盾得到根本解决。恩格斯指出,社会主义"同现存制度的具有决定意义的差别在于,在实行全部生产资料公有制(先是国家)的基础上组织生产"。[①] 社会占有生产资料从何而来?马克思、恩格斯认为是从剥夺资产阶级所有制而来。"无产阶级将取得国家政权,并且首先把生产资料变为国家财产。"[②] 社会所有制是公有制的高级形式,而国家所有制只是公有制的低级形式。国家作为整个社会的代表以社会的名义占有生产资料。生产资料社会所有制按照社会总体和每个成员的需要对生产进行有计划的调节,资本主义企业内部合理地组织劳动必将扩大到全社会范围内合理地组织劳动,这只有社会主义才能做到。

[①] 《马克思恩格斯选集》第四卷,人民出版社2012年版,第601页。
[②] 《马克思恩格斯全集》第二十六卷,人民出版社2014年版,第7页。

党的十五大报告指出，公有制经济不仅包括国有经济和集体经济，还包括混合所有制经济中的国有成分和集体成分。国有经济控制国民经济命脉，对经济发展起主导作用。国有经济起主导作用，主要体现在控制力上。对关系国民经济命脉的重要行业和关键领域，国有经济必须占支配地位。坚持公有制为主体，国家控制国民经济命脉，国有经济的控制力和竞争力得到增强，在这个前提下，国有经济比重减少一些，不会影响中国的社会主义性质。集体所有制经济是公有制经济的重要组成部分。要支持、鼓励和帮助城乡多种形式集体经济的发展。

国有企业的设立是指依法组建国有企业并使之成为企业法人的活动。《中华人民共和国全民所有制工业企业法》规定，全民所有制工业企业（以下简称"企业"）是依法自主经营、自负盈亏、独立核算的社会主义商品生产和经营单位。企业的财产属于全民所有，国家依照所有权和经营权分离的原则授予企业经营管理。企业对国家授予其经营管理的财产享有占有、使用和依法处分的权利。企业依法取得法人资格，以国家授予其经营管理的财产承担民事责任。设立企业必须依照法律和国务院规定，报请政府或者政府主管部门审核批准。经工商行政管理部门核准登记、发给营业执照，企业取得法人资格。企业应当在核准登记的经营范围内从事生产经营活动。《中华人民共和国企业法人登记管理条例》规定，全民所有制企业、集体所有制企业均应办理企业法人登记，申请企业法人登记的单位应当具备下列条件：（一）名称、组织机构和章程；（二）固定的经营场所和必要的设施；（三）符合国家规定并与其生产经营和服务规模相适应的资金数额和从业人员；（四）能够独立承担民事责任；（五）符合国家法律、法规和政策规定的经营范围。

二 中国国有企业的现状

据财政部发布的 2023 年全国国有及国有控股企业经济运行情况显示，2023 年，全国国有及国有控股企业（以下简称"国有企业"）主要效益指标继续稳步增长，回升向好态势进一步巩固。2023 年，国有企业营业总收入 857306.1 亿元，同比增长 3.6%；国有企业利润总额 46332.8 亿元，同比增长 7.4%；国有企业应交税费 58745.8 亿元，同比下降 0.5%；12 月末，国有企业资产负债率为 64.6%，上升 0.3 个百分点。

2023 年 10 月，在第十四届全国人民代表大会常务委员会第六次会议上公布的《国务院关于 2022 年度国有资产管理情况的综合报告》显示：2022 年，中央企业资产总额 109.4 万亿元、负债总额 73.7 万亿元、国有资本权益 21.8 万亿元，平均资产负债率 67.3%；2022 年，地方国有企业资产总额 230.1 万亿元、负债总额 145.0 万亿元、国有资本权益 72.9 万亿元，平均资产负债率 63.0%；汇总中央和地方情况，2022 年，全国国有企业资产总额 339.5 万亿元、负债总额 218.7 万亿元、国有资本权益 94.7 万亿元，平均资产负债率为 64.4%。2022 年，全国共有国有控股企业 361996 个，集体控股企业 195375 个（见表 8-1）。

表 8-1　　按地区和控股情况分企业法人单位（2022 年）　　单位：家

地区	企业单位数	国有控股	集体控股	私人控股	港、澳、台商控股	外商控股	其他
全国	32828734	361996	195375	31491401	141236	115304	523422
北京	1361791	17280	16495	1291592	7491	10701	18232
天津	425393	8002	2451	409282	2113	3359	186
河北	1630410	17888	8183	1579658	997	1446	22238
山西	776575	10812	5472	759624	284	304	79
内蒙古	422887	6838	2019	413409	239	382	—
辽宁	715559	12208	8619	667210	1575	3455	22492
吉林	270241	5241	1808	256402	219	533	6038
黑龙江	358180	8636	3401	324887	343	427	20486
上海	561659	13709	7126	491949	13376	19097	16402
江苏	3120366	22052	11296	3028144	13490	16215	29169
浙江	2501809	16541	13860	2441212	8015	14641	7540
安徽	1289469	13208	7278	1249692	1217	1169	16905
福建	1419816	11183	4923	1385002	11106	5194	2408
江西	1058341	12906	4374	1022737	2182	852	15290
山东	3202958	21243	10054	3125563	4625	8717	32756
河南	1761349	15464	8003	1723499	1018	969	12396
湖北	1333259	11603	6448	1301768	1598	2037	9805
湖南	1046672	9925	5142	1005828	1057	721	23999
广东	3531927	27363	22056	3239884	62999	17719	161906
广西	760559	9070	5778	741437	1527	1327	1420
海南	193121	3126	1642	163628	783	402	23540
重庆	705066	6912	2212	693574	1132	1229	7
四川	1341701	20185	12230	1300930	1687	1701	4968
贵州	638787	13361	4894	619753	348	277	154
云南	682662	9794	8370	661002	692	838	1966
西藏	33092	1507	810	27875	26	19	2855
陕西	810083	12090	5044	767882	631	1118	23318
甘肃	288360	7031	2223	260726	120	85	18175
青海	99784	2222	828	96187	63	65	419
宁夏	136425	1579	409	133511	76	78	772
新疆	350433	13017	1927	307554	207	227	27501

注：不含香港、澳门和台湾地区。

资料来源：《中国统计年鉴 2023》。

第二节 国有企业的特点和目标

一 国有企业的地位

国有企业是国有经济的主要实现形式。国有企业属于全民所有，是推进国家现代化、保障人民共同利益的重要力量，是党和国家事业发展的重要物质基础和政治基础。改革开放以来，国有企业改革发展不断取得重大进展，总体上已经同市场经济相融合，运行质量和效益明显提升，在国际国内市场竞争中涌现出一批具有核心竞争力的骨干企业，为推动经济社会发展、保障和改善民生、开拓国际市场、增强中国综合实力作出了重大贡献。中国国有企业的地位主要有以下几个方面。

第一，经济支柱。中国国有企业在国民经济中扮演着重要的支柱作用。国有企业在能源、石油化工、电力、通信、铁路、航空航天等基础产业和战略性新兴产业中占据着重要地位，为国家经济发展提供了稳定的基础设施和关键资源。

第二，经济稳定器。国有企业在经济周期中起到了稳定经济的作用。在经济下行时，国有企业可以通过增加投资、扩大产能等措施来稳定就业和经济增长，同时也能为其他企业提供稳定的市场需求和订单。

第三，国家安全保障。国有企业在国家安全领域扮演着重要角色。例如，国有企业在军工、航空航天等领域的发展为国家提供了军事力量和科技保障，保障了国家的安全利益。

第四，社会责任承担者。国有企业承担着更多的社会责任和公共服务。它们为国家提供了基础设施建设，如铁路、公路、水利等，保障了公众的基础设施和公共服务需求。国有企业还承担了就业稳定和社会稳定的重要责任，为稳定社会提供了就业机会和收入保障。

第五，政策引导和市场规范者。国有企业在市场中扮演着政策引导和市场规范的角色。政府通过国有企业来引导和实施特定的产业政策，推动产业升级和结构调整。国有企业也承担着行业自律和公平竞争的责任，遏制不正当竞争行为。

二 国有企业的特点

第一，国有企业产权特点。国有企业的所有权归国家全民所有；国有企业的产权集中在国家或地方政府手中，政府通过委托管理或直接管理来实现对企业的控制；国有企业的利润归国家所有。国有企业是依法自主经营、自负盈亏、独立核算的社会主义商品生产和经营单位。虽然国有企业的财产属于全民所有，但是国家依照所有权和经营权分离的原则授予国有企业经营管理。国有企业对国家授予其经营管理的财产享有占有、使用和依法处分的权利。国有企业依法取得法人资格，以国家授予其经营管理的财产承担民事责任。

第二，国有企业的行业特点。国有企业在国家经济发展中扮演着基础产业和重点产业的角色，承担一些政府的特殊职能，让国有企业生产经营不合适由私人企业生产经营的产品或服务。这些特殊职能主要包括：一是控制国民经济命脉的行业，如能源、铁路、石油、电力等，维护国家经济安全和国计民生；二是控制涉及国家机密、军事等领域尖端技术的企业，保证国家国防安全；三是在经济不景气情况下，提供更多的就业岗位，以维护社会稳定。因此，国有企业主要存在于关系国家安全的行业，包括军事工业、造币工业、航天尖端工业等；大型基础设施建设，包括城市重大基础设施建设、运输骨干设施、大江大河治理；大型不可再生资源，如稀有矿产的开发项目；对国家长期发展具有战略意义的高新技术产业，如大规模集成电路的研制、重大技术装备国产化等。国有企业作为一种经济组织形式，更多产生于市场失灵的领域，弥补市场供给的不足，或者承担政府的特殊职能。资源配置的负外部性、公共物品、公共资源、自然垄断等市场失灵的领域，由国有企业经营管理可以提高经济效率。

三　国有企业的行为目标

国有企业的行为目标可以分为经济目标和非经济目标。一是经济目标，就是实现利润和效率。二是非经济目标，即国有企业承担了一些特殊职能，在保障国家国防安全，经济安全，维护社会稳定、提供基础设施和公共服务等方面发挥了重要作用。国有企业以这些非经济目标为己任。一般来说，对于竞争性行业的国有企业，其经济目标优于非经济目标；对于承担特殊职能的国有企业，其非经济目标优于经济目标。

第一，赚取利润和实现效率。企业天生具有逐利天性，长期没有正利润的企业终将会死掉，国家设立国有企业都有谋取经济利益的现实考虑，国有企业利润是政府财政收入的重要来源。对国有企业的效率问题存在一些争论，主要是由于衡量指标的差异。仅以利润指标来衡量国有企业，这就忽视了国有企业的特殊职能，会得出不公平的结论。

第二，就业和劳动关系。国有企业提供了大量的就业机会。此外，国有企业的劳动关系非常规范，关注员工福利和劳动保障，提供相对稳定的工作环境和薪酬待遇。

第三，社会公益和捐赠。国有企业积极履行社会责任，注重社会公益事业，常常通过捐赠资金、物资或其他形式参与教育、扶贫、灾害救助等公益活动，促进社会进步和公众福祉。

第四，环境保护和可持续发展。国有企业在环境保护和可持续发展方面积极承担社会责任，注重环境保护，加强技术改造，推行节能减排降碳措施，致力于绿色发展。

第五，供应链合规和安全。国有企业在供应链管理中注重合规和安全，积极参与供应链管理，确保供应商的合规性，注重产品安全和质量，保障消费者权益。

第六，技术创新和科学研究。国有企业在技术创新和科学研究方面积极做出贡献，它们投入大量资源用于科技开发和技术创新，推动技术进步和产业升级，为社会创造更多的技术和创新价值。

第三节 国有企业制度变迁

党的十一届三中全会以来，中国走上一条渐进式改革之路，资源配置方式逐渐从计划经济向市场经济转变。中国的国有企业从此历经了放权让利、拨改贷、利改税、企业承包责任制、现代企业制度等改革过程。

一 放权让利

实施放权让利，调整国家与企业的利益分配关系。通过计划配置全社会的资源，可以在最短的时间内利用有限的资源，集中建立起较完整的工业体系。在建立国有工业体系的过程中，高度集中的计划经济体制功不可没。但是，如果计划作为资源配置的唯一方式，则不可避免地会出现信号失真、资源配置效率低等问题。实践证明，计划模式使企业缺乏自主权利，企业吃国家"大锅饭"，职工吃企业"大锅饭"，严重压抑了企业和职工的积极性、主动性和创造性。针对国家对企业统得过多过死、企业没有自主经营权所带来的问题，放权让利成为国企改革的第一步棋。开展国营工业企业"扩大企业自主权"试点，在完成计划指标的情况下，允许企业提留少量利润，给职工发放少量奖金等。1979年7月，国务院发布的《关于扩大国营工业企业经营管理自主权的若干规定》允许企业根据不同行业特点和具体情况实行不同的利润留成比例，以建立生产发展基金、集体福利基金和职工奖励基金。1984年5月，《关于进一步扩大国营工业企业自主权的暂行规定》明确，扩大企业在生产、销售、劳动人事、分配等方面的自主权，允许企业在计划外进行生产和销售。在统收统支的计划经济下，企业没有独立的经济核算，生产经营资金全部由国家无偿拨付，利润或亏损也由国家承担，在这种软预算约束下，企业干好干坏一个样，企业吃国家的"大锅饭"。为了调动国有企业的积极性，1979年8月，国务院批转国家计委、国家建委、财政部《基本建设贷款试行条例》，同意将基本建设拨款改为银行贷款，推行"拨改贷"试点。到1985年，所有国有单位的基本建设和更新改造投资全部改为银行贷款。

扩大企业自主经营权以及实行"拨改贷"之后，企业获得了一定程度的独立经济利益，企业管理者和职工的积极性提高了，更加关注市场需求的变化，盈利状况也有了显著的改善。但是，另一种倾向也显现出来，即扩张投资的冲动和多占企业利润的问题。由于国家和企业的信息不对称，企业不断扩大提留的利润份额，并转化成职工工资、奖金的分配。这种情况使国家的财政受损，并容易导致物价上涨。

为了建立国家和企业合理的利润分配关系，1980年8月财政部向中央财经领导小组汇报税制改革方案，提出将国有企业上缴利润改为上缴税收，税后利润归企业独立安排，即通常所说的"利改税"。经过试点之后，1983年4月，国务院正式批转财政部《关于国营企业利改税试行办法》。"拨改贷""利改税"的推行，使国有企业逐步走上自主经营、自负盈亏的道路，强化了国有企业的自我约束机制，刺激国有企业提高经营效率。

二　企业承包责任制

实行企业承包责任制，尝试企业所有权与经营权分离。对国有企业实行放权让利之后，如何进一步激发国有企业的活力？受农村联产承包责任制成功的启发，有学者提出对国有企业推行承包经营责任制。简单地说，就是"定额上缴、超收归己"，主要表现为盈亏包干，实行工资总额与经济效益挂钩。1987年8月，国家经委和国家体改委发布的《关于深化企业改革、完善承包经营责任制的意见》诠释了这一点——"包死基数、确保上缴、超收多留、欠收自补"，成为企业承包责任制的基本原则。

1981年11月，国务院批转国家经济委员会、国务院体制改革办公室《关于实行工业企业经济责任制若干问题的意见》，并于1982年在8家大中型国有企业进行承包经营责任制试点。1983年国务院政府工作报告明确指出："改革的重点要放在完善企业经营机制上，根据所有权与经营权适当分离的原则，认真实行多种形式的承包经营责任制。"1987年6月，企业承包经营责任制在全国范围内普遍推行。1988年2月，国务院颁布的《全民所有制工业企业承包经营责任制暂行条例》，对承包经营责任制的内容和形式、承包合同、双方的权利和义务等作出了明确规定。承包经营责任制是企业所有权与经营权分离的有益尝试，国家把全民所有的企业资产承包给承包人经营，分别履行承包合同的权利和义务。承包经营责任制为国有企业提供了激励机制，国有企业表现出前所未有的活力。除了承包制，租赁制也是企业所有权和经营权分离的一种形式，主要针对小型国有企业。国务院于1988年6月发布的《全民所有制小型工业企业租赁经营暂行条例》，规定了出租方与承租方的权利和义务、收益分配及债权债务处理、承租收入等内容。

不论是承包制还是租赁制，本质上还是放权让利。然而，在计划经济框架下，这些形式的国企改革仍然摆脱不了体制上的固有弊端，企业对政府的行政依附关系依然存在。由于独立的法人财产权缺位，企业的软预算约束难以改变，当企业承包人最终没完成承包任务时，国家也没办法让承包人真正承担亏损，这造成"负盈不负亏"的局面。同时，企业一方拥有信息优势，可以操纵信息来获得额外的利益。另外，承包（或租赁）合同的短期性决定了承包人的短视行为，掠夺性地使用资源，缺少培育长期竞争力的动力。因此，国企改革不能仅仅停留在经营权的调整上，必须进行产权制度的改革。

三　建立现代企业制度

建立现代企业制度，走向市场经济的企业制度变革。1993年11月，党的十四届三中全会审议并通过了《中共中央关于建立社会主义市场经济体制若干问题的决定》（以下简称《决定》），确立了市场经济体制改革的基本方向。《决定》指出："必须坚持以公有制为主体、多种经济成分共同发展的方针，进一步转换国有企业经营机制，建立适应市场经济要求，产权清晰、权责明确、政企分开、管理科学的现代企业制度。""建立现代企业制度，是发展社会化大生产和市场经济的必然要求，是我国国有企业改革的方向。"国有企业的公司制改造随即展开。党的十四届三中全会指出，"国有企业实行公司制，是建立现代企业制度的有益探索。规范的公司能够有效地实现出资者所有权与企业法人财产权的分离，有利于政企分开、转换经营机制，企业摆脱对行政机关的依赖，国家解除对企业承担的无限责任；也有利于筹集资金、分散风险"。然而，在全面推进市场化改革的过程中，大量国企出现了亏损甚至破产，同时也导致银行出现大量坏账。1997年9月，党的十五大报告提出在关系国民经济命脉的重要行业和关键领域，国有经济必须占支配地位，其他领域社会主义公有制的实现形式可以多样化的重要论断，同时强调，把国有企业改革同改组、改造、加强管理结合起来，着眼于搞好整个国有经济，抓好大的，放活小的，对国有企业实施战略性改组，鼓励采取改组、联合、兼并、租赁、承包经营和股份合作制、出售等形式，加快放开搞活国有小型企业的步伐。"用三年左右的时间，通过改革、改组、改造和加强管理，使大多数国有大中型亏损企业摆脱困境，力争到本世纪末使大多数国有大中型骨干企业初步建立起现代企业制度。"（以下简称"三年两大目标"）在企业发展战略上，国有经济在国民经济中的主导作用主要体现在控制力上，要有进有退、有所为有所不为，除了极少数必须由国家垄断经营的行业，其他领域要鼓励多元投资主体的进入，实现股权多元化将有助于强化产权约束。为了提高国有资产的经营效率，党的十六大报告进一步提出，要深化国有资产管理体制改革，明确"权利、义务和责任相统一，管资产和管人、管事相结合"的原则，实行政企分开、政资分开、所有权与经营权分开（俗称"三分开、三统一、三结合"）的国有资产管理体制。2003年4月，国务院国有资产监督管理委员会正式挂牌，开始履行国资监管"保值增值"之职能。

四 中国特色现代国有企业制度的全面完善

2013年11月，党的十八届三中全会通过的《中共中央关于全面深化改革若干重大问题的决定》提出积极发展混合所有制经济，以管资本为主加强国有资产监管，推动国有企业完善现代企业制度。明确了健全国有企业法人治理结构、建立职业经理人制度、发挥企业家作用，以及深化企业内部劳动、人事和分配制度改革等现代国有企业制度的具体要求。此后《中共中央 国务院关于深化国有企业改革的指导意见》对企业法人治理结构完善、加强党的领导、发展混合所有制经济、分类改革与考核、国有资产管理体制改革、国资委职能转变等内容给出了具体的指引。

党的十九大和党的十九届四中全会更加明确地强调了发展混合所有制经济、完善中国特色现代企业制度、形成以管资本为主的国有资产监管体制等国有企业改革的核心内容。以混合所有制改革为切入点，提升公司法人治理结构的有效性是新时代中国特色现代国有企业制度建设的重要特点。

2015年9月，国务院发布《关于国有企业发展混合所有制经济的意见》。混合所有制改革把引资本与转机制紧密结合，把产权多元化与完善企业法人治理结构紧密结合，并作为推动提高国有资本配置和运行效率、建设一流国有企业的重要手段。通过混合所有制改革，改变政企关系状况，实现政府国资监管机构由"管企业"向"管资本"为主的转变。分类改革与分类治理是推进国有企业现代企业制度建设的新方略。

按照国有资本的战略定位和发展目标，以及国有企业在经济社会发展中所起的作用，国家将国有企业分为商业类和公益类，并进行功能界定和分类治理，明确不同的发展方向、监管方式和考核内容。充分竞争行业和商业类国有企业，国有资本出资人代表或者投资运营公司只能按照以"管资本"为主的原则，实行严格意义上的"两权分离"，出资人（代表）只能以股东身份承担责任和参与公司治理。对处于关系国家安全、国民经济命脉的重要行业和关键领域，以及主要承担重大专项任务的商业类国有企业，其内部治理仍遵循资本市场法则，建立完善的法人治理结构，要求国有资本出资人在"管资本"的同时，通过合法程序关注企业服务国家战略、保障国家安全和国民经济运行、发展前瞻性战略性产业及完成特殊任务的情况。对处于自然垄断行业的国有企业，其治理结构主要围绕提升市场化程度进行优化，注重经济效益和社会效益的有机结合。这些公益类国有企业采取国有独资形式或投资主体多元化的方式建立公司法人治理结构，非国有企业可以通过购买服务、特许经营、委托代理等方式参与经营，但不作为投资者持有股份和参与公司治理。国家通过加大信息公开力度、接受社会监督等手段来强化外部监督。

现阶段完善现代国有企业制度主要内容包括推进公司制股份制改革、健全公司法人治理结构、建立企业领导人员分类分层管理制度、实行企业薪酬分配制度改革、深化企业内部用人制度改革、加强党的领导和党的建设等。其中，将党组织嵌入公司治理并发挥领导核心和政治核心作用，是新时代现代企业制度建设的重要创新。

内部管理制度是中国特色现代国有企业制度的重要组成部分，"劳动、人事和分配"制度是其中的关键。围绕增强企业活力和竞争力，国有企业要着力构建企业各类人员能上能下、员工能进能出、收入能增能减的市场化劳动用工、人事和收入分配机制。在劳动薪酬方面，国有企业要着力构建主要由劳动力市场所决定、与企业经济效益和劳动生产率挂钩的工资决定及正常增长机制，综合考虑选任方式、企业功能性质，建立与经营业绩挂钩的企业领导人员差异化薪酬分配办法，对市场化选聘的职业经理人采用市场化薪酬及中长期激励机制。

坚持走中国特色国有企业制度建设道路。世界上并没有也不可能有放之四海而皆准的企业制度可供直接套用。必须大胆探索适于自身所处政治、经济和文化环境的企业制度，而不是盲目照搬西方模式。一直以来，建立什么样的国有企业制度一直是摆在党和政府面前的重大课题。经过"渐进""跨越"，具有中国特色的现代国有企业制度已基本形成，并进入完善提升新阶段。

第四节 做大做强做优国有企业

一 为什么要做大做强做优国有企业

国有企业是中国特色社会主义的重要物质基础和政治基础，是中国特色社会主义经济的顶梁柱，是党执政兴国的重要支柱和依靠力量。国有企业是壮大国家综合实力、保障人民共同利益的重要力量，必须理直气壮做强做优做大，不断增强活力、影响力、抗风险能力，实现国有资产保值增值。

国有企业总体上已经同市场经济相融合，必须适应市场化、国际化新形势，以规范经营决策、资产保值增值、公平参与竞争、提高企业效率、增强企业活力、承担社会责任为重点，进一步深化国有企业改革。国有企业不仅不能削弱，而且还要加强，在深化改革中自我完善。国有企业特别是中央管理企业，在关系国家安全和国民经济命脉的主要行业和关键领域占据支配地位，是国民经济的重要支柱，必须搞好。推进国有企业改革，要有利于国有资本保值增值，有利于提高国有经济竞争力，有利于壮大国有资本功能。支持国有企业做大做强做优有以下几个原因。

第一，经济发展。做大做强做优国有企业可以增加国家的经济实力和竞争力。国有企业在关键领域具有重要的战略地位，如能源、交通、通信等，做大做强做优这些企业可以更好地支撑国家经济发展的需求。

第二，提升国际竞争力。通过做大做强做优国有企业，可以提升国家在国际市场上的竞争力。一些国有企业具备较强的技术、资金和市场优势，通过拓展海外市场和开展国际合作，可以推动国内企业走出去，提升在国际市场的地位和竞争力。

第三，保障国家安全和稳定。国有企业在一些关键行业和重要领域具有重要作用，关系国民经济命脉、国家安全和国计民生。做大做强做优这些企业可以保障国家的安全和稳定。国有企业的强大实力可以确保国家在关键领域不受外部干扰，保障国家的经济安全、能源安全等。

第四，促进社会发展。国有企业在就业、社会福利等方面承担着重要责任，做大做强做优国有企业可以为社会提供更多的就业机会和福利保障。国有企业还承担着一些社会责任，如环境保护、扶贫等。做大做强做优国有企业可以提升其履行社会责任的能力。

第五，提高国家话语权。做大做强做优国有企业可以提高国家的话语权和影响力。作为国家实力的代表，国有企业在国际舞台上的优异表现和影响力可以提升国家的地位和形象，增加国家在国际事务中的话语权。

二 做大做强做优国有企业聚焦的主要问题

中国国有企业改革和发展取得了巨大的成绩，也存在一些问题。通过国有企业改革，可以提高国有企业的竞争力、效益和社会责任感，促进经济发展和社会进步。

第一，市场竞争力不强。一些国有企业在市场竞争中面临效率低下、创新能力不足等问题。改革旨在引入市场化机制，提升企业的竞争力，使其能够适应市场经济的要求。

第二，资源配置不合理。由于一些国有企业在过去的计划经济时期获得了较多的资源，"等、靠、要"严重，经营方式不符合市场需求和效益最大化的原则。改革旨在通过深化产权制度改革，推动资源优化配置，提高资源利用效率。

第三，经营效益不佳。个别国有企业由于管理体制僵化、内外部环境变化等，经营效益较差。改革旨在通过引入市场机制，增强企业的活力和竞争力，提高经营效益。

第四，腐败问题。一些国有企业存在腐败问题，包括贪污、受贿、权力寻租等。改革旨在加强国有企业的监管和治理机制，提高透明度和公正性，减少腐败行为的发生。

第五，社会责任感不强。一些国有企业缺乏对社会责任的认识和履行，导致环境污染、劳工权益等问题。改革旨在引导国有企业履行社会责任，推动企业可持续发展。

三 做大做强做优国有企业的主要措施

第一，加强和完善党对国有企业的领导。加强和改进国有企业党的建设，使国有企业成为党和国家最可信赖的依靠力量，成为坚决贯彻执行党中央决策部署的重要力量。国有企业要做落实新发展理念的排头兵、创新驱动发展的排头兵、实施国家重大战略的排头兵。

第二，推进能源、铁路、电信、公用事业等行业竞争性环节市场化改革。推动国有企业优化布局，优化资源配置，推动国有企业在重点领域、关键产业中发挥更大作用。进一步放开市场准入，将竞争性环节引入社会资本，促进市场竞争。该控制的环节，要加强控制；该放开的环节，要大胆放开。

第三，深化国资国企改革，提高国企核心竞争力，增强国企的核心功能。要坚持分类改革方向，处理好国企经济责任和社会责任的关系，健全以管资本为主的国资管理体制，发挥国有资本投资运营公司的作用，以市场化方式推进国企整合重组，鼓励国有企业加大科技创新投入，推动技术研发和转化，培育创新型企业。提高企业核心竞争力。要推动国有企业完善创新体系、增强创新能力、激发创新活力，促进产业链创新链深度融合，打造原创技术策源地。

第四，要完善中国特色国有企业现代公司治理，真正按市场化机制运营。加快推进国有企业市场化改革，完善企业法人治理结构，完善企业治理模式和经营机制，真正确立企业市场主体地位，增强企业内在活力、市场竞争力、发展引领力。培育具有全球竞争力的世界一流企业。通过引入竞争机制、拓宽企业投融资渠道、完善激励机制等，增强国有企业的市场竞争力和经营效益。同时，推动国有企业参与国内外市场竞争，推动企业国际化发展。

第五，要加强对国有企业领导人员的党性教育、宗旨教育、警示教育。强化对关键岗位、重要人员特别是一把手的监督管理，完善"三重一大"（重大事项决策、重要干部任免、重大项目投资决策、大额资金使用）决策监督机制。加强企业治理和内部监管，加强内部监管和风险控制，提高企业透明度和规范运作。加强对国有企业的监管和监察，防止腐败行为发生。

第五节 坚持"两个毫不动摇"

党的二十大报告强调："构建高水平社会主义市场经济体制。坚持和完善社会主义基本经济制度，毫不动摇巩固和发展公有制经济，毫不动摇鼓励、支持、引导非公有制经济发展。""深化国资国企改革，加快国有经济布局优化和结构调整，推动国有资本和国有企业做强做优做大，提升企业核心竞争力。优化民营企业发展环境，依法保护民营企业产权和企业家权益，促进民营经济发展壮大。完善中国特色现代企业制度，弘扬企业家精神，加快建设世界一流企业。支持中小微企业发展。"[1]

党的十五大报告把"公有制为主体、多种所有制经济共同发展"确立为中国的基本经济制度，明确提出"非公有制经济是我国社会主义市场经济的重要组成部分"。党的十六大报告提出，"毫不动摇地巩固和发展公有制经济""毫不动摇地鼓励、支持和引导非公有制经济发展"。党的十八大报告进一步提出，"毫不动摇鼓励、支持、引导非公有制经济发展，保证各种所有制经济依法平等使用生产要素、公平参与市场竞争、同等受到法律保护"。

2018年11月，习近平总书记在民营企业座谈会上强调："民营经济具有'五六七八九'的特征，即贡献了50%以上的税收，60%以上的国内生产总值，70%以上的技术创新成果，80%以上的城镇劳动就业，90%以上的企业数量。在世界500强企业中，我国民营企业由2010年的1家增加到2018年的28家。我国民营经济已经成为推动我国发展不可或缺的力量，成为创业就业的主要领域、技术创新的重要主体、国家税收的重要来源。""我国经济发展能够创造中国奇迹，民营经济功不可没！""民营经济是我国经济制度的内在要素，民营企业和民营企业家是我们自己人。""非公有制经济在我国经济社会发展中的地位和作用没有变！我们毫不动摇鼓励、支持、引导非公有制经济发展的方针政策没有变！我们致力于为非公有制经济发展营造良好环境和提供更多机会的方针政策没有变！""我国民营经济只能壮大、不能弱化，不仅不能'离场'，而且要走向更加广阔

---

[1] 习近平：《高举中国特色社会主义伟大旗帜 为全面建设社会主义现代化国家而团结奋斗——在中国共产党第二十次全国代表大会上的报告》，人民出版社2022年版，第29页。

的舞台。"①

关键概念

国有经济　国有企业　两个毫不动摇　现代企业制度

思考题

1. 中国为何设立国有企业？
2. 中国国有企业有何特点和地位？
3. 如何做大做强做优国有企业？
4. 简述民营经济的地位、作用及立场。

---

① 习近平：《在民营企业座谈会上的讲话》，人民出版社2018年版，第4—7页。

第二篇　中国家庭行为理论

企业和家庭是市场活动中的两大行为主体。第一篇介绍了中国企业行为理论，本篇将介绍中国家庭行为理论。给定产品市场和要素市场中商品和要素的价格，家庭消费决策需要确定产品和要素的量。为了更好地理解中国家庭行为理论，本篇依据家庭消费决策、劳动供给决策、家庭资本供给决策和中国农户的消费行为，把中国家庭行为理论分为四章来解析。

第九章，中国家庭的商品购买决策。本章介绍家庭在既定可支配收入下的消费决策，即家庭决策每一种需要的商品上的花费或购买数量。为方便分析，本章假设家庭或个人本身没有任何商品禀赋，这意味着消费者所消费的商品均来自市场上的购买。本章通过无差异曲线分析揭示家庭需求的影响因素，以及个人对商品的需求量与商品价格之间的多种依存关系。

第十章，家庭的劳动供给决策。家庭既是消费主体，又是劳动提供者。本章介绍在工资水平既定的条件下，家庭或个人的劳动供给决策，即通过构建等预算曲线，分析劳动供给均衡，来解释家庭或个人的劳动供给曲线。实际上，在工资水平一定的条件下，家庭劳动供给量决定了家庭的劳动收入。由此可见，家庭的劳动供给决策分析了家庭如何决策劳动供给以获得收入的问题。

第十一章，家庭的资本供给决策。家庭也可以被视为一个资本供给者，即通过投资获取资本增长收入。储蓄是最稳健的投资方式之一。本章通过构建等预算线，分析家庭的储蓄均衡和储蓄曲线。在既定利息下，家庭的资本供给量决定了家庭的利息收入。由此可见，家庭的资本供给决策分析了家庭如何决策储蓄以获取利息收入的问题。

第十二章，中国农户的消费行为。中国农户家庭既是农产品的生产者，又是产品的消费者。本章基于中国农户的特点，以及农户在闲暇、工作和家务三者之间时间安排的事实，在既定时间约束、市场工作约束和农业生产技术约束下构建农户的总预算线，分析农户家庭的消费选择。在此基础上，本章还分析非工资收入、生养小孩和政府补贴对农户家庭消费的影响。

第九章　中国家庭的商品购买决策

视频讲解

家庭消费是以家庭为单位所进行的消费性支出，是社会消费的基础，涵盖了家庭成员的食品支出、衣物支出、居住支出、日用品支出、医疗保健支出、交通和通信支出、娱乐支出等。中国家庭消费的行为具有多元化、重储蓄、计划性等特点。影响家庭消费行为的因素主要包括家庭收入水平、家庭消费观念、家庭消费环境以及家庭消费需求等。随着数字经济的发展，中国消费者越来越倾向于在线购物和数字化消费，电子商务平台以及社交媒体平台在中国的消费市场发挥着重要作用。

不同于传统的消费渠道，网购和社交平台提供了更加便捷的购物体验，消费者可以随时随地通过手机或电脑浏览和购买商品，无须前往实体店铺。同时，消费者可以在一个平台上浏览和购买不同种类的商品，从日用品到电子产品、服装、食品等，满足不同消费者的需求。目前中国是全球最大的互联网市场，拥有庞大的移动互联网用户群体。

为了便于理解家庭或者个人的市场行为，有必要首先了解家庭或者个人的消费问题。家庭消费理论研究消费者如何在预算既定的条件下决策消费的商品组合，以达到自身满意程度的最大化。家庭把购买的商品用于实际消费，并从消费中获得满足感也就是效用。消费者的目标可以表示为最大化自身效用。消费者通过比较手中货币的效用和消费商品组合获得的效用，来计算自己的得失。同时，家庭或个人的收入是有限的。其在追求最大化效用的同时又受到收入水平的约束。

第一节　消费者行为目标

一　总效用和边际效用

1. 总效用

效用是指商品或者商品组合满足消费者欲望的程度，或者是消费者从商品或者商品组合中获得的满足程度。其满足程度为个人的主观评价，如消费者从商品中得到的快乐等。基数效用论将消费者的主观效用与现实世界中物体的物理属性相类比，使用具体的数字进行衡量，单位为"尤特尔"（Util），如一名消费者消费 1 个梨的效用为 2 尤特尔，消费 1 个苹果的效用为 3 尤特尔，等等。

为了考察消费者消费商品或服务数量的选择，通常区分商品的总效用和边际效用。总效用（Total Utility，TU）是指消费者从一定数量组合的消费商品或服务中获得的效用总量。总效用是消费者在这一时期内所消费的每一单位商品或服务得到的效用加总，它取决于消费商品的总量。

总效用可以由函数形式加以表示。假定消费者的效用只与消费商品的数量有关，消费者消费某一种商品 i 的数量为 Q_i，那么总效用可以表示为：

$$TU = U(Q_1, \cdots, Q_n)$$

不同的商品消费数量组合会带来不同的效用。总效用函数形式基于不同的消费者偏好特点是不同的。一种常见的效用函数为柯布—道格拉斯效用函数：

$$TU = Q_1^a Q_2^b, \ a、b \text{ 为常数}$$

2. 边际效用

边际效用（Marginal Utility，MU）是指其他条件不变下，消费者从增加 1 个单位商品或服务的消费中所得到的效用增加量。消费商品的数量不同，增加的效用也不同，所以边际效用与商品消费量密切相关。比如，如果消费者消费 1 个单位商品获得 10 个单位效用，消费 2 个单位商品获得 18 个单位效用，消费 3 个单位商品获得 25 个单位效用，那么当消费者从没有消费任何商品到消费 1 个单位商品，他的效用增加了 10；当消费者从消费 1 个单位商品到消费 2 个单位商品，他的效用增加了 8；当消费者从消费 2 个单位商品到消费 3 个单位商品，他的效用增加了 7。

边际效用可以由函数形式加以表示。给定一个总效用函数 $TU = U(Q_1, \cdots, Q_n)$，消费者对商品 i 的边际效用可以表示为对该函数求关于 Q_i 的一阶偏导：

$$MU_i = \frac{\Delta TU}{\Delta Q_i} = \frac{\partial U(Q_1, \cdots, Q_n)}{\partial Q_i}$$

以柯布—道格拉斯效用函数 $TU = Q_1^{\frac{1}{3}} Q_2^{\frac{2}{3}}$ 为例，商品 1 的边际效用为 $MU_1 = \frac{1}{3} Q_1^{-\frac{2}{3}} Q_2^{\frac{2}{3}}$，商品 2 的边际效用为 $MU_2 = \frac{2}{3} Q_1^{\frac{1}{3}} Q_2^{-\frac{1}{3}}$。

3. 边际效用递减规律

表 9-1 表示上述例子中消费者总效用和边际效用的关系。不难看出，随着食物消费量的不断增加，消费者获得的总效用呈现出先增加后减少的过程。一旦消费者总效用减少，说明当下的消费数量已经让消费者处于餍足的状态。同时，可以发现随着食物消费量的不断增加，边际效用一直处于递减的状态。这意味着随着消费数量的增加，增加的消费带来的效用增量却是递减的。由此，基数效用论提出了一个基本的心理假设：边际效用递减规律。

表9–1　　　　　　　　某消费者消费苹果的总效用和边际效用

苹果的消费数量	总效用 TU	边际效用 MU
0	0	—
1	10	10
2	18	8
3	25	7
4	28	3
5	30	2
6	30	0
7	29	–1

边际效用递减规律是指在一定时期内，在其他商品或服务消费数量不变的条件下，随着消费者不断增加某种商品或服务的消费，消费者从每增加1个单位商品或服务的消费中所获得效用增量是逐渐递减的。也就是说，随着商品消费量的增加，边际效用越来越小，到某一单位商品消费量时，边际效用就等于零，之后如果还继续增加商品消费，边际效用就为负。在经济学中，边际效用大于零的商品被称为喜好品，边际效用等于零的商品被称为中性品，边际效用小于零的商品被称为厌恶品。例如，食堂里存在的浪费现象就可以通过边际效用递减来解释，当一名饥饿的学生开始在食堂吃饭时，刚开始的几口饭菜吃起来是很香的，此时的饭菜给他/她带来了极大的效用。但是，当他/她几乎吃饱的时候，每一口饭菜带来的效用将不断减小，直至最后效用等于0时，他/她就停止进食，如果此时盘子中的饭菜还未吃完，就会出现浪费。

图9–1显示了总效用与边际效用之间的关系。如果边际效用大于零，那么总效用就会随着商品量增加而增大；如果边际效用小于零，那么总效用就会随着商品量增加而下

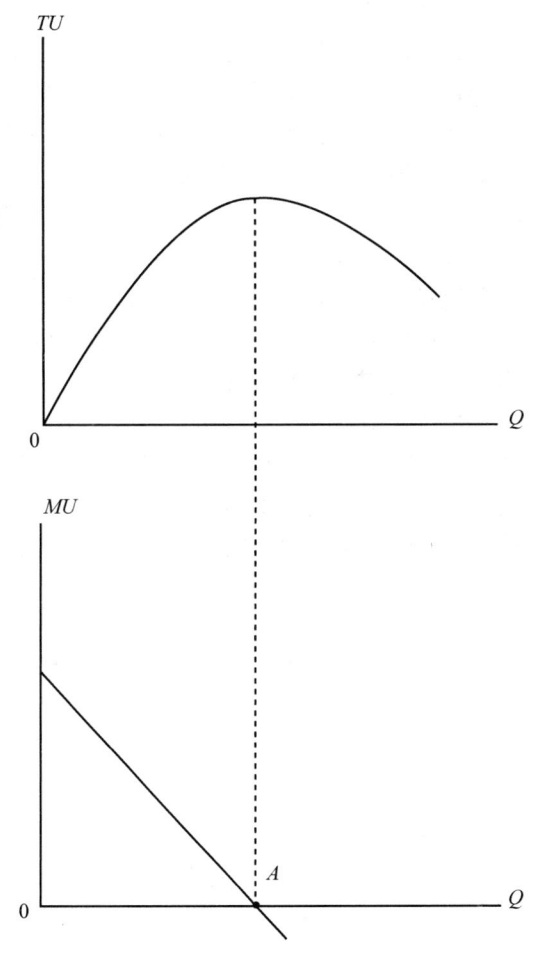

图9–1　总效用曲线和边际效用曲线

降，在边际效用等于零时，总效用就达到最大。所以，边际效用曲线一直递减，总效用曲线先递增再递减。

需要说明的是，货币收入的边际效用也符合边际效用递减规律，即消费者所拥有的货币收入越多，后续的1个单位货币收入带给消费者的边际效用就越小。但是，在分析消费者行为时，经济学通常将货币的边际效用视为常数 λ，这是因为货币是一种特殊商品，它具有流通属性，货币的消费就是用它购买其他商品。货币边际效用之所以不变，是由它的价值尺度属性决定的，如果货币在交易中边际效用易变，它就不会成为货币，正像一把尺子，若自身的长度易变，它就不会成为尺子。

二 消费者的偏好

1. 消费者偏好的含义

在消费者的购买行为中，消费者总是要根据自己的购买意愿来进行选择，也就是根据消费者偏好来进行选择。通俗地讲，消费者的偏好是指消费者对商品组合的喜好程度。比如，在日常购买过程中，我们可能会听到顾客说"我喜欢这种款式和颜色的衬衣搭配一条浅灰色的裤子"，或者"那种样式好老气，我不喜欢"。当某个人表示 A 优于 B 时，这意味着在考虑了所有情况后，他感觉 A 比 B 更好，喜欢 A 更甚于 B。

效用可以看作人们根据对某种商品或行为的偏好程度来评估其价值的量度。效用与消费者偏好关系密切。消费者通过根据不同商品及其数量组合所带来的满意程度，对这些商品及其数量组合进行排序。不同的效用函数体现了消费者偏好的不同特征。显然，一个效用函数就代表一种消费者偏好，只要效用函数没有变化，那就说明消费者偏好没有变化。一旦消费者偏好改变了，那么则需要用另外的效用函数来表示。需要特别注意，同一偏好可以用不同的效用函数表示出来，从数学的角度来讲，原效用函数的单调变化仍然与原来是同一偏好，常用的单调变化有：对原效用函数乘一个正数；对原效用函数加上一个任意数；对原效用函数取奇次幂；对数函数与指数函数互为单调变换函数。

2. 消费者的偏好假设

消费者对每个商品组合都存在一定的偏好。假设消费者的偏好关系有如下基本性质。

假设1：完备性。如果 A 和 B 是任意两种商品组合，个人总能准确表达下列三种偏好关系可能性之一：A 优于 B、B 优于 A、A 和 B 无差异。人们在这三种情况中有且只选一种。

假设2：传递性。如果个人表示"A 优于 B"，以及"B 优于 C"，那么他也一定会认为"A 优于 C"。

假设3：非饱和性。在其他商品数量相同的条件下，消费者更偏好于数量多的商品组合。这意味着对于任何正常商品，消费者处于未餍足的状态，人们对好东西多多益善。

假设4：凸性。消费者偏好多样性的商品组合。人们喜欢更均匀地消费，而不是较极端地消费。

3. 消费者偏好的影响因素

消费者对商品或商品组合单位的喜好程度受文化、社会、个人、心理和商品量等多种因素的影响。在其他因素不变的情况下，商品量变化并不会引起消费者偏好的改变。当其他因素，如文化、社会、个人和心理等发生变化才会引起消费者的偏好发生变化。文化、社会、个人和心理等因素主要通过示范效应和广告效应来影响消费者的偏好。一方面，示范效应是指相关消费者的消费行为对个人消费偏好的影响。消费者的个人偏好的形成来源于个人社会化学习的过程。因此，消费者的偏好是与其相关消费者的消费观念和消费行为密切相关的。比如，当周围的同学或同事流行穿牛仔服，且告诉你牛仔服的好处。慢慢地，你可能也会穿牛仔服了，即使你原来认为穿牛仔服太普通了。另一方面，广告效应是指广告引领的消费潮流或者消费时尚对消费者偏好的影响。比如，当信息广告把一种商品可描述的性质传递到买主手中时，消费者对这种商品质量的感知就会增加，从而使消费者提高对该种商品的喜好程度。对于理论分析而言，经济学假设人的主观偏好在成年以后是相对稳定的。

三 无差异曲线与边际替代率

1. 无差异曲线

我们可以用无差异曲线表示消费者对于商品组合的偏好。一条无差异曲线包含了满足某一效用水平的所有商品组合的集合，即处于一条无差异曲线的商品组合给消费者带来的效用是相等的，从而这些商品组合对消费者而言是无差异的。根据消费者的偏好，每个商品组合可以赋予一个数值，如果商品组合 A 比组合 B 更受到消费者偏好，那么 A 获得的数值比 B 的大。通过这一途径便可以用一个效用函数将消费者偏好表达出来。以两个商品为例，假设消费者只消费衣服和食物两种商品，其中衣服的消费数量为 Q_1，食物的消费数量为 Q_2。考虑消费者的效用函数为 $TU = Q_1 Q_2$。图 9-2 显示了消费者效用分别在 25、50 和 100 下的无差异曲线。离原点最近的无差异曲线包含了所有消费者能够获得 25 效用的商品组合，如 A (5, 5)。第二条无差异曲线包含了所有消费者能够获得 50 效用的商品组合，如 B (5, 10)、D (10, 5)。离原点最远的无差异曲线包含了所有消费者能够获得 100 效用的商品组合，如 C (10, 10)。

显然，一个效用水平就形成一条无差异曲线，多个效用水平就形成多条无差异曲线。由于偏好可以用效用函数反映，偏好也可以用无差异曲线来反映。由于一组无差异曲线，按照效用大小或者喜好顺序，把所有

图 9-2 效用水平分别为 25、50 和 100 的无差异曲线

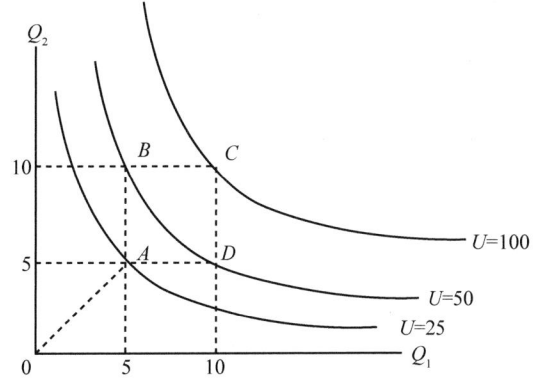

商品组合进行了完整的排序，所以无差异曲线是消费者偏好的表达形式。

值得注意的是，无差异曲线的数值仅仅是展示消费者偏好的一种体现。现在假设效用函数改为 $TU=2Q_1Q_2$，商品组合 B（5，10）和 D（10，5）产生的效用从 50 变成 100，但它们之间的偏好关系保持不变。因此，原效用为 50 的无差异曲线形状不变，但现在应改标为 100，而不再是 50 了。事实上，在与效用函数 $2Q_1Q_2$ 相关的无差异曲线和与效用函数 Q_1Q_2 相关的无差异曲线之间的唯一差别在于，前者的曲线标的是 50、100 和 200 的数值，而后者则标的是 25、50 和 100 的数值。因此，在使用效用函数时我们往往关心的是偏好的序数特性，而不是基数特性。

2. 边际替代率

从经济学意义上看，无差异曲线的斜率代表着商品之间的替代关系，我们定义这一替代关系为边际替代率。边际替代率（Maginal Rate of Substitution，MRS）是指在效用满足程度保持不变的条件下，消费者愿意用一种商品交换另一种商品的比率，具体公式如下：

$$MRS_{1,2} = -\frac{\Delta Q_2}{\Delta Q_1} \mid TU \text{ 不变}$$

消费者维持效用水平不变，消费者愿意用一单位的商品 1 "兑换" $MRS_{1,2}$ 单位的商品 2。由于商品 1 消费量的增加，消费者的效用通常会增加（在商品 2 的消费数量不变前提下），为了维持效用水平的不变，势必要减少商品 2 的消费量，以减少相应的效用增量。因此，为了保证边际替代率为正值，我们在定义中增加了负号。

从几何意义上，边际替代率体现为无差异曲线上点的斜率绝对值。不同商品组合下商品间的边际替代率可能不同。假设消费者只消费衣服（Q_1）和食物（Q_2）两种商品。图 9-3 显示了消费者在商品组合 A 和 B 下的边际替代率。在商品组合 A 中，衣服对食物的边际替代率为：

$$MRS_{1,2} = -\frac{\Delta Q_2}{\Delta Q_1} = -\frac{-3}{1} = 3$$

即 1 件衣服 "兑换" 3 单位食物。而在商品组合 B 中，衣服对食物的边际替代率为：

$$MRS_{1,2} = -\frac{\Delta Q_2}{\Delta Q_1} = -\frac{-1}{3} = \frac{1}{3}$$

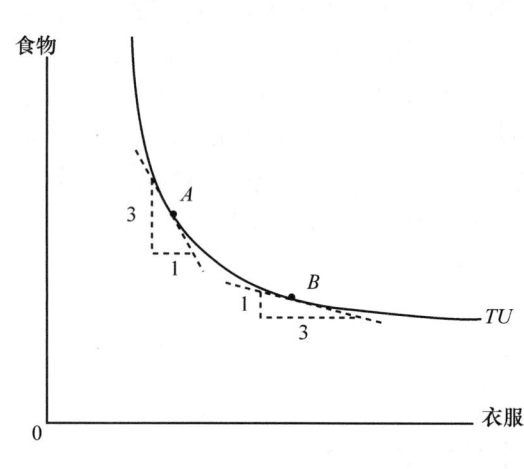

图 9-3 边际替代率

即 3 件衣服 "兑换" 1 单位食物。

例子中的边际替代率不同反映了消费者对两种商品偏好程度的相对估价会随着商品的稀缺性的变化而变化。我们将这一特征概括为边际替代率递减规律。

边际替代率递减规律：在保持效用水平不变的条件下，随着一种商品的消费数量的增加，消费者增加一单位该商品的消费而愿意放弃另一种商品的消费数量逐渐减少,即该商品对另一种商品的边际替代率递减。

如图9-4所示,随着商品1的消费增加,每单位商品1能替代的商品2的数量是递减的。A到B区间,边际替代率等于6;D到E区间,边际替代率下降为2。

事实上,边际替代率与边际效用息息相关。边际效用描述了消费者对一种商品的稀缺性表现出来的偏好程度的变化。如图9-5所示,消费者从商品组合A到B的调整,可以分解为由商品组合A到C,再由商品组合C到B的过程。显然,A到C过程中,第一种商品的消费数量保持不变,而第二种商品的消费量由原来的Q_2下降到Q'_2。根据边际效用的定义,由商品组合A到C所产生的效用减少量为$\Delta U = MU_2 \times (Q'_2 - Q_2) = MU_2 \Delta Q_2$。同理,商品组合C到B所产生的效用增加量为$\Delta U' = MU_1 \times (Q'_1 - Q_1) = MU_2 \Delta Q_1$。由于商品组合A和B在同一条无差异曲线上,因此,边际替代率等于它们各自的边际效用之比:

$$|\Delta U| = |\Delta U'| \Rightarrow MRS_{1,2} = -\frac{\Delta Q_2}{\Delta Q_1} = \frac{\partial TU/\partial Q_1}{\partial TU/\partial Q_2} = \frac{MU_1}{MU_2}$$

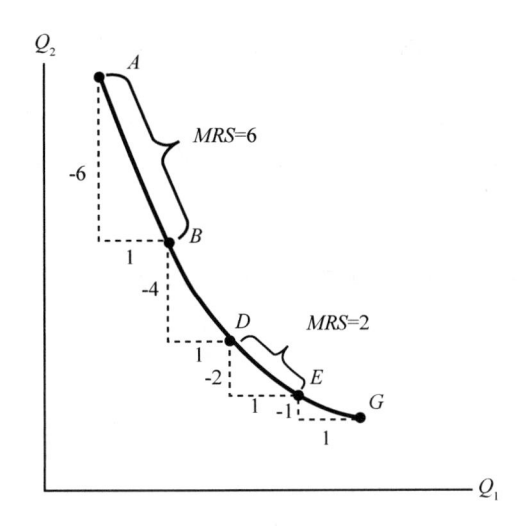

图9-4 边际替代率递减

图9-5 边际替代率与边际效用的关系

3. 无差异曲线的特征

满足前文中偏好假设1至假设4的无差异曲线具有以下特征。

第一,无差异曲线有无数条。每一条无差异曲线代表着一个效用水平的商品组合的集合,且根据假设3,离原点越远的无差异曲线所代表的效用水平越高。

第二,任意两条无差异曲线不相交,如图9-6所示,假设存在两条无差异曲线相交,商品组合A是无差异曲线的交点。由于商品组合A和B在同一条无差异曲线U_1,因此商品组合A和B有同样的效用,记作$U(A) = U(B)$。同理,商品组合A和C在同一条无差异曲线U_2,由此$U(A) = U(C)$。根据假设3,商品组合C在各商品的数量比商品组合B多,因此$U(C) > U(B)$,与之前结论矛盾,得证。

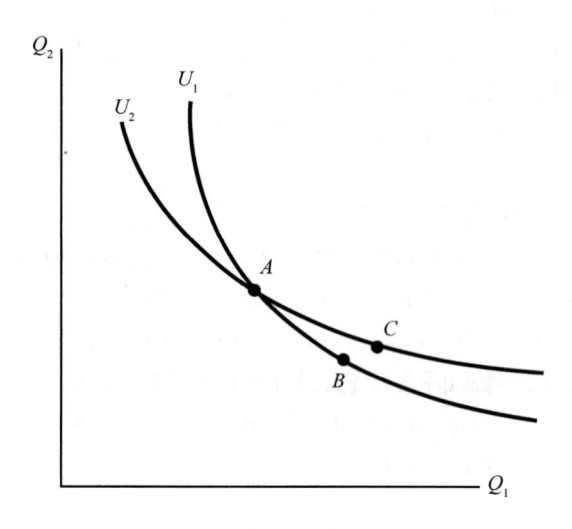

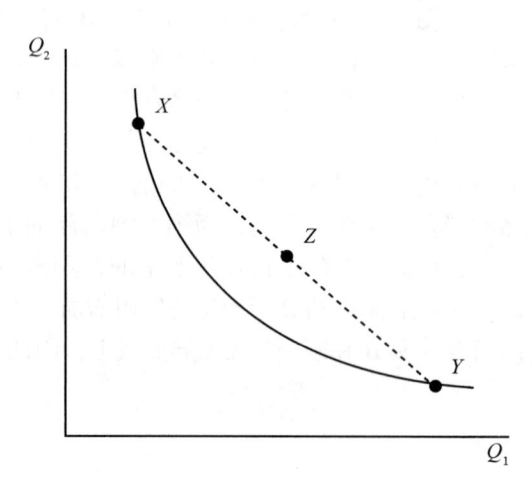

图 9-6　两条相交的无差异曲线　　　　图 9-7　凸向原点的无差异曲线

第三，无差异曲线向右下方倾斜。根据假设 3，在同一效用水平下，要增加某一种商品的消费数量，势必要减少另一种商品的消费数量，否则两种商品组合的效用一定不相等。由此，无差异曲线的斜率是负的，即向右下方倾斜。

第四，无差异曲线凸向原点。根据假设 4，无差异曲线上任意两点的连线上，商品组合都更加丰富，因此消费者在连线上的产品组合获得的效用更高（见图 9-7），组合 X、Y 连线上的点 Z 比 X、Y 更受消费者偏好。

值得注意的是，无差异曲线凸向原点意味着两种商品之间既不是完全替代的，也不是完全互补的。

如果两种商品完全替代，那么它们的无差异曲线是线性的，即边际替代率不变。代表的效用函数为 $U(Q_1, Q_2) = aQ_1 + bQ_2$，其无差异曲线如图 9-8 所示，是一条向下倾斜的直线。例如，10 元与 5 元具有完全替代性，两张 5 元完全能够替代一张 10 元纸币，一张 1 元纸币和一张 1 元硬币是完全替代的，且替代率为 1。

如果两种商品是完全互补的，它们必须互相补充使用来实现某种功能，如左鞋和右鞋是完全互补的，完全互补表示它们完全不能替代。完全互补的无差异曲线是 L 形的，如图 9-9 所示，是一条折线，边际替代率为 0 或者为无穷。代表的效用函数为 $U(Q_1, Q_2) = \min\{aQ_1, bQ_2\}$。例如，打印机和墨盒是互补品，打印机通常需要配备墨盒；只有墨盒没有打印机，无法提供效用；同样的，只有打印机没有墨盒也无法提供效用；只有当打印机和墨盒一起使用才能产生效用。

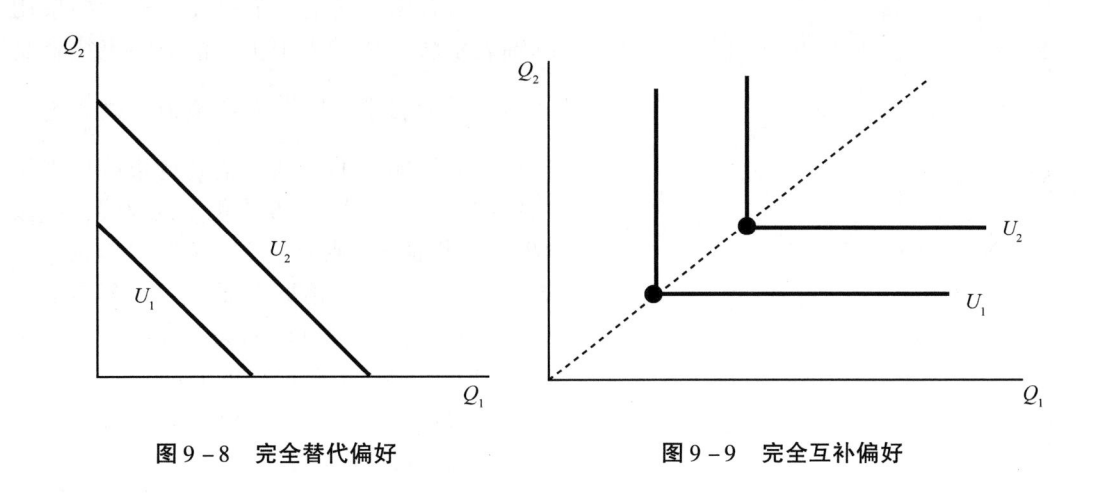

图 9-8 完全替代偏好　　　　　图 9-9 完全互补偏好

第二节　预算约束线

一　预算约束线

无差异曲线分析反映了人们在不考虑消费预算和商品价格时的偏好和满足,但实际上研究消费者行为还必须研究消费者预算和价格等约束条件。追求效用最大化的理性经济人总是选择他们能够负担的最佳选择。"能够负担"是指人们的选择会受到收入水平等因素的限制,故而其选择被限定在某一范围内;"最佳选择"是指能为消费者提供最大效用的选项。

预算集是指在一定的价格和收入水平下,消费者所能负担的所有商品的集合。假设消费者消费行为仅受商品本身价格和消费者自身收入水平的限制,消费束表示为 $(Q_1, Q_2, \cdots, Q_n)$,每种商品相应的价格表示为 $(p_1, p_2, \cdots, p_n)$,可支配收入表示为 m,此时预算集表示为 $p_1Q_1 + p_2Q_2 + \cdots + p_nQ_n \leq m$。也就是说,消费者在商品上的花费应不超过其收入。

消费约束线是指在消费预算和商品价格既定的条件下,消费者充分使用其购买预算所能够购买的商品组合集,即消费者总花费刚好等于自身收入的一系列商品束的组合。本部分先从假设消费者只消费两种商品的特例出发,再推出一般性的预算约束线。

考虑消费者消费两种商品 1 和商品 2。商品 1 和商品 2 的商品价格分别为 p_1 和 p_2,购买量分别用 Q_1 和 Q_2 表示。如果消费预算为 m,则消费约束线的方程可写为:

$$p_1Q_1 + p_2Q_2 = m,\text{ 或者 } Q_2 = -\frac{p_1}{p_2} \times Q_1 + \frac{m}{p_2}。$$

可以看出，这是一个线性方程。如果用纵轴表示Q_2，横轴表示Q_1，消费约束线就是一条以$\frac{p_1}{p_2}$为斜率，以$\frac{m}{p_2}$为纵截距，以$\frac{m}{p_1}$为横截距的向下倾斜的直线。消费约束线可以用图9-10表示。线段AB为预算约束线，线段AB与横纵轴所围成的直角三角形（包括三条边）为预算集，三角形内部如点E和边上的点如点C为消费者可以购买的商品组合，消费者购买消费约束线以内的商品组合后还存在剩余的货币；三角形之外的点如点D是消费者无法实现的消费组合。

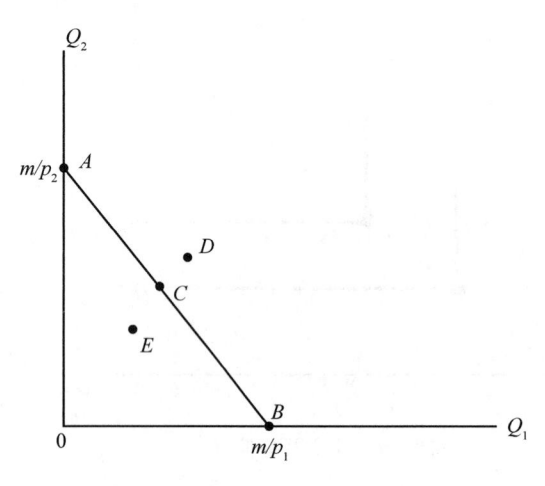

图9-10 预算约束线及其预算集

消费约束线的斜率是负的，其反映了既定约束条件下两种商品的替代关系。值得注意的是，与边际替代率不同，预算线的斜率所反映的是两种商品在市场价格衡量下的替代关系，即一单位商品1与多少单位的商品2是等价的。比如，市场中商品2的价格为50元，商品1的价格为10元。这说明一单位的商品2值五单位的商品1。因此，消费者用一单位商品2可以交换五单位的商品1。总结而言，边际替代率是消费者基于主观效用下的替代率，而预算线的斜率代表的是基于市场商品价格下的替代率。

二 预算约束线的变动

当消费者的收入、商品的价格发生变动，其消费约束线会发生相应地变动。

1. 收入变动

在两种商品价格都保持不变的条件下，如果消费者的收入改变，可以理解为截距$\frac{m}{p_1}$、$\frac{m}{p_2}$的移动。在商品价格保持不变的情况下，收入变化，预算约束线将会平移变动，从而消费者能够购买的商品集合发生相应地变动。如图9-11所示，设原有预算约束线为AB，当消费者收入增加时，消费者的预算约束线向右上方平行移动到$A'B'$；当消费者的收入减少，则消费者的预算约束线向左下方平行移动$A''B''$。

2. 价格变动

在消费者收入和其他商品价格保持不变的条件下，一种价格变动会引起预算约束线的旋转。假设商品1价格发生变动，$-\frac{p_1}{p_2}$发生变动，$\frac{m}{p_1}$发生变动，$\frac{m}{p_2}$不变，表示两种商品间

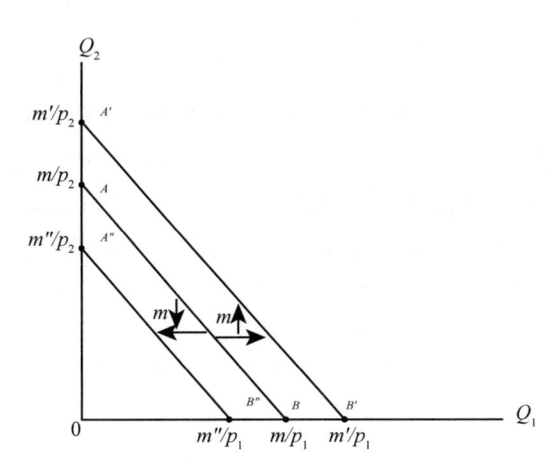

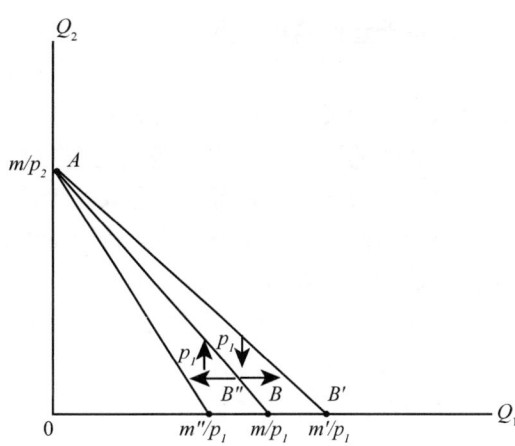

图 9 - 11　收入变动下预算约束线的变动　　图 9 - 12　价格变动下预算约束线的变动

的相对价格改变,消费者所有收入用来购买价格变化商品的数量发生改变,而对价格不变的商品购买没有影响。如图 9 - 12 所示,当 p_1 下降时,斜率绝对值变小,预算线变平缓,预算线由 AB 旋转至 AB′;当 p_1 上升时,斜率绝对值变小,预算线变陡峭,预算线由 AB 旋转至 AB″。商品 2 价格变化分析同理。

当两种商品的相对价格没有发生变化,预算线斜率 $-\frac{p_1}{p_2}$ 不改变,$\frac{m}{p_1}$ 和 $\frac{m}{p_2}$ 改变,预算约束线发生平行移动。当价格和收入同时变动,所有商品的价格及消费者收入按同一比例发生变动,此时预算线的截距和斜率均未发生变化,即预算约束线不发生移动。

第三节　消费者最优购买决策

家庭的收入和它面临的价格限制了消费者的选择,而消费者偏好又决定了其能够从每个商品组合中获得的效用。当消费者的欲望超过了可用于满足这些欲望的资源时,消费者必须在不同商品组合中权衡取舍。因此,消费者的目标是在满足收入约束的条件下,尽可能地满足自身欲望。消费者的最优选择则是把有限的收入合理地用于不同的商品或服务,以便从消费商品或服务中获取"利益最大化"。具体的,经典的消费者选择问题可以表示为:

$$\begin{cases} \text{Max} U(Q_1, \cdots, Q_n) \\ p_1 Q_1 + \cdots + p_n Q_n \leqslant m \end{cases}$$

其中,$Q_1, \cdots, Q_n$ 分别表示商品 1,$\cdots$,n 的消费数量,$p_1, \cdots, p_n$ 分别表示商品 1,$\cdots$,n 的价格,以及 m 表示消费者的预算收入水平。

一 消费者的购买行为

消费者的购买行为是指消费者通过支出一定数量的货币来换取一定数量的商品和服务。消费者的购买行为形式上是货物与钱的交换。由于单位货币本身有一定的效用。因此，消费者是否会购买某商品组合取决于该商品组合获得的效用和消费者为获取该商品组合所支付货币而失去的效用，即比较消费者货币支出所损失的效用（或者其因商品量减少而损失的效用）与获得某商品组合的效用（或者其因商品量增加而增加的效用）的相对大小。当前者大于后者时，理性的消费者不愿意用货币去购买该商品组合，因为这样会使消费者满足程度降低。当前者小于后者时，理性的消费者愿意用货币去交换该商品组合，因为这样会使消费者的满足程度提高。如果前者等于后者，对消费者来说，是否购买该商品组合是无差别的。

例如，某消费者支付180元购买了3个单位商品。如果每1元的（边际）效用为2个效用单位，以及消费者购买的3个商品分别能获得（边际）效用210个、190个、180个效用单位。那么，这180元的支出就会使该消费者的效用减少360个效用单位，同时消费这3个单位商品又将使其的效用增加580个效用单位。因此，该消费者愿意用货币去交换该商品组合。

二 效用最大化：等边际原则

比较支出的货币或者获取的商品的总效用得失，只是说明了消费者是否值得用货币去交换商品，至于人们应该用多少货币去购买商品，才能使自身的效用最大化，则需要通过比较消费者最后1个单位货币支出所损失的边际效用和其从这个单位货币支出所得到的边际效用的相对大小来确定。在货币本身的边际效用既定不变的条件下，消费者要获得最大化效用需要满足等边际原则，即货币的边际支出获得的效用等于单位货币的效用。不难得出，当消费者只消费一种商品，其效用最大化条件为$\frac{MU_1}{P_1} = \lambda$，其中$\lambda$是单位货币的效用。我们可以用反证法进行证明。假设$\frac{MU_1}{P_1} \neq \lambda$。那么一共有两种情况。如果$\frac{MU_1}{P_1} > \lambda$，说明消费者花在商品上的1元比放在手中的1元有更大的效用。此时，消费者可以通过增加购买商品来增加总效用。因此，这种情况下消费者没有达到效用最大化。如果$\frac{MU_1}{P_1} < \lambda$，说明消费者花在商品上的1元比放在手中的1元有更小的效用。此时，消费者通过减少货币支出，即减少商品消费量，来增加总效用。因此，这种情况下消费者没有达到效用最大化。

类似地，消费者消费多种商品的效用最大化条件为：

$$\frac{MU_1}{P_1} = \frac{MU_2}{P_2} = \cdots = \frac{MU_n}{P_n}$$

易证，假设该条件不满足时消费者达到效用最大化，则至少存在某两个商品满足 $\frac{MU_i}{P_i} \neq \frac{MU_j}{P_j}$。如果 $\frac{MU_i}{P_i} > \frac{MU_j}{P_j}$，意味着消费者消费商品 i 下单位货币带来的效用增量要大于消费商品 j 下单位货币带来的效用增量，因此消费者可以在不改变支出的情况下，通过调整自己的消费组合，即增加商品 i 的消费同时减少商品 j 的消费，来增加自己的效用。因此，该情况下消费者没有达到效用最大化。类似地，如果 $\frac{MU_i}{P_i} < \frac{MU_j}{P_j}$，消费者可以在不改变支出的情况下，通过调整自己的消费组合，即减少商品 i 的消费同时增加商品 j 的消费，来增加自己的效用。因此，该情况下消费者同样没有达到效用最大化。由此得证。

三 消费者均衡

消费者均衡是指消费者预算约束条件下实现效用最大化的商品组合。结合前文所述，我们可以得出消费者消费一种商品的均衡条件为：

$$\frac{MU_i}{P_i} = \lambda$$

现在考虑消费者消费两种商品的情况。根据消费者效用最大化条件和消费者预算集，可以推导出消费者均衡条件为：

$$\begin{cases} \dfrac{MU_1}{P_1} = \dfrac{MU_2}{P_2} \\ p_1 Q_1 + p_2 Q_2 = m \end{cases}$$

消费者在两个商品上支付单位货币得到的效用是相等的。而且，消费者正好将所有的收入用于购买两种商品。值得注意的是，根据效用函数可以看出消费者的效用函数只与商品的消费数量有关，因此消费者达到效用最大化时必定将所有收入用于购买商品组合。当然，消费者的效用函数不仅与商品的消费数量有关，还与其他变量如存款金额相关，那么消费者的最优选择不一定是将所有收入用于购买商品组合。

研究消费者均衡的实现可以将无差异曲线和预算约束线结合起来。一个理性的消费者在用一定的预算收入购买商品时，都是为了从中获得尽可能大的消费满足。消费者均衡也可以理解为消费者在一定的预算收入和商品价格条件下的效用最大化状态。在序数效用论中，消费者的偏好可以用无差异曲线表示，而消费者的预算约束可以用预算约束线表示。如图9-13消费者均衡在无差异曲线和预算约束线的切点实现，两条曲线在切点上的斜率一定相等，即无差异曲线的边际替代率等于预算线的斜率：

$$\frac{MU_1}{MU_2} = \frac{p_1}{p_2}$$

可变形为：
$$\frac{MU_1}{P_1} = \frac{MU_2}{P_2}$$
由此可见，无差异曲线分析法同样得出等边际原则。

无差异曲线和预算线除了相切，还有相离和相交两种状态，商品组合 D 所在无差异曲线与预算线相离，说明该预算水平达不到 U_3 水平。无差异曲线和预算线相交时，如 B 点所示（见图 9-14），此时消费者有 $MRS_{1,2} = \frac{MU_1}{MU_2} > \frac{P_1}{P_2}$，即 $\frac{MU_1}{P_1} > \frac{MU_2}{P_2}$，应沿着预算线增加商品 1 的消费，减少商品 2 的消费，从而可达到更高的无差异曲线，直到无差异曲线与预算线相切为止。

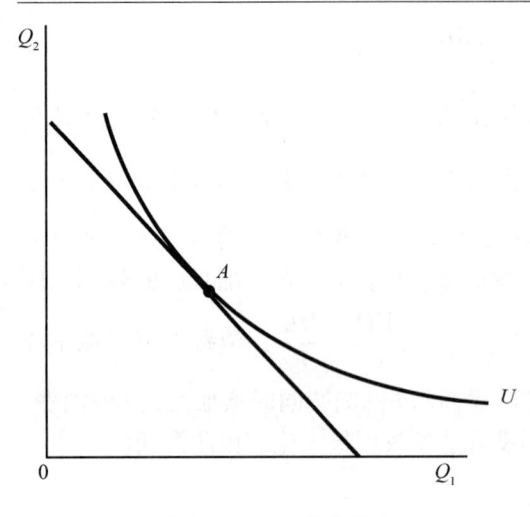

图 9-13 消费者均衡

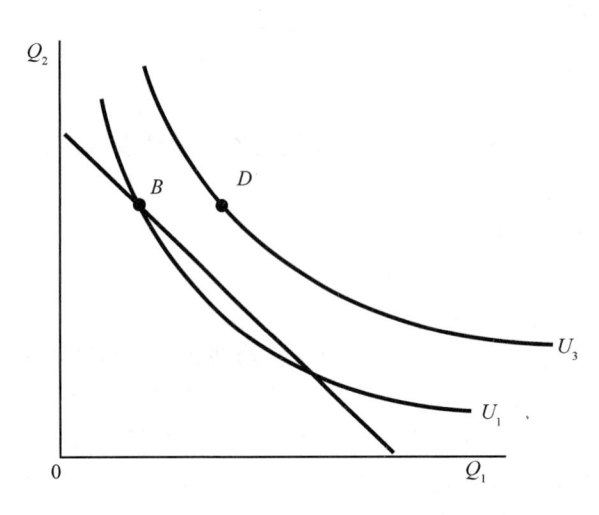

图 9-14 无差异曲线和预算线相交与相离

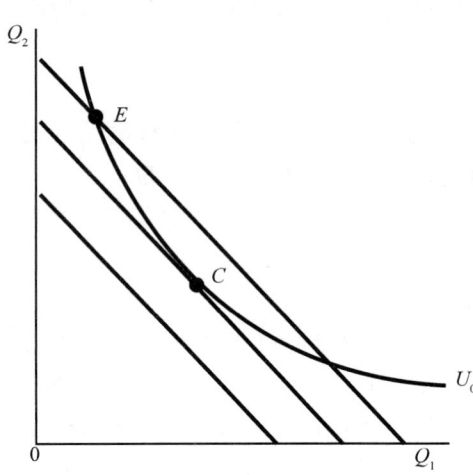

图 9-15 支出最小化

消费者的最优化可以表示为既定预算下的效用最大化，也可以表示为既定效用下的支出最小化。支出最小化的模型如下：

$$\begin{cases} \text{Min } P_1Q_1 + \cdots + P_nQ_n \\ U(Q_1, \cdots, Q_n) = U_0 \end{cases}$$

支出最小化的图形如图 9-15 所示。消费者支出最小化的均衡点实现于无差异曲线和预算线的切点 C，此时 $MRS_{1,2} = \frac{MU_1}{MU_2} = \frac{P_1}{P_2}$，即 $\frac{MU_1}{P_1} = \frac{MU_2}{P_2}$，等边际原则成立。若预算线和无差异曲线相离,表示该预算实现不了既定的效用;若预算线和无差异曲线相交,如 E 点,$\frac{MU_1}{MU_2} > \frac{P_1}{P_2}$,即 $\frac{MU_1}{P_1} > \frac{MU_2}{P_2}$,此时,应该沿着无差异曲线增加商品 1 的消费,减少商品 2 的消费,直到两条曲线相切为止。

四 特殊消费者偏好下的消费者均衡

本节将介绍消费者两种特殊偏好下的最优选择问题,一是完全替代偏好,二是完全互补偏好。

1. 消费者偏好具有完全替代性

考虑消费者只消费两种商品 1 和商品 2。当消费者的偏好满足完全替代性,即消费者面临消费选择问题为:

$$\begin{cases} \text{Max } U = aQ_1 + bQ_2 \\ P_1Q_1 + P_2Q_2 \leq m \end{cases}$$

其中 $X_1 \geq 0$,$X_2 \geq 0$,$m > 0$。一个简单的求解均衡的方法:根据收入约束条件得到一个商品消费量是关于另一个商品消费量的函数形式,如 $Q_1 = \frac{m}{P_1} - \frac{P_2}{P_1}Q_2$;代入效用函数,即 $U = a\left(\frac{m}{P_1} - \frac{P_2}{P_1}Q_2\right) + bQ_2$,以此求极大值。由于效用函数是线性函数,可以用一个简单的方法求解。不妨假设 Q_2 为纵轴,Q_1 为横轴。如图 9-16 所示,如果 $b - \frac{aP_2}{P_1} > 0$,则消费者均衡

(a) $\frac{b}{a} > \frac{p_2}{p_1}$ (b) $\frac{b}{a} < \frac{p_2}{p_1}$

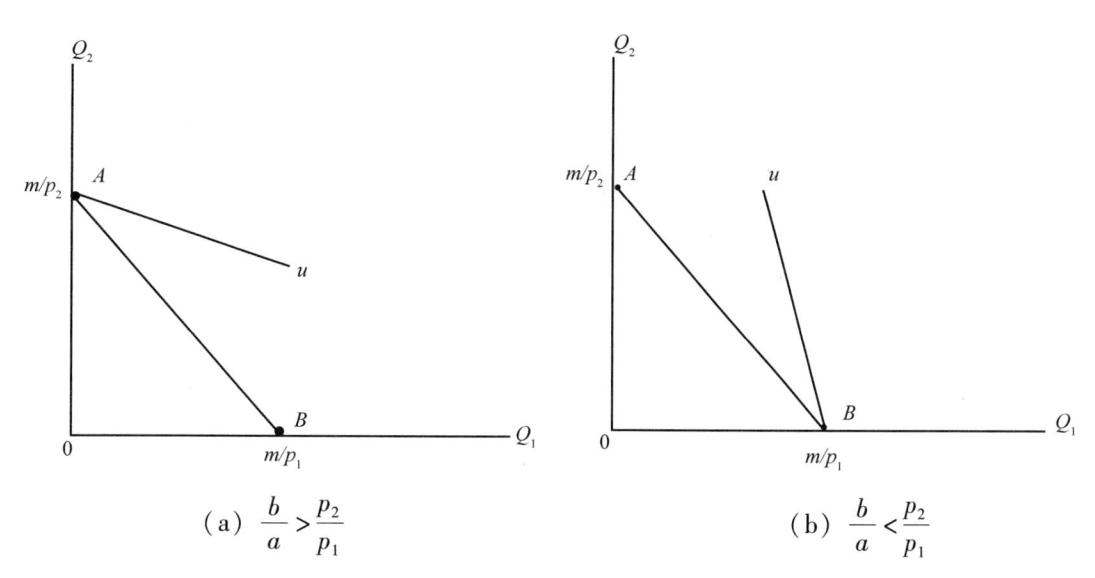

图 9-16 完全替代偏好下的消费者最优选择

落在纵轴上（$Q_1=0$）；若 $b-\dfrac{aP_2}{P_1}<0$，则消费者均衡落在横轴上（$Q_2=0$）；若 $b-\dfrac{aP_2}{P_1}=0$，则消费者均衡为无差异曲线 $U=\dfrac{m}{P_1}$ 上所有的商品组合。完全替代情形下，预算线的斜率是 P_1/P_2，无差异曲线的斜率是 a/b，如果预算线的斜率大于无差异曲线的斜率，则均衡点在纵轴；如果预算线的斜率小于无差异曲线的斜率，则均衡点在横轴。

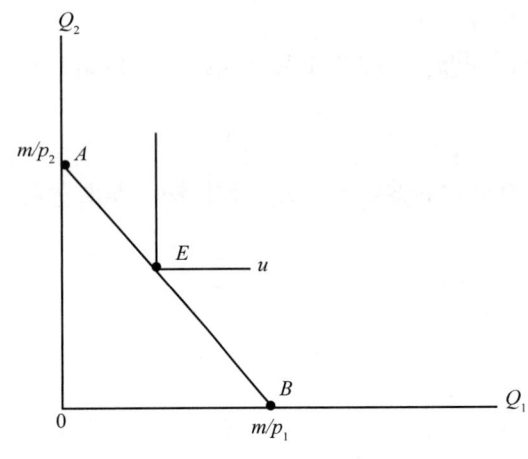

2. 消费者偏好具有完全互补性

考虑消费者只消费两种商品 1 和商品 2。当消费者的偏好满足完全互补性，即消费者面临消费选择问题为：

$$\begin{cases} \text{Max } U = \text{Min }\{aQ_1,\ bQ_2\} \\ P_1Q_1 + P_2Q_2 \leq m \end{cases}$$

消费者均衡条件为：

$$\begin{cases} aQ_1 = bQ_2 \\ P_1Q_1 + P_2Q_2 = m \end{cases}$$

如图 9-17 所示，当消费者偏好具有完全互补性，消费者消费选择均衡是将收入用于购买最大数量的互补商品组合，即该商品组合正好处于无差异曲线的拐点，且经过预算约束线。

图 9-17 完全互补偏好下的消费者最优选择

第四节 消费者均衡的比较静态分析

已知价格，当预算收入既定时，消费者均衡为 $Q_1^*(P_1,P_2,M)$、$Q_2^*(P_1,P_2,M)$。本节分析消费者预算收入变化和商品价格变化导致消费者均衡的变化。

1. 预算收入变化与消费者均衡

在其他因素不变时，如果预算收入改变，预算约束线会发生平移，从而改变消费者均衡。如图 9-18 所示，当预算收入增加，消费者的预算约束线向外平移，原均衡点是 A 点，新的均衡是新的预算约束线与更高的无差异曲线的切点 B，此时，商品 1 的消费量增加，商品 2 的消费量也增加。如果收入增加，某商品的消费量增加，则该商品是正常物品。如果收入增加，某商品的消费量减少，则该商品是低档物品。在正常物品中，有些商品的变化率快于收入的变化率，即为奢侈品；有一些商品的变化率慢于收入的变化率，即为必需品。

当其他条件不变，预算收入变化时不同均衡点的连线，叫收入—消费扩展线。可以根据收入—消费扩展线来判断商品是正常物品还是低档物品。图 9-19（a）显示商品 1 和商品2都是正常物品,图9-19(b)显示商品2一直是正常物品,而当收入达到一定水平时,商品1从正常物品转变为低档物品。

2. 商品价格变化与消费者均衡

在其他条件不变时,某一种商品的价格变化时,消费者均衡也会发生变化。商品1的价格P_1下降时,会带来两种效应,一种是替代效应,另一种是收入效应。替代效应是指一种商品价格变化时,商品间的相对价格发生变化,消费者用相对更便宜的商品替代相对更贵的商品,从而使商品的消费发生变化。收入效应是指一种商品价格变化时,消费者的实际收入会发生变化,如果实际收入增加,正常物品的消费量会增加,低档物品的消费量会减少。这两种效应是价格变化同

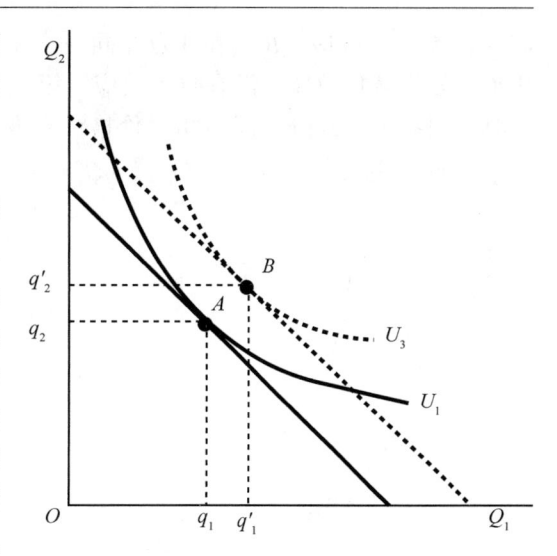

图9-18 预算收入变化与消费者均衡的变化

时带来的,因此,总效应等于替代效应加收入效应。如图9-20所示,其他条件不变时,P_1下降,预算线向外旋转,初始均衡点是A点,最终的均衡点是C点,$Q_1^C - Q_1^A$是P_1变化对商品1消费量的影响,即总效应。为了从总效应中分解出纯粹的替代效应和收入效应,有两种分解方式,一种是希克斯分解,另一种是斯勒茨基分解。

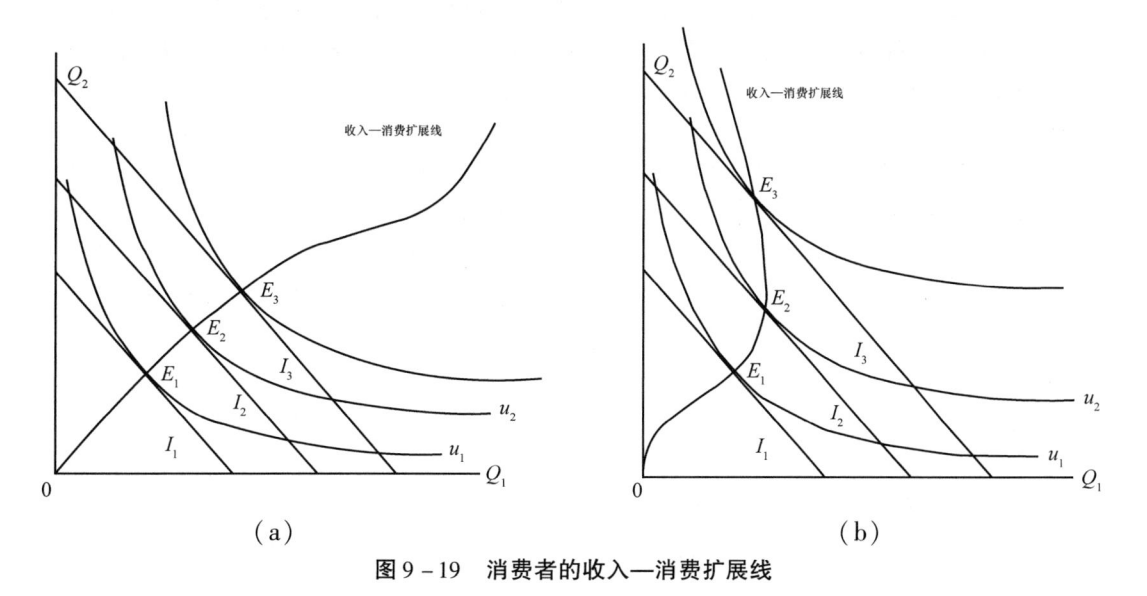

(a)

(b)

图9-19 消费者的收入—消费扩展线

希克斯分解(见图9-20)。第一步,初始预算线围绕初始的无差异曲线旋转,旋转至与最终预算线平行的位置,同时与初始的无差异曲线相切,这时的均衡点为B点,

$Q_1^B - Q_1^A$ 是替代效应。B 点和 A 点在同一条无差异曲线，可认为没有发生实际收入的变化，因而只发生替代效应，没有收入效应。第二步，将旋转后的预算线向最终的预算线平移，平移中斜率没有改变，因而相对价格没有变，没有发生替代效应，只发生收入效应 $Q_1^C - Q_1^B$。因此，总效应 $Q_1^C - Q_1^A = (Q_1^B - Q_1^A) + (Q_1^C - Q_1^B)$。

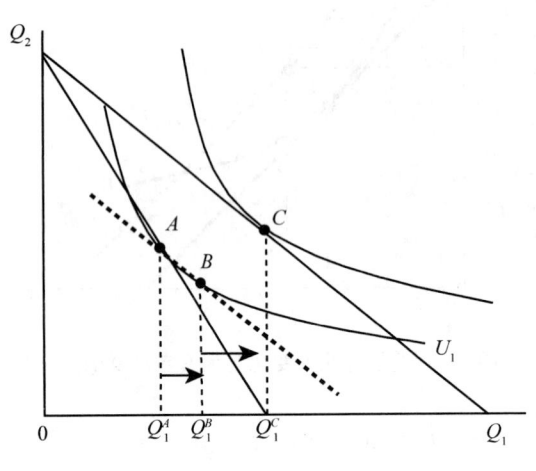

图 9-20 价格变化与消费者均衡的变化（希克斯分解）

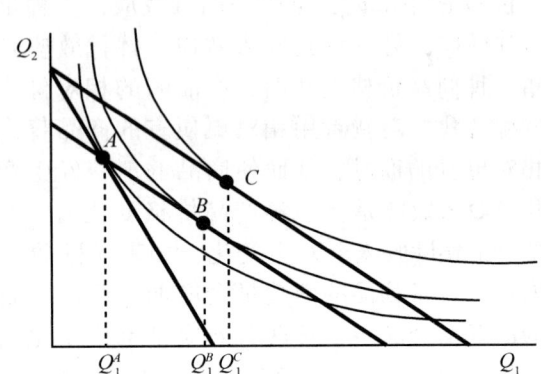

图 9-21 价格变化与消费者均衡的变化（斯勒茨基分解）

斯勒茨基分解（见图 9-21）。第一步，初始预算线围绕初始的均衡点旋转，旋转至与最终预算线平行的位置，旋转后的均衡点为 B 点，$Q_1^B - Q_1^A$ 是替代效应。旋转后的预算线和初始预算线都经过初始均衡点 A 点，说明这两条预算线的购买力相同，可认为没有发生实际收入的变化，因而只发生替代效应，没有收入效应。第二步，将旋转后的预算线向最终的预算线平移，平移中斜率没有改变，因而相对价格没有变，没有发生替代效应，只发生收入效应 $Q_1^C - Q_1^B$。因此，总效应 $Q_1^C - Q_1^A = (Q_1^B - Q_1^A) + (Q_1^C - Q_1^B)$。

收入效应的正负取决于该商品是正常物品还是低档物品，当 P_1 下降时，实际收入增加，对于正常物品，收入效应为正，增加消费量，对于低档物品，收入效应为负，减少消费量。总效应的符号取决于替代效应和收入效应的谁大谁小。

对于低档物品，当 P_1 下降时，替代效应为正，收入效应为负，替代效应大于收入效应，总效应为正。对于吉芬物品，当 P_1 下降时，替代效应为正，收入效应为负，替代效应小于收入效应，总效应为负。

价格变化时各均衡点的连线，叫价格—消费扩展线。如图 9-22 所示，保持其他条件不变，当 P_1 下降时，预算线向外旋转，均衡点分别是 A、B、D，其连线就是价格—消费扩展线。

保持其他条件不变，当 P_1 下降时，对应不同的均衡点，都有一个关于 (P_1, Q_1) 的组合，关于 P_1 和 Q_1 的一一对应关系，就构成该消费者对商品 1 的需求曲线（见图 9-23）。

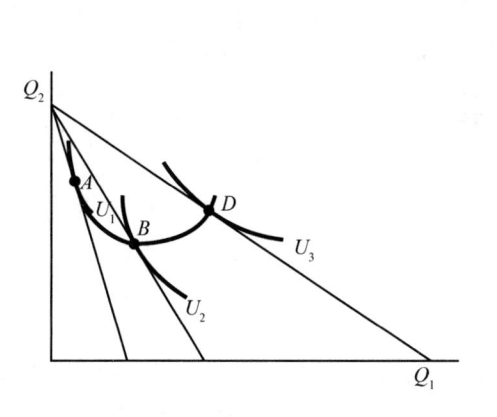

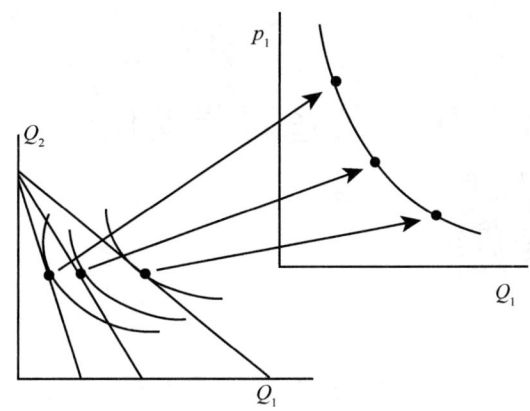

图 9-22　价格—消费扩展线　　　　图 9-23　推导消费者的商品需求曲线

因为替代效应，商品价格下降时，会用相对更便宜的这种商品代替其他商品，从而增加其需求量。

因为收入效应，商品价格下降时，该消费者实际收入增加，会增加正常商品的消费量，从而增加其需求量。

在替代效应和收入效应共同作用下，商品价格与需求量呈反向变化。

关键概念

效用　边际效用递减规律　柯布—道格拉斯效用函数　偏好　无差异曲线　边际替代率　预算约束　等边际原则

思考题

1. 消费者无差异曲线有何特点？
2. 简述消费者均衡的条件，包括效用最大化和支出最小化的条件。
3. 在其他条件不变时，苹果降价，为何消费者会消费更多的苹果？
4. 如何由价格消费扩展线推出消费者对商品的需求曲线？

第十章　家庭的劳动供给决策

视频讲解

上一章介绍了消费者在既定收入或者预算条件下的消费选择问题。每位消费者都面临着预算约束。劳动工资收入是家庭的一个重要收入来源，甚至是部分家庭的唯一收入来源。本章将介绍家庭的劳动供给决策，即研究家庭或者个人决策向市场提供多少劳动以获得工资收入，从而承接了上一章介绍消费者在收入约束下的决策问题。

第一节　构建消费预算线

一　研究问题的提出与转换

对于家庭来说，要购买商品首先必须要获得收入，家庭可以通过提供劳动来获得工资收入。从这个角度看，家庭的劳动供给量决策，实际这就是消费者如何通过劳动来获取收入的决策。

本节用无差异曲线分析方法来分析家庭的决策。无差异曲线分析方法往往用于分析两个变量组合的最优选择问题，比如本书第九章用无差异曲线分析方法来分析消费者如何选择两种商品消费的最优组合，以实现效用最大化。家庭是劳动资源的供给者，家庭的劳动时间决定问题是一个家庭的劳动要素供给问题。为了能够运用消费者购买行为的分析方法和分析工具，我们就必须把劳动要素供给问题转化为消费组合的选择问题。如图10-1所示，劳动要素供给问题的转化包括两步。

第一步：劳动量的多少，通常以劳动时间来衡量，所以劳动量的决定实际上就是劳动时间的安排问题。如图10-1所示，劳动时间的决定问题可以看成是家庭的时间资源如何在劳动时间和闲暇时间之间分配的问题，也就是劳动时间和闲暇时间的组合选择问题。对家庭来说，个人所拥有的全部时间资源是既定的。比如，每一天只有24个小时，每个月只有30天，每年就是365天。既定的时间，要么用于闲暇，要么用于劳动。因此，总时间＝闲暇时间＋劳动时间。

第二步：与消费商品一样，消费者往往能从享受闲暇中获得满足，因此可以把闲暇直

第十章　家庭的劳动供给决策

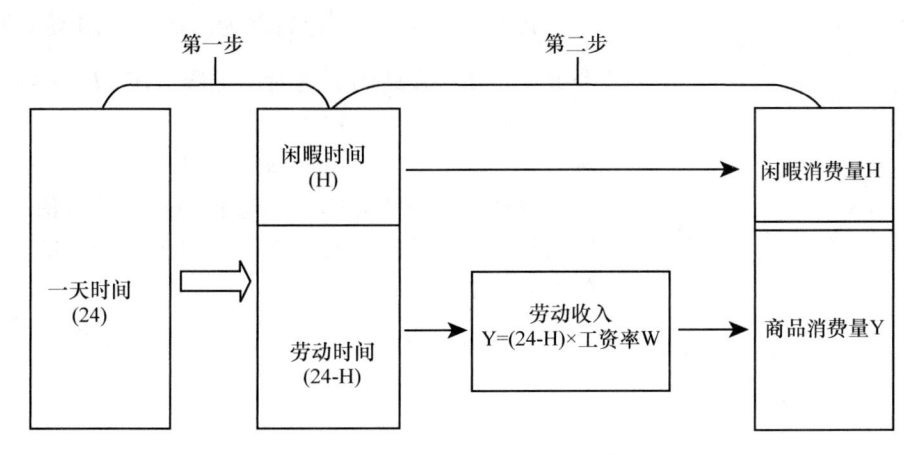

图10-1　家庭劳动供给决策问题的转换

接当成消费，也就是闲暇消费，仍然用时间单位来衡量。另外，劳动能够给消费者带来收入，收入可以用于消费商品组合。因此，劳动时间与闲暇时间的组合选择问题，就可以转化为闲暇消费和商品消费的组合选择问题。当然，劳动过程本身可能带给消费者负向或正向的效用。此处我们忽略了工作本身带来的满足。

通过上述两个层次的问题转换，劳动要素的供给决策问题转换成了消费组合选择问题，就可以运用上一章节中研究消费者均衡的无差异曲线分析方法来分析了，即通过构建无差异曲线和预算约束线，从而分析家庭的劳动最优决策。

二　消费预算线的构建

在第九章消费者购买决策中，消费者购买决策被看成人们在既定收入或者预算条件下的效用极大化决策，所以消费者收入＝消费者支出或者消费者预算收入＝消费者实际支出，其是建立预算线方程的等量关系。同时，劳动供给决策可以被看成劳动力在既定时间资源下的效用极大化决策，因此构建预算线方程的等量关系，即总时间＝劳动时间＋闲暇时间。

根据前面研究问题的转化，预算线方程应该是在一定价格条件下，闲暇消费、商品消费与总时间之间的关系，令 Q 表示该消费者的消费量，p 表示消费品的价格；令 w 表示工资率，L 表示劳动供给量。那么消费者的预算约束线如下式所示，即消费者消费的商品价值等于劳动收入之和：

$$pQ = wL$$

令 $\bar{L}$ 表示劳动时间的上限，则消费者的预算约束线可以表示为：

$$pQ + w(\bar{L} - L) = w\bar{L}$$

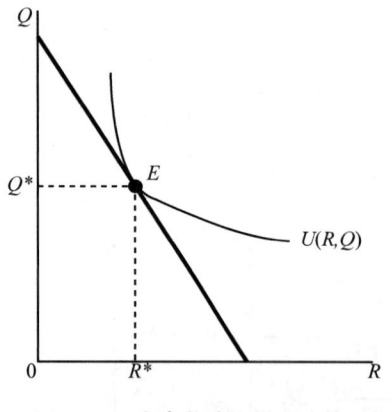

其中，$(\bar{L}-L)$ 可以解释为消费者"闲暇"的时间。令 $R=\bar{L}-L$，显然闲暇的时间上限有 $\bar{H}=\bar{L}$。因此，消费者的预算约束线可以被表示为：

$$pQ+wR=w\bar{L}$$

该预算约束线意味着消费者消费品的价值与闲暇价值之和等于该消费者的时间禀赋价值之和。消费者的预算约束线如图 10-2 所示。

上述预算约束线还可以表达为 $\bar{L}=R+\dfrac{pQ}{w}$。

图 10-2 家庭劳动—闲暇决策均衡

第二节 家庭的劳动供给均衡

一 劳动供给的静态均衡

根据前文的分析，家庭的劳动最优决策问题可以被表达为：

$$\begin{cases} \text{Max } U=U(R,Q) \\ pQ+wR \leqslant w\bar{L} \end{cases}$$

假设消费者的偏好满足一般偏好的非饱和性、可传递性和严格凸性，即闲暇消费和商品消费都是喜好品，且它们之间不是完全替代的，也不是完全互补的，因而它们的边际效用都大于 0，且遵循边际效用递减规律，从而边际替代率递减。当效用函数为 U 满足以上假设条件，消费者的无差异曲线就是向右下方倾斜的，凸向原点，任意两条之间不相交，且距离原点越远的线代表越大的效用水平。根据消费者均衡理论，如图 10-2 所示，家庭的劳动决策均衡位于 E 点，即无差异曲线与约束线的切点。这意味着家庭的劳动决策均衡满足：

$$\begin{cases} \dfrac{MU_R}{w}=\dfrac{MU_Q}{p} \\ pQ+wR=w\bar{L} \end{cases}$$

二 劳动供给均衡的比较静态分析

从上面的分析可知，劳动供给量取决于劳动工资率 w、时间资源量 $\bar{L}$、商品价格 p 和消费者偏好。当商品价格不变时，消费者的劳动供给是如何随着工资率的改变而改变的？

假设其他因素既定下，本节研究劳动工资率 w 的变化会如何影响家庭或消费者劳动供给决策，从而分析劳动供给量的变化。

仅因为工资变化引起的闲暇量的变化或者劳动量的变化，就是工资效应。同样的，工资效应可以分解为替代效应和收入效应。工资变化的替代效应是在消费者实际收入不变时，因为工资变化引起闲暇消费与商品消费的相对价格改变，从而引起闲暇量和劳动量的变化。比如，当工资提高时，意味着商品消费相对便宜而闲暇消费相对变贵，从而人们就用商品消费替代闲暇消费，这就会导致闲暇消费减少，劳动时间增加。也就是说，工资上升的替代效应就是劳动时间增加。工资变化的收入效应是在闲暇消费和商品消费相对价格不变时，因为工资变化引起消费者实际收入改变，从而引起闲暇量和劳动量的变化。比如，当工资提高时，意味着消费者的实际收入增加了，那么消费者就会增加闲暇消费（因为它是正常商品），也会增加商品消费（也是正常商品），从而导致劳动时间减少。也就是说，工资上升的收入效应就是劳动时间减少。

由于，价格效应＝替代效应＋收入效应，所以工资提高对劳动量的影响，取决于替代效应和收入效应的加总。显然，因为工资上升的替代效应和收入效应对劳动量的影响刚好是不同方向的，所以它对劳动量的最终影响取决于它们的相对大小。在工资上升时，如果替代效应大于收入效应，那么工资上升就会导致劳动供给量增加，劳动供给曲线为正相关的，如图 10-3（a）所示。反之，如果替代效应小于收入效应，那么工资上升就会导致劳动供给量减少，劳动供给曲线为负相关的，如图 10-3（b）所示。

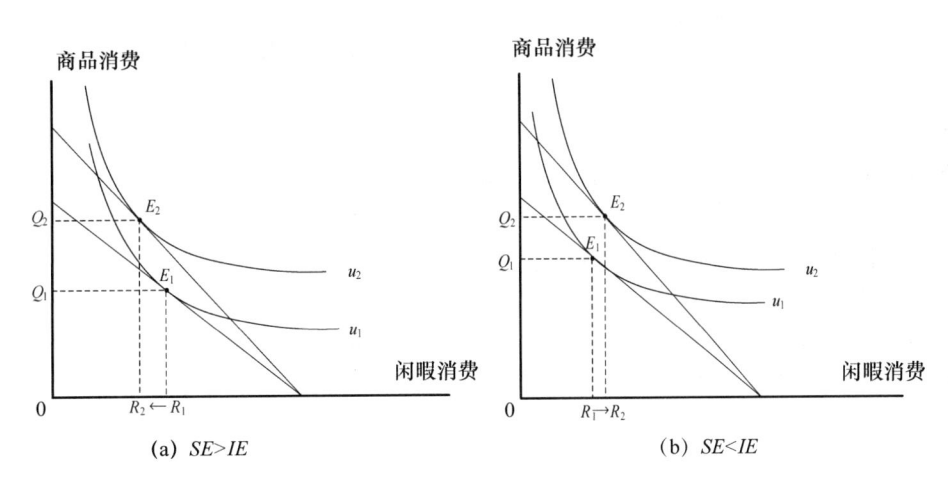

(a) $SE>IE$

(b) $SE<IE$

图 10-3 工资增加时，消费者的决策变动

三 劳动供给曲线

劳动供给曲线是用来表示某个家庭的劳动供给量与工资水平之间关系的曲线。横轴代表劳动时间 L，纵轴代表劳动工资率 w，得到劳动供给曲线。

工资增加时，会产生替代效应，即用劳动获取的消费来替代闲暇，因为闲暇变贵了，替代效应使闲暇减少；工资增加也会产生收入效应，工资增加时，工作时间的收入会增加，闲暇是正常物品，收入增加会使闲暇增多。闲暇的变化进而影响劳动的变化这取决于上述替代效应和收入效应谁大谁小。

如果替代效应大于收入效应，工资上升，劳动更多，表现为正向的劳动供给曲线。如果替代效应小于收入效应，工资上升，劳动更少，表现为负向的劳动供给曲线。整体上呈现为背弯的劳动供给曲线（见图10-4）。

劳动量与工资率之间的关系揭示了如下现象。第一，在劳动者工资和收入较低的条件下，利用提高工资的方法来激励人们多劳动是非常有效的。也就是说，在这种条件下，作为管理者，给员工加薪是能够有效激励他们的。这是因为在闲暇消费和商品消费之间，员工对得到更多的钱的评价更高，而对于闲暇时间的评价很低。

中国改革开放的初期，家庭收入普遍很低，工资水平也很低，消费者需求还停留在生存需要的最低层次。例如，第一代外出打工的农民，他们就是为了挣钱，然后寄回老家消费，还有用来买电器、修房、娶媳妇。面对老板的涨薪，或者为了加班工资，他们愿意加班加点地干，哪怕工作会影响健康也不愿休息，超长的劳动时间是他们的常态。

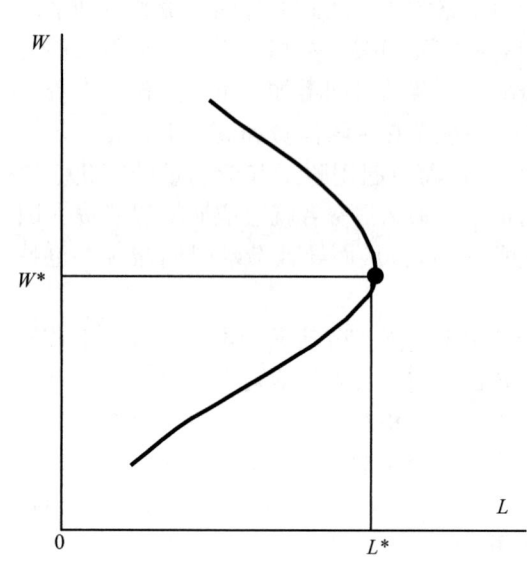

图10-4 背弯的劳动供给曲线

第二，如果劳动者的工资和收入水平处于较高水平，提高工资可能无法有效激励人们多劳动。因此，劳动激励还需要采用其他手段，如给予精神鼓励、授予荣誉、提供职位晋升等。也就是说，对于已经有较高工资和收入水平的劳动者而言，加薪并不是一个很有效的激励手段，它并不能使员工增加劳动时间，可能劳动时间反而会减少。一种可能的解释是这类员工对享受闲暇带来的满足赋值高，而对挣钱购物获得的满足评价赋值较低。

随着中国改革开放带来的经济发展，家庭的收入水平已经比较高了，消费者的需求已经超越生存需要的层次，上升到发展的需要和尊重的需要。"90后""00后"外出务工人员不愿意像第一代务工人员那样为了挣钱而加班，尤其不愿意牺牲大假去加班，即使公司承诺给予更高的报酬。他们可能更看重身体健康，认为牺牲健康和生活品质去换钱换物不值得。

关键概念

闲暇　劳动　劳动工资　劳动供给决策　背弯的劳动供给曲线

思考题

1. 如何理解劳动供给来自消费者选择行为？
2. 工资上涨，是否会有更多劳动？
3. 为什么存在背弯的劳动供给曲线？

第十一章 家庭的资本供给决策

视频讲解

上一章分析了家庭作为劳动市场的供给者的行为，本章研究家庭作为资本市场上的供给者的行为。储蓄是投资的一个重要方式。对于家庭消费者而言，手中的收入可以选择当期消费，也可以选择储蓄以在未来获得更多的收入。当家庭消费者获得一定的收入后，其面临进一步的决策：把多少钱拿来花，把多少钱拿来存。因此，本章也是研究既定收入下如何选择消费和储蓄的问题。

第一节 家庭消费预算线的构建

一 研究问题的提出和转换

可支配收入=消费+储蓄，所以家庭的可支配收入既可以用来消费，也可以用来储蓄。储蓄会通过多种方式转化为投资，而投资最终会形成资本，从这个意义上来讲，家庭是资本的供给者。要运用无差异曲线分析方法分析家庭的资本供给量决策，就必须把这个决策问题转化为可以研究的问题。依据上一章的思路，我们就可以把资本要素供给问题转化为消费组合的选择问题。家庭储蓄决策问题的转化包括两步，如图 11-1 所示。

第一步：家庭的资本供给量是由投资量决定的，而投资量又是由储蓄量决定的，所以资本供给量的决定问题，可以简化成家庭的储蓄决策问题。但是，无差异曲线分析方法的运用至少需要两个决策变量。因此，我们需要把单一变量的决策变成双变量的组合选择。由于既定的可支配收入可以分解为消费和储蓄，所以家庭的储蓄量的决定问题，可以转换为家庭关于（消费量，储蓄量）的组合选择问题。

第二步：储蓄与消费不同，储蓄不能直接给消费者带来正的效用，反而会减少消费者现在的效用。对于消费者而言，其既要考虑当期消费带来的效用，也要考虑储蓄带来的未来回报获得的效用。在家庭的储蓄—消费决策中，其目标是最大化当期消费和未来消费的贴现效用之和。如此，家庭关于（消费量，储蓄量）的组合选择问题，可以进一步转换为家庭关于（现在消费，未来消费）的组合选择问题。

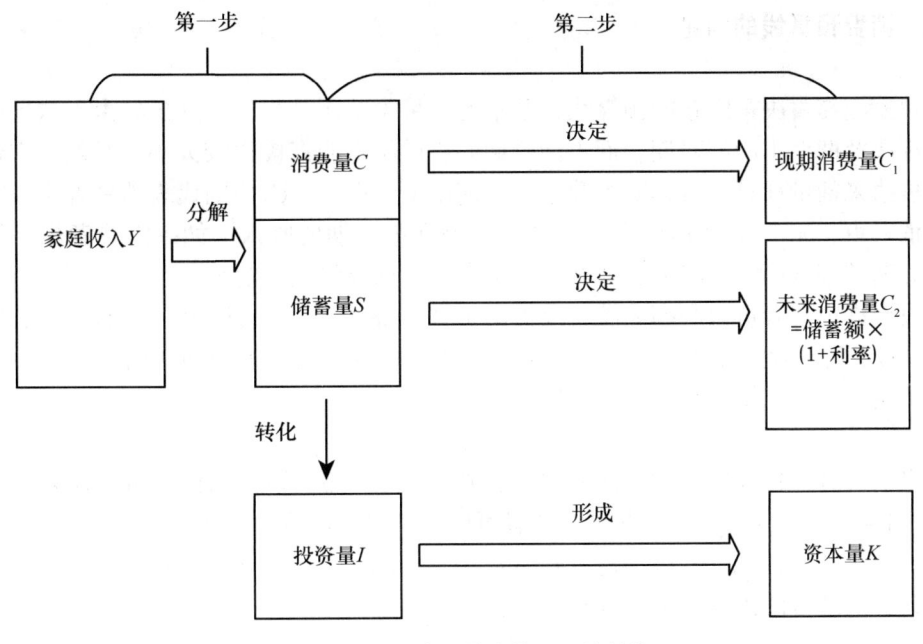

图 11-1 家庭储蓄决策问题的转换

二 现在值与未来值的计算与换算

由于家庭消费与储蓄的决策问题涉及现在和未来两个不同时期，如现在的收入、未来的收入、现在消费和未来消费，而不同时期的货币价值又是不同的，所以在具体分析该问题前，本节将介绍如何对收入和消费的现在值和未来值进行计算。

比如，某消费者今年在银行存 1000 元，利率为 5%，明年消费者会得到本金和利息共计 1050 元。这意味着今年的 1000 元相当于明年的 1050 元。这里，今年的 1000 元是现值，明年的 1050 元是未来值。这种已知现值和利率计算未来值，就是复利计算。如果用 m_1 代表现在值，m_2 代表未来值，r 代表利率，那么现值与未来值的关系可以表达为：

$$m_2 = m_1 (1 + r)$$

与上述相反，如果明年 1000 元，按照利率 5% 计算，那么就约为今年的 952.38 元。在这里，明年 1000 元是未来值，今年的 952.38 元是现值。已知未来值和利率计算现值为贴现计算，贴现计算的一般公式为：

$$m_1 = \frac{m_2}{1 + r}$$

三 消费预算线的构建

构建家庭储蓄决策问题的预算线，基本的等量关系还是收入＝支出。由于这里的收入和支出都涉及两个不同的时期，而不同时期的货币额不能直接比较大小，必须把它们用同一货币价值来衡量计算。考虑一个简单的二期模型。设 C_1、C_2 分别代表消费者第一期和第二期的消费束，m_1、m_2 分别代表消费者第一期和第二期的收入。如果消费者想要把钱从第一个时期转移到第二个时期，那么该消费者可以选择将钱存起来。

假设允许消费者可以利率 r 借入或借出金钱（储蓄），不妨设第一时期消费的价格设置为1。如果消费者选择在第一期内存下一些钱，则该消费者第一期的储蓄为 $m_1 - C_1 > 0$，那么该消费者可以在第二期消费的金钱如下：

$$C_2 = m_2 + (1+r)(m_1 - C_1)$$

如果消费者选择在第一期借入一些钱，则 $m_1 - C_1 < 0$。第二期该消费者需要支付利息加本金 $(1+r)(C_1 - m_1)$，由此该消费者可以在第二期消费的金钱如下：

$$C_2 = m_2 - (1+r)(C_1 - m_1) = m_2 + (1+r)(m_1 - C_1)$$

由此，消费者的预算约束可以整理为：

$$(1+r)C_1 + C_2 = (1+r)m_1 + m_2$$

$$C_1 + \frac{C_2}{(1+r)} = m_1 + \frac{m_2}{(1+r)}$$

如图11-2所示，A 点表示消费者在第一期和第二期获得的收入 (m_1, m_2)。位于 A 点之上的部分如 B 点表示消费者第一期选择了储蓄，其中纵轴的截距表示消费者第二期能够消费的最大数量，此时 $C_1 = 0$。位于 A 点之下的部分如 C 点表示消费者第一期选择了借贷，可以看到该消费者第二期能够消费的金额将小于 m_2。

如图11-2所示，预算线的横截距为 $m_1 + \frac{m_2}{1+r}$，表示家庭把现在挣的钱和未来挣的钱全部都用来现在消费，最多能够购买多少。其中，m_1 表示现在收入 m_1 用于消费的现值，$\frac{m_2}{1+r}$ 表示未来收入 m_2 用于消费的现值。预算线的纵截距 $m_1(1+r) + m_2$ 表示消费者将当期和未来的收入都用于未来消费时所具有的价值，其中，$m_1(1+r)$ 表示在利率为 r 的条件下，现在收入 m_1 用于未来消费，相当于多少价值，而 m_2 则表示未来收入 m_2 用

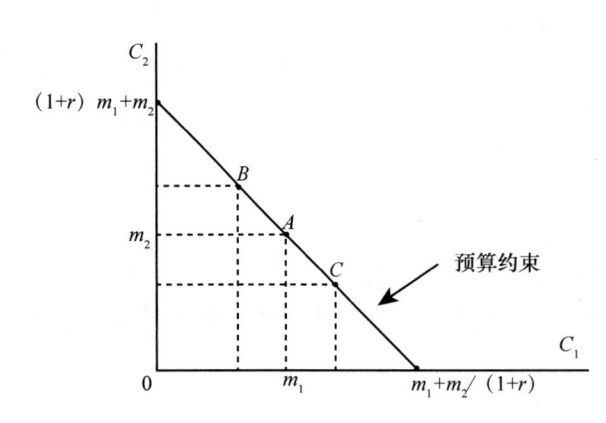

图11-2 消费者的预算约束线

于消费所具有的价值。

由于横轴表示现在消费，纵轴代表未来消费，这条预算线曲线的斜率 $1+r$ 代表现在消费与未来消费的市场交换比例，也就是增加一单位现在消费与减少 $1+r$ 单位的未来消费是等价值的。因此，如果消费者增加一单位现在消费，则表示其愿意放弃 $1+r$ 单位的未来消费。

在预算线上，我们将点 (m_1, m_2) 表示消费者的初始禀赋点。它表示消费者最初所拥有的资源或者财富，只要消费者愿意，它始终能够拥有这个消费额。比如，某消费者退休前的收入为 100 万元，退休后的收入为 20 万元，只要消费者愿意，该消费者可以退休前消费 100 万元，退休后消费 20 万元。

可以看到，家庭储蓄决策问题的预算线与前文介绍的预算线是一样的。它是反映在一定条件下，消费者能够拥有的关于现在消费和未来消费的最大消费组合。预算线内的点，是消费者负担得起的消费组合，且消费者的钱还有剩余；预算线外的点，是消费者负担不起的消费组合，因为消费者的钱不够。因此，如果消费者要进行最优选择，只能在预算线上以及以内的区域选择消费组合。

第二节 家庭的资本供给均衡

一 资本供给的静态均衡

现在考虑消费者的偏好问题。设消费者效用函数为 $U = U(C_1, C_2)$。因此，消费者的消费—储蓄问题可以被表示为：

$$\begin{cases} \text{Max } U(C_1, C_2) \\ C_1 + \dfrac{C_2}{(1+r)} \leq m_1 + \dfrac{m_2}{(1+r)} \end{cases}$$

通过之前的分析，无差异曲线可以表示消费者的偏好。无差异曲线的斜率代表着两个时期消费束之间的边际替代率。如果消费者不在意是第一期消费还是第二期消费，那么其边际替代率为 -1。我们假设消费者的偏好满足一般偏好的非饱和性、可传递性和严格凸性要求，也就是当期消费 C_1 和未来消费 C_2 都是喜好品，而且它们之间不是完全替代的，也不是完全互补的，因而它们的边际效用都大于 0，遵循边际效用递减规律，从而边际替代率递减。这意味着消费者不愿意第一期消费很多而第二期零消费，或者第二期消费很多而第一期零消费。在这样的假设条件下，消费者的无差异曲线就是向右下方倾斜的，凸向原点，任意两条之间不相交，且距离原点越远的线代表越大的效用水平。

图 11-3 表示了消费者的消费—储蓄决策均衡。图 11-3（a）表示消费者作为借款者的均衡，即提前透支第二期的钱用于第一期的消费。图 11-3（b）表示消费者作为储蓄者的均衡，即第一期进行储蓄，以用于后期的消费。

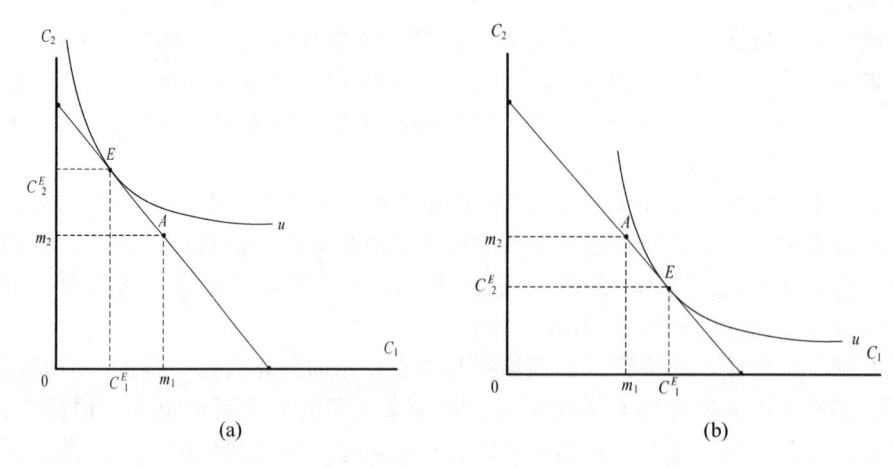

图 11-3 家庭储蓄决策问题的消费—储蓄均衡

如果利率上升,对于储蓄者,利率上升使本期消费价格上升,会产生替代效应,用下期消费替代本期消费,这使本期消费减少。同时,利率上升会产生收入效应,利率上升增加了储蓄带来的收入,本期消费是正常物品,收入效应使本期消费增加。因此,利率上升对本期储蓄的影响是不确定的,如果替代效应大于收入效应,利率上升增加本期储蓄,如果替代效应小于收入效应,利率上升减少本期储蓄。对于欠银行钱的人来说,上述的收入效应不存在,因此利率上升只会减少本期消费,增加本期储蓄。

二 中国消费者的储蓄特点与货币政策效果

中央银行通过调整利率来影响货币供给量和总需求,并最终影响总产值,这是货币政策的重要传递路径。比如,在经济不景气的时期,面对总需求不足,央行采用宽松的货币政策,降低利率,希望通过利率降低来促使人们减少储蓄、增加投资、增加消费、增加净出口,从而增加总需求,促使总产出增加。反之,在经济过热的时期,面对总需求过度,央行采用紧缩的货币政策,提高利率,希望通过利率提高来促使人们增加储蓄、减少投资、减少消费、减少净出口,从而减少总需求,降低通货膨胀。

从上面这条货币政策的传递路径可见,央行政策最后能否达到预期效果,很关键的一环是利率究竟会如何影响储蓄、投资、消费和净出口。只有在利率提高能够引起储蓄增加、消费减少、投资减少、净出口减少的条件下,或者在利率降低能够引起储蓄减少、消费增加、投资增加、净出口增加的条件下,货币政策才能起到应有的作用。

中国消费者具有重储蓄的特点。影响储蓄决策的因素除了利率,还有很多其他因素,包括社会保障制度、税收政策、消费观念等。社会保障制度主要包括社会救济、社会福利、社会保险三个方面。社会保障制度对消费的影响存在替代效应和退休效应。替代效应是指人们会由于社会保障制度的完善降低预防未来退休生活质量下降而在工作期间的资产积累的需要，从而减少储蓄。退休效应是指社会保障增加退休后的收入，因而可能使人们提前退休，这意味着工作期的缩短和退休期的延长，从而使人们在工作期增加储蓄。税收与政府预算储蓄呈正方向变化，与居民家庭储蓄则呈反方向变化。个人收入水平越高，储蓄的边际倾向越高；储蓄利率水平越高，对人们储蓄的吸引力越大，个人的储蓄意愿越强。税收对居民储蓄的影响主要通过个人所得税、利息税和间接税影响居民的储蓄倾向及社会的储蓄率。例如，个人所得税会通过影响个人实际可支配收入影响居民的储蓄率，征收个人所得税会减少纳税人的可支配收入，使纳税人降低当前的消费和储蓄水平。

通过储蓄来获得生活的安全感是中国人长期以来养成的习惯，人们会存钱以应对不时之需和养老。中国父母也通常会储蓄以为子女买房和结婚之用。

关键概念

资本供给决策　储蓄　现期消费　未来消费　利率

思考题

1. 如何理解资本供给来自消费者选择行为？
2. 利率上升，是否会更多储蓄？
3. 利率上升时的替代效应是指什么？

第十二章 中国农户的消费行为

视频讲解

本篇第九章、第十章和第十一章分别分析了中国家庭下的商品购买决策、劳动供给决策和资本供给决策。这些分析具有一般性，也适合很多其他国家的家庭决策。本章聚焦中国农户的行为分析，也适合对中国牧民和渔民的行为分析。

第一节 研究问题的提出

一 中国农村家庭素描

中国拥有960万平方千米的国土面积，而乡村的面积有886万平方千米，占中国国土面积的92%。根据第七次全国人口普查数据，居住在城镇的人口为90199万人，占63.89%；居住在乡村的人口为50979万人，占36.11%；全国共有家庭户4.9亿户，将近2.8亿户农村地区家庭；乡村家庭每户人口较城镇为多。

与城镇家庭相比，乡村家庭有较强的赡养功能和生产功能，且具有生产的极大分散性、生产过程的极度随机性、用工的不确定性、生产成效的难预料性和不稳定性；乡村家庭通过生产生活资料，保证产品的分配和交换，满足了人们吃饭、穿衣、住房等基本需求。

如今农村地区的居民生活条件有了很大的提升，但实际上在中国农村地区生活的家庭中，大部分家庭的收入水平都是非常低的。对于农村地区的家庭来说，它们并没有太多的经济来源，大多数家庭只靠着种地来赚取粮食。当意识到在农村种地无法到手更多的收入时，人们纷纷去往外地，尤其是生活在农村的年轻人选择外出打工，以此来增加家庭收入。

农村家庭的收入普遍较低，但是农村居民的消费却不少。其大都承担着一大家子需要养活的压力。就算是没有赡养老人以及照顾小孩的压力，很多人每个月也会出现额外的支出，如生病就医、购买衣物等。特别是家里如果有上学的子女，对于一个读大学的孩子，每个月的生活费都需要好几千元，父母辛苦一个月的收入全都给了子女，并且每个月还需要照顾年迈的父母。特别是在孩子的彩礼上，大部分家庭的彩礼可能达到20万元左右，并且还得有车有房。

"小康不小康，关键看老乡。"中国政府取消了农村家庭的农业税，并针对农村贫困实施了精准扶贫战略，通过扶贫补贴等多种方式扶贫，并取得了显著成就。

二 研究的问题

一是农村家庭如何安排时间。从中国农村家庭的上述情况可以看出，我们前面对家庭行为的研究更多地适合于城市家庭，没有完全反映农村家庭的事实。比如，在中国农村，特别是比较偏远的农村，有的家庭根本没有参与现代市场活动，既不向市场提供产品和服务，也不到市场上去购买商品，几乎还生活在完全自给自足的经济中；很多农村家庭，年轻人在城市打工，老人和妇女在家里种田，其时间都分成市场工作、家务劳动和闲暇娱乐三个部分，而不只是市场工作和闲暇娱乐。在这种情况下，农村家庭是如何安排它们的时间呢？

二是农村人可以在家务农，也可以去外地工厂打工，到外地农村帮忙种植收割。那么是什么因素影响他们的选择呢，尤其是市场工资率及其变化如何影响他们的时间选择呢？

三是中国过去的贫困人口主要在广大农村家庭。在脱贫攻坚战中，政府采取了多种多样的扶贫措施，扶贫补贴就是措施之一。那么，扶贫补贴等福利支出又会如何影响农村家庭的时间安排呢？

第二节 中国农户行为约束

一 家庭的时间约束

对于一个单人家庭来说，一天只有24个小时，一周只有168个小时等。图12-1中，T表示时间的绝对限度，在时间限制面前人人平等。对农村家庭来说，一个家庭成员的时间T可以分为工作时间、家务时间和闲暇时间。其中，工作时间L是家庭成员一周用于赚取收入的工作时间，家务时间N为家庭为该成员用于做饭、洗衣、买菜、做清洁的时间，闲暇时间H为该成员用于休息和娱乐的时间。因此有总时间$T=L+N+H$。在图12-1中，TT线为家庭的时间约束线。

二 市场工作预算约束

除了时间约束，农村家庭行为还要受到家庭收入的约束。农村家庭收入包括两个部分，一是家庭外出工作的工资收入E，二是非工资收入F，如财产收入、红利收入、利息收入、礼品收入，还有政府给予的补贴等。

如果家庭购买市场物品的单位价格为p，M为市场商品量，那么家庭购买市场商品的开支为PM。如果家庭收入全部用于购买市场商品，则PM等于$E+F$。为便于以下讨论，我们

规定 w 为小时工资率，L 为工作时间的小时数，则 E 等于 w 乘 L。如果只考虑市场工作，不考虑家务劳动和非工资收入，那么农村家庭的约束如图 12-1 所示。图 12-1 中表明，如果全部时间都用于闲暇娱乐，家庭不能拥有任何物品；如果全部时间都用于市场工作，家庭可以拥有 wT/p 的市场物品。

图 12-1 只有市场工作时的约束

三 农村家庭生产技术约束

由于农村家庭有家务劳动，家务劳动为家庭提供诸多产品和服务 G，G 的多少与家庭的生产技术有关。因此，农村家庭不仅受自然时间约束和市场预算约束，还要受家庭生产技术的限制。家庭成员通过使用在市场上购买的一些生产要素 K 生产出可口的饭菜、整洁的衣服、干净的房间和健康的儿童等，家庭的生产技术反映家庭通过投入家务劳动 N 来生产家务 G 的能力。

如同企业的生产函数反映企业生产过程中的技术约束一样，家庭生产函数反映了家庭生产过程中的这些限制，家庭生产函数可以表示为 $G=F(K,N)$。由于 K 是固定不变的，所以家庭生产函数用来强调家庭成员的家务劳动时间 N 与家庭生产产品 G 之间的数量关系。

图 12-2 显示一个典型的农村家庭生产函数，横轴表示时间 T，由于时间约束，N 和 H 都不能超过最大时间 T，假设 T 为一周的小时数，也就是 168 个小时。纵轴表明家庭生产产品的数量。我们可以从两端读横轴，从左到右，表明闲暇时间从 0 增加到 T。从右至左，表明家务劳动时间从 0 增加到 T。图 12-2 中的曲线 TA 是家庭生产函数，也就是家庭劳动的总产量曲线。从图中可见，如果家庭的闲暇时间为 100 个小时，也就是家务劳动时间为 68 个小时，家庭就能生产出 610 的产品。若家庭的闲暇时间为 120 个小时，用于家务劳动时间为 48 个小时，则能生产 320 的产品。

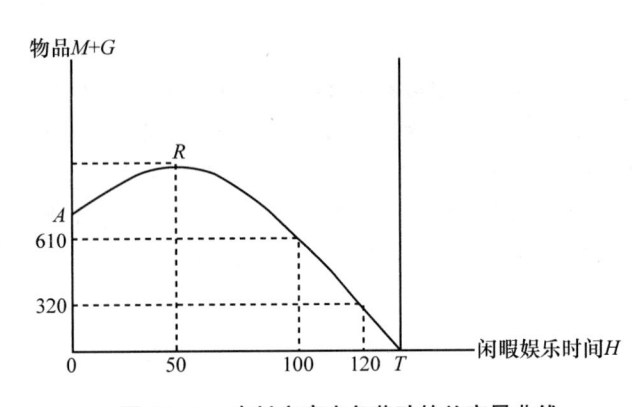

图 12-2 农村家庭家务劳动的总产量曲线

由于家庭的生产要素 K 不变，因此家庭的生产函数是短期生产函数，所以遵循边际产量递减规律。因此，家庭生产的总产量曲线 TA 具有如下特点：随着家务劳动的增加（横轴从右往左看)，曲线的斜率开始为正并且十分陡峭，过了一段时间之后，曲线倾向平缓，过了 R 点后，曲线的斜率为负。家庭总产量曲线的斜率，代表家庭生产劳动的边际产品，用来衡量家庭劳动量的变化引起的家庭生产产品量的变化。

四 农村家庭的预算约束线

在全面考虑农村家庭面临的时间约束、市场工作预算约束和家务劳动生产技术约束的基础上，就可以构建农村家庭预算线。农村家庭预算线用来反映农村家庭能够拥有的所有物品与闲暇时间的最大组合边界，其中家庭用的物品包括来源于市场工作的物品 M、来源于家务劳动的物品 G 和非工资收入产生的物品 F。

为了导出农村家庭预算线，我们假设如果免费获得商品，那么多比少好。同时，我们假定同样数量的商品带来相同的效用，无论商品是市场工作赚来的，还是家务劳动生产的。家庭通过在市场工作和家务劳动上分配时间，使工作每一个小时的产量达到最大。因此，家庭某一小时的时间是用于市场工作，还是用于家务劳动，这要通过比较市场工作与家务劳动的边际产量的高低。如果市场工作的边际产量大于家务劳动的边际产量，那么这个单位的时间就应该配置为市场工作。反之，如果市场工作的边际产量小于家务劳动的边际产量，那么这个单位的时间就应该配置为家务劳动时间。当然，如果市场工作的边际产量等于家务劳动的边际产量，那么这个单位的时间怎么配置都无所谓。

为了便于理解，我们假设代表性农村家庭家务生产函数为 $G = 40N - 0.5N^2$。市场商品的单位价格为 1 元，工资率 w 为每小时 20 元，从而农村家庭市场工作的边际产量为 20。由此，我们可以得到表 12-1。

表 12-1　　　　　　　代表性农村家庭家务劳动和市场工作数据

劳动时间（小时）	家务劳动总产量（单位）	家务劳动边际产量（单位）	市场工作总产量（单位）	市场工作边际产量（单位）
1	39.5	39.5	20	20
2	78	38.5	40	20
3	115.5	37.5	60	20
…	…	…	…	…
19	579.5	21	380	20
20	600	20	400	20
…	…	…	…	…
30	750	10.5	600	20
31	759.5	9.5	620	20
…	…	…	…	…

现在我们来比较家务劳动和市场工作的产量。从表12-1中可见,家务劳动第1个小时的边际产量等于39.5单位,市场工作第1个小时的边际产量为20单位,第1个小时的家务劳动比第1个小时的市场工作生产更多的产品。因此,如果现在要工作1个小时,按行为准则,家庭将选择干家务劳动。同样,我们可以算出第2个小时的情况,这时家庭家务劳动的产量为78单位,增加了38.5单位;市场工作的产量为40单位,增加了20单位,显然家务劳动的边际产量较大。如只工作2个小时,家庭还是会选择家务劳动。以此类推,我们可以将每一个小时的家务劳动的边际产量算出来,并与市场工作的边际产量比较,家庭就倾向于将时间投放到边际产量较大的活动上去。

从表12-1中的计算结果看,市场工作的边际产量始终等于20单位,直到第20个小时,家务劳动的边际产量才与市场工作相同,这意味着如果工作20个小时,那么第20小时无论用于家务劳动还是市场工作,消费者都是无差异的。但从第21小时起,市场工作的边际产量就大于家务劳动的边际产量了。因此,如果这个农村家庭准备干少于20个小时的工作,它将把时间全部投放到家务劳动上。如果它每周工作多于20个小时,比如40个小时,它将干家务劳动20个小时、市场工作20个小时,这样它将获得更多的产品,从而获得最大的满足。

市场工作的边际产量实际是工资率,因此当家务劳动边际产量大于工资率,干家务劳动更合算,一旦家务劳动边际产量小于工资率,家庭就倾向于将时间投放到市场工作上。图12-3显示了这种情况,B点表示家庭不干任何家务劳动和市场工作,休闲时间为T小时,有F元用于买市场商品,这里商品单价为1元。

曲线AB为家庭生产函数,AB上的每一点的斜率代表家务劳动的边际产量,DZ是家庭预算线的市场工作部分,其斜率为实际工资率w/p。由于直到家务劳动边际产量下降到实际工资率的时候,家庭才开始考虑市场工作,因此这条线不是从T点开始,而是从Z开始,在Z点实际工资率等于家务劳动的边际产量。

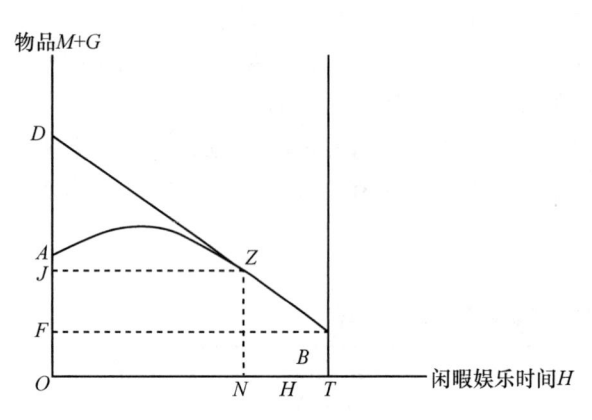

图12-3 农村家庭的预算约束线

$DZBT$即为家庭的总预算线,它由三部分组成,TB为家庭的非工资收入F,BZ来自家庭的生产函数,表示它从事家务劳动的部分,DZ同时代表从事家务劳动和市场工作的部分。总预算线表明,家庭总是先从事一些家务劳动以后才从事市场工作。换句话说,只要家务劳动的边际产量大于实际工资率,家庭就不会从事市场工作。图12-3代表绝大多数农村家庭的情况,几乎任何一个家庭的成人要干一些家务劳动,如洗衣、做饭、清扫房间等,只有极少数人其实际工资率比第1小时的家务劳动的边际产量还要高。在图12-3

中，第 N 小时的家务劳动的边际产量等于市场工作的边际产量也就是实际工资率，这是与之对应的曲线上的 Z 点是家务劳动和市场工作的分界点。

第三节 农村家庭的消费选择

一 偏好与效用函数

考虑到农村家庭的时间包括市场工作、家务劳动和闲暇娱乐三个部分，因而农村家庭可从这三类物品的消费当中获得满足。为建立分析模型，我们对农村家庭作如下规定：从市场购买的商品和服务称为市场商品 M，家庭生产和消费的物品和服务称为家庭物品 G，家庭成员的闲暇娱乐时间为 H。

因此，农村家庭的效用函数由这三种物品的不同组合形成。因为涉及 M、G、H 三个变量，若要用图形表示这个效用函数，需要使用三维坐标。为了简化模型，我们假设市场商品 M 和家庭物品 G 是完全替代品，例如，消费者认为自己做的披萨和商店里买的没有区别。如果 M 和 G 为完全替代品，我们就可以把这两种物品为一种物品 $M+G$，这样我们在考虑效用函数时就只需要考虑两种物品，一种是 $M+G$，另外一种是 H。

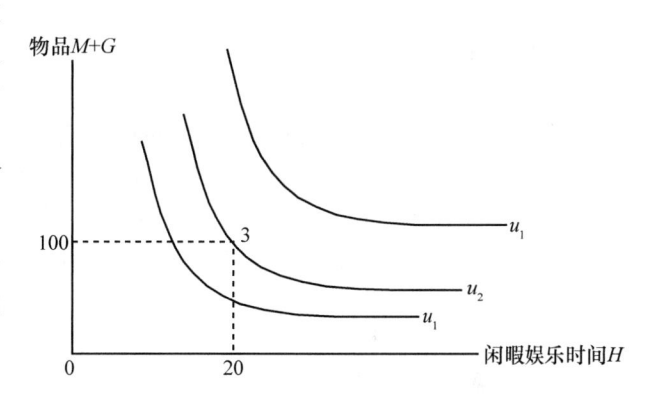

图 12-4 农村家庭的效用函数和偏好

图 12-4 中的纵轴为市场商品和家庭物品 $M+G$，横轴为闲暇时间 H，u_1、u_2 和 u_3 为其中的无差异曲线，在曲线上的 a 点表示，消费 20 单位的闲暇和 100 单位的物品能够获得的满足为 u_2。

二 农村家庭时间的最优配置

有了家庭的总预算线和无差异曲线，我们就可以考察家庭的追求最大满足的行为。图 12-5 是 X、Y 两个农村家庭可能的均衡情况。

由于 X 家庭的无差异曲线与预算线 BZ 相切，该 X 点为均衡点，表明 X 家庭的闲暇对物品的替代率正好等于它可通过家庭生产用闲暇交换物品的比率。此时，X 家庭干 TH 小时的家务活，生产 SF 单位的产品，休闲 OH 小时，并用非工资收入购买 F 单位的商品。X 家庭没有出去工作并非因为找不到工作，而是因为实际市场工资率小于其家务劳动边际产量，图 12-5 中显示实际工资率为 DZ 的斜率，家务劳动的边际产量为 AB 曲线上的 X 点的斜率，也称为保留工资率。总之，X 偏向于享受更多的闲暇，愿意用物品换取更多的闲暇。只有当实际工资率等于保留工资率时，其才考虑是否出去工作。

Y 的情况有所不同。在均衡 Y 点，其做 NL 小时的市场工作，赚取能购买 VJ 单位商品的收入，干 TN 小时的家务活，创造 JF 单位的产品。通过非工资收入可购买 F 单位的物品，闲暇时间为 OL 小时。在 Y 点，闲暇对物品的替代率等于实际工资率，也等于家庭生产函数在 Z 点的边际产量。这表明其闲暇对物品的意愿交换率，等于其能得到的闲暇对物品的实际交换率。

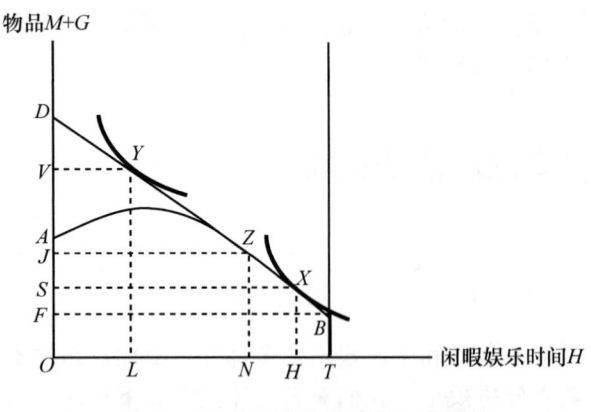

图 12-5 中国农村家庭的消费选择

图 12-5 显示了两个农村家庭不同时间资源配置状况，即多少时间用于闲暇娱乐，多少时间用于家务劳动，多少时间用于市场工作。同时，它告诉我们，每一个农村家庭的总消费包括三部分即用家庭的非工资收入购买的商品和服务、用市场收入购买的商品和劳务、由家庭劳动产生的物品和劳务，因而它也相当于告诉我们关于这两个农村家庭的消费选择。

三 农村家庭消费的比较静态

从上面的分析，我们知道影响农村家庭时间安排或者总消费的因素很多，比如非工资收入、市场工资率、家庭规模和结构、家庭的劳务分工、家庭的失业类型，以及政府的税收政策和福利政策。本节运用农村家庭总消费模型，来分析非工资收入、家庭规模和结构，以及政府的福利支持对家庭消费的影响。

1. 非工资收入的影响

家庭收入分为工资收入和非工资收入，因为工资收入是工资率和市场工作时间的乘积，所以工资收入的变动，表明工资率和工作时间的变动。工资率可以被看作闲暇的价格。工资率的变动所引起的家庭行为变化和其他价格所引起的作用一样，而且我们在第十章对工资率的影响给予了分析，因此，我们这一节只研究家庭非工资收入 F 的影响。

非工资收入的上升增加了家庭的总资源，家庭因此而拥有更多的可以选择的物品与闲暇的组合。但是，非工资收入的变化不影响工资率，也不影响市场商品价格，更不影响家庭生产函数，因此非工资收入的上升，只是使家庭的总预算线向上移动。

如果非工资收入上升，家庭对闲暇的需求也会增加，从而家庭成员的工作时间会减少。如果家庭成员有市场工作，那么会减少市场工作时间；如果没有市场工作，它将加大家务劳动时间。由于非工资收入的变化不会影响市场工作与家务劳动的交换比率，所以只要非工资收入的改变没有改变家务劳动的生产函数，非工资收入的增加只会减少市场工作时间。如图 12-6 所示，初始的总预算线为 $DZBT$，市场商品的单价为 1 元。

图 12-6 中显示了 X、Y 两个家庭的情况。X 家庭的均衡点起初为 X，它干家务劳动 TH 小时，没有工作时间，休息为 H 小时。当非工资收入从 F 上升到 F^*，其预算线上移 $D^*Z^*B^*T$，新的均衡态为 X^*，这时它的闲暇时间增加到 H^* 小时，家务劳动时间缩短到 TH^* 小时，这说明由于 F 上升到 F^*，它可多购买 FF^* 的产品，从而减少一些家务劳动。

就 Y 家庭而言，它起初的均衡态为 Y 点，表示它干市场工作 LN 小时，干家务时间 TN 小时，闲暇时间 L 小时。当 F 上升到 F^*，它的均衡态变为 Y^*。这时，它的市场工作时间减少到 L^*N 小时，减少了 LL^* 小时；闲暇时间增加到 OL^* 小时，增加了 LL^* 小时；家务劳动时间不变。Y 的家务劳动时间只有在下列两种情况下才会改变，一是市场商品和家务产品不是完全替代品，二是非工资收入增加高到足以诱使它停止市场工作。例如，它中了巨额彩票，这时对闲暇时间的增加量会大大超过市场工作的时间，从而辞去工作，并减少部分家务劳动时间。

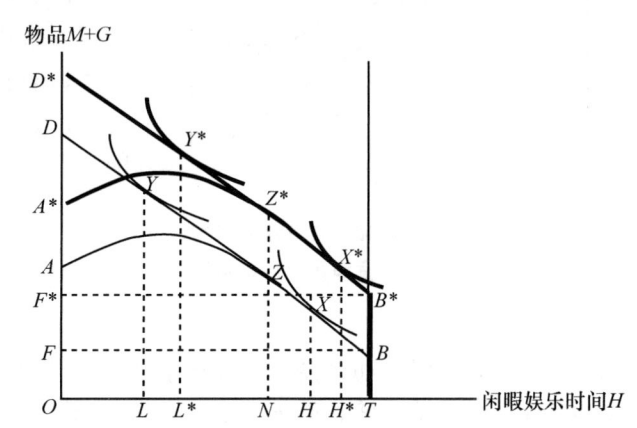

图 12-6 非工资收入对农村家庭消费选择的影响

2. 社会福利支出的影响

让一些人先富起来这个政策，为人们发财致富消除了顾忌，对刺激经济发展有极大的正面作用。同时一些人先富起来了，也表明另一些人显得相对贫穷了。在经济转型时期，市场机制的优胜劣汰的特点逐渐显示出来，贫富的差距拉大成为不可避免的现象。如果贫富的差距超过了某个限度，社会的忍受能力就支撑不住了，对此政府可以做的是建立一个社会福利保障制度，给那些倒霉的、病弱的或暂时失败的人伸出一双支援的手。

政府对于那些由于种种原因收入太低，以至于不能维持生活的家庭，有许多福利计划。这些福利计划一般是补助这些低收入或无收入家庭一定数额的现金。许多人对这种福利计划持有非议，因为这种计划怂恿了懒惰行为。也就是说由于这种福利计划的存在，有些人可以不工作，也懒得干活，成为社会福利计划寄生虫，甚至有的家庭几乎都靠福利计划，成了失业救济领取者。

下面将讨论分析这种社会福利对家庭时间分配行为的影响，如图 12-6 所示。假设有一个简单的福利计划：如果家庭没有任何收入，它可领取 F 元，这个数额保证家庭的最低生活水平称为保证金。如果家庭有一些收入，它可以领取的金额将减少，福利递减率为 α，它常常小于1，也就是家庭收入增加1元，领取的福利金减少 α 元，当然家庭收入增加到一定程度，例如 B 元，家庭没有资格领取救济金。根据上述条件我们可以算出 B 为保证金对福利递减率的比例为 D/α。图12-7中，为了集中研究对市场工作的影响，我们在这里将家务劳动和闲暇时间合并，并假定单价为1元。

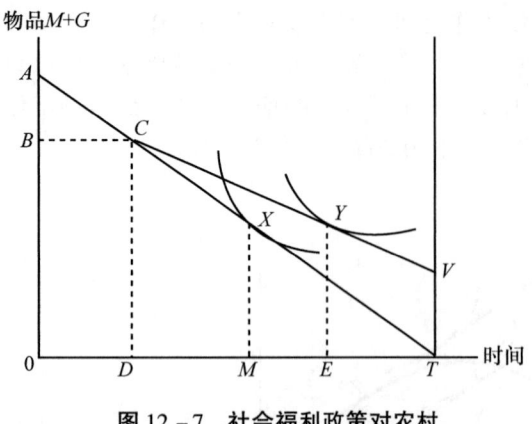

图12-7 社会福利政策对农村家庭消费选择的影响

AT 表示没有福利计划时的家庭的预算线，它的斜率为该家庭成员的工资率，初始的均衡为 X 点，该家庭该成员工作 TM 小时，在家 OM 小时。如果福利计划被引入，预算变为 ACF。TV 的距离表示 F 元，表明如果没有工作，该成员将领取 F 元，并在家消磨全部时间，CV 的斜率为 $(1-\alpha)w$，表明福利计划加入后的工资率，CV 与 AT 在 C 点相交，表明 D 小时的工资率为 w 的工作将获得 B 元。在新的情况下，该成员的均衡态为 Y 点。显然，福利计划具有两个效应，一是保证金提高了家庭的非工资收入，从而上移了家庭的预算线。同时，福利递减率降低了工资率，从 w 变成了 $(1-\alpha)w$。

由于工资率的下降，家庭的时间价格下降了，这时家庭倾向于在家时间更长，工作时间更短。同时，由于工资率减少，家庭的实际收入下降，家里对闲暇的需求也下降，该家庭成员倾向于延长工作时间，减少在家时间，这里收入效应。因此福利递减率是增加还是减少工作时间取决于收入效应和替代效应的相对大小，或劳动供给的工资弹性是正还是负。因此，我们可以预计，妇女由于福利递减率会减少市场工作时间，男性则会增加工作时间，不过这个效应不明显。保证金经济的作用是增加家庭的非工资收入。因此，F 越大带来的收入效应越大，其结果是救济金领取者倾向于减少市场劳动时间。

由于福利计划总的来说是增加领取者的收入，保证金的收入效应必须大于福利递减率的收入效应，这由 X 移动到 Y 显示出来。这一移动包含两个收入效应：福利递减率造成的收入下降和工作时间增加、保证金造成的收入上升和市场工作时间减少。因此，福利计划的总效应是减少领取者的市场工作时间。

关键概念

农户时间约束　市场工作预算约束　农户家庭的生产技术约束　工资收入　非工资收入　闲暇时间　市场工作时间　家务劳动时间

思考题

1. 工资收入对农村家庭消费选择有何影响？
2. 非工资收入对农村家庭消费选择有何影响？
3. 社会福利支出对农村家庭消费选择有何影响？

第三篇　市场行为理论

在一个产品和服务市场上，企业是产品和服务的供给者或者卖方，家庭和个人是产品和服务的消费者或者买方。在第一篇和第二篇分别分析了中国企业和家庭行为之后，我们来分析由企业和消费者构成的市场行为。根据经济学理论的最新发展，可依据竞争的完全程度、信息的完全程度和产权的完全程度来对市场进行分类。结合我国市场的特点，把中国市场分为完全市场、不完全竞争市场、不完全信息市场和不完全产权市场。我们在本篇第十三章、第十四章、第十五章和第十六章分别加以介绍。

第十三章，完全市场理论。完全市场是指满足完全竞争、完全信息和完全产权的市场，也就是既没有垄断，又没有隐藏信息和隐藏行为，也没有任何外部性存在的市场。完全市场需要满足十分严格的条件，不一定是现实的市场类型。完全市场由市场供给和市场需求来决定，并形成市场均衡。本章分析完全市场的需求、供给和均衡，并分析供求均衡的福利。

第十四章，不完全竞争市场理论。不完全竞争市场是信息完全、产权完全，但存在垄断性的市场。其包括完全垄断市场、寡头垄断市场和垄断竞争市场。由于这三个市场的均衡价格都高于竞争市场价格，均衡量都低于竞争市场均衡量，所以在本章我们以完全垄断市场为例来分析。在不完全竞争市场上，均衡价格和均衡数量不是由供求双方共同决定的，而是由作为垄断者的卖方根据边际成本等于边际收益来决定的，所以垄断市场均衡能够给垄断者带来最大的利润，但是它会造成市场福利的损失。

第十五章，不完全信息市场理论。不完全信息市场是一个竞争完全、产权完全，但是存在隐藏信息或隐藏行为的市场。经济学认为，隐藏信息会产生逆向选择，隐藏行为会产生道德风险。本章分别介绍隐藏信息与逆向选择、隐藏行为与道德风险，以及它们对市场福利的不利影响。

第十六章，不完全产权市场理论。不完全产权市场是一个竞争完全、信息完全，但是存在外部性的市场。在产权不完全的条件下，相关市场主体利益得不到有效的保护，从而出现正外部性和负外部性。本章分别介绍正外部性市场的均衡与福利损失、负外部性市场的均衡与福利损失，以及公共物品供给和公共资源使用的均衡与福利损失。

第十三章　完全市场理论

视频讲解

在市场经济活动中，供给和需求是市场运行的两个方面。任何商品的价格和数量都是在供求和需求的相互作用下形成的，供给、需求、价格、数量影响着每一个微观主体的经济决策，进一步影响着整个社会的经济资源配置。当没有市场管制或者其他政策的条件下，供给和需求会达到均衡状态，形成商品的市场价格和数量。本章节将介绍完全竞争市场下的需求、供给和市场均衡。

第一节　完全市场的特征

经济学依据市场中买者和卖者的数量多少、产品的差异性、在长期中资源的流动性来划分市场结构。市场被分为完全竞争市场、垄断竞争市场、寡头市场和垄断市场。随着不完全信息理论和外部性理论的发展，我们可重新划分市场类型。

一　市场划分的依据

1. 市场的竞争程度。区分竞争程度的指标主要是市场中买者和卖者的数量多少、产品的差异性、在长期中资源的流动性。依据市场竞争程度，我们把市场划分为完全竞争市场、寡头市场和垄断市场。由于垄断竞争市场与完全竞争市场的相似性，本篇不再单独划分为一类，也没有分析垄断竞争市场。

2. 信息的完备程度。信息的完备程度关键看市场上是否存在隐藏信息或隐藏行为。隐藏信息是一种不对称信息现象，主要是指在市场的讨价还价阶段，关于商品和要素的质量信息，买卖双方的了解程度不相同。隐藏行为是另一种不对称信息现象，主要是指在市场契约签订之后，关于代理人的真实行为，委托人与代理人的了解程度不相同。在这里，我们把不存在隐藏信息或隐藏行为的市场看成完全信息市场，如果存在隐藏信息或隐藏行为，就是不完全信息市场。

3. 产权的完全程度。产权的完全程度可以通过外部性来反映。如果市场行为给其他人带来了利益，但是得不到其他人的补偿，这就是正外部性。相应的，如果市场行为给其他人带来了成本，但是其他人又得不到补偿，这就是负外部性。不存在正外部性和负外部性的市场是完全产权市场，存在正外部性或负外部性的市场是不完全产权市场。

二 完全市场的特征

按照上述划分依据，可以把市场划分为完全市场、不完全竞争市场、不完全信息市场和不完全产权市场。

完全市场是指完全竞争、完全信息和完全产权的市场，也就是说，完全市场是没有垄断、没有隐藏信息或隐藏行为，也没有正外部性或负外部性的市场。它具有如下几个特征。

1. 市场上有无数的买者和卖者。由于市场上有为数众多的商品需求者和供给者，他们中的每一个人的购买份额或销售份额，相对于整个市场的总购买量或总销售量来说都是微不足道的，好比是汪洋大海中的一滴水。他们中的任何一个人买与不买，或卖与不卖，都不会引起其他人的关注和反应，也不会对整个商品市场产生任何影响。

2. 市场上的产品是完全无差别的。完全无差别的商品不仅指商品的质量完全一样，还包括在销售条件、商标、包装等方面是完全相同的。因此，对消费者来说，购买任一家厂商的商品都是一样的。如果有一个厂商提价，它的商品就完全卖不出去。单个厂商也没有必要降价，总是可以按照既定的市场价格销售任意它想销售的数量。

3. 厂商进入或退出市场是完全自由的。厂商进出一个行业不存在任何障碍，厂商规模和厂商数量在长期内是可以任意变动的。

4. 市场中每一个买者和卖者都掌握商品和市场的全部信息。每一个消费者或生产者都可以根据自己所掌握的完全信息，确定自己的最优购买量或最优销售量，从而获得最大的经济利益。

5. 市场上买卖双方的行为，不会给社会上的其他人带来非补偿性的收益或非补偿性的成本。当局者的收益等于整个社会的收益，当局者的边际收益等于整个社会的边际收益；当局者的成本就是整个社会的成本，当局者的边际成本就是整个社会的边际成本。

西方经济学通常把满足前三个条件的市场称为完全竞争市场。因此，在完全竞争市场中，市场上有无数的买者和卖者，产品是同质的，厂商自由进入或退出。此外，在完全竞争市场上，买者和卖者都是市场价格的接受者。

第二节 完全市场的产品需求

本节利用需求曲线这一分析工具，介绍竞争市场的需求、需求的变化和需求弹性等概念。

一 需求和需求曲线

1. 消费者的需求。消费者对某种商品或服务的需求是指买者在一定时期内愿意并且能够购买这种商品或服务的数量。消费者对某商品或服务的需求需满足两个条件：第一个条件是消费者有意愿购买该商品或服务；第二个条件是消费者有能力购买该商品或服务。在现实经济生活中，消费者对某一种商品或服务的需求受到多种因素的影响，如这种商品或服务的价格、消费者的收入水平、其他相关商品或服务的价格、消费者对该商品或服务的偏好、消费者对该商品或服务的预期价格等。商品价格是影响消费者需求最重要的因素。在其他情况不变的条件下，一般某商品或服务的价格越高，消费者对该商品或服务的需求量就会越少；相反价格越低，需求量就会越大。

2. 需求定理。在其他条件不变时，这种价格和需求量之间的反向关系对于普通物品都是成立的。经济学称为需求定理。需求定理所表现的规律是由消费者的最优化行为得出来的。

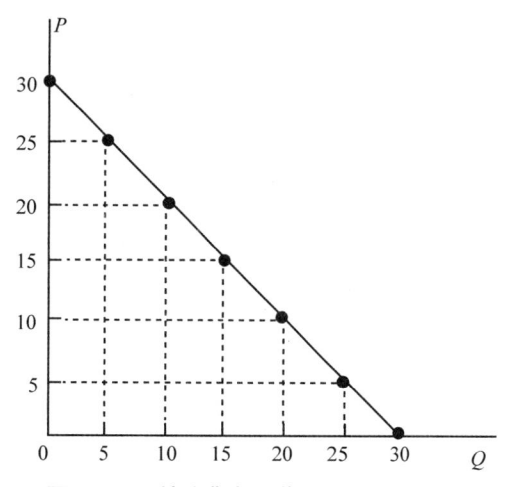

表 13-1 某消费者对苹果的需求

苹果的价格	苹果的需求量
0	30
5	25
10	20
15	15
20	10
25	5
30	0

需求量与价格之间的关系可以用需求表、需求曲线和需求函数这三种模型来描述。某消费者对苹果的需求如表 13-1，当苹果是免费的，该消费者对苹果的需求量为 30。当价格为 5 时，该消费者对苹果的需求量为 25。当价格达到 30 时，该消费者对苹果的需求量为 0。

该消费者的需求可以用需求曲线来表示，将表 13-1 的数据在坐标体系中表示出来，以纵轴代表苹果的价格，横轴代表该消费者对苹果的需求量，需求曲线如图 13-1 所示。

该消费者的需求可以用需求函数 $Q^d = Q(P)$ 来表示，由上述需求表或需求曲线，需求函数可表示为 $Q^d = 30 - P$。

二 需求量的变化和需求的变化

当商品价格或者其他条件发生变化时，消费者对商品的需求量会发生相应的变化。这些变化可以区分为需求量的变化和需求的变化。

1. 需求量的变化。需求量的变化是指在其他条件不变时，商品价格变化引起的消费者需

图 13-1 某消费者对苹果的需求曲线

求量的变化。如图 13-1 所示，沿着消费者的需求曲线苹果的价格为 15 时，此时消费者对苹果的需求量为 15；当苹果的价格上涨到 20 时，消费者对苹果的需求量从 15 下降为 10。这种由价格变化引起的消费者需求量的变化被称为需求量的变化。

2. 需求的变化。需求的变化是指商品价格不变时，其他条件发生变化引起的消费者需求量的变化。即使价格不变，当消费者的收入、偏好、其他商品价格等发生变化时，消费者对该商品的需求量也会发生变化。需求的变化导致需求曲线的移动，需求增加，需求曲线右移；需求减少，需求曲线左移。

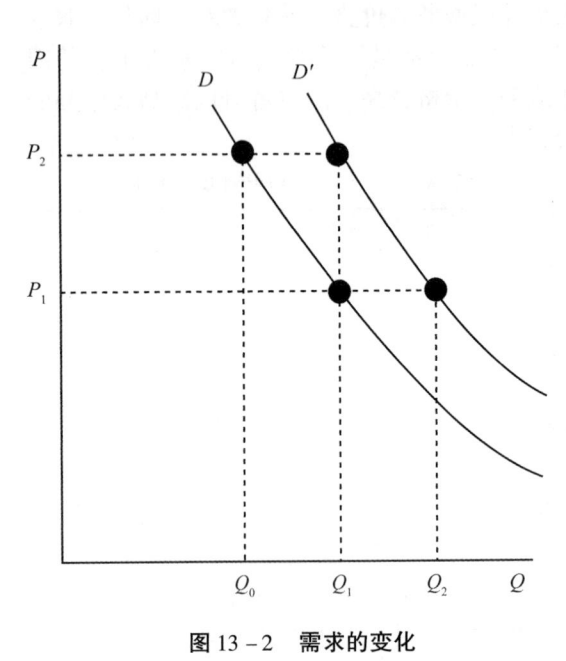

如图 13-2 所示，即使保持价格 P_1 不变，当收入增加时，消费者对商品的需求量也会增加（从 Q_1 增加到 Q_2），这是在需求曲线移动后实现的。同理，若保持价格 P_2 不变，当收入增加时，消费者对商品的需求量从 Q_0 增加到 Q_1。

引起消费者需求变动的因素有很多，包括以下几个方面。

第一，消费者的收入。当价格不变，消费者收入增加时，会增加正常商品的需求量，表现为需求曲线向右移动。反之，当消费者收入减少时，会减少正常商品的需求量，表现为需求曲线向左移动。值得注意的是，当价格不变，消费者收入增加时，对某商品的需求量反而减少，那么该商品被称为低档物品。

图 13-2 需求的变化

第二，相关物品的价格。若两种商品可以互相替代满足消费者的某种需求，它们互为替代品。即使某商品价格不变，消费者对这种商品的需求量也会受到其替代品价格的影响。替代品价格上涨会导致该商品的需求量增加，表现为需求曲线右移。反之，替代品价格下降时，会导致该商品的需求量减少，表现为需求曲线左移。例如，草莓涨价，会使苹果需求量增加，此为替代品。若两种商品必须互相补充来满足消费者的某种需求，它们互为互补品。即使某商品价格不变，消费者对这种商品的需求量也会受到其互补品价格的影响。互补品价格上涨会导致该商品的需求量减少，表现为需求曲线左移。反之，互补品价格下降时，会导致该商品的需求量增加，表现为需求曲线右移。例如，汽油价格上涨，会使汽车的需求量减少，此为互补品。

第三，消费者的预期。消费者对未来的预期会影响现在商品的需求量，假设消费者预期下个月会赚到更多收入，这个月会增加消费品的需求量。消费者如果预期房子未来要降价，则不愿意现在购买房子，对房子的需求量会减少。

3. 需求弹性。因变量和自变量变化快慢的比较是有经济含义的。对于 $Y(X)$ 这个函数，弹性可表示为 Y 的变化率与 X 的变化率之比。

$$E_{YX}=\frac{\Delta Y/Y}{\Delta X/X}$$

需求价格弹性可表示为：

$$E_{QP}^d=\frac{\Delta Q/Q}{\Delta P/P}$$

需求价格弹性表示需求量的变化率与价格的变化率谁大谁小，即需求量和价格的变化谁更快。若 $E_{QP}^d=\frac{\Delta Q/Q}{\Delta P/P}>1$，则表明需求量的变化比价格的变化更快，称为需求价格富有弹性。若 $E_{QP}^d=\frac{\Delta Q/Q}{\Delta P/P}<1$，则表明价格的变化比需求量的变化更快，称为需求价格缺乏弹性。若 $E_{QP}^d=\frac{\Delta Q/Q}{\Delta P/P}=1$，则表明需求量与价格的变化一样快，称为需求价格单位弹性。若 $E_{QP}^d=\frac{\Delta Q/Q}{\Delta P/P}=0$，表明 Q 没有变化，称需求价格完全无弹性（见图13–3）。若 $E_{QP}^d=\frac{\Delta Q/Q}{\Delta P/P}=\infty$，表明 P 没有变化，称需求价格完全弹性（见图13–4）。

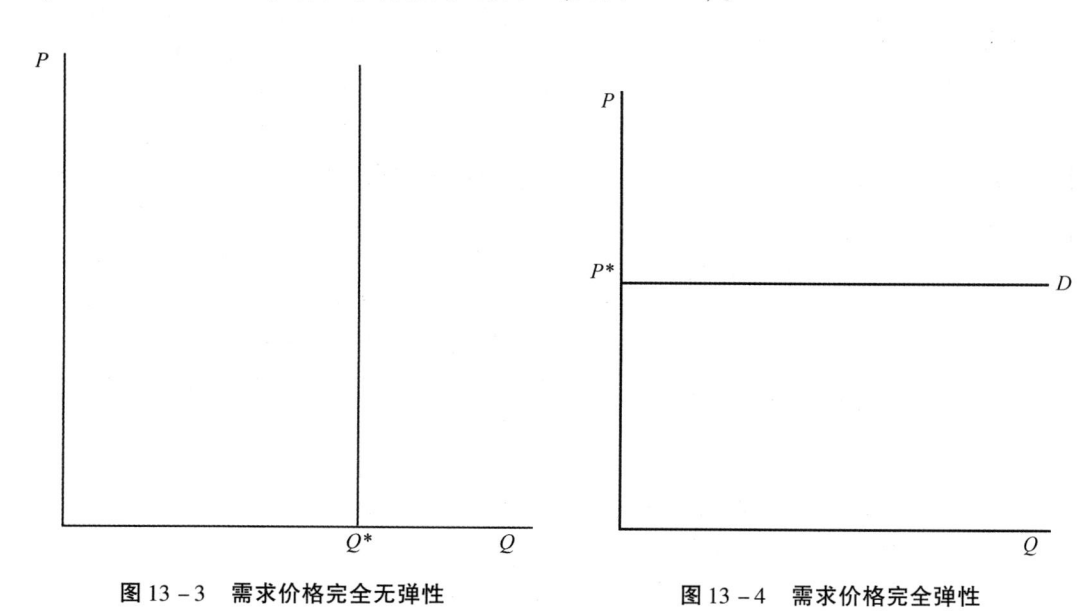

图 13 – 3　需求价格完全无弹性　　　　图 13 – 4　需求价格完全弹性

需求价格弹性的计算可按公式：

$$E_{QP}^d=\frac{\Delta Q}{\Delta P}\frac{P}{Q}$$

其中，$\frac{\Delta Q}{\Delta P}$ 表示需求量对价格变化的斜率。对于普通物品而言，需求价格弹性为负值，因为这个斜率为负。

如果变化是一段弧，可计算弧弹性，在计算弧弹性时，要计算$\frac{\Delta Q}{\Delta P}$并代入$P/Q$，有一个变化方向和起点是哪个点的问题。对于同一段弧，例如从点A到B，或点B到A，算出的弧弹性是有差异的。使用中点法可避免这一问题，中点法计算弧弹性的公式如下：

$$E_{QP}^d = \frac{\Delta Q(P_A + P_B)/2}{\Delta P(Q_A + Q_B)/2}$$

如果将弧取极限缩小到一个点，需求价格弹性变成点弹性。

$$E_{QP}^d = \frac{dQ}{dP}\frac{P}{Q}$$

对于一条线性的需求曲线，如图13-5所示，在需求曲线中点的位置，得到单位弹性，中点以上，是富有弹性，在P轴的截距点，弹性无穷大。在中点以下，是缺乏弹性，在Q轴的截距点，弹性等于0。

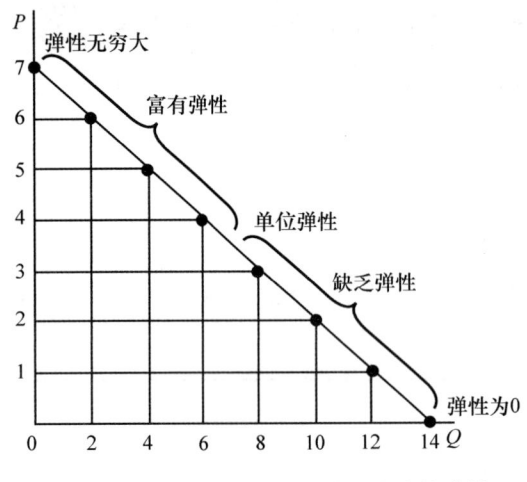

图13-5 线性需求曲线的需求价格弹性

影响需求价格弹性的因素主要包括以下方面。

第一，商品的可替代性。一般说来，一种商品的可替代品越多，则该商品的需求价格弹性就越大；反之则反之。食盐没有很好的可替代品，其需求价格弹性几乎为零。电影、互联网上的小视频对电视是很好的替代品，电视的需求价格弹性越来越大。

第二，市场定义的范围。对一种商品市场的定义越狭窄，其相近替代品往往越多，需求价格弹性也就越大；反之则反之。例如对食物的需求几乎没有弹性，而对肉类的需求价格弹性更大，对牛肉的需求价格弹性比肉类更大。

第三，商品对消费者生活的重要程度。一般说来，生活必需品的需求价格弹性较小，非必需品的需求价格弹性较大。例如电影票的需求价格弹性较大，而孩子课本的需求价格弹性较小。

第四，商品的消费支出在消费者预算总支出中所占的比重。这一比重越大，该商品的需求价格弹性越大；反之，则越小。房子、汽车的需求价格弹性大，而油盐柴米需求价格弹性小。在经济下行时，奢侈品卖不动了，而口红这样的小商品反而卖得很好，原因就在于此。

第五，消费者调节需求量的时间长短。一般说来，所考察的调节时间越长，需求价格弹性可能越大。短期内，汽油涨价，不会减少加油，但长期，可能换成电动车。

三 个人需求曲线到市场需求曲线

某商品或服务的市场需求量是市场所有消费者对该商品或服务的需求量总和。市场需求曲线可以通过将所有消费者个人需求曲线水平相加得到。假设市场上只有两位消费者,且他们对苹果的需求量如表 13-2 所示。市场的需求量可以由在不同苹果价格下,消费者 1 和消费者 2 对苹果需求量的总和得到。

表 13-2　　　　　　消费者 1、消费者 2 以及市场的需求量

苹果的价格	消费者 1 的需求量	消费者 2 的需求量	市场需求量
0	30	20	50
5	25	15	40
10	20	10	30
15	15	5	20
20	10	0	10
25	5	0	5
30	0	0	0

类似地,市场需求可以通过市场需求曲线表示。如图 13-6 所示,D_1 表示消费者 1 的需求曲线,D_2 表示消费者 2 的需求曲线,二者的需求曲线水平加总就得到市场的需求曲线 D_3。

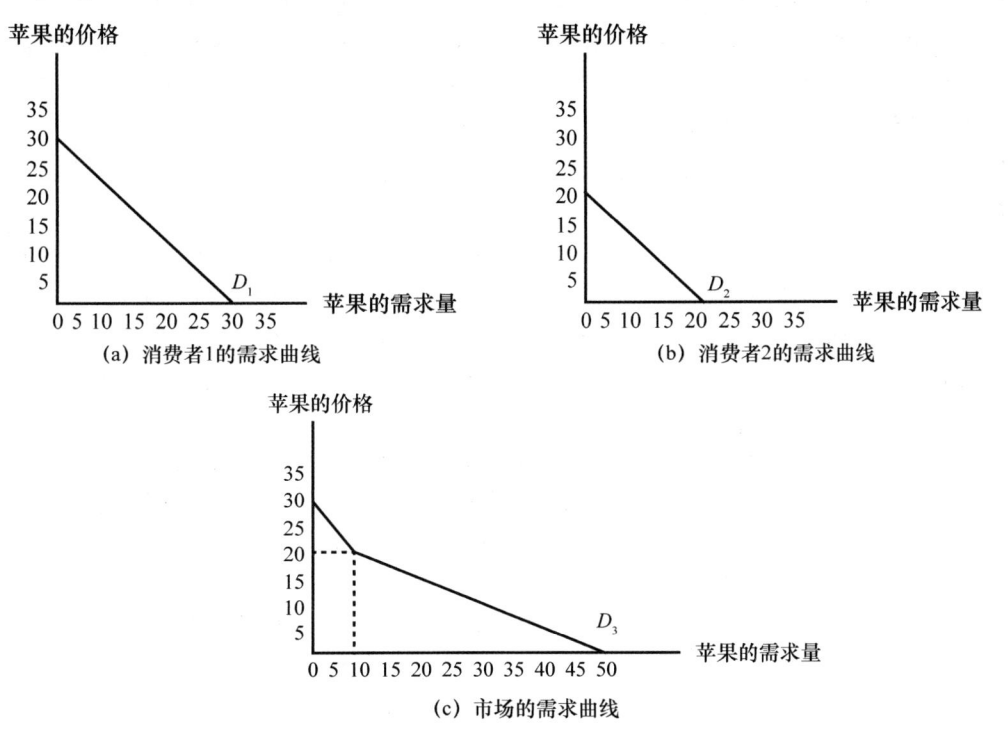

图 13-6　消费者的需求曲线和市场需求曲线

第三节 完全市场的产品供给

本节利用供给曲线这一分析工具，介绍竞争市场的供给、供给定理，以及供给的变化等概念。

一 市场供给和市场供给曲线

1. 生产者的供给。某种商品或服务的供给是指生产者在一定时期内愿意并且能够提供这种商品或服务的数量。某商品或服务的供给需要满足两个条件。第一个条件是生产者有意愿生产或提供该商品或服务。第二个条件是生产者有能力生产或提供该商品或服务。在现实经济生活中，一种商品的供给量由很多因素共同作用，如该商品的价格、其他相关商品价格、生产成本、生产技术、厂商对未来的预期、生产要素的变动、自然条件等。

商品价格是影响生产者供给最重要的因素。在其他情况不变的条件下，一般某商品或服务的价格越高，生产者对该商品或服务的供给量就会越多；反之，价格越低，供给量就会越少。这种价格和供给量之间的关系对于大部分商品或服务都是成立的。

2. 供给定理。在其他条件保持不变时，一种商品或服务的价格上升，则该商品或服务供给量增加，价格下降，则该商品或服务的供给量下降。在其他条件不变时，商品或服务的价格与供给量呈正向变化的规律，叫供给定理。

在其他条件不变时，价格和供给量之间的关系可通过供给表、供给曲线、供给函数来描述。

表 13-3 某生产者对苹果的供给

苹果的价格	苹果的供给量
0	0
5	0
10	10
15	15
20	20
25	25
30	30

生产者的供给可以用供给表来表示。表 13-3 表示了某生产者在不同价格下对苹果的供给量。当苹果的价格小于 10 时，该生产者不愿意供给苹果，当苹果价格是 20 时，该生产者愿意供给 20 单位苹果。

生产者的供给可以用供给曲线来表示。将表 13-3 中的数据在坐标体系中表示出来，纵轴代表苹果的价格，横轴代表对苹果的供给量，供给曲线如图 13-7 所示。

生产者的供给可以用供给函数 $Q^s = Q(P)$ 来表示，上述供给表和供给曲线所代表的供给函数可表示为 $Q^s = P$（$P \geq 10$）。

二 供给量的变化和供给的变化

生产者的供给需求反映了在其他条件不变的情况下，生产者在不同商品价格下对该商品的供给。当商品价格或其他条件发生变化，生产者对该商品的供给会发生相应的变化。这些变化可以被划分为供给量的变化和供给的变化。

1. 供给量的变化。供给量的变化是指在其他条件不变时，商品价格变化引起的生产者供给量的变化。如图 13-7 所示，苹果价格是 20 时，生产者对苹果的供给量是 20；当苹果的价格上涨到 25 时，生产者对苹果的供给量上升到 25。这种由价格变化引

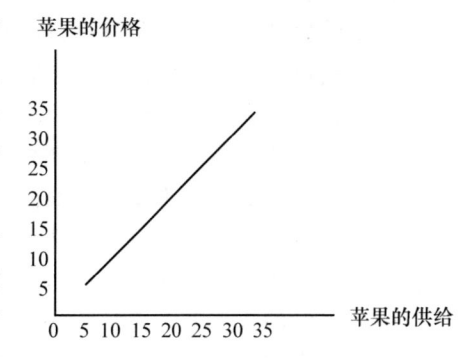

图 13-7 生产者对苹果的供给曲线

起的生产者供给量的变化被称为供给量的变化。值得注意的是，供给量的变化是沿着既定供给曲线移动。

2. 供给的变化。供给的变化是指商品价格不变时，其他条件发生变化引起的生产者供给量的变化。即使价格不变，当生产者的技术、成本、预期、可生产的其他产品价格等发生变化时，生产者对该商品的供给量也会发生变化。供给的变化导致供给曲线的移动，供给增加，供给曲线右移；供给减少，供给曲线左移。

如图 13-8 所示，即使保持价格 P_1 不变，当技术进步时，生产者对商品的供给量会增加（从 Q_1 增加到 Q_2），这时供给曲线右移，同理，若保持价格 P_2 不变，当技术进步时，生产者对商品的供给量从 Q_0 增加到 Q_1。

引起生产者供给变化的因素有很多，主要包括以下方面。

第一，生产者的成本。在价格不变时，若生产者成本增加，往往会减少商品的供给，表现为供给曲线向左移动。反之，当生产者成本减少时，会增加商品的供给，供给曲线右移。

第二，生产者的技术。价格不变时，若技术进步，可以增加供给，表现为供给曲线右移；反之则反之。

第三，生产者的预期。价格不变时，当生产者预期商品价格会上涨，生产者会减少当期的供给，供给曲线左移；反之则反之。

第四，政府的政策。当政府政策鼓励生产者生产某商品，如对该商品的生产进行补贴等，

图 13-8 供给的变化

会使生产者增加商品的供给。反之,如对该商品的生产征税,则会使生产者减少商品的供给。

3. 供给弹性

供给价格弹性的定义和计算方法与需求价格弹性基本相同。一般来说,需求价格弹性为负值,而供给价格弹性为正值。影响供给价格弹性的因素主要包括以下方面。

第一,生产者调整供给量的时间。调整时间越长,供给的弹性越大;反之则反之。短期内,很难对资本品如厂房做出调整。

第二,生产的技术难度。一般而言,生产技术越复杂,或技术越先进,生产者调整供给量的难度就越大,供给价格弹性就越小;反之则反之。口罩的生产没有技术难度,供给价格弹性非常大;芯片的生产技术难度较大,供给价格弹性较小。

第三,资源或生产能力利用程度。资源如海边别墅越是有限,供给价格弹性小,资源如天然饮用水越是丰富,供给价格弹性大。产能越接近极限,供给价格弹性越小。

三 单个生产者供给曲线到市场供给曲线

某商品或服务的市场供给量是市场上所有生产者对该商品或服务的供给量总和。市场供给曲线可以通过将所有生产者供给曲线水平相加得到。假设市场上只有生产者1和生产者2,且他们对苹果的供给如表13-4所示,在不同价格下,生产者1和生产者2对苹果供给量的总和就是市场供给量。

表 13-4　　　　　　　　生产者1、生产者2以及市场的供给量

苹果的价格	生产者1的供给量	生产者2的供给量	市场的供给量
0	0	0	0
5	0	0	0
10	10	0	10
15	15	5	20
20	20	10	30
25	25	15	40
30	30	20	50

市场供给可以用市场供给曲线表示。如图13-9所示,S_1表示生产者1的供给曲线,S_2表示生产者2的供给曲线,这两条供给曲线水平加总就得到市场供给曲线S_3。

苹果的价格

(a) 生产者1的供给曲线

(b) 生产者2的供给曲线

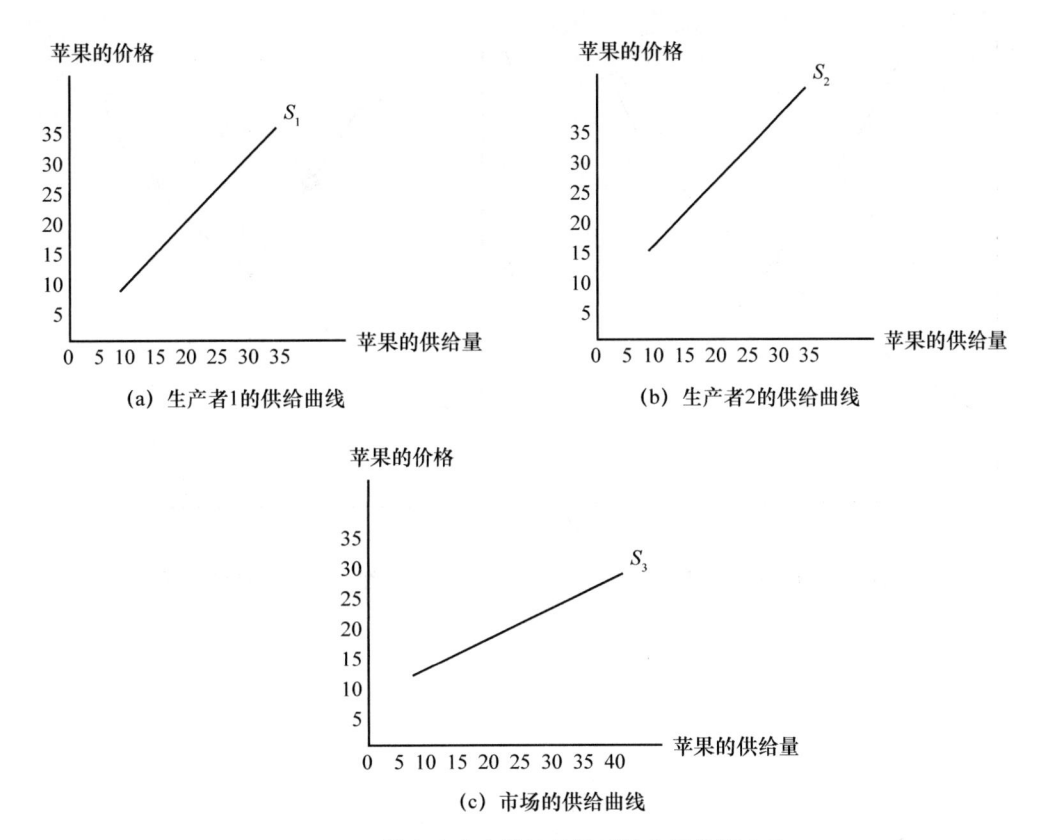

(c) 市场的供给曲线

图 13-9　单个生产者供给曲线以及市场供给曲线

第四节　完全市场的均衡

一　市场均衡

结合某商品或服务的市场的供给和需求，可分析市场如何决定均衡的价格和数量。如果需求曲线和供给曲线都不再变化，需求曲线和供给曲线的交点决定了市场均衡，此时，需求量等于供给量，市场出清，既不过剩，也不短缺。图13-10的市场均衡点表明，均衡价格为 P_0，均衡数量为 Q_0。

均衡是一种相对稳定的状态，只要外生变量不再变化，内生变量就是静止的。市场有一种神奇的力量，会趋向市场均衡。图13-11表示，市场价格为 P_1 时，供给量 Q_2 大于需求量 Q_1，这时市场过剩，供大于求，价格会自发下落，卖方因为卖不出去，想降价卖出，买方因为市场过剩，会一再压价，价格会下落到实现市场均衡为止。

图 13-10　市场均衡

图 13-11　市场过剩

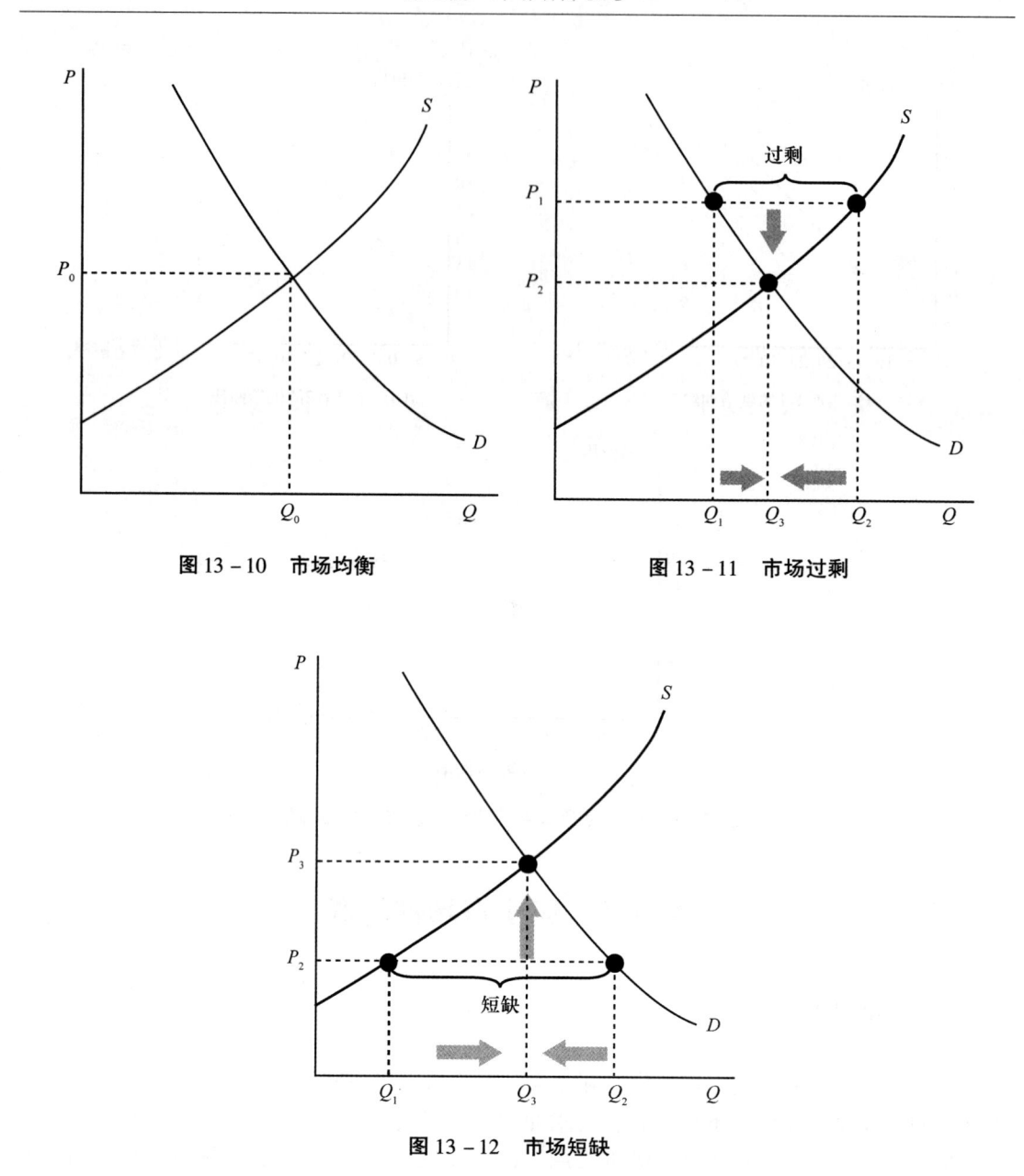

图 13-12　市场短缺

图 13-12 表示，市场价格为 P_2 时，供给量 Q_1 小于需求量 Q_2，这时市场短缺，供不应求，价格会自发上升，买方因为买不到商品，想高价买入，卖方因为市场短缺，会一再提升价格，价格会上升到实现市场均衡为止。

二 市场均衡的变化

如果外生变量发生变化，内生变量也会发生变化，需求曲线、供给曲线的截距或斜率发生变化，表现为平移或旋转。当需求曲线变化、供给曲线变化或需求曲线供给曲线同时变化时，会导致市场均衡变化。

由一组既定的外生变量决定了内生变量的值，形成一个静态均衡点，如果外生变量发生变化，由另一组外生变量决定了内生变量的值，形成另一个静态均衡点，比较这两个静态均衡点的变化，就是比较静态分析。

图 13-13 表示，供给不变，需求变化引起市场均衡的变化。当需求增加时，需求曲线右移，移动前的均衡点是 (P_1, Q_1)，移动后的均衡点是 (P_3, Q_3)，比较新旧两个均衡点，可发现当需求增加时，均衡价格上升（从 P_1 到 P_3），均衡数量也增加（从 Q_1 到 Q_3）。这个图能说明洛阳纸贵的典故，晋代左思《三都赋》写成之后，抄写的人非常多，洛阳的纸因而涨价了。

图 13-14 表示，需求不变，供给变化引起市场均衡的变化。当供给增加时，供给曲线右移，移动前的均衡点是 (P_1, Q_1)，移动后的均衡点是 (P_3, Q_3)，比较新旧两个均衡点，可发现当供给增加时，均衡价格下降（从 P_1 到 P_3），均衡数量增加（从 Q_1 到 Q_3）。

图 13-15 表示，需求、供给同时变化时市场均衡的变化，当需求增加时，供给同时增加，变化前的均衡点是 (P_1, Q_1)，变化后的均衡点是 (P_2, Q_2)，比较前后均衡点，可判断均衡数量和均衡价格的变化。

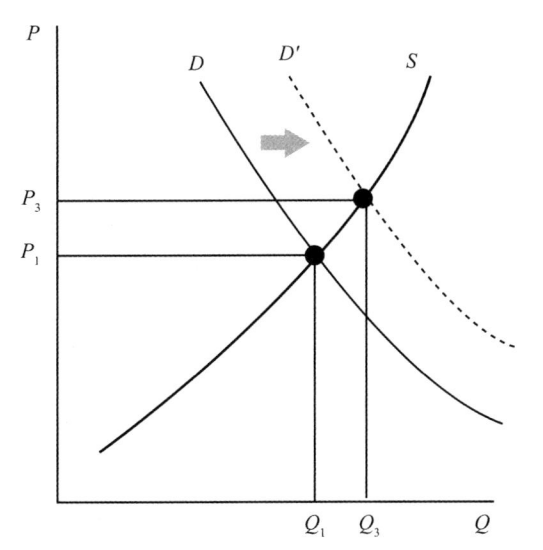

图 13-13　需求变化引起市场均衡变化 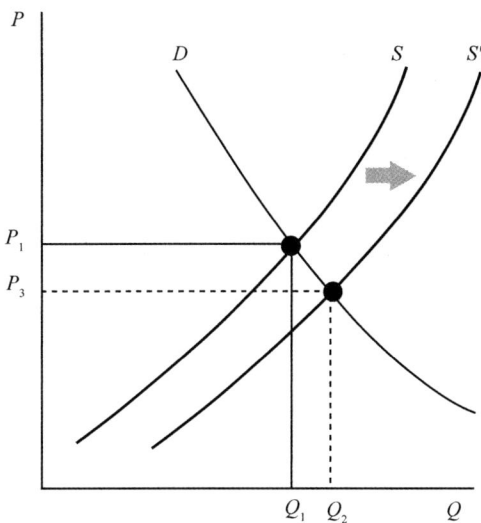　　图 13-14　供给变化引起市场均衡变化

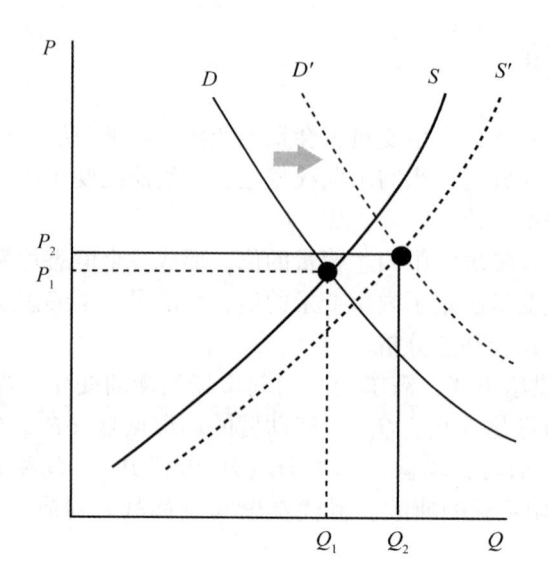

图 13 – 15 需求、供给同时变化时市场均衡变化

表 13 – 5 总结了不同需求和供给变化下市场均衡变化情况。要特别注意不确定的情况，例如需求增加，供给增加时，均衡价格的变化是不确定的，在图 13 – 15 中，需求增加和供给增加时价格是上升的，实际上，需求增加和供给增加时价格的变化是不确定的，可能增加，也可能减少，还可能不变。

表 13 – 5 　　　　　　　　　　　市场均衡变化

需求变动	供给变动	均衡价格	均衡数量
不变	增加	下降	增加
	减少	上升	减少
增加	不变	上升	—
减少		下降	
增加	增加	不确定	增加
	减少	增加	不确定
减少	增加	下降	不确定
	减少	不确定	减少

第五节 完全市场的福利

消费者参与市场会获得一定的福利。你手里的圆珠笔是花费2元买的，你的确需要一支圆珠笔，若你自己去做一支这样的圆珠笔，可能耗费2万元也做不出来。消费者行为理论指出，边际效用决定了商品的价值。消费者愿意为一单位商品支付的最大价格，叫支付意愿。当商品价格不高于消费者的支付意愿时，消费者才愿意购买。

一 消费者剩余

假设苹果市场上有4位消费者，他们的支付意愿各不相同，如表13-6所示。张三愿意为1个苹果支付的最高价格是9元，此为他的支付意愿。李四愿意为1个苹果支付的最高价格是7元，王五愿意为1个苹果支付的最高价格是6元，赵六愿意为1个苹果支付的最高价格是4元。

可以计算不同价格下的市场需求量，得到该苹果市场的需求表，如表13-7所示，当价格高于9元时，没人买，市场需求量为0；当价格为7—9元时，只有张三买，市场需求量为1；当价格为6—7元时，只有张三、李四买，市场需求量为2；当价格为4—6元时，只有张三、李四、王五买；市场需求量为3，当价格为4元及以下时，四个人都买，市场需求量为4。

表13-6 消费者的支付意愿

消费者	支付意愿（元）
张三	9
李四	7
王五	6
赵六	4

表13-7 苹果市场的需求

1个苹果的价格	市场需求量
9元以上	0
7—9元	1
6—7元	2
4—6元	3
4元及以下	4

由需求表可画出需求曲线，如图13-16所示。我们用消费者剩余衡量消费者参与市场的福利，支付意愿是消费者愿意支付的价格，若支付意愿大于实际支付的价格，则消费者获得消费者剩余，即：

消费者剩余 CS = 买者支付意愿 - 买者实际支付

当市场价格等于7元时，张三一定会买，且获得2单位（9-7）的消费者剩余，李四买不买无差异，若买，其消费者剩余为 0（7-7），若不买，消费者剩余也是 0（见图 13-17）。

当市场价格等于 6 元时，张三一定会买，且获得 3 单位（9-6）的消费者剩余，李四一定会买，且获得 1 单位（7-6）的消费者剩余，王五买不买无差异，若买，其消费者剩余为 0（6-6），若不买，消费者剩余也是 0（见图 13-18）。

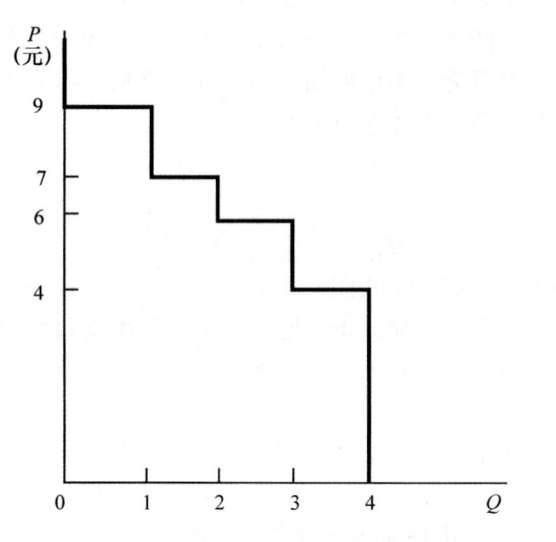

图 13-16　四个消费者组成的市场需求曲线

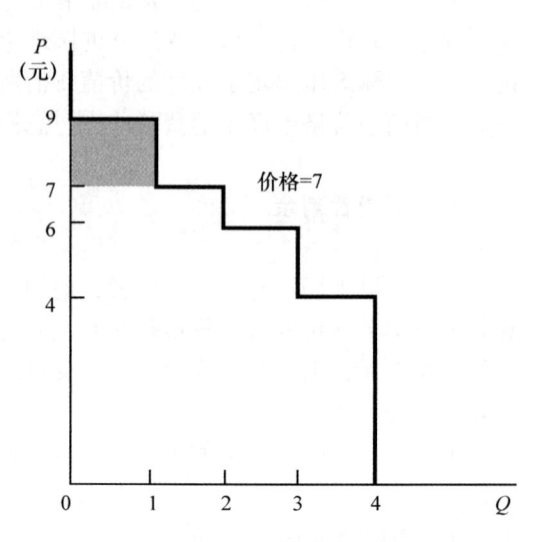

图 13-17　价格为 7 元时的消费者剩余

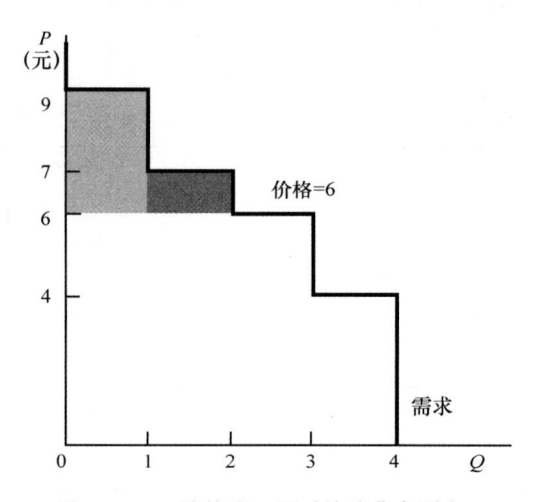

图 13-18　价格为 6 元时的消费者剩余

对于连续的需求曲线，消费者剩余等于需求曲线和均衡价格所围成的面积。图 13-19 中，当市场价格为 P_1 时，市场数量为 Q_1，面积 ABC 是消费者剩余。这个面积可用积分来计算：

$$CS = \int_0^Q P(Q)dQ - P_1 \times Q_1$$

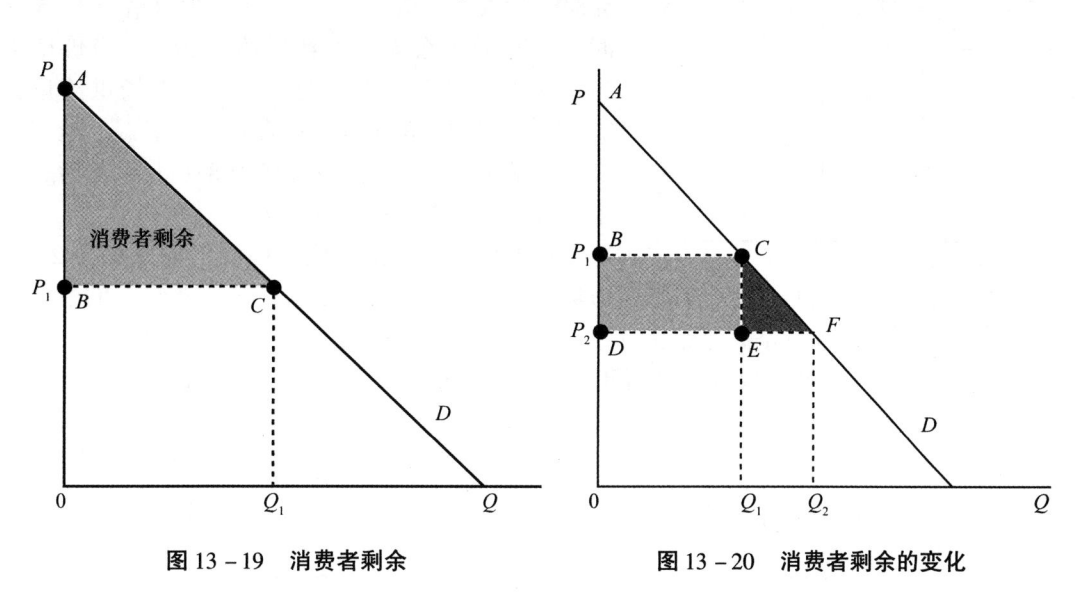

图 13-19　消费者剩余

图 13-20　消费者剩余的变化

当市场价格变化时，消费者剩余也会发生变化，图 13-20 中，价格从 P_1 下降到 P_2，市场数量从 Q_1 增加到 Q_2，消费者剩余从面积 ABC 增加到面积 ADF。面积 BCDF 是价格下降所带来的消费者剩余的变化。这一面积由面积 BCDE 和面积 CEF 组成，前者表示 AC 段的消费者因为实际支付的价格下降了所增加的消费者剩余；后者是 CF 段的消费者因为价格下降，新进入市场所获得的消费者剩余。

二　生产者剩余

我们用生产者剩余表示生产者参与市场获得的福利。有时候生产者花费一定的边际成本生产出产品，而消费者愿意付出的价格高出该成本，则生产者只要卖出该产品就会获得一定的福利。

假设苹果市场上有四位生产者，一个家族四个兄弟都生产苹果，他们生产苹果的边际成本各不相同，如表 13-8 所示。生产者只要销售苹果的价格高出其边际成本，就有销售的意愿。生产者愿意接受的最低售价原则上等于边际成本。对于 1 个苹果，老大的销售意愿是 3 元，老二的销售意愿是 5 元，老三的销售意愿是 6 元，老四的销售意愿是 8 元。

表 13-8　生产者的销售意愿

生产者	1 个苹果的销售意愿（元）
老大	3
老二	5
老三	6
老四	8

表 13-9　苹果市场的供给

1 个苹果的价格	市场供给量
8 元及以上	4
6—8 元	3
5—6 元	2
3—5 元	1
3 元及以下	0

可以计算不同价格下的市场供给量,得到该苹果市场的供给表,如表 13-9 所示。当价格低于 3 元时,没人卖,市场供给量为 0;当价格为 3—5 元时,只有老大会卖,市场供给量为 1;当价格为 5—6 元时,只有老大、老二会卖,市场供给量为 2;当价格为 6—8 元时,只有老大、老二、老三会卖,市场供给量为 3;当价格为 8 元及以上时,四个人都会卖,市场供给量为 4。

根据供给表可画出供给曲线,如图 13-21 所示。我们用生产者剩余衡量生产者参与市场的福利,销售意愿是生产者愿意销售的最低价格,若实际得到的市场价格高出销售意愿,则生产者获得正的生产者剩余,即:

生产者剩余 PS = 生产者得到的市场价格 - 生产者的销售意愿

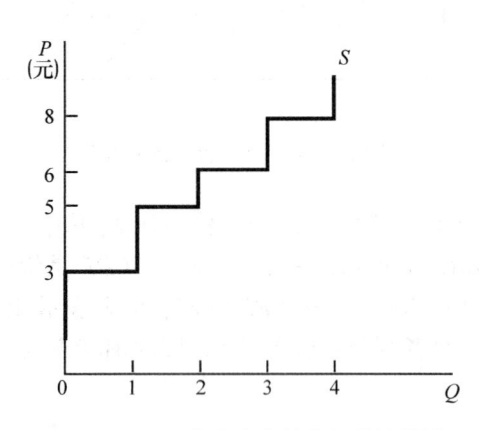

图 13-21　四个生产者的市场供给曲线

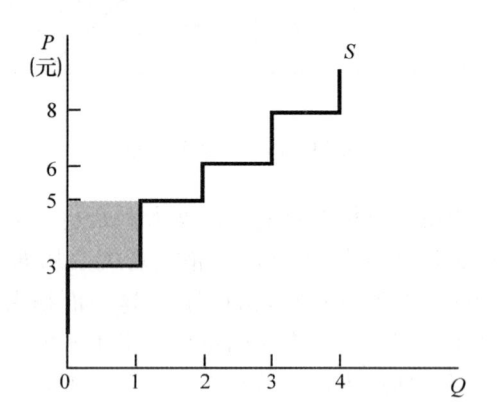

图 13-22　价格为 5 元时的生产者剩余

当苹果市场的价格为 5 元时,老大会销售,且获得 2 单位生产者剩余 (5-3);老二卖不卖无差异,若卖,获得生产者剩余为 0,若不卖,生产者剩余也是 0 (见图 13-22)。当苹果市场的价格为 6 元时,老大会销售,且获得 3 单位生产者剩余 (6-3);老二也会卖,获得生产者剩余为 1 (6-5);老三卖不卖无差异,生产者剩余都是 0 (见图 13-23)。

对于连续的供给曲线,生产者剩余等于市场价格和供给曲线所围成的面积。图 13-24 中,当市场价格为 P_1 时,供给数量为 Q_1,面积 ABC 是生产者剩余 (PS)。这个面积可用积分来计算:

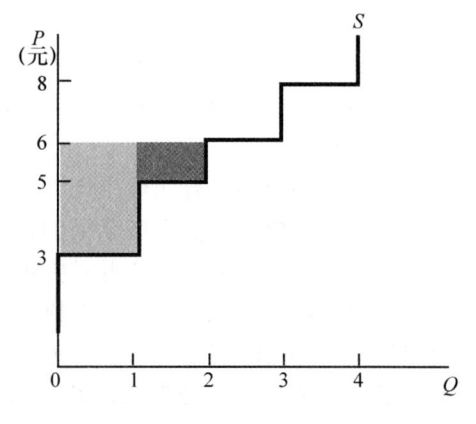

图 13-23　价格为 6 元时的生产者剩余

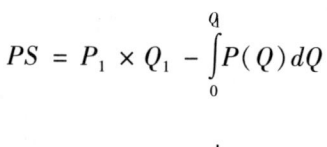

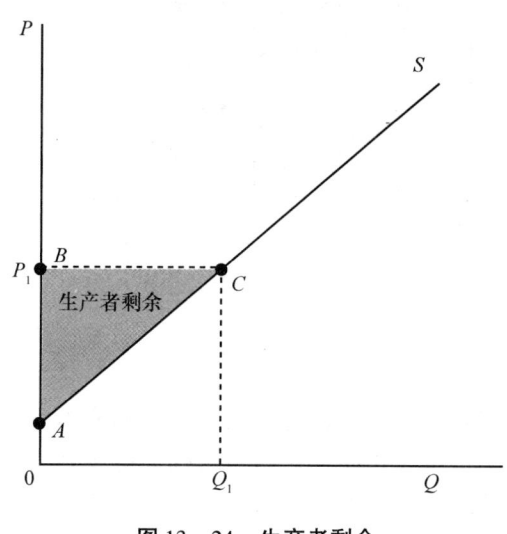

$$PS = P_1 \times Q_1 - \int_0^Q P(Q)dQ$$

图 13-24 生产者剩余

图 13-25 生产者剩余的变化

当市场价格变化时，生产者剩余也会发生变化。图 13-25 中，价格从 P_1 上升到 P_2，供给数量从 Q_1 增加到 Q_2，生产者剩余从面积 ABC 增加到面积 ADF。面积 BCDF 是价格上升所带来的生产者剩余的变化。这一面积由面积 BCDE 和面积 CEF 组成，前者表示 AC 段的生产者因为实际得到的价格上升了而增加的生产者剩余；后者是 CF 段的生产者因为价格上升、新加入市场所获得的生产者剩余。

三 社会总剩余

通常使用社会总剩余来衡量社会总的经济福利。社会总剩余是指市场中所有主体剩余的总和。当市场只有生产者和消费者时，社会总剩余等于生产者剩余加消费者剩余。社会总剩余公式如下：

总剩余 = 消费者剩余 + 生产者剩余 = 买者的评价 - 卖者的成本

社会总剩余等于需求曲线和供给曲线所围成的面积，见图 13-26，需求曲线反映消费者的支付意愿，供给曲线反映生产者的边际成本。只要在某个边际产量上，支付意愿大于边际成本，就会增加社会总剩余。

市场均衡时，需求曲线和供给曲线相交，表明此时支付意愿等于边际成本，社会总剩余达到最大化。市场经济在市场均衡时社会总剩余达到最大的特点，说明市场是有效率的，市场配置资源使社会总剩余实现最大化。

图 13-26 社会总剩余

图 13-27 市场效率

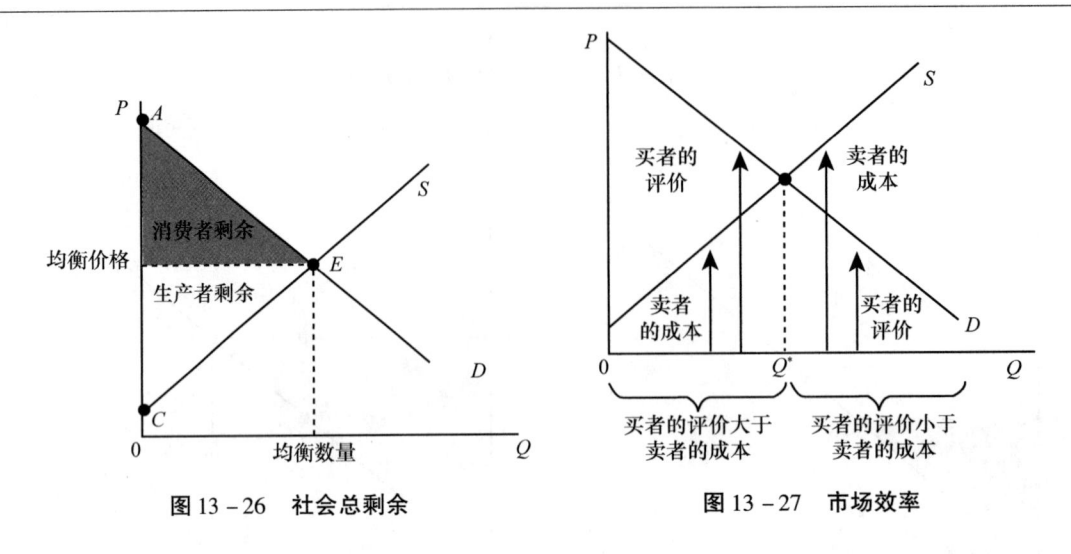

如图 13-27 所示，只要市场数量小于均衡数量 Q^*，买者的评价大于卖者的成本，边际产品的生产就会获得社会总剩余，理性的生产者会继续多生产，这一过程会持续到均衡数量为止。当市场数量大于均衡数量 Q^* 时，买者的评价小于卖者的成本，边际产品的生产获得负的社会总剩余，这时的生产得不偿失，理性的生产者会减少生产，这一过程会持续到均衡数量为止。

市场均衡结果实现了社会总剩余最大，若实现了资源的有效配置，则应该放手让市场运作。除了必要的产权保护、法律秩序和提供必要的公共物品，政府没必要干预市场的运作，市场的事情交给市场就好了。

关键概念

需求函数　需求量　市场需求曲线　供给函数　供给量　需求价格弹性　市场均衡　消费者剩余

思考题

1. 影响需求量变动和需求变动的因素分别是哪些？
2. 影响供给量变动和供给变动的因素分别是哪些？
3. 影响需求价格弹性的因素主要有哪些？
4. 需求增加，同时供给增加，市场价格怎么变化？
5. 市场均衡时为什么是有效率的？

第十四章 不完全竞争市场理论

视频讲解

第一节 不完全竞争市场的特征和成因

一 不完全竞争市场

按照本书的分类，不完全竞争市场只是竞争不完全，而信息是完全的，产权也是完全的。也就是说，不完全竞争市场是没有隐藏信息和隐藏行为的，也是没有正外部性和负外部性的。因此，不完全竞争市场就是存在垄断的市场，主要包括垄断市场和寡头市场。

垄断市场，是被一个厂商独占的市场。在垄断市场上，尽管买者可能很多，但是卖者只有唯一的一个企业，被称为垄断企业。同时，垄断企业为市场提供的产品，其他企业或者是因为技术和资源的限制生产不出来，或者是因为法律政策限制不允许其他企业生产，所以垄断企业生产的产品没有替代品。此外，在垄断市场上，资源不仅在短期无法在行业之间自由流动，而且在长期也不能自由进出这个行业。

和竞争市场一样，垄断市场也只是一种理论假定，是对实际中某些市场的一种抽象，现实中绝大多数产品都具有不同程度的替代性。垄断市场的例子相对罕见，但在大多数城市，由政府所有或由政府管制的公用事业——天然气和电力公司、自来水公司、有线电视公司以及本地电话公司——都是垄断者或事实上的垄断者。此外，独家公司占有市场大部分销售额的"近似垄断"现象也很常见。例如，英特尔提供了80%个人计算机中使用的中央微处理器，第一数据公司通过附属于它的西方联盟占领了货币汇票转账80%的市场份额，Brannock器械公司占有鞋店常用的鞋码校正设施80%的市场份额，德比尔斯钻石辛迪加有效地控制了全世界55%的粗切割钻石的供应量。

寡头市场，是被少数几个大企业控制的市场。在寡头市场上，尽管买者和卖者都可能很多，但是卖者中有少数几个大企业，它们就是我们说的寡头企业。每一个寡头企业都有足够的实力来影响产量和价格，以至于寡头企业之间都是相互关注的。同时，寡头企业之间市场提供的产品，可能是完全相同的可以完全替代，也可能是不完全相同的，相互替代性较差。此外，在寡头市场上，资源在短期无法在行业之间自由流动，而且在长期也存在进出这个行业的障碍。

二 不完全竞争市场形成的原因

不完全竞争市场的形成与进入壁垒有关。阻止厂商进入某一产业的因素叫作进入壁垒。在完全垄断中，强有力的进入壁垒有效地阻隔了潜在竞争。如果壁垒稍弱，寡头垄断（由少许几家厂商统治的市场结构）就可能出现。因此，进入壁垒与其他包含某种程度的垄断条件和垄断行为的市场结构相关。

1. 技术和市场规模壁垒

由于生产技术和市场规模的原因，有些行业的生产的规模效应的充分体现，需要在一个很大的产量范围，还需要巨大的资本设备的运行水平，以至于只有在整个行业的产量都由一个厂商来生产，整个市场的需求由一个企业来满足，这时才有可能达到这样的生产规模。在这类产品的生产中，行业内总会有某个厂商凭着雄厚的经济实力和其他优势，最先达到这一生产规模，从而垄断了整个行业的生产和销售。例如通信、铁路运输、电力、天然气、自来水、邮电等部门，如果有两家以上厂商经营，不仅造成浪费，也容易引起混乱。

如果完全垄断在上述行业内存在，规模经济将成为进入壁垒，并保护垄断者不受竞争冲击。以小规模生产进入行业的新厂商将不能实现垄断者的规模经济并将因此而不能获得生存或增长所必需的正常利润。也许新厂商可以尝试大张旗鼓，即以大规模生产者的姿态进入行业以便取得必要的规模经济。但是，必要的大型工厂设备要求融通巨额资金，初出茅庐的新企业恐怕力所不能及。在大多数场合，融资障碍和"大规模启动"风险是不可逾越的。很少有厂商试图进入美国的汽车、计算机操作软件、商用飞机以及基本钢材等行业，原因即在于此。

2. 进入的法律壁垒：专利、版权和许可证

专利是发明者自己使用，或同意他人使用其发明的排他性权利。专利和专利法旨在保护发明者，使那些没有对发明贡献力量或分担开发成本的竞争对手不能使用这一发明。同时，专利使发明者在专利时限内获得了垄断地位。世界各国普遍承认专利的时限从申请之日算起为20年。对于当今许多巨人公司，如IBM、Intel的崛起，专利厥功至伟。由于微软公司拥有视窗操作系统的专利，其他公司就不能出售它们自己的视窗版本。政府授予专利是为了鼓励厂商将资金用于创造新产品所必需的研发。如果其他厂商可以免费复制视窗系统，微软就不大可能愿意花钱开发此系统。有时厂商没有专利保护也可以维持其在产品生产上的垄断，前提是它们能够将某产品的生产技术保密。

专利保护对制药公司开发新的处方药是非常重要的。一种新药的问世平均需要花费12年的研发时间。厂商大约会在新药问世前10年开始申请专利。在美国，政府授予专利和厂商开始正式出售该药物之间平均时滞为10年，这是由于美国联邦食品药品监督管理局

(FDA)要求制药公司必须证明药物既安全又有效。因此,在新药可以出售前的很长一段时间,制药公司需要投入大量成本用于开发和测试新药。如果新药没有成功地进入市场,制药公司将遭受巨额损失。随着新药的出售,制药公司的利润将在专利保护期内——通常约为10年——不断增加。在专利期满以后,其他厂商可以免费地合法生产该药物,我们称为非专利药。来自非专利药的竞争会逐渐地削弱研发厂商一直获得的利润。例如,当百时美施贵宝公司研发的减肥药Gulcophage专利保护期满以后,市场上其他厂商生产的该类药品超过12种,导致该药品的销售量在专利期满后的第一年,就锐减15亿美元之多。当礼来公司研发的抗抑郁药物Prozac保护期满后,其销售量下降了约80%。在新药物问世的20年后,出售该处方药几乎不能再获得经济利润。

研究和开发实现了大多数专利性发明和产品的产生。通过自行研究或购买专利获得垄断力量的厂商可以通过使用专利来巩固自己的市场地位。专利带来的利润可以为开发新专利产品所必需的研究提供资金。在制药行业,处方药的专利已经创造了大量的垄断利润,这些利润将成为开发新的专利药物的资金。因此,即使专利逐渐到期,非注册药物同初始品牌展开竞争,通过专利得到的垄断力量仍能够很好地自我持续。

就像新的产品可以得到政府专利保护一样,图书、电影以及软件也得到版权保护。美国法律规定图书、电影以及音乐的创作人在其一生中都享有使用该作品的排他权。创作人的继承者在创作人去世后可以享有50年使用该作品的排他权。事实上,版权为授予版权的产品赢得了垄断。如果没有版权保护,个人或者公司都将不大愿意对制作新的图书、电影及软件进行投资。

政府也可能通过发放许可证来限制进入一个行业或职业。在全美国范围内,联邦通信委员会在每个地理区域内只许可特定数量的电台、电视台存在。在很多大城市,驾驶出租车需要许可证,这些许可证的总量是被市政当局严格限制的,限制出租车供给的结果使出租车的拥有者和驾驶者得到了大量的利润。新的出租车不能进入这个行业降低其价格和利润。有时候政府可能会给它自己发放提供某种产品的许可证,从而形成公共垄断。例如,在美国有些州,只有州政府所有的零售商店可以卖酒;许多州政府还通过向自己发放许可证来经营彩票。

3. 关键性资源壁垒

厂商享有垄断的另一个途径是控制关键资源。这并不时常发生,因为大部分资源,包括像石油、铁矿石这样的原材料可以从众多的供应商处购买。然而,仍然有少数基于控制关键资源而形成垄断的典型例子,如美国制铝公司(Alcoa)和加拿大的国际制镍公司。20世纪40年代以前的许多年,美国制铝公司对几乎所有的矾土矿(制铝所必需的矿产)或者是完全拥有产权,或者是订下长期购买合同。由于竞争厂商无法获得矾土矿,它们只能以再生铝为原料,铝产量从而受到限制。类似的,加拿大的制镍公司控制了90%以上的镍矿供应。直到第二次世界大战后随着俄罗斯北部Petsamo镍矿的开发,镍市场的竞争才开始加剧。

在美国,职业运动队的一个关键资源是大型体育场。组成主要职业运动联赛——职业棒球大联盟（MLB）、职业橄榄球联盟（NFL）和职业篮球联盟（NBA）的球队通常会和各大主要城市的大型体育场签订长期租约。对这些大型体育场的控制成为建新的职业棒球、橄榄球和篮球联赛的主要壁垒。

网络也是一种关键性资源。如果某一产品的效用会随着使用人数的增加而增加，则该产品在消费中存在网络外部性。如果你是世界上唯一拥有移动电话的人，那么移动电话对你而言简直不会有用。越多的人使用移动电话，移动电话对消费者的价值才越大。一些经济学家认为网络外部性可能成为进入壁垒。例如，20世纪80年代初，MS-DOS 的开发使微软获得了其他企业所不具有的优势。由于 IBM 销售的电脑比任何其他企业都多，软件开发商为 MS-DOS 写了很多应用程序。使用基于 MS-DOS 程序的人越多，这种程序对于消费者的用处就会越大。后来微软就用 Windows 取代了 MS-DOS。如今，Windows 在个人操作系统市场拥有 90% 的份额，苹果的 Mac 拥有 9% 的份额，而开放源码 Linux 系统的份额则不到 1%。如果一家公司引入一种新的操作系统，一些经济学家认为一开始可能只有较少的人会使用，在这种操作系统上运行的应用程序也会较少，这就会限制该操作系统对其他消费者的价值。

eBay 网是第一家吸引众多客户加入其在线拍卖的互联网站。一旦大批客户开始在 eBay 网上购买和出售收藏品、古董以及许多其他的产品，eBay 网作为买卖场所就更有价值了。雅虎、亚马逊以及其他的互联网站最终也开始在线拍卖，然而它们却很难吸引交易者。因为比较亚马逊等其他拍卖网站，在 eBay 网站，买家可以预期找到更多的卖家，而卖家可以预期找到更多的潜在买家。

如上述例子所表明的，网络外部性可以引起良性循环：如果某厂商一开始就可以吸引足够多的消费者，那么它就能吸引更多的消费者，这是因为产品的价值会随着使用人数的增加而增加，从而还会有更多的消费者购买该产品，如此循环往复。像计算机操作系统和在线拍卖这样的产品，新的厂商可能很难进入该市场去参与竞争，因此市场中领衔厂商的经济利润不会因竞争而消失。

4. 定价和其他战略性进入壁垒

即使缺乏较宏大的规模经济或基本资源的拥有等保护手段，垄断厂商仍可通过对对手的进入企图做反应来阻止进入。当面对新进入者时，垄断厂商可以通过削价、增加广告或采取其他战略行动"创造进入壁垒"，使新进入者难以成功。

2005 年，美国主要的假牙制造公司 Dentsply（占 70% 的市场份额）被发现非法阻止假牙的独立零售商销售竞争对手的品牌。找不到零售商，潜在的外国竞争者就不敢进入美国的假牙市场。2001 年，美国上诉法院支持下级法院的裁决，认为微软公司使用了一系列非法行为来保持自己在英特尔兼容机操作系统的垄断地位（占 95% 的市场份额）。微软的非法行为之一，就是对那些想要购买其 Windows 操作系统的计算机制造公司收取更高的价格，因为这些公司安装了网景公司导航者浏览器，而不是微软的 IE。

第二节　不完全竞争市场的均衡

如同完全市场的分析一样，我们仍然要分析不完全竞争市场上的均衡量和均衡价格的决定，也就是要分析垄断市场和寡头市场是如何决定商品量和商品价格的。需要特别注意的是，由于垄断市场上只有一个垄断企业，因此垄断市场的产量和价格决定与完全垄断企业的产量和价格决定是一样的。但是，在寡头市场上，至少有两个大企业，还可能有多个大企业，甚至同时还存在不少的小企业，因而寡头市场的产出和价格决定就不同于寡头厂商的产出和价格决定，因为寡头市场的产出量是寡头垄断市场上所有企业产出量的总和。本章分析垄断企业和寡头企业的定量和定价决策是以寡头垄断企业的产出和价格决策为基础的，正如我们对竞争市场的分析要以完全竞争企业决策为基础的一样。

为了便于对各种不完全竞争市场的产出和价格进行比较分析，也为了比较不完全竞争市场与完全市场的福利和效率，我们以古诺模型为基础并通过不断扩展模型来进行说明。为此，假设寡头市场面临的需求为 $Q = a - P$，反需求函数为 $P = a - Q$，其中 Q 为市场产出量或者市场销售量或者市场需求量，P 为市场价格。为了简化计算，我们还假设市场上各个寡头厂商的边际成本都为 c（$c<a$），因而只要厂商的边际收益等于 C 就可以实现厂商极大化利润，也就可以决定最优产量和价格。

一　古诺寡头竞争的均衡解

在古诺竞争的寡头市场上，如果有 n 个寡头企业，根据反应函数法可以得到每一个寡头企业生产的产量为：

$$q_1 = q_2 = \cdots = q_n = \frac{a-c}{n+1}$$

从而寡头市场均衡量为：

$$Q = q_1 + q_2 + \cdots + q_n = \frac{n(a-c)}{n+1}$$

市场均衡价格为：

$$p = \frac{a+nc}{n+1}$$

二　完全垄断的均衡解

如果假设 $n=1$，也就是市场上只有一个厂商，那么寡头市场就变成垄断市场。在这种

情况下,根据上述古诺竞争均衡解,我们可以得到垄断市场的均衡量和均衡价格分别为:

$$Q = \frac{a-c}{2}, \quad P = \frac{a+c}{2}$$

三 斯塔克博格模型寡头均衡解

如果我们假设寡头市场上的 n 个企业分为两组,第一组是先决定产量,第二组是后决定产量,那么根据斯塔克博格模型,我们已经知道先定产的寡头企业组均衡产量为:

$$q_1 = \frac{a-c}{2}$$

后定产的寡头企业组均衡量为:

$$q_2 = \frac{a-c}{4}$$

据此,这个寡头市场的均衡量和均衡价格分别为:

$$Q = q_1 + q_2 = \frac{3(a-c)}{4}$$

$$P = a - Q = \frac{a+3c}{4}$$

第三节 不完全竞争市场的福利

要评价不完全竞争市场的福利状况,我们必须把完全竞争市场均衡解找出来并进行比较。

一 完全竞争市场均衡解

假设寡头企业数量 $n \to \infty$,这样的寡头市场就变为完全竞争市场。

由古诺模型均衡解可以得到完全竞争市场均衡解:

$$Q = \lim_{n \to \infty} \frac{n(a-c)}{n+1} = a - c$$

$$P = \lim_{n \to \infty} \frac{a+nc}{n+1} = c$$

二 市场均衡量、均衡价格和福利比较

1. 不完全市场均衡量小于完全竞争市场均衡量

完全垄断市场均衡量 < 完全竞争市场均衡量:

$$\frac{a-c}{2} < a-c \text{ （因为 } a>c\text{）}$$

古诺寡头市场均衡量 < 完全竞争市场均衡量：

$$\frac{n(a-c)}{n+1} < a-c \text{ （因为 } a>c\text{，且 } n\neq\infty\text{）}$$

斯塔克博格寡头市场均衡量 < 完全竞争市场均衡量：

$$\frac{3(a-c)}{4} < a-c \text{ （因为 } a>c\text{）}$$

2. 不完全竞争市场均衡价格高于完全竞争市场均衡价格

完全垄断市场价格 > 完全竞争市场价格：

$$\frac{a+c}{2} > c \text{ （因为 } a>c\text{）}$$

古诺寡头市场均衡价格 > 完全竞争市场均衡价格：

$$\frac{a+nc}{n+1} > c \text{ （因为 } a>c\text{）}$$

斯塔克博格寡头市场均衡价格 > 完全竞争市场均衡价格：

$$\frac{a+3c}{4} > c \text{ （因为 } a>c\text{）}$$

3. 不完全竞争市场会出现福利损失

由于不完全竞争市场的均衡量都小于完全竞争市场均衡量，而不完全竞争市场的均衡价格都高于完全竞争市场均衡价格，从而高于边际成本，因此必然带来无谓损失。

图 14 – 1 显示，完全竞争市场的总福利为：

$$A+B+C+D+E+F+G+H+I+J$$

完全垄断市场的总福利为：

$$D+G+I+J$$

从而，无谓损失为：

$$-A-B-C-E-F-H$$

寡头市场古诺均衡的总福利为：

$$E+F+G+H+I+J$$

从而，福利损失为：

$$-A-B-C-D$$

寡头市场的斯塔克博格均衡总福利为：

$$H+I+J$$

从而，无谓损失为：

$$A-B-C-D-E-F-G$$

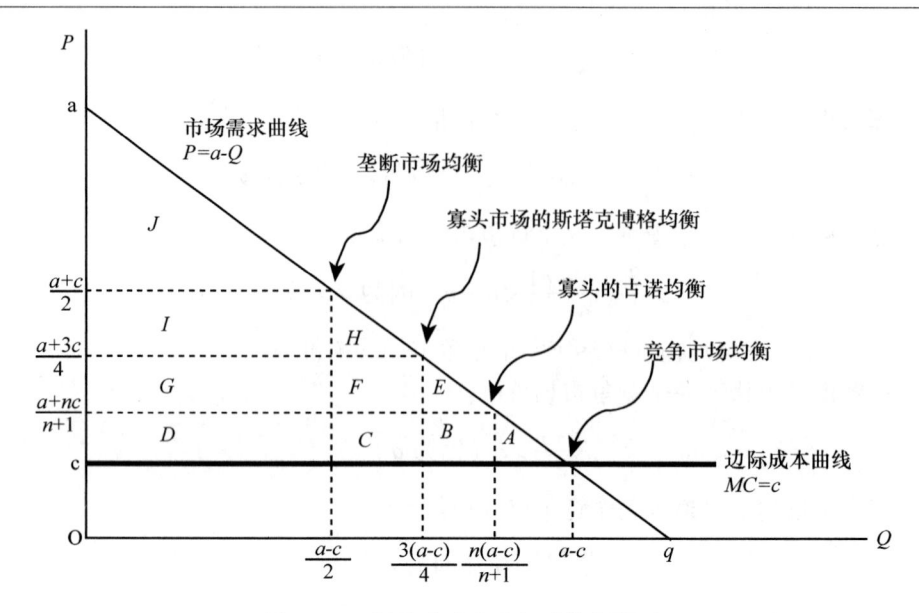

图 14-1 不完全竞争市场均衡与福利

三 不完全竞争市场上的寻租现象

与完全竞争市场的经济利润相比，不完全竞争市场存在垄断利润。由于这种垄断利润是依靠垄断权利获得的，所以被认为是一种租金。在经济学中，租金就是因为垄断权利获得的利益，如地主依靠土地的垄断权利获得地租，人们因为房产权获得房租，发明者因为专利权获得的利益，等等。

寻租是非完全竞争市场结构下的一个概念，但是这一经济学概念似乎与现实中所说的"寻租"有些出入。垄断厂商获得的利润被称为垄断租金，通过寻求或维持行业内的垄断地位以寻求或维持已经存在的垄断租金的活动称为寻租，此时垄断厂商将资源花费在非生产性活动上。经济学上的"寻租"(Rent-seeking)是寻求经济租金的简称，又称为竞租，是为获得和维持垄断地位从而得到垄断租金所从事的一种非生产性寻利活动的。整个寻租活动的全部经济损失要远远超过传统垄断理论中的无谓损失。事实上，寻租活动带来的福利损失也可以看成市场交易成本的一部分。如果市场存在垄断，为了完成交易要花费更多的资源，如游说支出、广告支出等。

关键概念

不完全竞争市场　进入壁垒　古诺寡头竞争均衡解　完全垄断均衡解　斯塔克博格寡

头均衡解　完全竞争市场均衡解　福利比较

思考题

1. 不完全竞争市场形成的原因主要有哪些？
2. 请比较古诺寡头竞争、完全垄断、斯塔克博格寡头博弈、完全竞争市场这几种情况的市场总产量。
3. 请比较古诺寡头竞争、完全垄断、斯塔克博格寡头博弈、完全竞争市场这几种情况的市场价格。

第十五章 不完全信息市场理论

视频讲解

不完全信息市场仅仅是信息不完全，而竞争是完全的，产权也是完全的。具体而言，在不完全信息市场中，市场上有无数的买者和卖者，同一行业中的每一个厂商生产的产品是完全同质的，在长期厂商可以自由进入或退出一个行业，不存在正外部性和负外部性。

第一节 不完全信息和不对称信息

一 完全信息和不完全信息

在对完全市场和不完全竞争市场的研究中，我们始终假设信息是完全的，人们都可以无成本地获得信息，所有信息都集中地反映在市场价格上。因此，信息不会给市场机制带来任何麻烦和问题。在这样一种假设下，消费者和生产者对市场上交易的商品、服务、要素的质量和特点都拥有完全的信息，于是市场力量通过供求法则实现市场均衡时，均衡价格就能充分反映资源的稀缺程度。具体来讲，对消费者而言，均衡价格可以反映消费者的偏好，并把资源配置给对其评价最高的人；对生产者而言，均衡价格反映了企业的生产成本，企业就必须按照成本最小化、利润最大化的原则行事。

但在现实经济中，信息往往是不完全的。很多时候，消费者对商品的质量并不是完全了解的。例如，在二手车、二手电脑交易过程中，消费者往往搞不清楚这些商品真正的质量。在劳动市场上，企业也往往难以确定招聘的员工的能力和才干。同时，雇主很难掌握或确定员工工作的积极性和努力程度。而且，在现实世界中，人们为了获取这些信息要花费大量的成本，信息在获取和传递过程中还会出现失真的现象。总之，在现实生活中，信息不完全的现象是广泛存在的，使市场不能充分发挥有效配置资源的作用，经济学中的信息不完全是指市场参与者不能获得所需要的全部信息。例如，消费者不知道同一种商品在各个不同商场的不同卖价，以及所要购买商品的质量等信息；生产者也不可能了解市场价格的所有变化状况和所有消费者的偏好。

二　不对称信息

在不完全信息中有一种非常特殊但又非常重要的情形，我们称为"不对称信息"，这是现代经济学和信息经济学研究的重要内容。实际上，在大量的市场活动中，经济行为人之间不可能有质量和数量都相同的信息，也就是存在不对称信息的问题。例如，在市场交易过程中，卖方比买方更了解产品的质量的优劣。当双方掌握的商品质量情况有差异时，拥有信息优势的一方与信息少的一方可能难以达成交易，同时它就可能为获得更有利于自己的交易条件，故意隐瞒某些自己的不利信息，甚至制造虚假信息。

通常我们把拥有私人信息的一方称为"代理人"，而把处于信息劣势的一方称为"委托人"。任何一项交易总是与特定的契约联系在一起的，因此我们也常常将不对称信息情形下的交易视为委托人和代理人之间签订的某种契约。

在不对称信息中，代理人拥有的私人信息各种各样、千差万别，但归纳起来主要有两种。一种是代理人拥有委托人所不知道的某种知识。例如，参加健康保险的投保人往往比保险公司更加清楚自己的健康状况、家族病史等资料，此时，投保人为"代理人"，而保险公司为"委托人"；在二手电脑的买卖中，卖方拥有更多的关于二手电脑质量和使用情况的信息，而买方往往很难掌握这些知识。我们将以上的这些情况称为"隐藏知识"造成的不对称信息。另一种信息不对称被称为"隐藏行动"。这时候代理人拥有的私人信息是他的某种行为或行动的具体情况。例如，企业的经理是否严格按照企业股东的要求和利益努力经营和管理企业；健康保险人在投保以后，是否在从事一些不利于自身健康的工作或活动。这样一些行为或行动，企业和保险公司很难观察得到。这就造成所谓"隐藏行动"的信息不对称。

网上购物是一种新生的消费方式。这种新的方式依赖于网络，也就是网上商店的存在载体。网上购物作为商品消费方式的本质，使它的商品转移流程与传统消费没有太大区别。网上购物真正的核心在于它的交流，也就是消费者与商家之间所有的信息交流、金钱交流和商品交流都依托于网络来远程进行。由此可见，网上购物的多向、远程、方便、快捷、廉价等特点是传统购物模式不可比拟的。现实生活中，有些人把网上购物说成是颠覆传统购物模式的全新购物体验。但是，也有人把它说成是骗子集中出没的网络灰色地带。关于网购的话题在其出现的时间里从来就没有间断过。网购中出现的问题涉及经济学中的非对称信息。

由于信息不对称，市场就会出现很多问题。由"隐藏知识"造成的问题，我们称为"逆向选择"，逆向选择往往发生在契约订立之前。由"隐藏行动"造成的问题，我们称为"道德风险"，道德风险往往发生在契约订立之后。下文对这两种信息不对称带来的问题进行详细的讨论。

第二节　隐藏信息与逆向选择

在信息不对称的情况下，由于交易的一方无法观察到另一方所提供产品或者服务的真实质量特征，交易市场上出现的"劣币驱逐良币"或"劣质品驱逐优质品"的现象，这就是逆向选择。如在跳蚤市场（旧货市场）买东西，特别是一些贵重的物品（电视、冰箱），人们多不愿意出高价，对于旧货的质量总有疑虑或担心，觉得旧货市场上的商品没有好货。为什么消费者普遍对于二手货的质量没有信心呢？因为买卖的双方对于质量的了解具有不对称的信息，也就是卖者对于所售旧货质量的了解要远远多于买者。

一　旧车市场上的隐藏信息与逆向选择

关于产品质量信息不对称的分析，首先是由美国经济学家乔治·阿克洛夫做出的。他讲述了一个非常经典的例子——"旧车市场"，并通过这个例子来考察由信息不对称所引起的逆向选择怎样干扰市场的有效运转。

设想某个旧车市场有 100 个卖者，每个卖者出售一辆旧车，共有 100 辆旧车待出售。市场上恰好有 100 个车辆购买者，每个买者购买一辆旧车。假定 100 辆旧车中质量较好的车为 20 辆，质量一般的车为 50 辆，质量较差的车为 30 辆。假定购买者对质量较好的车愿意出 20 万元的价格购买，对质量一般的车愿意出 10 万元的价格购买，对质量较差的车愿意出 5 万元的价格购买。出售者对质量较好的车愿意接受的最低价格为 16 万元，对质量一般的车愿意接受的最低价格为 8 万元，对质量较差的车愿意接受的最低价格为 4 万元。

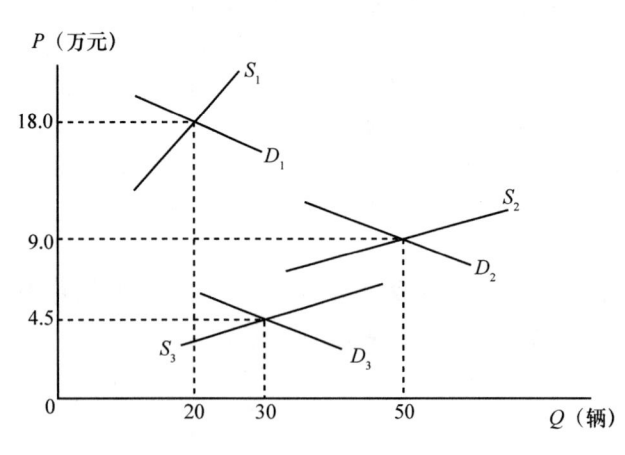

图 15-1　信息对称市场

高质量旧车首先被中低质量旧车排挤出市场。在旧车市场上，买卖双方关于旧车质量的信息是不对称的。实际上，旧车的卖主比潜在的买者更加了解旧车的质量：卖者知道自己车的质量，买者只知道待出售的 100 辆旧车中有 20% 质量是较好的，质量一般的有 50%，还有 30% 的质量较差，但是买者并不知道每一辆旧车的具体质量，也就是买者无法区分旧车的质量优劣。在这种情况下，每一位买者对所购的旧车愿意支出的价格肯定是介于 20 万元和 5 万元的一个价格,按照加权平均价格计算是 10.5 万元(10.5 = 20×20% + 10×50% + 5×30%)。

我们看看 10.5 万元的价格对供给会产生什么影响。哪一个卖者愿意以 10 万元的价格出售旧车?由于具有较好质量旧车的出售者愿意接受的最低价格是 16 万元,所以只有那些拥有一般质量和较差质量车的人愿意按 10.5 万元的价格出售旧车。因此在 10.5 万元的价格水平,不会有一辆质量较好的旧车成交,可能成交的只有一般质量和低质量的旧车。因此,高质量的旧车市场就不复存在了,还存在的只有中低质量的汽车市场,如图 15 - 2 所示。

中等质量旧车被低质量旧车排挤出市场。如果旧车的购买者知道,在 10 万元的价格水平不会有一个出售者出售质量较好的旧车,而只有质量一般和较差的旧车可供购买。在这种情况下,每一位买者对所购的旧车愿意支出的价格就不是 10.5 万元,而是介于 10 万元和 5 万元的一个价格,按照加权平均计算为 7.5 万元(10 万元×0.5 + 5 万元×0.5 = 7.5 万元)。

我们再看看 7.5 万元的价格对供给会产生什么影响。哪一个卖者愿意以 7.5 万元的价格出售旧车?由于具有较好质量旧车的出售者愿意接受的最低价格是 8 万元,所以只有那些拥有较差质量车的人愿意按 7.5 万元的价格出售旧车。因此在 7.5 万元的价格水平,不会有一辆质量较好的旧车成交。

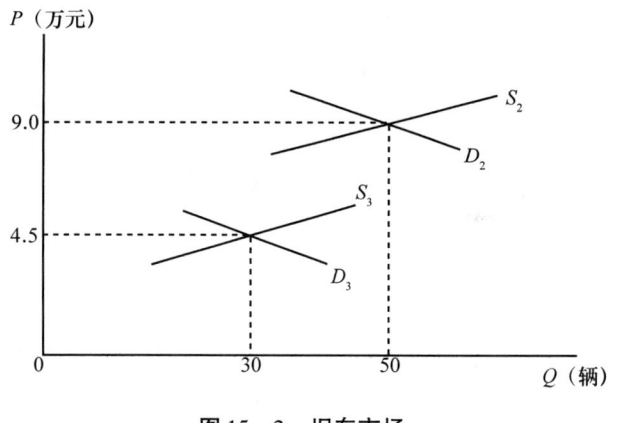

图 15 - 2 旧车市场

如果旧车的购买者知道,在 7.5 万元的价格水平不会有一个出售者出售质量较好的旧车,而只有质量较差的旧车可供购买,他愿意支付的价格就不是 7.5 万元,而是 5 万元。

所以旧车市场最终可能只是 30 辆质量较差的车在 4 万—5 万元的价格成交,次品充斥市场,如图 15 - 3 所示。也许还有更为严重的情况,那就是没有什么车能够成交。

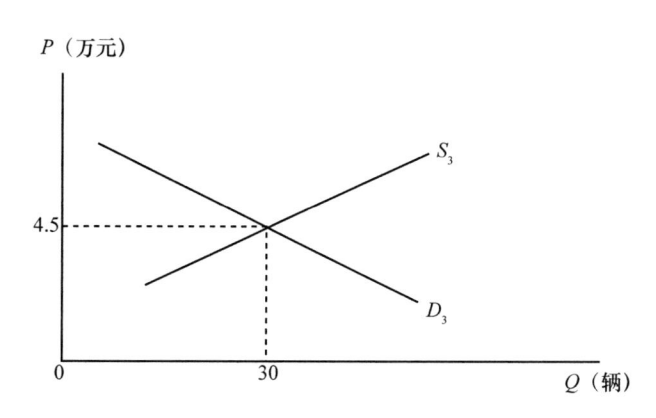

图 15 - 3 次品充斥市场

考虑更加一般的情况,将市场上

的旧车质量从高到低分出 A、B、C、D、E……多个档次。当消费者以平均出价买车时，一部分价格被低估的车会退出市场，其结果则是旧车市场中好车的比例更加低了。当消费者开始明白市场上的这种变化后，他对于旧车的平均评价就会调整得更低，那么又有另一部分价格被低估的车退出市场，消费者将评价再一次调低，再有一部分车退出市场，那么经过很多个回合后，有可能旧车市场上只存在最次质量的车了，稍好一点的车都不会在市场上出现。

旧车市场的逆向选择造成福利损失。上述例子十分生动地描述了存在信息不对称时，市场上某些商品交易受到的巨大干扰。要理解逆向选择的福利影响，就必须把它与没有隐藏信息的市场进行比较。

让我们先看看没有隐藏信息的市场。在一个信息对称的市场中，消费者能够把低质量的产品与高质量的产品区分开来，并在它们之间进行选择。有些人会选择低质量的，因为它们的价格低；有些人会选择高质量的，因为他们愿意付高价。从而高质量的车和低质量的车各自会有一定的成交量。比如，在"旧市场"中，若买卖双方的信息是对称的，即买者与卖者双方都知道进行交易的车的质量，则市场达到供求相等的有效均衡是没有问题的。20 辆质量较好的车每辆都将以 16 万—20 万元的价格成交，50 辆质量一般的车每辆都将以 8 万—10 万元的价格成交，30 辆质量较差的车每辆都将以 4 万—5 万元的价格成交。市场既不存在过剩的供给，也不存在过剩的需求，如图 15-1 所示。

在旧车市场上，如果信息是完全对称的，消费者本来是可以根据自己的预算约束在不同质量、不同价格的旧车之间进行自由挑选的，可是只要存在信息的不对称，消费者就无法在市场上买到质量较好的商品。信息不对称引起的逆向选择不仅仅只存在于旧货市场，保险市场、劳动力市场、信贷市场也很常见。对于市场机制来说，逆向选择的存在是一个麻烦，因为它意味着市场的低效率，意味着市场的失灵，使市场不能很好地运行甚至消失。市场卖者和买者都很少，成交量也很少，甚至根本不能成交，市场交易量会少于信息对称市场的均衡量。即使有交易发生，交易成本也很高，因为双方要经过反复的讨价还价过程。优质产品和要素不可能在市场上成交，也会造成资源的浪费。

二 劳动力市场的隐藏信息与逆向选择

我们首先来看一个劳动市场上的逆向选择的例子。假设企业招聘员工，在劳动市场上有三类应聘者：能力强的、能力中等的和能力差的，每种类型的人各占 1/3。这三类应聘者都清楚地知道自己能力的强弱，而企业却不清楚某个应聘者到底属于哪一种类型。这就是一个典型的在契约订立之前的"隐藏知识"的信息不对称的现象。应聘者是"代理人"，拥有私人信息，即关于自身能力的信息，而企业是"委托人"，处于信息的弱势方。我们再假设，能力强的应聘者要求的工资水平为 5000 元，能力中等的应聘者要求的工资水平为 2500 元，能力差的应聘者要求的工资水平为 1500 元。

如果企业能确切地知道应聘者的能力水平，即不存在信息不对称的问题，那么劳动市场就能良好运行，企业也能招到所需要的类型的员工。但现实中，企业往往不能确切知道应聘者的能力，即信息往往是不对称的。那么，情况会怎么样呢？首先我们能肯定的是企业一定不愿意出 5000 元的工资来招聘员工。因为企业知道如果出 5000 元的工资，由于其不能区分应聘者的能力类型，那么，招聘到的员工中就会有很多能力中等或能力差的，企业会得不偿失。在这种情况下，企业肯定会降低工资水平。另外，企业不知道某个应聘者具体的能力强弱，但企业知道在劳动市场上三类应聘者各占 1/3，企业很自然的想法就是出一个平均工资来招聘员工，即企业开出的工资水平为 3000 元（$1/3 \times 5000 + 1/3 \times 2500 + 1/3 \times 1500 = 3000$）。

企业开出这种工资水平，是由于其处于信息的劣势，不能区分员工的能力。企业期望在 3000 元的工资水平下招到的员工中，能力强的、中等的和差的各占 1/3，这时企业就可以正常运营下去。然而，现实与企业的期望却是不一致的。显然，在 3000 元的工资水平下，能力强的应聘者是不会来应聘的，因为企业开出的工资低于其要求的 5000 元的工资水平，而应聘的都是能力中等和能力差的（因为 3000 元的工资大于能力中等的人所要求的 2500 元工资，也大于能力差的人要求的 1500 元工资）。由于企业的信息劣势，企业最后招到的都是能力中等和能力差的应聘者。当企业意识到这个问题时，它知道 3000 元工资水平过高，企业得不偿失，于是企业又会进一步降低工资。由于现在劳动市场上只剩下两类应聘者，即能力中等的和能力差的，并各占 1/2。于是企业会开出新的平均工资水平，该工资水平为 2000 元（$1/2 \times 2500 + 1/2 \times 1500 = 2000$）。但此时企业会发现能力中等的人也不会来应聘了，因为 2000 元低于能力中等的人所要求的 2500 元的工资水平。那么，企业招聘到的应聘者就只可能是能力差的应聘者，但企业开出的工资水平 2000 元大于 1500 元，企业又得不偿失了，那么，企业又会再一次降低工资。最后我们会看到这样的劳动市场的均衡，企业开出 1500 元的工资，招聘到能力差的员工，在劳动市场能力强的和能力中等的应聘者都被排除在市场交易之外。

在上面分析过程中我们看到，由于信息不对称的问题，企业不会开出很高的工资，同时随着工资水平的下降，能力越强的人就越早被淘汰出市场，留下的都是能力较弱的应聘者。企业最终招聘到的都是能力差的人。这显然不是帕累托最优的。因为如果企业能招聘到能力强的应聘者，能力强的人也能得到相应的工资水平，则双方都有利。换句话说，这就是一种帕累托改进。

第三节　隐藏行为与道德风险

隐藏信息其实只是信息不对称情况下的一种现象，现在考虑信息不对称情况下的另一种情况——隐藏行为。隐藏行为会带来道德风险。所谓道德风险，是当信息不对称时，交易的一方无法观察到另一方所采取的行动，由此所发生的具有私人信息或信息优势的一方故意不采取谨慎行动的情况。通俗地讲，在委托代理关系中，委托人为了实现自己的目标，通过支付一定的报酬请代理人为其办事。当委托人无法完全了解代理人是否诚实守信努力时，理性的代理人会倾向于偷懒取巧，从而使委托人面临利益受损的可能性，这就是道德风险。

一 保险市场的道德风险

1. 无隐藏行为的保险市场

理解不对称信息下的道德风险，还是先看看无隐藏行为的情况吧。我们可以设想委托人和代理人同一的情况。考虑某一个城市，自行车时常被盗。如果某个车主不希望自行车被盗，白白蒙受损失，那么为自行车买个保险不失为一种好办法。当车主没有为自行车保险时，他会为防盗采取一些小心翼翼的措施，比如说买防盗锁、每天都将车扛到家里放着等。当然，任何措施也不可能使自行车不被盗，只能使其被盗的概率降低。

当车主不为自行车买保险，我们可以看成车主自己给自己保险。在这种情况下，委托人（承保人）与代理人（投保人）是同一的，那么投保人的成本和收益就与承保人的成本和收益完全一致。因此，投保人基于自身利益最大化的行为，同时就满足承保人的利益最大化。因此，投保人会尽可能地努力来实现自身的最大利益，因而市场均衡就是有效均衡。

2. 存在隐藏行为的保险市场

假设车主向保险公司购买了保险，情况就不一样了。假设当车主谨慎看护自行车时，车的被盗率是1%。保险公司根据历史资料也知道该车主的自行车的被盗率是1%，那么保险公司索要的保费是1.5元（假设一辆车价值150元）。但是当车主（投保人）和保险公司签订了保险合同后，车主意识到自行车在被盗后有了足额保险赔偿，车主的行为就会与投保前不一样。既然投了保，自行车被盗后会得到补偿，投保人就不一定会认真地守护自行车了。总之，投保人在投保后，其行为就会倾向于不谨慎，假设车主因投保而对自行车的看护放松，被盗率上升为5%，保险公司的利益就受到了侵害。因为保险公司在签约时是根据1%的被盗率收取保费的，而签约后保险公司由于无法监督投保人的行为，投保人放松警惕，致使自行车被盗率上升为5%，即保险公司收取的保费事后来看偏低。所以，道德风险主要是由代理人的信息不完全造成的。

道德风险和逆向选择的区别在于逆向选择属于事前非对称信息下的情况。所谓"事前"，是指信息的不对称发生在市场交易双方签约之前。比如，就业市场上当工资为平均值时，那么在招聘实际完成之前就已经发生了逆向选择（能力弱的应聘人员留在招聘市场而能力强的人却不得不离开）。然而道德风险问题则属于事后非对称信息下的情况，即当交易双方订立合约后拥有私人信息的一方（信息优势方）的损人利己的行为。

特别的，在隐藏行为下，代理人面临责任心下降的诱惑，这就会出现两个不一致：一是代理人所采取的行动与委托人所期望的不一致；二是出现代理人的实际行为与代理人签约时承诺的行为不一致。在签订合约之后，这种不一致大量存在。

显然，这种风险是因为代理人签约后的行为动机与签约前不一样了，这种动机的改变仅仅是道德层面的，而不是法律等其他层面的。实际上，道德风险就是签约后，代理人的动机发生改变出现的不诚信和不诚实行为。

二　金融市场上的道德风险

金融市场种类繁多，也十分复杂。为了理解道德风险，我们主要关注股权合约和债权合约中的隐藏行为和道德风险。

1. 股权合约中的道德风险

股权合约是分享公司盈利和资产的要求权，它容易受到被称为委托人—代理人问题的道德风险的影响。如果经理只拥有其所在公司的一小部分股权时，拥有大部分公司股权的股东（称为"委托人"）是同公司的管理者（作为委托人的代理人）是相分离的。在这种情形中，掌握控制权的经理可能会按照他们自己的利益而不是股东的利益来行事，因为经理利润最大化的动力没有股东那么大，这就是所有权和控制权分离所涉及的道德风险。

为了更充分地理解委托人—代理人的矛盾，不妨假设这样一种情况：申夫要求你成为他的辣条店的"不说话"的合伙人。这个店要投资1万元才能建立起来，而申夫只有1000元。于是，你购买了9000元的股权，从而拥有了公司90%的所有权，而申夫只拥有10%。如果申夫工作很努力，他制作可口的辣条，保持店面清洁，微笑接待每一位顾客，快捷地收拾餐桌，在扣除所有的开支之后（包括申夫的薪水），辣条店将每年盈利5万元，其中，申夫得到10%（5000元），而你得到90%（4.5万元）。

但是，如果申夫不对其顾客提供快捷、友好的服务，而是用5万元的收入购买艺术品装饰其办公室，甚至在本应工作的时候溜到海滩上，那么辣条店就不会有任何盈利。如果申夫工作努力，放弃投资办公室的艺术品，他只能在薪水之外多挣5000元。申夫可能认为，为了这5000元而付出努力去做一个好的经营者并不值得，只有多挣1万元才是值得的。倘若他果真这么想，就不会有足够的动力去做一个好的经营者。事情的结果可能是这样的，比如，申夫拥有一间豪华的办公室，得到一身晒得黝黑而健康的皮肤，但辣条店却没有盈利。由于辣条店不能盈利，申夫不为你的利益着想，将使你损失4.5万元。

如果申夫并不十分诚实，由委托人—代理人问题所造成的道德风险将导致更糟的结果。由于辣条店是现金买卖，申夫可能把5万元揣在自己兜里而告诉你没有盈利。现在他获得了5万元的收入，而你一无所获。

经理为自己建造豪华办公室，或者驾驶价格昂贵的公司的车的情况向我们提供了进一步的例证，说明由股权合约导致的委托人—代理人问题将会更加严重。除了追求个人利益，经理还追求能扩大其个人权力的战略，这种战略并不增加公司盈利能力，如经理热衷于兼并购买其他公司等。

如果公司的所有者能完全知晓经理的所作所为，并能够防止浪费性开支或股权合约和债权合约中的欺骗，委托人—代理人问题就不会产生。只是因为类似申夫的经理对于其经营活动拥有比股东更多的信息，才会发生委托人—代理人问题，这是道德风险的一个例子。如果申夫独自拥有公司，不存在股权与控制权分离的情况，那么委托人—代理人问题也不会产生。如果申夫努力工作，而且不从事非生产性投资，这将使他盈利5万元。如此，他做一个好的经理就是值得的。

2. 债权合约中的道德风险

规定借款人必须定期向贷款者支付一个固定金额的合约就是债权合约。如果公司有较高盈利时，贷款者只需要收到偿付款而不需要确切知道公司的利润。即使经理隐瞒利润，或从事个人获益但并不增加企业利润的活动，只要这些活动并不影响公司按时偿付债务的能力，贷款者也不会介意。只有当公司不能偿付债务，处于违约状态时，才需要贷款者来鉴审公司的盈利状况。也只有在这种情况下，作为债务合约的贷款方才要像公司的股东一样行事：为了得到公平的份额，他们需要知道公司有多少收入。

股权合约中产生道德风险是普遍的，因而委托人对代理人的监督就显得特别必要。但是，在债权合约中，因为道德风险只在某些特定条件下才会产生，对管理者进行监管的需要就会减少，这种合约就会比股权合约更有吸引力。尽管债务合约有上面提到的优势，它还是会容易受到道德风险的影响。由于债务合约要求借款者偿付一个固定的数额，才允许其在此固定数额之上保留利润，借款者便有一种从事比贷款者所愿意从事的风险更大的投资项目的动力。

举例来说，假定由于你对于查证申夫辣条店的盈利问题比较担心，你决定不成为该店的一个股份合伙人，于是你借给申夫所需的9000元支持他建立他的事业，并因而得到一份允诺支付你10%的利息率的债务合约。就你所关心的问题而言，这是一项可靠的投资，因为你所在的社区对辣条有强大而稳定的需求。然而，一旦你将资金给了申夫，他就可能把它用在你并不打算投入的用途上。申夫可能不去开辣条店，而是把你的9000元贷款投资在化学研究设备上，因为他认为他有1/10的机会发明出一种更加健康而味道同名牌没有差别的辣条。

显然，这是一项风险很大的投资。但如果获得成功，申夫将变成百万富翁。于是他有很强的冲动去从事这项冒险的投资，因为如果成功，他的收益太丰厚了。申夫如果把你的贷款用于这项风险投资，你显然很不乐意，因为如果他未获成功，你给他的钱将蒙受损失，即使不是全部也将是大部分。如果他成功了，你也不能分享他的成功，你将仍然只得到贷款的10%的回报，因为本金和利息的偿付都是固定的。由于潜在地存在道德风险，你可能将不贷款给申夫，尽管在社区内开设辣条店是一项能给每一个人都带来益处的好投资。

关键概念

不完全信息　信息不对称　隐藏信息　隐藏行为　逆向选择　道德风险

思考题

1. 二手车市场为何容易产生逆向选择问题？
2. 劳动力市场为何容易产生逆向选择问题？
3. 委托代理关系中为何容易产生道德风险问题？

第十六章 不完全产权市场理论

视频讲解

在研究了完全市场、不完全竞争市场和不完全信息市场之后，本章研究不完全产权市场的均衡与福利。如前所述，这里的不完全产权市场，是指竞争完全、信息完全，只是产权不完全的市场。在这个市场上，有很多的买者和卖者，其买卖完全同质的商品和要素，可以自由地进出一个行业，不存在隐藏信息和逆向选择，也不存在隐藏行为和道德风险，但是存在外部性现象。

第一节 外部性与产权不完全

完全市场隐含着这样的假设：某种生产或消费行为，只会给生产者或消费者自身带来收益或成本，而且这种收益或成本能够完全反映在市场交易当中，不会给市场交易以外的经济主体带来任何正面或者负面的直接影响。换句话说，完全市场是建立在如下假定之上的：生产产品的成本及其销售收益全部归卖主，而获得这种产品的收益以及购买它的成本全部归买主。不过，现实经济却并非总是如此，在现实经济中普遍存在未被市场交易包括在内的额外收益和额外成本，如最常见的吸烟者和被动吸烟者的问题，就是典型的存在外部效应的例子。还有，某人在自己的住宅周围养花种树，净化环境会使他的邻居受益，但是他的邻居并不会为此向他支付任何费用；化工、钢铁、炼油等污染严重行业的厂家在生产过程中排放的废水、废气等污染物会给附近的居民造成损害，但是污染物的排放者却没有给受害者应有的补偿。

一 局中人和局外人

要理解上述例子为什么有外部性存在，让我们先看香烟市场吧。为了简化，我们假设保罗是香烟市场的唯一消费者，"555"是烟草市场上的唯一卖者。保罗和烟草商买卖香烟就构成烟草市场。一个市场可以看成一个局，市场中的买卖双方就构成局中人，市场买卖双方之外的人就是局外人。

如果保罗在自己家里吸烟，我们来看看他的吸烟行为所带来的成本和收益。根据前面的分析，我们容易看到：保罗吸烟给自己带来一定数量的满足或者效用，这个效用的大小可以用保罗支付的香烟价格来代表；同时，保罗吸烟也给自己带来了成本，这个成本的大小就是他买烟的费用，因此，保罗吸烟的成本也用烟价来反映。保罗的成本、收益仅仅是从买方来分析的，实际上，正是因为保罗买烟，烟草公司才从香烟的生产和销售中获得收益，这个收益的大小还是用烟价来衡量，当然烟草公司为生产香烟也耗费了成本，这个成本的高低还是在烟价中反映出来。

在这种情况下，对与保罗吸烟行为有关的烟草市场而言有两个重要特点：第一，香烟价格反映了与保罗吸烟行为有关的全部成本和收益，没有任何相关成本和收益不包含在烟价之中；第二，无论是保罗还是烟草公司，其获得一定的收益总是与付出的成本对等的，不存在只付成本而没有收益，也不存在只有收益而不付成本的现象。

但是，如果保罗是在公共场合吸烟，情况就会有些变化。与保罗在自己家里吸烟相同的是，作为局中人的保罗和烟草公司，其承担的成本和得到的收益也是通过烟价反映出来的。与保罗在自己家里吸烟不同的是，现在与保罗吸烟行为有关的人，不仅仅是香烟的买卖双方，即保罗和烟草公司，还有大量的被动吸烟者，这些人就是局外人。如果被动吸烟者是烟草的喜好者，他们从中能获得正的效用；如果被动吸烟者是烟草的厌恶者，他们从中得到的是负效用。

正是存在与保罗吸烟有关的局外人，使得它有新的特点。第一，香烟价格只是反映了保罗和烟草公司的成本和收益，并没有反映与保罗吸烟行为有关的全部成本和收益，因为与保罗吸烟行为有关的局外人的成本（被动吸烟者的负效用）和收益（被动吸烟者的正效用）没有包括在香烟价格之中。第二，作为厌恶烟草的被动吸烟者，会因为保罗在公共场合的吸烟而患病，并为此付出医药费，但是前者并不能因被动吸烟而得到任何好处。换句话说，被动吸烟者只为保罗的行为承担成本，并没有从保罗的行为中获得收益。第三，作为喜好烟草的被动吸烟者，会因为保罗在公共场合的吸烟而节约部分买烟的钱，但是前者并不能因被动吸烟而支付任何成本。换句话说，被动吸烟者只从保罗的行为中得到好处，而没有承担成本。总之，与保罗吸烟有关的局外人出现了成本和收益的不对等现象。

二 外在收益和外在成本

在上面的例子中，保罗和烟草公司是烟草市场的局中人，其为香烟的生产和消费承担的费用就是私人成本。这些私人成本包含在烟草价格之中，能够通过烟草市场价格反映出来。同时，作为烟草市场的局中人，保罗和烟草公司从香烟的生产和消费中获得的收益就是私人收益。这些私人收益也包含在烟草价格之中，能够通过烟草市场价格反映出来。

被动吸烟者，既不是香烟的生产者，也不是香烟的消费者，是烟草市场的局外人。被动吸烟者因保罗在公共场合吸烟而付出的成本就是外在成本，被动吸烟者从保罗在公共场合吸烟中得到的好处就是外在收益。很显然，无论是外在成本，还是外在收益，它们都不包含在烟价之中，因而都不能在烟价中反映出来。

如果私人成本是生产或消费某种物品时所发生的一部分成本，或者私人收益也仅仅是生产或消费某种物品时所发生的一部分收益，我们就说有外部性。换句话说，如果一个市场的产品或者服务价格只是反映与此相关的部分行为成本或者部分行为收益，还有一部分成本和收益没有在相应的市场价格中反映，也就有外部性存在了。进一步的，只要局中人的行为给局外人带来了不对等的成本或者收益，那就出现了外部性。比如，保罗在公共场合吸烟的行为，就带来了外部性。

如果私人成本是生产或消费某种物品时所发生的全部成本，同时私人收益也是生产或消费某种物品时所发生的全部收益，我们就说不存在外部性。换句话说，如果一个市场上买卖双方的全部行为成本和全部行为收益，都能够反映在这个市场的价格当中，也就没有外部性。比如，保罗在自己家里吸烟的行为，就没有外部性。我们可以回想，前文的竞争性市场和垄断市场，都是没有外部性的。

特定市场上的生产和消费行为给全社会带来的成本，称为社会成本。显然，特定行为的社会成本既包括局中人付出的私人成本，也包括局外人承担的外在成本，即社会成本＝私人成本＋外在成本。如果没有外部性，外在成本＝0，此时，私人成本＝社会成本；如果有外部性，外在成本＞0，此时，私人成本＜社会成本，它们的差就是外在成本。

同样地，特定市场上的生产和消费行为给全社会带来的收益，称为社会收益。显然，特定行为的社会收益既包括局中人得到的私人收益，也包括局外人获得的外在收益，即社会收益＝私人收益＋外在收益。如果没有外部性，外在收益＝0，此时，私人收益＝社会收益；如果有外部性，外在收益＞0，此时，私人收益＜社会收益，它们的差就是外在收益。

三　外部性与产权

经济学中把这种行为人在从事经济活动时给其他个体带来了危害或利益，而该行为人又没有因为这一后果支付赔偿或得到报酬，这种现象或者影响被称为外部性或外部效应。简单地讲，外部性就是局中人的经济活动对局外人造成的非市场化影响。

政府需要确定明晰的产权以保证市场体系的正常运行。产权是指个人或企业独有的使用其财产的权利，包括购买或销售的权利。产权可以是有形的实物权，如商店或工厂，也可以是无形的，如创意。在多数情况下，政府在强化产权明晰方面都做得很好，但是在某些情况下产权确实不存在或者不能从法律上予以确认。

考虑如下情形：明浩拥有包括一个湖在内的一片土地。一个造纸企业想租借他的一些土地来建造一个纸浆和造纸厂。这个造纸厂将排放污染物到这个湖泊，因为明浩拥有这个湖泊，他可以向造纸厂收取费用来清理污染。结果污染成为造纸厂的私人成本并包含在它销售的纸的价格中，在这种情况下是没有外部性的。但是，如果污染是来自几百千米以外的发电厂并导致酸雨，而法律也没有允许明浩向电厂索取费用以补偿由于酸雨而导致的损失。尽管明浩的财产受到侵犯，然而在这种情况下法律没有有效保护他的产权。因此外部性再一次产生。

类似地，当你购买大学教育的时候，其他人实际上也从你的大学教育中得益。受过大学教育的人犯罪的可能性更小，而且受到更好教育的投票者更有可能导致一个更好的政府政策的产生。尽管你从你的大学教育中获得了大部分收益，但有一部分好处却被他人占用了。你没有产权，或者你不能够防止其他人从中受益或是向他们收取相应的费用，结果就产生了外部性。

我们可以得出以下结论：外部性源自不完全的产权，或者是在某些情况下很难界定产权。

第二节　外部性与市场福利

一　正外部性和负外部性

为了说明不同类型的外部性对福利的影响，有必要先定义不同的外部性。外部性分为正外部性（外部经济）和负外部性（外部不经济）两种情况。

1. 正外部性

正外部性是当局者的市场活动旁观者受益，而受益者无须花费代价。因此，有正外部性，私人收益就小于社会收益。在生产及消费活动中都有可能产生正外部性。

生产的正外部性。当一个生产者采取的行动对他人产生了有利的影响，而自己却不能从他人那里得到补偿时，便产生了生产的正外部性。生产的正外部性的例子有很多。例如，一个企业对其所雇用的工人进行培训，而这些工人可能转到其他单位去工作。该企业并不能从中索回培训费用或得到其他形式的补偿。因此，该企业从培训工人中得到的私人利益就小于该活动的社会利益。

消费的正外部性。当一个消费者采取的行动对他人产生了消费的正外部性。例如，当某个人对自己的房屋和草坪进行保养时，他的邻居也从中得到了不用支付报酬的好处。此外，一个人对自己的孩子进行教育，把他们培养成更值得信赖的公民，这显然也使其邻居甚至整个社会都得到了好处。

2. 负外部性

负外部性是某个经济行为主体的活动使旁观者利益受损，而这个经济主体却没有为此承担成本。因此，有负外部性时，私人成本就小于社会成本。在生产及消费活动中都有可能产生负外部性。

生产的负外部性。当一个生产者采取的行动对他人产生了不利的影响，而又没有给予他人相应的补偿时,便产生了生产的负外部性。生产的负外部性的例子也有很多。例如,一个企业可能因为排放脏水而污染了河流,或者因为排放烟尘而污染了空气。这种行为使居住在附近的人们和整个社会都遭受了损失。

消费的负外部性。当一个消费者采取的行动对他人产生了不利的影响,而又没有给予他人相应的补偿时,便产生了消费的负外部性。与生产者造成的污染情况类似,消费者也可能造成污染而损害他人。前面列举的吸烟就是一个典型的例子。吸烟者的行为危害了被迫吸烟者的身体健康,但并未为此而支付任何东西。此外,还有在公共场所随意丢弃果皮、纸屑等。

二 正外部性与福利损失

由于当局者根据其利润极大化原则来决定要素投入和产品数量,也就是根据私人边际成本等于私人边际收益的原则来决策。对于正外部性来说,由于有私人边际收益小于社会边际收益,所以当局者决定的最优市场量都小于社会最优量,这说明资源在有利于社会的地方的投入是不足的。现在我们就对这两种现象做一个更理论化的探讨。

假设某经济主体给社会带来了正的外部性,其经济活动的私人收益和社会收益分别是 PR 和 SR。当存在正外部性时,私人收益小于社会收益,即 $PR < SR$。如果该经济主体从事这项经济活动所得到的私人成本 PC 大于其私人收益而小于社会收益,即 $PR < PC < SR$,从该经济主体的角度来看,不采取这项经济活动是有利的;而从社会的角度来看,实施该经济行为则是有利的,这时社会有 $SR - PR$ 的净收益。因此,当然也就存在帕累托改进的余地。如果该经济主体采取这项经济活动,则他遭受的损失为 $PC - PS$,而社会得到的净收益为 $SR - PR$,显然有 $SR - PR > PC - PS$。这意味着从社会得到的净好处中拿出一部分来弥补给该经济主体的损失,就可以使社会中的每个经济主体的福利水平都增加,从而社会得到帕累托改进。

图 16-1 表示的是生产中的正外部性。运用边际分析法分析,可以看到市场最优量小于社会最优量,表明资源投入不足。图 16-1 中 C 面积表示正外部性造成的社会福利的净损失。

三 负外部性与福利损失

由于当局者根据其利润极大化原则来决定要素投入和产品数量,也就是根据私人边际成本等于私人边际收益的原则来决策。对于正外部性来说,由于有私人边际成本小于社会边际成本,所以当局者决定的最优市场量都大于社会最优量,这说明资源被过度投入这些产生负外部性的地方。

假设某经济主体给社会带来了负的外部性,其经济活动的私人成本和社会成本分别是

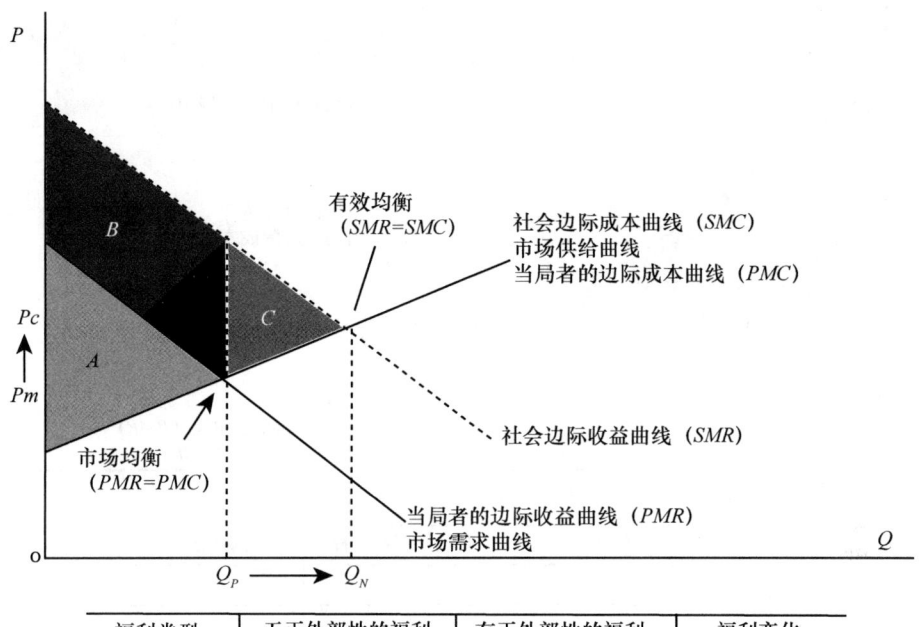

图 16-1 所示为正外部性的均衡与福利分析图（略）。

福利类型	无正外部性的福利	有正外部性的福利	福利变化
当局者福利	A+B+C	A	-B-C
旁观者福利	0	B	B
经济总福利	A+B+C	A+B	-C

图 16-1　正外部性的均衡与福利

PC 和 SC。当存在负外部性时，私人成本小于社会成本，即 $PC < SC$。如果该经济主体从事这项经济活动所得到的私人收益 PR 大于其私人成本而小于社会成本，即 $PC < PR < SC$，从该经济主体的角度来看，采取这项经济活动是有利的，其净收益为 $PR - PC$；而从社会的角度来看，该经济行为是不利的，社会有 $SC - PC$ 的净损失。因此，当该经济主体采取该项经济活动时，资源被过度使用到具有负外部性的地方，经济没有实现帕累托最优，当然也就存在帕累托改进的余地。如果该经济主体不采取这项经济活动，则其放弃该行动的损失为 $PR - PC$，而社会避免的损失为 $SC - PC$，显然，有 $SC - PC > PR - PC$。这意味着以某些方式重新分配损失，就可以使每个人的损失都减少，即可以使社会中的每个经济主体的福利水平都增加，从而社会得到帕累托改进。

图 16-2 表示的是生产中的负外部性。运用边际分析法分析，可以看到市场最优量 Q_p 大于社会最优量 Q_s，表明资源被过度使用。图 16-2 中 C 面积表示负外部性造成的社会福利的净损失。

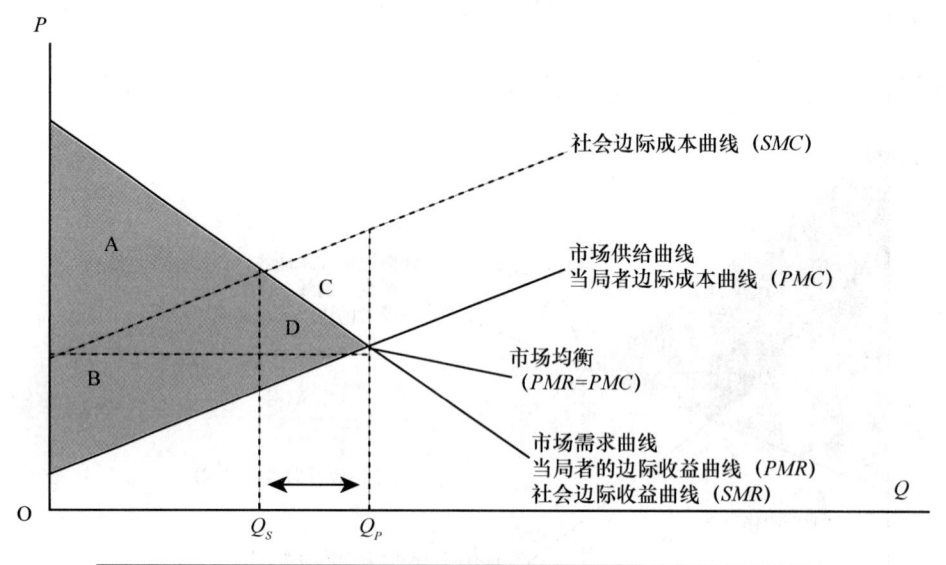

福利类型	无负外部性的福利	有负外部性的福利	福利变化
	A	A+B+D	B+D
旁观者福利	0	-B-C-D	-B-C-D
经济总福利	A	A-C	-C

图 16-2 负外部性的均衡与福利

第三节 公共物品与公共资源

一 相关的基本概念

1. 非排他性与排他性

非排他性是指当一种物品被提供出来之后，没有一个经济主体可以被排除在该物品的消费过程之外，或者说，为排除某经济主体对该物品的消费而需付出的成本或代价无穷大。关于非排他性有两点需要注意。一是非排他性也意味着这样的含义，即某种物品一旦提供出来，即使对某些社会成员来说是不必要的甚至是有害的，但这些社会成员也别无选择，只能接受或消费这类物品。比如温室效应，一旦产生，社会上的所有人都必须忍受它。二是非排他性意味着如果某个经济主体提供出来这样的物品，因为无法排除其他经济主体对此类物品的使用，那么，就存在其他经济主体不花钱就免费使用的可能性，也就是通常所说的"搭便车"现象。

和非排他性相对应的就是所谓的排他性，是指如果物品被提供出来，可以比较容易地把某个经济主体从该商品的获益中排除出去。在现代社会中，我们通过付费的方式来阻止或排除他人对某些物品的使用。如果消费者付费就可以享用该物品，不付费就不得享用。比如，商店里出售的商品都是具有排他性的物品，而像路灯、国防这些物品，则不需消费者付费就可使用，所以是具有非排他性的物品。

显然，在经济学上，排他性与非排他性是与是否付费相关的。如果人们可以免费消费，这就是非排他性的；如果人们必须付费才能消费，这就是排他性的。

2. 非竞争性与竞争性

非竞争性是指一种产品一旦被提供出来，其他经济主体消费它的额外成本为零。即某经济主体对该物品的消费不会减少或影响其他经济主体对该物品的消费和使用。"非竞争性"意味着增加一个经济主体的消费，社会因此消费增加带来的边际成本为零；经济主体之间对这种物品的消费和使用是互不干扰和互不影响的，每一个经济主体都能享受到整个物品带来的益处，而不只是享受到其中的一部分。比如，路灯就是最常见的具有非竞争性的物品。而现实生活中，绝大多数的物品如面包等都是具有竞争性的物品。竞争性是指某个人消费或使用了该物品时，其他人就不能同时使用该物品。

在实际生活中，有些物品由于"拥挤程度"的变化，可以由"非竞争性"而转变为"竞争性"。比如，一条很少有人走的道路，消费者在行走时相互不影响，此时就具有"非竞争性"；而当行人越来越多的时候，道路会越来越拥挤，比如会出现交通堵塞的现象，此时消费者之间就会相互影响，道路就会由"非竞争性"转为"竞争性"了。

需要说明的是，这里的竞争性和非竞争性，与前面谈到的市场竞争和市场垄断是不一样的。当我们说市场是竞争性的，即在这个市场上，买者和卖者都是价格接受者，市场价格由市场供求决定。与市场竞争性相反的是市场垄断性，即市场卖者是价格制定者，市场价格由卖者来决定。这里的竞争性与非竞争性是与是否出现消费拥挤相关的。如果消费是不拥挤的，就说明是非竞争性的。相反，如果消费是拥挤的，就说明是竞争性的。

3. 公共物品与公共资源

按照非排他性和排他性、非竞争性和竞争性的区分，我们可以把物品分为以下四类（见表16-1）。

第一类：既有排他性又有竞争性的物品，我们称为私人物品。这实际上是前面大多数章节研究和讨论的物品，也是经济中最常见的物品。比如，商店出售的衣服，你必须付费才能使用，而且你使用的时候，其他人就不能同时使用了。

第二类：既有非排他性又有非竞争性的物品，我们称为公共物品。如国防，就不可能排除任何一个人不享有国防的好处；同时，当一个人享受到国防的好处时，并不会减少其他人得到的好处。

第三类：具有非排他性但具有竞争性的物品，我们称为公共资源。这种物品不能排除其他人使用，但在使用时，经济主体间会相互影响。比如，公共图书馆的书，大家都有权借阅，但一旦某人借阅后，其他人就无法同时借阅了。

第四类：具有排他性但具有非竞争性的物品，我们称为俱乐部物品。这种物品必须付费才能使用,但经济主体之间不存在相互影响,如有线电视。

表 16-1　　　　　　　　　　　四种类型物品

类型	非竞争性	竞争性
非排他性	公共物品: 国防、路灯 不拥挤不收费道路	公共资源: 图书馆的书 拥挤但不收费道路
排他性	俱乐部物品: 有线电视、网络 收费但不拥挤道路	私人物品: 面包、衣服 拥挤且收费道路

二　公共物品的生产与短缺

1. 公共物品与"搭便车"问题

公共物品具有非排他性,它一旦由某个经济主体提供出来,就不能排除其他经济主体对该物品的享用。有的经济主体不花成本而获得了收益,这就是所谓的"搭便车"问题。如果每个经济主体都希望别人提供公共物品,而自己"搭便车",则整个社会公共品的提供必然不足,甚至为零,即使公共物品提供出来对整个社会是有利的。

我们来看这样一个例子:在一个甲、乙两人的寝室里,同室的两人决定是否购买空调。我们假设任何人都不能阻止其他人享受空调,那么,实际上空调就是一种公共物品了。如果两个人中每个人对空调的评价都是 800 元,空调的成本是 1000 元,从社会的角度看,购买空调是有利的(因为空调带来的收益为 1600 元,而成本只有 1000 元)。但由甲、乙两人分别做出决策时,甲、乙都会做出不购买的决策,因为甲、乙两人的私人收益都小于空调的成本(800 元 < 1000 元)。同时,两人都会希望对方购买,一旦对方购买了,自己就会只享受好处,而不用付出成本。这就是所谓的"搭便车"现象。但最后的结果却是无效率,空调最终不会被购买,即使购买空调是一种有效率的结果。我们可以把上面的例子转化为表 16-2 中的博弈。

表 16-2　公共物品投资博弈

		乙方	
		买	不买
甲方	买	-200, -200	-200, 800
	不买	800, -200	0, 0

我们看到此博弈的纳什均衡是(不买、不买),实际上这也是占优策略均衡,也意味着无论甲买还是不买,"搭便车"(不买)是乙的最优选择;同理,无论乙买还是不买,"搭便车"(不买)也是甲的最优选择。由于"搭便车"现象的出现,甲乙双方都决定不购买,使经济中本来可以出现的有效率的结果没

有发生，双方陷入了"囚徒困境"，经济就没有实现帕累托最优状态。

2. 非竞争性与零价格问题

讨论了公共物品的非排他性带来的"搭便车"问题，我们就来讨论它的非竞争性带来的零价格问题。如果是私人物品，则市场均衡时资源配置是最优的，这时的市场价格反映出消费者消费或生产者生产每单位私人物品时的边际机会成本。但对于公共物品而言，由于其具有非竞争性，因此每增加一个消费者消费所增加的成本为零。如果按照市场定价方式，消费者知道自己消费的机会成本为零，其就会以尽量少的价格支付给生产者以换取对公共物品的消费，在均衡时，市场价格为零。此时，消费者的支付将不足以弥补公共物品的生产成本，企业缺乏动力进行生产，不愿意提供（生产）公共物品，使公共物品的产出低于社会所要求的最优数量。

3. 公共物品生产的正外部性

实际上，公共物品的非排他性与非竞争性，产生的"搭便车"问题和零价格问题，意味着公共物品的生产会产生正的外部性。按照正外部性理论，生产者依据私人的边际成本等于边际收益来决定的实际产量会小于社会边际成本与社会边际收益时的产量，它所决定的市场价格会低于社会均衡价格，从而出现社会福利的无谓损失。

总之，由于公共物品的非排他性和非竞争性，公共物品由私人市场来供给往往是不足的。因此，在现实生活中，公共物品的供给常常需要借助政府的力量。

三 公共资源与"公地悲剧"

公共资源是指可供人们共同使用和消费的资源。也就是说，公共资源为某一群体或某一范围内所有成员共同拥有。这个群体里的任何一个人都对该资源拥有使用权。这类资源包括清洁的水和空气、石油矿藏、湖泊、河流、地下水、牧场、鱼类和其他野生动物等。

在中世纪的英格兰，每个村庄都有一片作为公共品的牧地，每户家庭都可以不用支付费用而在地上放牛或放羊。当然草被一户人家的牛吃掉后，其他人家的牛就吃不到了，因此消费是竞争性的。但是村庄里每户人家都有权利使用这个公共品，所以它不是排他性的。如果没有使用限制，这片公地最终将被过度放牧。要知道这是为什么，就要先考察一户家庭多购买一头牛并将它放在这片公地上所面临的激励。该户家庭能从增加的牛奶生产中获得收益，但是增加一头牛到公地上会减少其他家的牛吃到的草，从而产生负的外部性。因为这户家庭以及村庄里的其他家庭在决定是否要增加一头牛到公地上时，是不会把这种负的外部性考虑进去的，因此将会过多地增加牛的数量。最终这片公地上的草将被耗尽，每户家庭的牛都将吃不到草。

1968年美国加利福尼亚大学生物学家哈丁教授发表了题为《公地的悲剧》的论文，自此以后，"公地悲剧"（Tragedy of the Commons）便成了众所周知的术语。"公地悲剧"来自对公有资源的没有限制的利用。为了说明他的理论，哈丁要求读者想象一个对"所有人开放"的牧场，然后，从一个理性的放牧人的角度考察这种情形的结果。每个放牧人都从自己的牲畜中得到直接的收益；但在他或其他人在牧场上过度放牧时，每个放牧人又因公共牧场退化而承受延期成本。因此每个放牧人都有增加越来越多的畜群的动机，因为他从自己的牲畜身上得到直接收益，承担的只是由过度放牧所造成的损失中的一份。也就是说，每一个个体在追求自己的个人利益时把他利用该资源的一些成本转嫁给了他人。这是一个悲剧，在一个信奉公地自由使用的社会里，每个人追求他自己的最佳利益，长此下去，资源枯竭或环境恶化是必然的结果。

"公地悲剧"的一个现代例子就是某些贫困国家的森林。当一户家庭砍伐一片公共森林里的树木时，他只会考虑获得木柴或建筑用木材所带来的收益，而不会考虑森林减少的成本。例如，海地曾经有大量森林，然而今天这个国家80%的森林被砍伐掉了，主要被烧成木炭用来取暖和烧饭。因为再也没有树根抓住山上的泥土，所以大雨导致了毁灭性的洪水。一份报纸是这样描述海地树木砍伐的：虽然"禁止砍伐"的标志就挂在公园的入口处，但是因为缺乏财力和人力，这个禁令无法执行。伐木人在夜间行动，将树木砍倒。第二天通过卡车把树木运出去。几天后，这些树木会突然出现，经过煅烧后被包装在白色的袋子里，由满身灰尘的妇女将它们卖出。"这是我养活四个孩子的唯一办法。"卖主维罗纳说，"我听说过洪水是由森林砍伐所致，但是对此我也无能为力。"

实际上，公共资源使用的非排他性与竞争性，意味着公共资源的使用存在负外部性。图16-3显示，对于公共资源，如森林里的树木，它的有效使用水平 Q_1 是由需求曲线（反映消费者获得的边际收益）与反映砍伐树木的社会成本曲线的交点决定。根据我们有关负的外部性的讨论，社会边际成本等于砍树木的私人成本加上外部性成本。在这个例子当中，外部性成本表现为每个人砍伐的树木越多，其他人可获得的就越少，以及森林砍伐得越厉害，产生洪水的可能性越大。因为单个树木砍伐者都忽略了外部成本，树木砍伐的均衡量是 Q_2，超过了有效水平。图16-3中阴影三角区域显示了在这个均衡水平上的无谓损失。

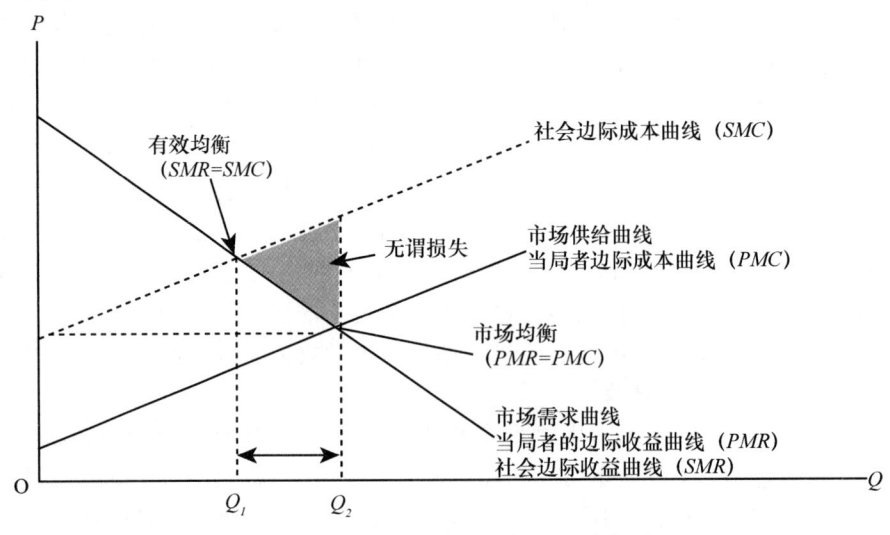

图16-3 公共资源的使用与"公地悲剧"

关键概念

外部性　负外部性　正外部性　公共物品　"搭便车"问题　公共资源　"公地悲剧"

思考题

1. 负外部性为何产生市场失灵及福利损失？
2. 正外部为何产生市场失灵及福利损失？
3. 公共物品为何市场供给不足？
4. 公共资源为何容易产生"公地悲剧"？

第四篇　政府行为理论

在中国社会主义市场经济活动中，除了企业、家庭和市场，政府是一个非常重要的行为主体。在研究了中国企业、家庭和市场的微观行为之后，本篇研究中国政府的微观经济行为。本篇从微观经济学角度或组织理论角度探讨政府的目标、功能与运作方式及其产出绩效，为把握一般性政府轮廓和日常活动提供素描。但是，本篇侧重点在于讨论政府与经济增长的关系。作为发展中国家与经济转型国家的双重身份的中国政府，具有许多独特的政府特征和行为模式。在中国经济经历了四十多年的"增长奇迹"后，研究者将增长根源或动力机制不约而同地归功于政府行为，特别是地方政府行为，以致将其概括为"中国模式"加以推重。借用北京大学发展研究院周其仁教授的话，中国政府究竟"做对了什么"、在持续深化改革的今天政府与市场的边界如何准确界定、政府还应该在哪些方面有所作为、在市场在资源配置中起决定性作用的框架下如何更好地发挥政府的作用——这些都是值得探讨的问题。具体地说，微观经济学试图运用现代产权理论、交易成本理论、合约理论与国家理论等工具对政府及其官员行为进行深入探讨，以期对转型时期的中国政府（特别是地方政府）的官员行为进行模型化与理论化、对官员决策行为特征与产出效率提出独特见解，最终为转型经济的增长与持续深化改革提供智力共识与政策建议。

第十七章，政府职能的演进。首先回顾了从"守夜人"政府、"赤字"政府、"苏联模式"政府到转型政府的演进历程，在此基础上分析了政府的政治职能、经济职能和社会治理职能。其中，政治职能包括政治统治职能、国家主权保护职能和民主职能；经济职能包括为市场经济提供制度基础、资源配置职能、收入分配职能、经济调节职能和经济稳定职能。

第十八章，中国政府是有为政府。首先从世界管制行政转向服务行政发展趋势和中国机制转型的现实，提出了建设中国有为政府。其次说明了中国有为政府的显著特征：必须是人民政府，而不能是寡头政府；应该是强力政府，不能是软弱政府；应该是有效政府，不能是无效政府。

第十九章，中国政府的层级结构。与企业组织一样，中国的政府结构也是层级性的，简单地分为中央政府和地方政府，地方政府又可分为省级政府、县级政府、乡镇政府等。基于中国政府的层级结构，我们分析了有为政府建设中，中央与地方之间是如何共同作为推动中国经济发展的。首先，分析了中央政府与地方政府之间的分权与控制；其次，分析了中央政府与地方政府的互动机制——强制、谈判和互惠；最后，进一步说明了地方政府的商业特征，它在执行中央指示政策的经济发展偏好和制度创新激励。

第二十章，政府行为人理论。火车跑得快，全靠车头带。中国公务员的产生古代有科举制，现在是公务员制度。政府行为人的行为目标主要包括履职尽责，善治为本，依法行政，按章办事，恪守职业道德，廉洁自律，追求绩效，赢得晋升。中国公务员的激励主要有工资福利、职务职级晋升以及奖励荣誉等。中国公务员的约束包括法律约束、纪律约束、道德约束、资源约束。坚持反腐倡廉，坚决打赢反腐败斗争攻坚战持久战。

第十七章 政府职能的演进

视频讲解

第一节 政府和政府职能

一 政府的产生

按照马克斯·韦伯的理论，政府是具有合法使用垄断权力的并在一定的领土内制定规则的一套机构。政府的权力包括基本权力和专制权力。政府能够深入于国民社会并在整个管辖领域内合理地贯彻其政治决定的能力，这就是政府的基本权力；专制权力则是指政府精英无须同国民社会群体进行正常的协商就可以实施的权力。

政府是什么，是一个古老而现代的问题。经济学家是如何看待这一问题的呢？从历史经验来看，政府具有两项非常古老的职能，即保护国人安全和维护社会秩序。想象一下，一个地域范围内的群体居民突然遭到外部入侵的威胁，这在古代是常有的事，居民要么逃跑，要么组织起来自卫。然而逃跑最终没有可逃之所，组织自卫迫不得已，这种保护群体安全的组织自卫从暂时发展到长远，从粗略发展到精细，最终形成了稳定的国防力量，由国家政府统一调配。政府提供国防力量保护群体整体的安全时，对群体内部的个体而言，内部个体的安全与财产保护也是必需的。经济学的常识已经告诉我们，自我保护始终是低效率或者行不通的，必须由政府来建立和维护社会秩序，颁布法律条令，对违法行为进行强制性处罚。由此，政府作为对外对内活动的组织单位，必须征集社会资源来维持自己的正常运作，随着时代的发展变化，政府的职能也在不断地变化拓展，政府的规模也在不断地变化。

二 政府职能

政府职能是指政府为实现国家目标和公共利益而履行的职责和任务。其具体包括以下内容。

第一，立法职能和司法职能。制定、修改和废止法律，为社会管理提供法律基础，这就是政府的立法职能。通过法院系统解决纠纷、审判犯罪行为，维护社会公平和正义，就是政府的司法职能。社会上犯罪分子的存在是不可避免的。由于各种不正常、不健康的动机趋势，社会出现了各种犯罪现象，危及人的安全和财产安全，且在市场经济条件下更容易引发这种犯罪。目前社会又出现了利用高科技进行犯罪活动的现象。面对这种新形势，政府维持社会秩序的任务更加艰巨。

第二，行政职能和财政职能。行政职能就是政府管理和运营国家机构，领导和管理国家事务，实施政策和计划。财政职能是管理国家财政收入和支出，制定预算计划，实施税收政策。政府的行政职能和财政职能是最为直接和重要的资源配置功能，它决定政府税收如何获得，获得多少的问题，还决定财政收入如何分配，比如向哪些部门倾斜，向哪些地区倾斜，向哪些人群倾斜的问题。此外，它还有明显的收入再分配功能，以缩小收入差距，实现共同富裕。经济学家除了关心市场资源配置效率，还关心单位、个人和家庭之间的收入和福利分配。任何市场竞争都以初始分配为前提，初始分配可能无法使收入财富和福利分配按照社会认为符合社会公正的方式进行。社会面临的问题在于决定它更喜欢哪种收入和福利分配，然后再考虑能够使现在的分配方式达到最令人满意程度的措施。由于慈善机构并不能提高社会福利规模，政府成为替代选择。因为政府有一定的强力，同时通过预算提供绩优产品，主要是自由供应，个人不可能选择适量服务。此外，政府更愿意采取直接措施来调节职能。

第三，国防职能和外交职能。保卫国家安全，维护国家领土完整和国民安全，就是国防职能。处理国际事务，维护国家利益，参与并签署国际协议，就是外交职能。尽管随着科学技术的快速发展，国与国之间的距离越来越近，在这个日行千里、巡天遥看一千河的时代，地球村已经不再是幻想。作为主权国家，中国仍然必须捍卫国家的领土完整和主权。自1840年西方列强开始侵略和瓜分中国，日本帝国主义侵略中国的历史证明，保卫国家主权是政府的重要职能。国无强兵，主权安在。因此，政府必须重视国防建设，用科学技术建设军队，把握打赢高科技战争，包括电子战和信息战，同时开展积极的外交活动，捍卫国家主权和尊严，多交朋友，广交朋友。

第四，社会职能和环境职能。政府的社会职能就是政府制定和实施社会政策，保障社会福利和公共服务。制定环境政策，保护和管理自然资源，应对气候变化，是政府环境职能的重要内容。比如，政府提供市场不能充分提供的公共物品，制定和实施公共资源的保护政策。目前，环境保护显得特别重要，它体现在维护生态平衡、保障人类健康、应对气候变化、实现可持续发展、加强国际合作和遵守法律法规等方面。通过保护自然资源、保护生物多样性和维护生态环境的稳定，可以保障生态系统的健康运转，维护生态平衡。环境污染和生态破坏对人类健康和生活质量造成严重威胁，环境保护可以减少空气污染、水污染和土壤污染等环境问题，保护人类健康，提高人民的生活质量。环境保护对于应对气候变化和环境灾害具有重要意义，通过降低温室气体排放、保护自然资源和生态系统，可以减少气候变化的影响,增强抵御自然灾害的能力。环境保护是实现可持续发展和优化资源利用的重要保障,通过节约能源、推动循环经济、提高资源利用效率,可以实现经济的可持续发展,减少资源浪费,保护自然资源。环境保护是国际社会的共同责任,积极参与环境保护合作,提升自身的环境管理能力和环境保护水平,有助于增强国家的国际形象和影响力。环境保护已成为国家法律法规和政策制定的重要内容,积极履行环境保护职能,推动环境立法和政策制定的实施,是政府的法定职责。

第五,科技职能和教育职能。推动科技创新,促进科技发展,提升国家竞争力,提供教育资源,保护和促进文化遗产,培养公民意识,以上这些都是政府的重要职能。科学技术和教育是国家发展的重要支撑,通过创新和科技进步,可以提高产业的技术水平和创新能力,提升国家在全球竞争中的地位。科学技术的进步对经济具有重要推动作用,通过科技创新,可以提高生产效率,推动产业升级,培育新兴产业和高技术产业,实现经济的可持续发展。科学技术和教育的发展可以为人民提供更好的教育、医疗、交通、通信等公共服务,提高人民的生活水平和幸福感。科学技术和教育可以为解决重大社会问题提供支撑,通过科技创新,可以应对气候变化、环境污染、粮食安全、能源安全等全球性和国家性挑战。科学技术和教育的发展可以培养具有创新精神和创造力的人才,提高国家创新能力,推动社会进步和文明发展。科学技术的发展对国家安全和国防具有重要意义,通过科技创新,可以提升国家的军事实力和国防能力,保障国家安全和领土完整。

第二节 从"守夜人"政府到"赤字"政府

政府职能的具体内容可能因国家政治制度、法律体系和社会需求的不同而有所差异,还会因所处的不同的历史阶段有所不同。下文从经济思想史方面扫描了自1776年《国富论》出版为标志的现代经济学诞生以来,关于政府职能和政府规模的演变逻辑与基本内涵,回答了"政府是什么"这一古老而现代的问题。本节说明从无为而治的"守夜人"政府推进到解决失业问题的"赤字"政府,政府的规模在不断地扩张,政府目标与政策工具也在变化。

一 "守夜人"政府

亚当·斯密自由主义盛行的时代,政府也不只是具有保护国人安全和维护社会秩序两项职能了。在他来看,社会资源的配置交给自由竞争的市场这只"看不见的手"就行,政府只是保留"守夜人"职能和最小规模:第一,保护国人不受外敌入侵;第二,维护公正与社会秩序;第三,提供公共物品和公共服务。前两项是古老的职能,第三项是增加的职能,它包括政府提供道路、桥梁、运河和海港等公共物品以及公共卫生、教育培训等公共事务。斯密为何强调增加第三项职能?因为在市场经济条件下讨论如何实现资源的最优配置问题时，他相信自由市场的神奇力量，主张将政府的规模限定在最小范围内。但是，斯密提出的"看不见的手"是建立在"人性自利""产权私有"的假定基础上。在现实世界中，公共物品和公共事务的提供无法通过自由市场来实现。然而这些东西却能够提高市场运作效率或改善劳动者的生产效率从而提高社会福利。比如斯密认为，英国为了扩展海外贸易和海上安全，需要增加海军的规模；教育培训可以增加人力资本而公共卫生可以改善劳动者生活生产环境和身体素质；等等。

在市场向更为广泛的空间扩张的同时，经济学家发现供求机制、竞争机制与利润机制所不适用的范围与领域也在增加，为此，经济学家专门用术语"市场失灵"来概括之。试想处于现实中的斯密肯定知晓"市场失灵"现象，也为解决这一现象提供了基本见解，即市场做不了的或市场做起来低效率的活动，交给政府来做。因此，从资源配置资源效率角度看，"大市场小政府"格局是合理的。

二 "赤字"政府

1601年英国颁布了《济贫法》并建立了慈善机构，政府维护公平正义的职责没有消失，虽然保持在低级别或低水平上，然后在"斯密教条"中，公平正义作为古老的政府职能并没有置之高阁，只是被效率目标的不懈追求所掩盖，在自由竞争时代，政府对穷人和劳工处境的关心也仅限于早期的济贫法所扶持的范围内。然而，如果市场竞争和价格机制产生了大量的劳工失业，特别是1929—1933年大萧条时期，这是否也应该由政府负起责任呢？政府应该将解决失业问题纳入自己的政策目标内吗？

按照传统教条或者"萨伊定律"，短期失业是可能的，但长期失业是不可能的，因为自由的价格机制和工资机制会将经济自动恢复到充分就业水平，政府不用干预经济运行。然而，约翰·梅纳德·凯恩斯说："从长期来看，我们都死了！"他指出，经济处于充分就业均衡是例外，不是常态，而非充分就业均衡才是常态，因此，实施积极的"财政赤字"政策是实现充分就业的有效手段，在这方面，政府可以大举借债来大兴公共工程项目，以此增加就业机会和减少资源闲置。这就为政府职能扩展到解决失业问题提供了理论基础。

20世纪30年代美国的"罗斯福新政"为凯恩斯理论提供了最初的实验场所，它的成功为日后特别是第二次世界大战后的凯恩斯主义经济政策在西方国家打开方便之门，促致凯恩斯主义理论盛极一时。后来人们发现，伴随"赤字财政"政策而来的是居高不下的通货膨胀，政府开始在稳定经济的政策方面左右摇晃、举棋不定，而稳定经济成为西方国家政府的显著目标，由财政政策和货币政策为主要内容的"需求管理"政策也顺理成章地成为政府宏观经济调控的主要方式。

第三节 从"苏联模式"政府到转型政府

20世纪30年代关于"市场社会主义是否行得通"的学术理论论战并没改变"苏联模式"对新中国的政府吸引力,1953—1978年中国建立了高度集权的全能型政府组织,完全排斥甚至消灭了市场机制的资源配置功能,政府全面替代了市场,然而政府最终未能实现赶超发达国家的战略目标,反而与之差距越拉越大。1978年改革开放后,中国经济面临发展与转型的双重任务,这为转型中的政府设定了特殊的职能与责任。在经济转型实践当中,全能型政府向有限有为政府转变,其中地方政府的表现突出,为经济增长做出了极大的贡献。

一 "苏联模式"政府

在西方国家践行稳定经济的同时,世界上许多发展中国家或地区提出"赶超战略",跨越式发展经济成为它们的首要目标。1949年中华人民共和国成立后也加入了赶超发达国家的洪流当中。在"苏联模式"的影响下,中国政府采取了计划经济体制,集中一切力量办大事,形成了超级政府,也就是列宁所说的,"国家就是一个大工厂"。在这个大工厂中,劳动力、土地、资本设备以及原材料等各种生产要素投入决策权力高度集中于上级并服从于中央计划,企业本身不是独立的生产投资经营单位,甚至在人民公社时期,通过"公共食堂"方式连农民的消费决策权也一度被剥夺。那时市场被排斥,几近灭绝,货币的交换功能只在小范围内发挥作用,辅之以配给制如粮票、布票、肉票等形成"短缺经济"特征;城乡之间的商品交换以工农"剪刀差"方式汲取农村剩余以积累重工业化所需要资本。在这种国家强力推动下,中国经济发展取得了不错的成就,计划经济时期(1953—1978年),中国GDP年均增速在6.4%左右,但耗费和代价巨大。

二 转型政府

中国采取全能型政府的经济发展模式有其必然性与现实性,但是这种模式的缺陷及其低效率在实践中凸显出来,最终难以为继。1978年中国实行改革开放国策,改革计划经济体制,开始向市场经济体制渐进式转型,恢复市场对资源配置的效率,特别是农村经济体制率先改革取得了惊人的效果。然后改革从农村向城市推进:政府行政性放权让利,政企开始分离,同时转变政府职能和政府机构改革以服务于"以经济建设为中心",将全能型政府向"有限政府"转变。1984年废止了人民公社制度,意味着政府行政管理体制的巨大变化,此后政府促进经济发展的方式由过去的"主导之手"逐渐向"扶助之手"演进,其间为了鼓励和培育市场参与主体和活跃经济,出现了"政府办实体"参与市场竞争的热潮,这鼓励了国有企业参与竞争,同时也助长了权力部门参与市场竞争,是权力寻租的典型形式，为今后的深化改革平添了不少的阻力。

自2001年中国加入世界贸易组织（WTO）以后，为了适应WTO贸易规则和经济全球化，"有限政府+有效政府"成为研究共识。在这种外部压力下，政府的行政管理、行政行为、行政方式和职责范围等方面需要实现全方位转变，从全能型向有限型、从管制型向服务型转变。从制度经济学角度看，政府的运作效率会以交易费用的形式内含在国际分工与合作的商品市场和要素市场当中，成为中国产业优势与国际竞争力的一个重要组成部分。虽然按照发达国家政府运行效率的评价标准，中国政府的运行效率还有待提高，但不得不说，转型政府的效率不断提高却是一个历史事实。

从经济增长与转型实践来看，中国政府在全面转型取得了很大的成效。我们可以从以下几个方面来理解。第一，在亚当·斯密的眼中，"守夜人"政府是个"无为而治"的政府，中国政府不是"无为而治"的政府，除了提供公共物品和公共服务，它的职能远不止弥补"市场失灵"这么简单，因为从逻辑关系来看也是如此。斯密理论的假定是经济资源配置首先是由市场来主导，市场无法提供或低效率提供才由政府来承担，也就是说，市场在先而政府在后，然而在中国转型经济中，资源配置的次序是政府配置在先而市场在后，政府无效率或低效率的产品或服务才由市场来提供，从全能型政府转向理想的"无为而治"政府这中间存在一个巨大的鸿沟，政府作为的空间巨大。

第二，转型经济本身是改变资源配置机制与调整政府组织的运行方式，也是在全社会范围内进行的利益分配和利益调整的"革命性"变革。如果政府本身不作为，转型经济过程产生的制度成本可能会高昂得足以阻碍改革的顺利进行，甚至导致改革失败。在建立社会主义市场经济体制为目标的过程中，政府必须有所为且要大有作为。

第三，特别值得我们注意的是，发展经济改善民生是政府的首要责任。当市场还不健全或根本不存在时，政府要培育市场，激励市场参与，建立健全市场竞争机制，充分发挥价格机制在资源配置中的重要作用。在中国特殊的政治经济社会环境当中，地方政府在促进经济增长当中展现出独特的行为能力，为经济增长做出了极大的贡献。

关键概念

政府职能　"守夜人"政府　"赤字"政府　"苏联模式"政府　转型政府

思考题

1. 政府的职能包括哪些方面？
2. "守夜人"政府和"赤字"政府有何区别？
3. "苏联模式"政府和转型政府有何区别？

第十八章 中国政府是有为政府

视频讲解

第一节 有为政府是人民政府

中国建设服务型的有为政府，首先要解决为谁服务的问题，还要解决服务能力的问题。我们认为，作为有为政府，中国政府是必须为广大人民服务的人民政府，而不是为少数利益集团服务的寡头政府。

一 寡头政府

寡头政府是指政府被寡头集团把持和操纵，为少数利益集团服务的政府。世袭政府是一种寡头政府，政府的利益就是皇室家族的利益，如中国封建社会的政府。流行于西方国家的所谓的民选政府也是寡头政府。从形式上看，在民选国家里的主要官员由选民直接投票选举，并按照法律规则行使权力并接受选民的监督，官员任期届满后又开始重新选举。正如哈罗德·德姆塞茨所说："竞争使政治家和政党服从于投票场所这个过滤器，就像竞争是经理服从于市场这个过滤器一样。"在所谓的民选国家，党的领导人身份并没有政府的行政权力，而党组织是一个比较松散的组织，要获得行政权力只能先赢得选举，为了赢得选举，必须迎合大多数选民的意愿。但是，在实际上，在所谓的民选国家里，党的领导人要赢得选举，不仅需要众多利益集团的资金支持，还必须迎合众多利益集团的意愿。更为关键的是，这些所谓的民选政府实际上是各个集团的代言人，自然也是为这些利益集团服务的。显然，很难说寡头政府所力图实现的目标会和国家长远战略目标保持一致，何况执政周期限制更是加剧了各政党纲领和目标的短视。

比如，美国政府就是寡头政府，是由军工联合体控制的政府，是为军工联合体谋利益的政府。在第一次世界大战和第二次世界大战期间，美国充分利用了战争为其带来的机会，出口军火，获取巨额利润。这种以战争为媒介、以利润为驱动的商业模式，使美国意识到通过军事产业可以获得巨大的经济利益。随着第二次世界大战结束后美苏冷战的爆发,军备竞赛进入一个前所未有的高潮,为了满足军备需求,美国政府开始与军工巨头进行直接合作。这种公私合作的方式,使政府和军工企业之间形成了一种相互依存的关系。政府以大量订单和科研资金支持军工企业,而军工企业则致力于满足政府的军备需求。这种互利共赢的合作关系,使军工复合体得以形成和壮大。

首先,在美国政府方面,国防预算的审议和决策是由国会来完成的。而且在国会中,很多议员都收到了来自军工复合体的捐赠。军工企业通过向国会议员的捐赠,获得了在政策制定过程中的影响力。2018—2022年,美国前五大防务公司向国会捐赠的总额超过了1500万美元。这使国家开始为了军工复合体服务,使其获得更多的订单和政策支持。

其次,在科研领域,军工复合体通过与科研机构和大学的合作,推动军事技术,研发。这些合作不仅提供了丰富的资金支持,也加速了军事技术的突破。2018年军工企业在美国科研领域的投入占总投入的一半以上。这种集中了大量科研资源的投入,使美国在军事技术领域一直处于领先地位。然而,这也导致了其他领域的研究被忽视,包括环保和医疗等其他重要领域。军事技术的优先发展,使美国在其他领域的科研和技术创新相对滞后。

最后,在决策制定和舆论引导方面,军工复合体也发挥着重要作用。军工巨头通过大量的政治献金和游说活动对政策制定产生影响。2019年,军工企业在政治献金方面的投入达到了1.23亿美元,其中大部分用于支持军事扩张和武器升级政策的国会议员。同时,军工复合体通过媒体和公关活动,制造持续的国际威胁感,为战争和军备竞赛提供舆论支持。以"9·11"事件后的伊拉克战争为例,军工复合体通过媒体强化了对恐怖主义的恐惧,为战争提供了舆论支持,使美国在战争中投入了巨大的人力和物力。

二 人民政府

人民政府是指以人民为中心,从根本上为人民谋福利的政府。政府作为理性人要追求自身利益最大化,但是,中国政府的利益就是广大人民的利益,或者说,中国政府的利益从根本性上是与广大人民的利益一致的。

在中国,政府主要官员不是由选民直接选举产生,而是由选民的代表组成的人民代表大会间接选举产生,或者由执政党的组织部门任命,或者经过党政部门协商产生。从逻辑上来看,这样产生的政府官员会在意上级领导的意图或注重上级领导的偏好,但是,在实践中他们也必须为老百姓干实事出实招,得到人民群众的拥护和爱戴,做出实实在在的成绩来。同时,执政党为了加强党对各级政府组织的领导,依照各级政府部门结构相应成立党组织,并将决策权力集中于党委员会,行政领导一部分也是党委委员,党委员会上面成立常委会,由党委书记主持工作。这样,党组织牢牢控制着国家和行政权力,以有利于在全社会贯彻执行党的路线、方针和政策。

党的十九大报告指出,"中国共产党的初心和使命就是为中国人民谋幸福,为中华民族谋复兴"。① 党的二十大报告强调，"坚持以人民为中心的发展思想。维护人民根本利益，增进民生福祉，不断实现发展为了人民、发展依靠人民、发展成果由人民共享，让现代化建设成果更多更公平惠及全体人民"。②

中国共产党和政府为了听取广大人民的意愿和社会的呼声，在权力集中的同时，实行了民主制度，民主集中制度虽然不同于直接选举的政治制度，但在克服直接选举制度所造成弊端的同时，也发扬了基层民主和决策民主的优点，在权力不被滥用的条件下最大限度地将民众的愿意纳入政府目标当中。

陈云贤总结了有为政府的三个标准：尊重市场规律，遵循市场规则；维护经济秩序，稳定经济发展；有效调配资源，参与区域竞争。其中第三个标准是专门针对地方政府设定的，表现出地方政府作为资源调配的主要参与者的重要功能与责任。③ 中国政府是有为政府，并将进一步完善有为政府建设。有为政府必须是人民政府，必须是有限政府，当然也应该是强力政府。

第二节 有为政府是有限政府

在明确了中国政府的人民性之后，中国建设服务型的有为政府，还存在一个问题，政府在哪些方面作为或者说在哪个范围作为，总不能胡乱作为。我们认为，中国政府作为有为政府，应该是有限政府，而不能是无限政府。

一 有限政府是以法律为限的政府

通俗地讲，有限政府有限性是指政府的行为是有一个范围的，有些事情是政府应该做的，有些事情是政府不应该做的；有些事情是政府做得好的，有些事情是政府做不好的，还有些事情做了可能会坏事。与此不同，无限政府则认为自己什么事情都该做，甚至还认为什么事情自己都做得很好，更不会做错事。

从字面上讲，有限就是要有限度、有限制。有限政府就是政府行为是有限度的、有限制的，不是无所不包，自由放任的。那么这个限度是什么呢？在现代社会中，这个限度就是法律制度。简言之，有限政府就是指权力职能和规模大小受到来自法律明文限制的政府。也就是说，政府的行为范围以法律制度规定为限，不能随意超出法定界限，一旦权力职能和规模超出法定界限，也能够依据法律及时有效纠正过来。

---

① 习近平：《决胜全面建成小康社会 夺取新时代中国特色社会主义伟大胜利——在中国共产党第十九次全国代表大会上的报告》，人民出版社2017年版，第1页。

② 习近平：《高举中国特色社会主义伟大旗帜 为全面建设社会主义现代化国家而团结奋斗——在中国共产党第二十次全国代表大会上的报告》，人民出版社2022年版，第27页。

③ 陈云贤：《中国特色社会主义市场经济：有为政府+有效市场》，《经济研究》2019年第1期。

显然，实现有限政府极大依赖于立法和司法。制定完整合适的法律是第一步，如果一个国家的法律挂一漏万，存在诸多空白和混乱，那就谈不上限制和限度了，也就没法实现有限政府。在制定出好的法律制度之后，实现有限政府的关键就是如何去遵守法律、维护法律的权威，也就是在于法制的落实。在最起码的层面上，政府的行政行为必须遵守法律原则，必须严格按照法律程序办事。在更高层面上，政府应该养成法治精神，未被法律赋予司法权的行政机关，不得插手干预和行使司法权，更不能以行政权力压制法律执行。宪法和法律给政府的行政行为画上了明确的界限，确保政府不会侵害人们的基本权利。

党的二十大报告强调：坚持全面依法治国，推进法治中国建设。全面依法治国关系党执政兴国，关系人民幸福安康，关系党和国家长治久安。必须在法治轨道上全面建设社会主义现代化国家。坚持走中国特色社会主义法治道路，建设中国特色社会主义法治体系、建设社会主义法治国家，围绕保障和促进社会公平正义，坚持依法治国、依法执政、依法行政共同推进，坚持法治国家、法治政府、法治社会一体建设，全面推进科学立法、严格执法、公正司法、全民守法，全面推进国家各方面工作法治化。完善以宪法为核心的中国特色社会主义法律体系，扎实推进依法行政，严格公正司法，加快建设法治社会。[①]

中国的行政法对政府行为进行了具体的规定和限制。以下是一些主要的规定和限制。一是合法性原则：政府行为必须依法进行，不得超越法定权限和程序。行政机关的权力行使必须有法律依据，不能随意行使权力。二是公正、公平原则：政府行为应当公正、公平，不得歧视、偏袒或滥用职权。政府应该依法保护公民和组织的合法权益，维护社会公共利益。三是依法决策原则：政府行为应当依据事实和证据，依法作出决策，不得凭主观臆断、武断或违法。政府的决策应当公正、科学、合理。四是过程正当性原则：政府行为的决策程序应当符合法定程序，尊重当事人的合法权益。政府应当充分听取当事人的意见和申辩，确保决策的合法性和公正性。五是限制原则：政府行为的权力行使应当受到一定的限制和制约。政府的权力不能滥用，应当依法行使职权，遵循法律的规定和程序。六是责任追究原则：政府行为应当承担相应的责任。政府机关和公务人员在行使职权中造成损害的，应当承担法律责任，赔偿受损害的当事人。以上是行政法对政府行为的一些具体规定和限制。这些规定和限制旨在确保政府行为的合法性、公正性和公共利益的维护。

二 有限政府要求依法处理市场与政府的关系

实现有限政府，一是要有法律制度，二是要依法治理。我们认为，依法治理集中体现在两个关系的处理上，其中一个就是依法处理政府与市场的关系。在一个竞争完全、产权完全和信息完全的完全市场上，依靠市场机制来配置资源可以实现消费者福利和生产者福利，并能够带来整个市场福利的最大化，因此有限政府要肯定并重视市场机制在经济活动

---

① 习近平：《高举中国特色社会主义伟大旗帜 为全面建设社会主义现代化国家而团结奋斗——在中国共产党第二十次全国代表大会上的报告》，人民出版社2022年版，第40—42页。

中的重要作用，但是政府自身不直接参与完全市场中的经济活动，更不直接控制完全市场中市场活动，以保证各个市场主体参与竞争有相同的起点、有公平的过程。尽管市场竞争可能导致很不公平的结果，但是如果政府硬性追求结果平均，直接参与市场竞争，控制市场活动，不仅会使经济发展失去活力，使社会缺乏创造创新的积极性，甚至造成共同贫困，还可能带来新的不公平。改革开放之前，中国政府事无巨细都管都做，结果使国民经济濒临崩溃的边缘，人民生活在贫困之中。改革开放之后，政府减少了很多参与市场和控制市场的行为，人民群众的积极性极大地激发出来，国民经济活力大增。

但是，由于现实中的市场并非完全市场，要么因为存在垄断而竞争是不完全的，要么因为存在外部性而产权是不完全的，要么因为存在隐藏知识和隐藏行为而信息是不完全的，所以有限政府就应该也能够为市场提供良好的外部条件和运行环境，比如制定公平有效的法律法规、创造稳定有序的社会环境，以及充当公正的裁判等。

党的十八届三中全会指出："经济体制改革是全面深化改革的重点，核心问题是处理好政府和市场的关系，使市场在资源配置中起决定性作用和更好发挥政府作用。"[1] 建设统一开放、竞争有序的市场体系，是使市场在资源配置中起决定性作用的基础。必须加快形成企业自主经营、公平竞争，消费者自由选择、自主消费，商品和要素自由流动、平等交换的现代市场体系，着力清除市场壁垒，提高资源配置效率和公平性。要建立公平开放透明的市场规则，完善主要由市场决定价格的机制，建立城乡统一的建设用地市场，完善金融市场体系，深化科技体制改革。科学的宏观调控、有效的政府治理，是发挥社会主义市场经济体制优势的内在要求。必须切实转变政府职能，深化行政体制改革，创新行政管理方式，增强政府公信力和执行力，建设法治政府和服务型政府。要健全宏观调控体系，全面正确履行政府职能，优化政府组织结构，提高科学管理水平。

党的二十大报告强调，"构建高水平社会主义市场经济体制"。"充分发挥市场在资源配置中的决定性作用，更好发挥政府作用……深化简政放权、放管结合、优化服务改革。构建全国统一大市场，深化要素市场化改革，建设高标准市场体系。完善产权保护、市场准入、公平竞争、社会信用等市场经济基础制度，优化营商环境。健全宏观经济治理体系，发挥国家发展规划的战略导向作用，加强财政政策和货币政策协调配合，着力扩大内需，增强消费对经济发展的基础性作用和投资对优化供给结构的关键作用。健全现代预算制度，优化税制结构，完善财政转移支付体系。深化金融体制改革，建设现代中央银行制度，加强和完善现代金融监管，强化金融稳定保障体系，依法将各类金融活动全部纳入监管，守住不发生系统性风险底线。健全资本市场功能，提高直接融资比重。加强反垄断和反不正当竞争，破除地方保护和行政性垄断，依法规范和引导资本健康发展。"[2]

---

[1] 中共中央文献研究室编：《习近平关于社会主义经济建设论述摘编》，中央文献出版社2017年版，第58、59页。

[2] 习近平：《高举中国特色社会主义伟大旗帜 为全面建设社会主义现代化国家而团结奋斗——在中国共产党第二十次全国代表大会上的报告》，人民出版社2022年版，第29、30页。

实现有限政府的一个重要内容就是正确处理政府与市场的关系,它是保持经济稳定和促进社会发展的关键。一是建立健全的法律框架:政府应该确立透明、公正和可预测的法律制度,为市场提供稳定的环境。法律框架应该保护产权和契约的权益,防止市场不正当竞争和垄断行为。二是提供公共产品和服务:政府应该提供基础设施、教育、医疗、环境保护等公共产品和服务,以弥补市场的不足和满足社会的基本需求。政府还应该监管市场,确保市场行为符合法律和道德标准。三是促进竞争和公平竞争:政府应该创造公平竞争的市场环境,防止垄断和不正当竞争。政府还可以通过监管和反垄断机构来确保市场竞争的公正性和有效性。四是为市场提供信息和支持:政府应该为市场提供可靠的信息和数据,以帮助企业和个人做出明智的决策。政府还可以提供财政和金融支持,以促进市场发展和创新。五是保护消费者权益:政府应该确保市场中的产品和服务符合质量和安全标准,并提供有效的消费者保护机制。政府还应该鼓励消费者组织和权益保护机构的发展,以加强消费者的议价能力。六是协调利益关系:政府应该协调不同利益相关方,包括企业、劳工、消费者、环境等的关系。政府可以通过建立多方参与的决策机制,平衡各方的利益和需求,确保市场发展与社会稳定的良性循环。

在处理政府与市场的关系时,要避免政府过度干预市场或者完全放任市场自由发展的极端做法。正确的处理是在保持市场活力的同时,政府要有所作为,提供基本公共服务、维护市场秩序和社会公平,促进经济的可持续和包容性发展。

三　有限政府要求依法处理政府与社会的关系

除了依法处理政府与市场的关系,要实现有限政府还有一个十分重要的关系需要依法处理,那就是依法处理政府与社会的关系。与私人单位相比,政府具有垄断力和强制力,还有很多私人不具有的优势,所以政府的公权力容易损害私人的权利。做个人无法做到的事情是政府存在的价值和源泉,有限政府要严格限定自身行为,应该把负责设计和管理公共利益的公共事务作为它的主要职责。

对有限政府而言,处理政府与社会的关系是一个复杂的任务,需要平衡各方的利益和需求。一是促进透明度和问责制:政府应该积极向社会公开信息,并回应公众的关切和问题。同时,政府应该建立有效的问责机制,确保公务员履行职责和处理社会问题的公正性。二是建立公正的法律体系:政府应该制定和执行公正的法律和政策,确保公民的权利和自由得到保护。法律应该适用于所有人,不分贫富、地位和背景。三是促进公民参与:政府应该积极鼓励和支持公民参与决策过程,例如通过公众听证会、民意调查等方式加大公民参与力度。政府应该倾听公众的声音,并把民意纳入政策制定和决策过程中。四是保障社会公平和发展:政府应该采取措施减少社会的不平等现象,并提供平等的机会和公共服务。政府应该提供教育、医疗、住房等基本公共服务,确保社会各个阶层的人都能够享有基本的福利。五是建立良好的沟通渠道:政府应该与社会保持良好的沟通渠道,及时了解社会的需求和问题。政府可以通过举办公开论坛、定期发布政策解读等方式,与社会开展对话和交流。六是鼓励社会组织和非政府组织的发展：政府可以积极支持社会组织和非政府组织的发展，它们可以在社会中发挥重要的角色，代表和维护社会的利益。

最重要的是，政府与社会的关系需要建立在互信和合作的基础上。政府应该真正关心社会民众的需求，并为他们提供好的服务和保障。同时，社会也应该积极参与和支持政府的工作，共同促进社会的稳定和发展。

党的二十大报告强调，"推进国家安全体系和能力现代化，坚决维护国家安全和社会稳定。国家安全是民族复兴的根基，社会稳定是国家强盛的前提。必须坚定不移贯彻总体国家安全观，把维护国家安全贯穿党和国家工作各方面全过程，确保国家安全和社会稳定。我们要坚持以人民安全为宗旨、以政治安全为根本、以经济安全为基础、以军事科技文化社会安全为保障、以促进国际安全为依托……统筹维护和塑造国家安全，夯实国家安全和社会稳定基层基础……建设更高水平的平安中国，以新安全格局保障新发展格局"。[①]

"完善社会治理体系。"健全共建共治共享的社会治理制度，提升社会治理效能。在社会基层坚持和发展新时代"枫桥经验"，完善正确处理新形势下人民内部矛盾机制，加强和改进人民信访工作，畅通和规范群众诉求表达、利益协调、权益保障通道，完善网格化管理、精细化服务、信息化支撑的基层治理平台，健全城乡社区治理体系，及时把矛盾纠纷化解在基层、化解在萌芽状态。加快推进市域社会治理现代化，提高市域社会治理能力。强化社会治安整体防控，推进扫黑除恶常态化，依法严惩群众反映强烈的各类违法犯罪活动。发展壮大群防群治力量，营造见义勇为社会氛围，建设人人有责、人人尽责、人人享有的社会治理共同体。[②]

第三节 有为政府是强力政府

在明确了中国政府作为有为政府的人民性和有限性之后，我们来说明有为政府的有效性。政府的行为目标和行为约束固然十分重要，但是政府的行为效果更为重要。我们认为，中国政府作为有为政府，必须是强力政府，不能是软弱政府。

一 软弱政府

按照青木昌彦等的看法，因为拥有保护私有权的强制力，政府具有扩大市场的潜力，也因为拥有对部分私有权课税的强制力，政府有可能向自己转移财富。[③] 同样的，斯蒂格

[①] 习近平：《高举中国特色社会主义伟大旗帜　为全面建设社会主义现代化国家而团结奋斗——在中国共产党第二十次全国代表大会上的报告》，人民出版社2022年版，第52、53页。

[②] 习近平：《高举中国特色社会主义伟大旗帜　为全面建设社会主义现代化国家而团结奋斗——在中国共产党第二十次全国代表大会上的报告》，人民出版社2022年版，第54页。

[③] ［日］青木昌彦等编著：《市场的作用　国家的作用》，林家彬等译，中国发展出版社2002年版。

利茨认为，政府拥有其他组织所不具备的强制力，它是一个对全体社会成员具有普遍性的组织。① 因此，从理论上讲政府应该是强力的。然而，实际上并不是所有政府都是强力政府。

1974年诺贝尔经济学奖获得者冈纳·缪尔达尔在《亚洲的戏剧——南亚国家贫困问题研究》一书中指出，南亚各国的贫困根源在于制度和态度，而基于此病症进行所谓改革和战略计划的政府却是软弱的政府，表现为无力改变阻碍农业进步的土地制度、国家内部不团结以及政府不稳定且低效率、地方自治政府无能等，这些都是南亚国家长期处于停滞落后的重要原因。② 非洲国家特别是撒哈拉沙漠以南的国家是另一种类型的软弱国家。阿西莫格鲁和罗宾逊在《国家为什么会失败》一书中指出，这些国家全面接手了殖民地时代的制度遗留，却没有建立政治集权的政府，社会中平衡的军事力量使创建这种集权制度非常困难。③ 实际情况很可能是，任何试图集中权力的集团或部族不仅面对强烈的抵制，而且可能失去已经握有的权力和特权。这种政府的软弱导致内部帮派林立、争斗不休，根本没有时间和能力来发展经济。

二 强力政府

2001年，著名学者奥利维尔·布兰查德和安德烈·施莱弗在比较中国和俄罗斯这两个转型国家经济增长绩效的差异后指出，中国令人惊讶的增长成就在于中国集权政治的作用，不同于俄罗斯的"边缘民主"政治或官员被"俘虏"情形，中国政府强有力控制住了官员的"攫取之手"，转而将其手转化为"扶助之手"，培育出大量的工商力量。④

转型经济中的中国政府，体现出强有力特征。作为政治统一的政府，中国政府表现出强烈的发展意识和创新冲动。中央不断强调要处理好"改革、发展与稳定"三者之间的辩证关系，将党和政府在改革时期的总路线概括为"一个中心、两个基本点"，充分体现了转型经济中党和政府的全局掌控能力和协调能力，使中国经济转型与政府转型得以逐步稳妥地进行，改革从局部向整体推进，从宏观环境改善到微观机制设立，集权政治体制的强有力一直成为改革与发展最为根本的力量保证。

转型中的中国政府的强力主要来源和表现在五个方面。一是对合法使用暴力的垄断能力。为了应对外部势力对国家主权的威胁，中国政府建立并部署自己的强大的军事力量。也为了防止、惩罚非正常行为和镇压社会动乱，中国政府也维持和发展乐于奉献的、纪律严明的警察队伍。二是资源再分配的强大能力。政府的资源再分配能力依赖于税收、转移

---

① [美] 斯蒂格利茨：《政府为什么干预经济——政府在市场经济中的角色》，郑秉文译，中国物资出版社1998年版、中国发展出版社2002年版。
② [瑞典] 冈纳·缪尔达尔：《亚洲的戏剧——南亚国家贫困问题研究》，首都经济贸易大学出版社2001年版。
③ [美] 德隆·阿西莫格鲁、詹姆斯·罗宾逊：《国家为什么失败》，李增刚译，湖南科学技术出版2015年版。
④ Oliver, B., and Shleifer, A., 2001, "Federalism With and Without Political Centralization: China Versus Russia", IMF Staff Papers, Vol. 48, Special Issue 1-9.

支付和政府投资手段。中国经济转型以来，政府收入和政府支出快速增长，这既为政府发展经济提供了强大的动力，强化了人民的经济保障，也有助于缩小财富与收入分配的差距，实现政治和社会的稳定。三是塑造民族统一和动员群众的强大能力。中国是一个拥有14亿人的多民族国家，在党中央的坚强领导下，实行民族平等和区域自治政策，从而营造一种共同的国民忠诚与信仰的文化，也就是中国特色社会主义的核心价值观。四是调控社会与经济的强大能力。由于商业化、城市化和工业化，以及权力与信息的分配不均，现代社会中充满了危机。为了应对这些危机，中国政府自始至终强调规范经济和社会生活，如在规范食品与药品质量、出台安全标准、推动贫困救济和制定婚姻制度等方面大力作为，体现出政府改变个体偏好并使其服从于政府规定行为的能力。五是维持政府机构内部凝聚力的强大能力。现代官僚机构是由一系列微型化的多功能单位组成的一个综合性组织，官僚机构的惰性与部门主义、个别官僚的宗派主义与腐败都可能侵蚀政府机构内部的凝聚力。中国在经济转型中，强调"两个确立""两个维护"，有助于密切政府机构之间的配合，有助于防止腐化堕落之风，有助于降低社会风险。进入新时代，中国共产党确立了习近平同志党中央的核心、全党的核心地位，确立了习近平新时代中国特色社会主义思想的指导地位。这对于推进中华民族伟大复兴历史进程具有决定性意义。

关键概念

寡头政府　人民政府　有限政府　强力政府　有为政府

思考题

1. 寡头政府和人民政府有何区别？
2. 有为政府的主要特征是什么？
3. 简述有限政府的含义。
4. 强力政府的主要特征是什么？

第十九章　中国政府的层级结构

政府是一个组织实体，它按照一定的规则将任务分配给各个单元并使之相互协作。政府不是目标单一的组织，而是目标多重的复合性组织，为了实现多重目标，政府需要建立结构层级与功能复杂多样的组织系统。同企业的层级结构一样，政府也是一个层级结构的组织。中央政府通过授权形成地方政府，同时也对地方政府进行监督和控制。由于政府目标的多重性以及中央与地方之间目标的偏重存在差异，中国在改革实践形成了类似"行为联邦制"的分权结构模式。这种模式为地方政府发展地方经济展开的地区竞争作出解释。实际上，地方政府比中央政府更热衷于GDP增长，也比中央政府更具有商业特征。

第一节　中央政府对地方政府的分权与控制

中央与地方之间分权即事权的划分与责任的分担。除国防、外交和货币发行等由中央直接管理，其他事项如土地资源管理、环保、财税、交通、信息、工业、农村、卫生、科技等事权都由中央和地方进行分权管理和责任分担，并由中央和地方分别设立相应部门进行归口管理。比如，土地资源管理在中央归自然资源部管理，在地方归省自然资源厅管理，向下依次设立相应的管理部门，由此中央与地方层级关系呈现"条条块块"权力分配布局，比如省自然资源厅既接受自然资源部领导，也接受省级政府领导，其他部门结构类似。对于土地资源而言，中央对全国土地进行整体规划布局、对农转土地的总量进行控制和负责各省用地指标的分配和调剂，主要是保证国土资源的有效合理利用和18亿亩"耕地红线"，而省级政府则负责本省的土地管理与规划，在获得中央下放的用地指标或调剂得来指标的条件下，自主分配给下一级政府管理权限和用地指标。

从分权特征来看，中央主要负责宏观决策的制定和事中事后监管上，重点在于提供全国性的公共物品和服务，在中央授权的范围内地方政府自主行使权力，重点在于提供地方公共物品和服务；中央授权既希望地方能够按照中央的要求或政策行事从而实现作为委托人的中央的愿望，同时又希望地方能够充分发挥代理人的积极性和活力，因此地方政府需要获得相当的自主决策权力。

第十九章　中国政府的层级结构

中央对地方的监督与控制往往采取审批方式，比如用地指标，由最初的项目审批到现在的总量指标控制，将总量控制内的用地指标分配权力下放到省级政府自行决定，减少了用地审批程序、缩短了审批时限、提高了审批效率。当然，对于影响重大的项目审批权限收归中央，比如涉及农用地征收还需报中央审批，占用基本如农田，或者占用基本农田以外耕地超过35公顷、农用地超过70公顷的需报国务院审批。同时，为了进一步发挥地方政府的积极性和自主权，中央在指标管理上进一步授权地方政府进行试点，将更多权限下放给地方政府，以建立权责对应、分工明确、运行高效的政府结构。

一　委托—代理问题

显然，中央下放权力越多，地方政府的自主性和积极性就越高。但作为代理人的地方政府的偏好函数未必和中央政府的偏好函数保持一致。事实证明，它们之间的偏好函数往往不一致，这种不一致在省级政府与市级政府之间、市级政府与区级政府之间、区级政府与乡（镇）级政府之间同样存在。因此，在如此多的层级链条下，具体事务和产出最终落实到基层政府，而基层政府的意图可能与中央政府希望实现的意图相去甚远，正所谓"天高皇帝远"，中央对地方的控制效率因委托代理问题而大大下降。

戈登·塔洛克在《官僚体制的政治》一书中说，如果每一个上级能让每层下级做90%他想让他们做的事，只有10%的事情是按照他们自己的意愿做，那么如果这个官僚有10个层级，最低一层将只有34.9%是符合最高监督者愿望的，而每一个上级对下级的控制水平若为80%，则最低一层将只有10.7%是符合最高监督者愿望的；如果10个层级中每人监督下一层的三个人，在最末一层就有将近6万人。[①]

虽然中国政府从中央到地方的层级链条只有5级，没有达到10级那么多，但每一个上级政府控制的下级人数远远超过3人，中央政府需要监督的人数达到千万数量，其中产生的效率损失是可想而知的，如何有效实现中央政府的目标和意图，势必成为委托代理模型的焦点问题，对处于分权模式中的政府来说，也是十分重要的实践问题。在中国政府的分权与控制实践过程中，会出现"活乱循环"：为了激发地方活力，中央放权，可是一放就乱；然后收权，可是一收权地方就死；中央又得放权……

二　中央如何设计最优的分权结构

詹森和麦克林在1995年发表的论文《专门知识、一般知识和组织结构》专门讨论组织的最优分权结构问题。[②] 组织中上级作为权威代表，形成一个适当的分权决策体系和建

[①] ［美］戈登·塔洛克：《官僚体制的政治》，柏克、郑景胜译，商务印书馆2010年版。

[②] Michael C. Jensen, William H. Heckling, "Specific and General Knowledge, and Organizational Structure", *Journal of Applied Corporate Finance*, 1995, Vol. 8, No. 2, pp. 4–18.

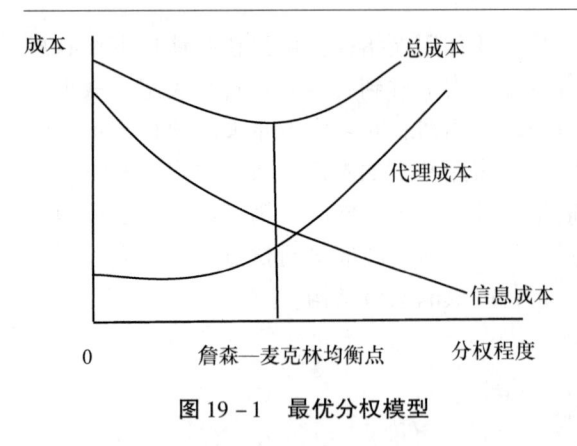

立度量绩效与奖罚控制制度来实现自己的意图。从理论上看，在层级组织中，如果决策权集中于上级，信息成本会很高，因为度量下级的产出绩效以进行奖罚控制所需要获得的信息就会很多，这会产生大量的信息成本；为了减少信息成本，上级不得不将决策权下放，但是随着下放的决策链条的延长，与上级的目标不相容的代理成本就会增加。因此组织中的权威上级不得不在"由缺乏信息引起的成本""由与目标不一致引起的代理成本"之间权衡，即

图 19-1　最优分权模型

在信息成本和代理成本之间权衡，最优的分权结构应该是二者的总和即总成本最小，这样就存在一个分权程度最优点，此时达到詹森—麦克林均衡，如图 19-1 所示。虽然理论上中央与地方总是存在一个詹森—麦克林均衡点，但寻找到此点却是一个实践问题。中国的行政放权的经验表明，寻找此均衡点在实践中是相当困难的。

如图 19-1 所示，随着分权程度增加，信息成本会下降，而代理成本会增加，因此分权程度导致的总成本是二者之和，它是一条"U"形曲线，总成本曲线的最低点就是最优分权点，即詹森—麦克林均衡点。

第二节　中央政府与地方政府的互动

一　"行为联邦制"

郑永年将中国政府的分权结构模式概括为"行为联邦制"，认为这种分权结构模式为地方经济的快速增长提供了一个制度性基础。[①] 虽然从理论上看，中国是单一的政治体系，但从实际操作上看，中国地方政府所享有的权力，要比所有联邦制国家里的州和地方政府大得多。它是介于地方自治制度与欧美国家的联邦制之间的相对制度化的放权模式，从中央与地方的互动行为的实践关系来看，二者之间更像联邦制，故命名为"行为联邦制"。

如果政府合法性体现在程序的合法性，或者表现的合法性，那么"行为联邦制"不是基于程序的合法性，而是基于表现的合法性，即中央与地方的互动行为带来的产出增长形成的合法性。这一特点类似于正式规则与非正式规则的区分，或者法定权利与实际性权利的区分，它们的区分显然都是在具体实践过程中通过双方当事人之间的互动被确认的，甚

---

① 郑永年：《中国的行为联邦制：中央—地方关系的变革与动力》，东方出版社 2013 年版。

至被双方以稳定的或制度化的方式接受。"行为联邦制"对经济转型与增长提供了政治制度基础,"政府间经济权力和政治权力的下放作为这一制度的中心特征,促成了中国层出不穷的地方创新和高速的经济发展。同时,单一制的集权政治结构,又确保中央对地方拥有相当的控制权,能够推动由计划经济向市场经济转型"。

二 "行为联邦制"的运作机制

在郑永年来看,中央与地方的互动关系存在三种主要机制:强制、谈判和互惠。这三种机制构成了中央与地方关系的完整内容,并对中央与地方关系的支配贯穿了整个改革过程。

1. 强制

强制是指中央采取强制性的手段,如干部任免制度来获得地方(省级政府)的服从,这是体现中央权威的形式。邓小平推动的改革实现了中央对地方的行政性放权和经济权力下放,容易造成各省的诸侯政治和诸侯经济,因此,加强对省级政府的监督控制是必要的,中国政治制度中有两个最重要的原则,即"以党领政""党管干部",这两个原则体现在干部任命制度中。通常中央任命省(副省)级干部,同时将省级辖区内的干部任免权交给省委,而省委任命市(副市)级干部,将市级辖区内干部任免权交给市委,依次类推。这样中央有效控制着地方以保持政治统一的同时,也给地方以相当大的自治权。

因此可以推理,如果中央希望经济增长,那么它可以设计以 GDP 绩效为基础的官员考核评价和晋升制度来达到这一点,周黎安准确捕捉到这一政治与经济的联结关系,在 2007 年发表论文《中国地方官员的晋升锦标赛模式研究》,揭示出各地官员之间的"职位晋升"竞争与地方经济增长之间的逻辑关系。[1] 虽然这种逻辑关系还有待进一步实证,但是,中央的强制机制特别是干部任免制度确是中央实现自身意图的非常重要的方式。

2. 谈判

强制只是说明中央一方是如何行动的,而谈判则告诉我们中央和地方双方是如何互动的。谈判指的是中央与地方(省级政府)通过讨价还价方式来解决二者之间的冲突,二者均认为,它们通过协商可以解决它们之间冲突,并促进共同的利益,这也意味着中央承认地方在某些事务上是独立主体地位,不适合采用强制,而谈判之所以发生,是中央和地方都认为通过互让得到的东西,远多于通过单方面行动或放弃共同协议得到的东西。谈判以相互理解为基础,而理解以共同经验或共享信念为基础。中央的领导人几乎都是先在地方工作,然后进入中央的。他们深知地方工作的复杂性与特殊性,许多事情如果强制干预会造成偏差,也达不到中央自己的意图,所以,愿意在面临二者之间冲突时以理解和缓和的

---

[1] 周黎安:《晋升博弈中政府官员的激励与合作:兼论我国地方保护主义和重复建设长期存在的原因》,《经济研究》2004 年第 6 期。

姿态进行沟通协商。

在中国的政治实践中，谈判成为权力关系的主导形式。它作为一种规范形式，广泛运用于中国的政策制定过程中。比如前文所举出的中央对各省用地指标额度和个别省与省之间的调剂额度等最终确定就是与各省沟通协商的结果，不是强制分配的。谈判给了地方（省级）政府争取自身利益的机会，通过这种形式可以向中央要政策、要资源、要政治支持等，这为地方政府发展辖区经济创造了有利的外部条件，当然，地方经济的快速发展动力更多地在于地方辖区内部的制度政策与激励机制。然而，谈判以二者之间的谈判实力为基础。各省与中央的谈判实力各不相同，争取到的外部资源条件会各不相同，客观上加剧了各省之间的发展差异。中国东部地区、中部地区与西部地区的发展差距在某种程度上与中央与地方之间的谈判机制有关。这也部分解释了经济发展型的中央政府为何会产生"地区偏好"的原因。

3. 互惠

谈判强调双方的自利，而互惠指的是中央与地方之间基于共享信念的相互义务。互惠产生于中央与地方持续互动后形成的行为规范，它代替了自利。在持续不断的互动中，中央与地方形成了长期自愿的合作，这种自愿的合作减少了冲突，促进了中央与地方之间的团结。同时，互惠有其深刻的文化和道德根源。在国家统一体当中，互惠深深根植于传统忠孝文化和"父爱主义"精神当中，作为组织整体，需要"对上忠诚""对下仁爱"的精神来凝聚力量而不仅仅依赖于自利计算产生的合作。

互惠体现在或者镶嵌在政治决策与经济政策当中。比如改革时代的省级干部任免决策更多的是基于发展地方经济考虑，而较少的是基于对省的领导人的政治控制，中央领导人与各省领导人之间需要相互支持；除了如国防和外交这样的领域，中央政策的制定是在中央和各省之间互惠互动的过程中进行的，大量的经济政策或改革方案事先在各省实施或试点，之后总结经验修改完善后上升为全国性政策或改革方案的。

无论是在历史经验中还是在政治实践中，如果没有地方的合作，中央的意图都是无法实现的，必须有义务为地方的利益作出考虑，即给予地方管理事务的自主权。在计划经济时期就发生过1958年和1970年两次经济放权运动。1978年改革开放以来，经济权力持续下放和财政放权是典型特征。经济增长的责任由中央和各下级政府分担，省级政府被给予巨大的自主权，而财政放权和地方政府相对有效的经济管理，为地方—中央关系带来了进一步的变化。中央支配各省的权力被不断削弱，直到1994年"分税制"改革后，中央的财政能力与控制能力才得以加强。

第三节　地方政府的商业特征

在"行为联邦制"或者财政"联邦主义"框架下，中国各地方政府获得极大的自主权，内生出强烈的发展经济的愿望和动力，呈现出地方发展型政府的典型特征。中央政府拥有多重目标而不只是经济目标,并不是只是一个经济主体,虽然其作为行为主体的经济性质非常浓厚。其实,相对中央政府而言,地方政府更偏好于发展经济,因而地方政府更像商业公司。戴慕珍1992年在《世界政治》杂志发表论文总结道,"(中国)地方政府呈现出商业公司的许多特点,而官员们则扮演着类似董事会角色"。[1]

一 中央政府的多重性目标

中央政府的目标可以概括为维持社会秩序与稳定、保持政治统一与稳定、促进经济增长、维护社会公平正义、增进民生幸福五个目标。在这五个目标中,前面两个目标(社会稳定与政治稳定)是后面三个目标的前提和基础,后面三个目标中的前两个(经济增长与社会公平)是直接目标,而最后一个目标(民生幸福)是最终目标。在改革与发展过程中,由于中国有执政党的坚强领导,前面两个目标一直保持总体稳定,而最终目标又依赖于前面两个直接目标,因而具有操作意义的两个目标"经济增长与社会公平"一直作为中央政府的决策所要实现的目标为经济学界所重视,这两个目标也被经济理论界简化为"效率与公平"的理论问题。

作为理性的决策者,在拥有既定的资源(或者说税收收入总额)和既定偏好函数的情形下,中央政府就会进行权衡,将既定的资源分配给"经济增长""社会公平"两个变量从而实现效用最大化。用经济模型可以表示如下:

$$\text{Max } U(X, Y) = X^a Y^{1-a}$$
$$\text{s.t.} \quad P_x \cdot X + P_y \cdot Y = m$$

其中,X、Y分别代表"经济增长""社会公平"两个自变量,$U(X, Y)$代表中央政府的偏好函数,a代表它偏好于经济增长的权重,$1-a$则表示它偏好于社会公平的权重,简单地说,如果它越偏好于经济增长则a的数值越大,如果它越偏好于社会公平则$1-a$数值越大。m表示为它所拥有的资源总量,而P_x、P_y分别代表两个自变量的单位投入成本,比如增加一个经济增长百分点所耗费的成本,或者减少一个社会公平系数所耗费的成本。该模型的典型含义是,如果中央政府作为有为政府,特别偏好于经济增长,即a的数值较大而$1-a$的数值较小,就会作出决策,将既定资源的大部分投入能够促进经济增长当中,将较少的资源用于维护社会公平,即$P_x \cdot X = am$。也就是说,在层级组织中,中央政府将大量资源用于激励地方政府发展地方经济,如果这些资源使用有效率,则中央政府传递给地方政府的偏好函数就大同小异,不会出现多大偏差,但事实并非如此简单。

二 地方政府与中央政府的偏好差异

人们在改革与增长的经验观察中发现,地方政府对于经济增长的热衷远高于中央政府

---

[1] Oi, Jean C., "Fiscal Reform and the Economic Foundations of Local State Corporatism in China", *World Politics*, 1992, No. 45, p. 100.

的偏好。张军等在地方的基础设施建设中找到了证据,指出地方政府(官员)对地方经济增长投入过分的热情,甚至到了"不可思议"的程度。[①] 为什么地方政府更偏好于经济增长呢?也就是说,在地方政府的偏好函数如 $Q(X, Y) = X^b Y^{1-b}$ 中,$b>a$,相较中央政府而言,地方政府在自己掌握的既定资源总量范围内将更多资源投入经济增长当中,而将更少的资源投入社会公平当中。研究发现,出现如此偏差的原因有以下几点。

一是多重性目标权重的差异。虽然在上面的模型中,笔者将中央政府目标和地方政府的目标都设定为两个,即"经济增长""社会公平",但这只是为了说明方便。其实,中央政府的目标是多重性的,比如笔者就列出了以上的五个目标。相较地方政府而言,中央政府的目标更多,更复杂,比如"政治统一与稳定"一般就很少进入地方政府的目标范围,而对于"社会秩序与稳定""民生幸福"等目标,中央对全国负责而各地只对辖区负责,中央责任比地方更大;特别是中央代表国家,更在意执政党政府的合法性和国际形象,对"民生幸福"也更在意。如果执政党中央政府的合法性完全依赖于暴力威胁,自然不必太在意最终目标"民生幸福"。但是,中国的执政党中央政府合法性基础在逻辑上和意识形态上是"民生幸福",因此必须选择"经济增长""社会公平"这两个变量组合来实现最终目标"民生幸福"。在其他条件不变的情形下,执政党中央政府就更看重"社会公平"对"民生幸福"的影响,而在地方官员来看,辖区内的"公平正义"对地方的"民生幸福"影响力较小,因此,更多的精力集中在"经济增长"目标上。总之,中央政府更注重"社会公平"而地方政府更注重"经济增长",也就是说,目标权重在中央与地方之间存在差异。

二是代理成本引起的偏差。显然,从逻辑上看,作为委托人的中央一旦发现地方代理人的偏好函数与自己不一致,势必可以通过一些手段来纠偏。但问题是判断地方政府的行为是否出现了偏差需要信息,而监督其行为和纠正其行为也要耗费大量资源,存在代理成本问题。更为严重的是,因为偏重经济增长而导致大量不公平后果需要向上传递到中央才可能纠偏。这需要在中央与民众之间建立有效的信息交流机制,而且这种交流机制尽可能不受地方政府的干扰,这无疑大大加重了信息成本和代理问题。

三是地区为 GDP 增长而竞争加剧了偏差。如果没有基于 GDP 绩效的考核指标和官员晋升制度,地方官员也不会如此注重 GDP 排名,就像商业公司在意利润水平一样,而官员晋升锦标赛意味着地区之间激烈竞争,而中央政府作为垄断者,没有竞争的压力,自然可以在增长与公平之间较为自由地权衡,而地方政府则没那么多自由,只能更偏向于增长。

四是地方官员的"寻租"动机也是重要的偏差来源。官员晋升制度导致地区竞争,然而,它内含的假定是:地方政府像商业公司那样运作,热衷于发展经济的动机是因为地方官员的自利,这种自利动机只是来源于想获得职位升迁,但这似乎难以令人信服。

在资源稀缺的社会中,行为主体自利的本质是对物质利益或财富的计算。这不仅是西

[①] 张军等:《中国为什么拥有了良好的基础设施?》,《经济研究》2007 年第 3 期。

方经济学而且也是马克思经济学给我们的提示。在经济"蛋糕"做大的过程中，如果地方官员分得更多的物质利益或"蛋糕"只是体现在职位升迁产生的规定待遇提高这种小量的变化上，那么增量"蛋糕"的大部分势必会落入官员以外的其他主体的餐盘中。笔者认为，现实与理论之间形成的合理推测应该是：除了官员晋升的刺激机制，地方政府中官员的"寻租"动机对发展地方经济具有更大的刺激，也就是说，是偏向于地方官员"蛋糕"分配机制刺激了地方政府发展经济的过分的热情。改革实践过程清楚地表明，"寻租"机制不是中央事先有意设计的，而是在"行为联邦制"的框架内或者说在地方获得极大自主权的条件下，地方进行改革与"制度创新"的结果。"寻租"机制在地方经济中普遍存在，它就像利润机制刺激市场中的企业家一样，使地方政府的经济利益偏好或商业特征越发浓厚。

总之，地方政府的商业特征，既体现在追求目标上，即它几乎像商业公司那样追求经济目标，很少注意自己作为政府的一个层级还应该具有其他的多重目标的属性，又体现在行为上，即它像公司经营者那样，不断地争取资源条件与同行展开竞争，还体现在制度创新上，即它为了降低交易费用而进行制度创新，提高辖区内资源的配置效率。

第四节　中国政府模式的显著优势

党的二十大报告指出，"全面建设社会主义现代化国家，是一项伟大而艰巨的事业，前途光明，任重道远"。必须牢牢把握以下重大原则：坚持和加强党的全面领导，坚持中国特色社会主义道路，坚持以人民为中心的发展思想，坚持深化改革开放，坚持发扬斗争精神。把握好新时代中国特色社会主义思想的世界观和方法论，必须坚持人民至上，必须坚持自信自立，必须坚持守正创新，必须坚持问题导向，必须坚持系统观念，必须坚持胸怀天下。[①]

坚持正确的工作策略和方法，坚持稳中求进工作总基调，坚持系统观念，坚持目标导向和问题导向相结合，坚持集中精力办好自己的事，坚持以钉钉子精神抓落实。

我国国家制度和国家治理体系具有多方面的显著优势，主要是：坚持党的集中统一领导，坚持党的科学理论，保持政治稳定，确保国家始终沿着社会主义方向前进的显著优势；坚持人民当家作主，发展人民民主，密切联系群众，紧紧依靠人民推动国家发展的显著优势；坚持全面依法治国，建设社会主义法治国家，切实保障社会公平正义和人民权利的显著优势；坚持全国一盘棋，调动各方面积极性，集中力量办大事的显著优势；坚持各民族一律平等，铸牢中华民族共同体意识，实现共同团结奋斗、共同繁荣发展的显著优势；坚持公有制为主体、多种所有制经济共同发展和按劳分配为主体、多种分配方式并

---

① 习近平：《高举中国特色社会主义伟大旗帜　为全面建设社会主义现代化国家而团结奋斗——在中国共产党第二十次全国代表大会上的报告》，人民出版社2022年版，第19—21、26、27页。

存，把社会主义制度和市场经济有机结合起来，不断解放和发展社会生产力的显著优势；坚持共同的理想信念、价值理念、道德观念，弘扬中华优秀传统文化、革命文化、社会主义先进文化，促进全体人民在思想上精神上紧紧团结在一起的显著优势；坚持以人民为中心的发展思想，不断保障和改善民生、增进人民福祉，走共同富裕道路的显著优势；坚持改革创新、与时俱进，善于自我完善、自我发展，使社会充满生机活力的显著优势；坚持德才兼备、选贤任能，聚天下英才而用之，培养造就更多更优秀人才的显著优势；坚持党指挥枪，确保人民军队绝对忠诚于党和人民，有力保障国家主权、安全、发展利益的显著优势；坚持"一国两制"，保持香港、澳门长期繁荣稳定，促进祖国和平统一的显著优势；坚持独立自主和对外开放相统一，积极参与全球治理，为构建人类命运共同体不断作出贡献的显著优势。这些显著优势，是我们坚定中国特色社会主义道路自信、理论自信、制度自信、文化自信的基本依据。

关键概念

分权与控制　最优分权结构　委托代理问题　行为联邦制

思考题

1. 中央如何设计最优分权结构？
2. 简述行为联邦制的含义及运作机制。
3. 简述地方政府和中央政府的偏好差异。
4. 简述中国政府模式的显著优势。

第二十章 政府行为人理论

视频讲解

政府行为人执行政府的职能，掌握着国家权力和资源，他们的行为关系社稷苍生，不但影响社会资源的有效配置，而且影响社会的公平正义。无论是领导干部还是普通公务员，终究是有血有肉的行为人，有他们的行为目标。因此，对政府行为人必须建立起制度，将德才兼备的人选拔进入政府人员队伍，建立起有效的激励和约束。不是每个人都是天使，因此，对领导干部或公务员的制度选拔、激励和约束是必要的。

第一节 中国公务员的产生

一 科举制度

中国古代对公务员的选拔采取科举制度。从隋炀帝大业元年（605年）到清光绪三十一年（1905年），科举制在中国历史上整整延续了1300年。科举被广泛认为是世界各国用以拔取人才最古老最好的制度，科举制被西方文官选拔制度所借鉴。中华文化"学而优则仕"主要源于科举制度。科举制之前，察举制是中国选才取士的一种制度，确立于汉武帝元光元年（公元前134年），其主要特征是由地方长官在辖区内随时考察、选取人才并推荐给上级，经过试用考核再任命官职，察举制的选人权在地方长官手中，最大的弊病是营私舞弊、朋比结党等行为。察举制之前，实行的是世官制，是指世代为官，王公贵族世袭官职。

与世官制、察举制相比，科举选才的客观公正性大大提升，大大提高了国家政权的公信力，也有利于在更广泛的范围内选拔出优秀人才。朝廷开科考试、士子自由报考、主要按考试成绩决定取舍，淡化了血缘和裙带关系等的影响。公平是科举考试的不懈追求，从明朝开始，为了保障公平，在经义考试中，要按照统一的"八股"（破题、承题、起讲、入手、起股、中股、后股、束股）程序答题，以便统一标准评分。科举功名的不同等级与其初选官职的不同层级相对应，科举功名和官职通过考试而获得，显著地提高了选人任能的公平度。

科举成为朝廷凝聚社会各阶层的得力工具。在职者是科举能人，其地位有制度保障，也给各阶层民众通过科举实现社会地位的上升提供了制度支撑，促进了社会的流动性。科举制度形成全社会爱学习的风气。寒门及第因为科举升至高层者很是常见，清代状元中出身于平民等级的占49%；明代进士出身于"上三代纯平民家庭"者，占统计总数的43.34%。科举对边远落后地区的人才也有照顾，加强了边远落后地区对中央的向心力，有利于国家统一和稳定。科举强调以儒学为主的中华传统文化，宣扬社会主流价值观、人生观和社会共识。至元代，以经义、论、策取士的科举几乎定型。科举制以考试内容为导向，将国家主流价值观向全社会输送和普及，增强了边疆和落后地区的文化进步和文化认同。

科举制度毕竟是农耕时代和君主专制社会的产物，也有诸多缺陷和不足。虽然对公职人员强调伦理道德品质是对的，但是考试内容过于狭窄，局限在人文领域，抑制了自然科学的发展，16世纪后，中国的科学技术和西方的差距越拉越大，这与科举制度有一定的关系。考试形式如"八股"文的文风过于僵化，压抑了人的思想和创新，束缚了人的聪明才智，阻碍了科学的发展。进入近代，科举制度的废止难以避免，废科举而兴新学，以富国强兵。

二　公务员制度

西方文官选拔制度吸取了中国科举制的合理内核，即考试的平等竞争原则和择优录用方法，且舍弃了科举考试相对无用的内容和形式，西方文官考试的内容多为数学、法律、政治、国际关系等与各种文官职位密切相关的学科。然而，晚清科举废止后相当一段时期，中国没有建立起有效的替代办法。民国政府用人标准林立混乱，派系倾轧，结党营私盛行。

1987年10月，中国共产党第十三次全国代表大会上宣布建立和推行国家公务员制度。1988年4月，第七届全国人民代表大会一次会议提出"要抓紧建立和逐步实施国家公务员制度"。1993年8月，国务院公布《国家公务员暂行条例》。2005年4月，第十届全国人民代表大会常务委员会第十五次会议通过《中华人民共和国公务员法》。现行的《中华人民共和国公务员法》于2018年12月29日第十三届全国人民代表大会常务委员会第七次会议修订。

《中华人民共和国公务员法》规定，录用担任一级主任科员以下及其他相当职级层次的公务员，采取公开考试、严格考察、平等竞争、择优录取的办法。民族自治地方录用公务员时，依照法律和有关规定对少数民族报考者予以适当照顾。报考公务员应当具备以下条件：（一）具有中华人民共和国国籍；（二）年满十八周岁；（三）拥护中华人民共和国宪法，拥护中国共产党领导和社会主义制度；（四）具有良好的政治素质和道德品行；（五）具有正常履行职责的身体条件和心理素质；（六）具有符合职位要求的文化程度和工作能力；（七）法律规定的其他条件。除此之外，还应当具备省级以上公务员主管部门规定的拟任职位所要求的资格条件。公务员的任用，坚持德才兼备、以德为先，坚持五湖四海、任人唯贤，坚持事业为上、公道正派，突出政治标准，注重工作实绩。

现行公务员考试由笔试和面试组成，笔试公共科目包括行政职业能力测验和申论两科。其中，行政职业能力测验为客观性试题，申论为主观性试题，满分均为100分。非通用语职位的报考者，还需参加统一组织的外语水平测试。金融监管、证监、公安人民警察职位的报考者，还需参加统一组织的专业科目笔试。面试按照笔试成绩从高到低的顺序确定各职位进入面试的人选，招录机关负责面试实施。部分招录机关在面试阶段组织专业能力测试。招录机关根据考试成绩、考察情况和体检结果，提出拟录用人员名单，并予以公示。公示期满，新录用的公务员试用期为一年。试用期满合格的，予以任职；不合格的，取消录用。

除了公务员考试录用公务员，中国实行选拔任用党政领导干部制度。党的十八大以来，以习近平同志为核心的党中央鲜明提出新时期好干部标准，进一步强化党组织领导和把关作用，完善选人用人制度机制，严把选人用人政治关、品行关、能力关、作风关、廉洁关。2019年3月，中共中央印发《党政领导干部选拔任用工作条例》，提出选拔任用党政领导干部必须坚持下列原则：（一）党管干部；（二）德才兼备、以德为先，五湖四海、任人唯贤；（三）事业为上、人岗相适、人事相宜；（四）公道正派、注重实绩、群众公认；（五）民主集中制；（六）依法依规办事。选拔任用党政领导干部，必须把政治标准放在首位，符合将领导班子建设成为坚持党的基本理论、基本路线、基本方略，全心全意为人民服务，具有推进新时代中国特色社会主义事业发展的能力，结构合理、团结坚强的领导集体的要求。党政领导职务实行选任制、委任制，部分专业性较强的领导职务可以实行聘任制。

第二节 中国公务员的激励与约束

一 中国公务员的行为目标

公务员是干部队伍的重要组成部分，是社会主义事业的中坚力量，是人民的公仆。党政领导干部必须信念坚定、为民服务、勤政务实、敢于担当、清正廉洁。自觉坚持以马克思列宁主义、毛泽东思想、邓小平理论、"三个代表"重要思想、科学发展观、习近平新时代中国特色社会主义思想为指导，努力用马克思主义立场、观点、方法分析和解决实际问题。牢固树立政治意识、大局意识、核心意识、看齐意识，坚决维护习近平总书记核心地位，坚决维护党中央权威和集中统一领导，自觉在思想上政治上行动上同党中央保持高度一致。具有共产主义远大理想和中国特色社会主义坚定信念，坚定道路自信、理论自信、制度自信、文化自信，坚决贯彻执行党的理论和路线方针政策，在社会主义建设中艰苦创业，树立正确政绩观，主动担当作为，真抓实干，做出经得起实践、人民、历史检验的实绩。有强烈的革命事业心、政治责任感和历史使命感，有胜任领导工作的组织能力、文化水平和专业素养；正确行使人民赋予的权力，坚持原则，敢抓敢管，依法办事，自觉接受党和群众的批评、监督，廉洁从政、廉洁用权、廉洁修身、廉洁齐家，反对形式主义、官僚主义、享乐主义和奢靡之风，反对任何滥用职权、谋求私利的行为；坚持和维护党的民主集中制，有民主作风，有全局观念，善于团结同志。

政府行为人的行为目标主要有以下几个方面。一是履职尽责，善治为本。忠于党，自觉接受中国共产党领导；忠于国家，维护国家的安全、荣誉和利益；忠于人民，全心全意为人民服务，接受人民监督；保守国家秘密和工作秘密；忠于职守，勤勉尽责，服从和执行上级依法作出的决定和命令。二是依法行政，按章办事。忠于宪法，自觉维护宪法和法律，坚守法治，遵纪守法，按照规定的权限和程序履行职责。三是恪守职业道德，廉洁自律。带头践行社会主义核心价值观，遵守纪律，恪守职业道德，模范遵守社会公德、家庭美德；清正廉洁，公道正派。四是追求绩效，赢得晋升。努力提高工作质量、效率和成效，赢得职务、职级上的晋升。

2019年4月，中共中央办公厅印发了《党政领导干部考核工作条例》，完善干部考核评价机制，建设一支信念坚定、为民服务、勤政务实、敢于担当、清正廉洁的高素质党政领导干部队伍。领导干部考核内容主要包括以下方面。（一）德。全面考核领导干部政治品质和道德品行。（二）能。全面考核领导干部履职尽责能力情况。（三）勤。全面考核领导干部的精神状态和工作作风。（四）绩。全面考核领导干部坚持正确政绩观，履职尽责情况和实际成效。（五）廉。全面考核领导干部落实党风廉政建设"一岗双责"政治责任、遵守廉洁自律准则、秉公用权等情况。

二 中国公务员的激励

公务员的管理坚持监督约束与激励保障并重的原则。中国公务员的激励主要包括工资福利、职务职级晋升以及奖励荣誉等。《中华人民共和国公务员法》规定，公务员工资、福利、保险以及录用、奖励、培训、辞退等所需经费，列入财政预算，予以保障。公务员的领导职务、职级与级别是确定公务员工资以及其他待遇的依据。公务员实行国家统一规定的工资制度。公务员工资制度贯彻按劳分配的原则，体现工作职责、工作能力、工作实绩、资历等因素，保持不同领导职务、职级、级别之间的合理工资差距。国家建立公务员工资的正常增长机制。公务员工资包括基本工资、津贴、补贴和奖金。公务员按照国家规定享受地区附加津贴、艰苦边远地区津贴、岗位津贴等。公务员按照国家规定享受住房、医疗等补贴、补助。公务员在定期考核中被确定为优秀、称职的，按照国家规定享受年终奖金。公务员工资应当按时足额发放。公务员的工资水平应当与国民经济发展相协调、与社会进步相适应。国家实行工资调查制度，定期进行公务员和企业相当人员工资水平的调查比较，并将工资调查比较结果作为调整公务员工资水平的依据。公务员按照国家规定享受福利待遇。国家根据经济社会发展水平提高公务员的福利待遇。公务员执行国家规定的工时制度，按照国家规定享受休假。公务员在法定工作日之外加班的，应当给予相应的补休，不能补休的按照国家规定给予补助。公务员依法参加社会保险，按照国家规定享受保险待遇。公务员因公牺牲或者病故的，其亲属享受国家规定的抚恤和优待。对工作表现突出，有显著成绩和贡献，或者有其他突出事迹的公务员或者公务员集体，给予奖励。奖励坚持定期奖励与及时奖励相结合，精神奖励与物质奖励相结合、以精神奖励为主的原则。奖励分为嘉奖、记三等功、记二等功、记一等功、授予称号。对受奖励的公务员或者公务员集体予以表彰，并对受奖励的个人给予一次性奖金或者其他待遇。可以向参与特定时期、特定领域重大工作的公务员颁发纪念证书或者纪念章。

中国实行公务员职务与职级并行制度，根据公务员职位类别和职责设置公务员领导职务、职级序列。领导职务层次分为国家级正职、国家级副职、省部级正职、省部级副职、厅局级正职、厅局级副职、县处级正职、县处级副职、乡科级正职、乡科级副职。综合管理类公务员职级序列分为：一级巡视员、二级巡视员、一级调研员、二级调研员、三级调研员、四级调研员、一级主任科员、二级主任科员、三级主任科员、四级主任科员、一级科员、二级科员。

公务员可以晋升领导职务，公务员晋升领导职务应当具备拟任职务所要求的政治素质、工作能力、文化程度和任职经历等方面的条件和资格。公务员领导职务应当逐级晋升。特别优秀的或者工作特殊需要的，可以按照规定破格或者越级晋升。公务员晋升领导职务按照下列程序办理：（一）动议；（二）民主推荐；（三）确定考察对象，组织考察；（四）按照管理权限讨论决定；（五）履行任职手续。公务员职级应当逐级晋升，根据个人德才表现、工作实绩和任职资历，参考民主推荐或者民主测评结果确定人选，经公示后，按照管理权限审批。

三 中国公务员的约束

中国公务员要受到法律约束、纪律约束、道德约束。加强对公务员的监督，促进公务员正确履职尽责，建设信念坚定、为民服务、勤政务实、敢于担当、清正廉洁的高素质专业化公务员队伍。

一是法律约束。公务员必须遵纪守法，法律面前人人平等，因犯罪受过刑事处罚的人不得录用为公务员。公务员必须依法行政；党的十八届四中全会通过的《中共中央关于全面推进依法治国若干重大问题的决定》明确，要"深入推进依法行政，加快建设法治政府"。对公务员涉嫌职务违法和职务犯罪的，应当依法移送监察机关处理。

二是纪律约束。遵守纪律是公务员应尽的义务。公务员应当遵纪守法，不得有下列行为：散布有损宪法权威、中国共产党和国家声誉的言论，组织或者参加旨在反对宪法、中国共产党领导和国家的集会、游行、示威等活动；组织或者参加非法组织，组织或者参加罢工；挑拨、破坏民族关系，参加民族分裂活动或者组织，利用宗教活动破坏民族团结和社会稳定；不担当，不作为，玩忽职守，贻误工作；拒绝执行上级依法作出的决定和命令；对批评、申诉、控告、检举进行压制或者打击报复；弄虚作假，误导、欺骗领导和公众；贪污贿赂，利用职务之便为自己或者他人谋取私利；违反财经纪律，浪费国家资财；滥用职权，侵害公民、法人或者其他组织的合法权益；泄露国家秘密或者工作秘密；在对外交往中损害国家荣誉和利益；参与或者支持色情、吸毒、赌博、迷信等活动；违反职业道德、社会公德和家庭美德；违反有关规定参与禁止的网络传播行为或者网络活动；违反有关规定从事或者参与营利性活动，在企业或者其他营利性组织中兼任职务；旷工或者因公外出、请假期满无正当理由逾期不归；违纪违法的其他行为。公务员因违纪违法应当承担纪律责任的，依照《公务员法》给予处分或者由监察机关依法给予政务处分；违纪违法行为情节轻微，经批评教育后改正的，可以免予处分。对同一违纪违法行为，监察机关已经作出政务处分决定的，公务员所在机关不再给予处分。

三是道德约束。公务员应具有良好的政治素质和道德品行；应恪守职业道德，模范遵守社会公德、家庭美德。民众对公务员有更高的道德要求，公务员个体的不道德行为会损害公务员群体和政府的声誉及公信力。孔子主张"为政以德"；毛泽东教导共产党员和广大干部要做"一个高尚的人，一个纯粹的人，一个有道德的人，一个脱离了低级趣味的人，一个有益于人民的人"。[1] 塔西佗陷阱就是描述执政党和政府失去公信力之后的状态。当执政党或政府部门失去公信力时，无论它们说真话还是说假话，做好事还是做坏事，都会被民众认为是在说假话、做坏事。[2]

四是资源约束。政府行为人即使有着远大抱负，立志为党和国家的事业、社会进步、人民幸福鞠躬尽瘁，死而后已，也追求自己的梦想成功，但其终究要受到资源的约束。他们可配置的资金有限，盲目举债干事业，会提高当地政府债务风险。各层级的政府行为人的权力有限，个人的想法未必有权力去实施。政府行为人的时间是有限的，他们的精力也是有限的，部分公务员或干部积劳成疾，甚至献出了宝贵的生命。公务员或干部应保持战略定力，久久为功，一件事情接着一件事情办，一年接着一年干。

机关应当对公务员的思想政治、履行职责、作风表现、遵纪守法等情况进行监督，开展勤政廉政教育，建立日常管理监督制度。对公务员监督发现问题的，应当区分不同情况，予以谈话提醒、批评教育、责令检查、诫勉、组织调整、处分。公务员应当自觉接受监督，按照规定请示报告工作、报告个人有关事项。

2015年10月，中共中央印发了《中国共产党廉洁自律准则》。中国共产党全体党员和各级党员领导干部必须坚定共产主义理想和中国特色社会主义信念，必须坚持全心全意为人民服务根本宗旨，必须继承发扬党的优良传统和作风，必须自觉培养高尚道德情操，努力弘扬中华民族传统美德，廉洁自律，接受监督，永葆党的先进性和纯洁性。党员领导干部廉洁自律规范包括：廉洁从政，自觉保持人民公仆本色；廉洁用权，自觉维护人民根本利益；廉洁修身，自觉提升思想道德境界；廉洁齐家，自觉带头树立良好家风。2023年

---

[1] 《毛泽东选集》第二卷，人民出版社1991年版，第660页。
[2] 彭国华：《错误思潮背后的安全"陷阱"》，《红旗文稿》2017年第7期。

12月,中共中央印发了修订后的《中国共产党纪律处分条例》。党组织和党员违反党章和其他党内法规,违反国家法律法规,违反党和国家政策,违反社会主义道德,危害党、国家和人民利益的行为,依照规定应当给予纪律处理或者处分的,都必须受到追究。党的纪律处分工作应当坚持以下原则。(一)坚持党要管党、全面从严治党。(二)党纪面前一律平等。(三)实事求是。(四)民主集中制。(五)惩前毖后、治病救人。

四 反腐倡廉

党的二十大报告指出,"坚决打赢反腐败斗争攻坚战持久战。腐败是危害党的生命力和战斗力的最大毒瘤,反腐败是最彻底的自我革命。只要存在腐败问题产生的土壤和条件,反腐败斗争就一刻不能停,必须永远吹冲锋号。坚持不敢腐、不能腐、不想腐一体推进,同时发力、同向发力、综合发力。以零容忍态度反腐惩恶……加强新时代廉洁文化建设,教育引导广大党员、干部增强不想腐的自觉,清清白白做人、干干净净做事"。[1]

《十九届中央纪律检查委员会向中国共产党第二十次全国代表大会的工作报告》指出,我国始终保持反腐败斗争高压态势,坚持有案必查、有腐必惩。"五年来,中央纪委国家监委立案审查调查中管干部261人。全国纪检监察机关共立案306.6万件,处分299.2万人;立案审查调查行贿人员4.8万人,移送检察机关1.3万人。在高压震慑和政策感召下,8.1万人向纪检监察机关主动投案,2020年以来21.6万人主动交代问题。"党中央高度重视巡视工作,各级巡视巡察机构共受理群众信访举报424.6万件次。中央巡视组共巡视282个中央单位和地方党组织,各省区市党委完成对8194个党组织巡视,实现一届任期内中央巡视、省区市党委巡视全覆盖,且强化巡视整改和成果运用。坚决惩治涉黑涉恶腐败和"保护伞"。全国纪检监察机关共立案查处涉黑涉恶腐败和"保护伞"问题10.3万件,给予党纪政务处分9.3万人,移送检察机关1.2万人。

加强党性教育、政德教育、警示教育和家风教育,推进新时代廉洁文化建设,构建清廉社会生态。坚持党性党风党纪一起抓,把正风肃纪反腐着力点放在督促干部廉洁用权、为民用权上。督促领导干部特别是高级干部带头落实加强新时代廉洁文化建设意见、加强家庭家教家风建设实施意见,自觉做到修身律己、廉洁齐家。

关键概念

科举制度 公务员制度 塔西佗陷阱 反腐倡廉

---

[1] 习近平:《高举中国特色社会主义伟大旗帜 为全面建设社会主义现代化国家而团结奋斗——在中国共产党第二十次全国代表大会上的报告》,人民出版社2022年版,第69页。

思考题

1. 中国公务员的约束主要有哪些？
2. 中国公务员是如何产生的？
3. 简述塔西佗陷阱的含义与启示。

结论：有效市场 + 有为政府

第二十一章 建立竞争开放的中国市场

第一节 完全市场上的政府管理

一 完全市场均衡是有效均衡

在完全市场中,市场均衡是福利最大的,因而从市场均衡改变为供过于求或者供不应求状态都会损失社会福利。按照帕累托效率标准,完全市场均衡是一种帕累托最优状态,或者说是一种经济效率状态。因此,经济学把完全市场均衡称为有效均衡。同时,由于这种有效均衡是依靠市场机制实现的,所以,市场机制是有效的,或者说市场有效。

由于完全市场是信息完全的,没有不对称信息,因而也不存在逆向选择和道德风险,当然,就不存在因此而带来的福利损失。同时,完全市场也是不存在任何垄断因素的,所以因为垄断而出现的福利损失和寻租也不会发生。更为直观的是,由于完全市场是完全产权的市场,没有正外部性也没有负外部性,它所涉及的是私人物品,并不涉及公共物品、公共资源和俱乐部物品。

因此,完全市场上的市场供给曲线或者私人边际成本曲线与社会边际成本曲线是完全重合的,市场需求曲线或者私人边际收益曲线与社会边际收益曲线是完全重合的,从而是市场供给和需求决定的市场均衡,与私人边际成本和私人边际收益决定的实际均衡是相同的,与社会边际成本等于社会边际收益是有效均衡的也是相同的(见图21-1)。

既然完全市场是市场有效的,那么在完全市场上的资源配置就是市场机制的事,不关政府什么事。但是,在现实生活中,无论是西方资本主义国家,还是中国这样的社会主义国家,政府都在对竞争市场进行管理,比如,实行支持价格和限制价格,政府征税和补贴。为什么政府要干预市场呢?政府干预会有什么影响呢?

二 实行支持价格

支持价格是为了保护生产者的利益,扶持某种产品的生产,政府规定的高于市场均衡

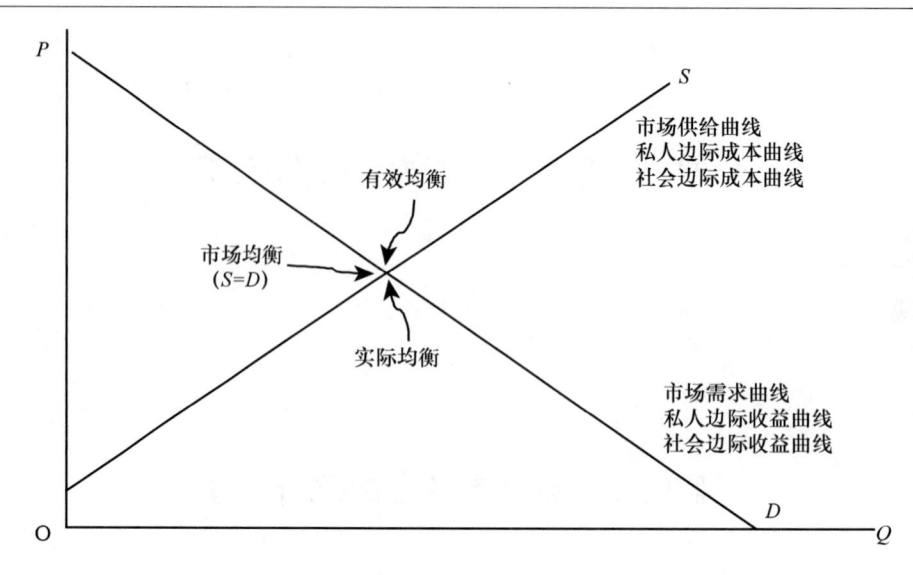

図のラベル:
- P, S, Q, O, D
- 市场供给曲线 / 私人边际成本曲线 / 社会边际成本曲线
- 有效均衡
- 市场均衡 (S=D)
- 实际均衡
- 市场需求曲线 / 私人边际收益曲线 / 社会边际收益曲线

图 21-1 完全市场均衡：市场均衡与有效均衡

价格的最低价格。农产品支持价格和最低工资标准都是典型例子。

在图 21-2 中，市场供给和市场需求决定了一个均衡状态，形成了市场均衡价格和均衡数量。也就是说，如果任由市场自发波动，该商品的市场倾向于稳定在均衡状态。现在政府认为，这种均衡状态是不利于卖方的，所以就制定了一个支持价格。

就农产品支持价格而言，由于农产品是一种生活必需品，而且这类产品生产周期较长，同时又极易受到自然因素的影响，因此，对农产品市场实行一定的价格保护对于稳定农业生产、保证农民收入、促进农业投资、调节农产品市场的供给和价格等有一定积极意义。

但是，这种支持价格也引起了一些问题。首先，支持价格的实施，不会影响市场供求，但会直接提高市场价格。市场价格的提高，一方面会激励生产者增加供给量，另一方面会减少消费量，最终会形成过剩产品。为了维持支持价格，政府必须承担起收购、储藏、运输过剩农产品的责任。其次，加剧了农产品市场价格的扭曲，支持价格高于市场均衡价格。最后，它会减少消费者剩余 $B+C$，增加生产者福利 $B+C+F$，减少政府福利 $C+E+F+G$，这是政府购买过剩谷物量的支出，关键是还会减少整个社会的福利 $C+E+G$（见图 21-2）。

三 实行限制价格

当政府认为市场均衡价格过高或者过低时，可能采取价格管制，即实行限制价格。限制价格包括价格上限和价格下限。

价格上限是政府对某种产品或服务设定的最高市场价格，如图 21-3，P_{max} 是价格上

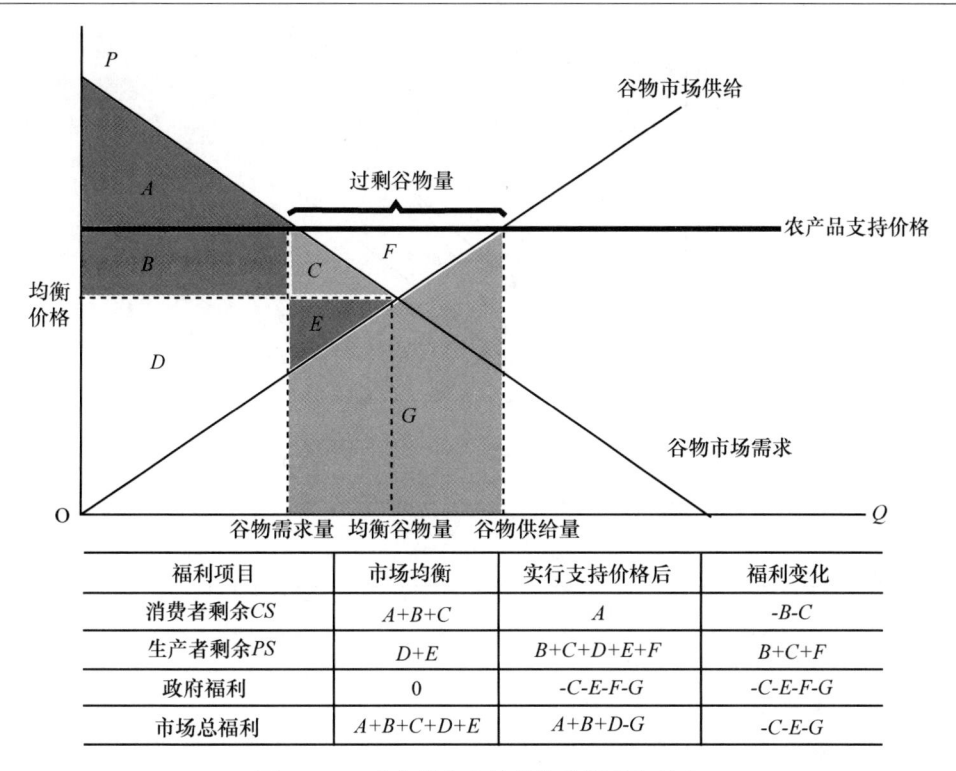

图 21-2 政府制定支持价格的福利和效率

限,是政府设立的最高限价。该价格上限对市场起到约束作用,因为市场均衡价格 P_0 要高出价格上限。市场只能运行在价格上限,此时,市场价格为 P_{max},市场供给量为 Q_1,市场需求量为 Q_2,因此,价格上限可能导致市场短缺,短缺部分是 Q_2-Q_1。当然,如果 P_{max} 高出市场均衡价格,则价格上限对市场不会产生限制作用。

来看价格上限的福利效应,当 P_{max} 对市场产生约束,导致市场短缺时,也会对市场福利造成损害。市场价格为 P_{max},市场供给量为 Q_1,假设由支付意愿最高消费者购买了这些产量。那么此时的消费者剩余是 $A+B+C$,生产者剩余是 D。价格管制前市场价格是 P_0,市场数量是 Q_0,消费者剩余是 $A+B+E$,生产者剩余是 $C+D+F$。因此,实行价格上限会造成无谓损失,损失了 E 和 F 部分的剩余。无谓损失 E 和 F 可这样理解,市场数量从均衡数量 Q_0 下降到 Q_1,在这部分数量上,每单位产量的消费者支付意愿高于生产成本,因而是有剩余的,这部分剩余因为市场数量的减少而损失掉了。价格上限对生产者一定不利($-C-F$),对消费者也不一定有利,取决于 $C-E$ 的符号。

房租管制是价格上限的常见例子。政府若觉得市场租金水平对于消费者来说太高了,就可能实施最高房租管制。但是,这一政策会造成租房市场的短缺,因为在低房租下,消费者租房需求会增加,而房东供给房屋的意愿会下降。同时,该政策也会造成社会福利的损失。

231

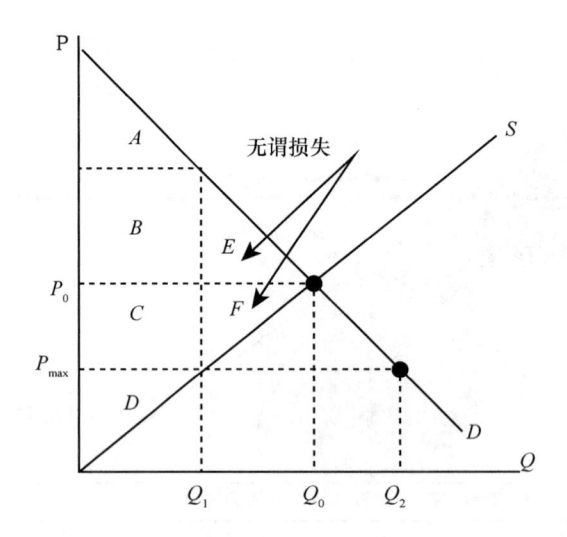

	市场均衡	实行价格上限	福利变化
消费者剩余	$A+B+E$	$A+B+C$	$C-E$
生产者剩余	$C+D+F$	D	$-C-F$
总剩余	$A+B+C+D+E+F$	$A+B+C+D$	$-E-F$

图 21-3 价格上限

价格下限是政府对某种产品或服务设定的最低市场价格，如图 21-4，P_{min} 是价格下限，是政府设立的最低限价。该价格下限对市场起到约束作用，因为市场均衡价格 P_0 要低于价格下限。市场只能运行在价格下限，此时，市场价格为 P_{min}，市场供给量为 Q_2，市场需求量为 Q_1，因此，价格下限可能导致市场过剩，过剩部分是 Q_2-Q_1。当然，如果 P_{min} 低于市场均衡价格，则价格下限对市场不会产生限制作用。

来看价格下限的福利效应，当 P_{min} 对市场产生约束，导致市场过剩时，也会对市场福利造成损害。市场运行价格为 P_{min}，市场需求量为 Q_1，假设由生产成本最低的生产者供应这些产量，那么此时的消费者剩余是 A，生产者剩余是 $B+C+D$。价格管制前市场价格是 P_0，市场数量是 Q_0，消费者剩余是 $A+B+E$，生产者剩余是 $C+D+F$。因此，实行价格下限会造成无谓损失，损失了 E 和 F 部分的剩余。无谓损失 E 和 F 也可这样理解，市场数量从均衡数量 Q_0 下降到 Q_1，在这部分数量上，每单位产量的消费者支付意愿高于生产成本，因而是有剩余的，这部分剩余因为市场数量的减少而损失掉了。价格下限对消费者一定不利，消费者剩余减少了 B 和 E，对生产者也不一定有利，取决于 $B-F$ 的符号。

最低工资法是价格下限的常见例子。政府若觉得市场工资水平对于劳动者来说太低了，就可能实施最低工资管制。但是，这一政策会造成劳动力市场的过剩，因为在最低工资法确立的较高工资下,劳动力市场的供给量增多,而雇佣需求量会减少,这会导致更多的失业问题。同时,该政策也会造成社会福利的损失。

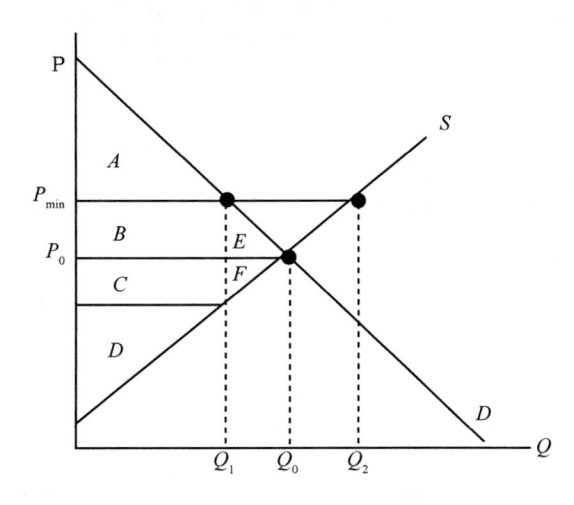

	市场均衡	实行价格下限	福利变化
消费者剩余	$A+B+E$	A	$-B-E$
生产者剩余	$C+D+F$	$B+C+D$	$B-F$
总剩余	$A+B+C+D+E+F$	$A+B+C+D$	$-E-F$

图 21-4　价格下限

截至 2024 年 7 月 1 日,全国各省、自治区、直辖市最低工资标准情况如表 21-1 所示。

表 21-1　　　　　　全国各省(自治区、直辖市)最低工资标准情况　　　　　单位:元

地区	月最低工资标准				小时最低工资标准			
	第一档	第二档	第三档	第四档	第一档	第二档	第三档	第四档
北京	2420				26.4			
天津	2320				24.4			
河北	2200	2000	1800		22.0	20.0	18.0	
山西	1980	1880	1780		21.3	20.2	19.1	
内蒙古	1980	1910	1850		20.8	20.1	19.5	
辽宁	2100	1900	1700		21.0	19.0	17.0	
吉林	1880	1760	1640	1540	19.0	18.0	17.0	16.0

续表

地区	月最低工资标准				小时最低工资标准			
	第一档	第二档	第三档	第四档	第一档	第二档	第三档	第四档
黑龙江	2080	1850	1750		19.0	17.0	16.5	
上海	2690				24.0			
江苏	2490	2260	2010		24.0	22.0	20.0	
浙江	2490	2260	2010		24.0	22.0	20.0	
安徽	2060	1930	1870	1780	21.0	20.0	19.0	18.0
福建	2030	1960	1810	1660	21.0	20.5	19.0	17.5
江西	2000	1870	1740		20.0	18.7	17.4	
山东	2200	2010	1820		22.0	20.0	18.0	
河南	2100	2000	1800		20.6	19.6	17.6	
湖北	2210	1950	1800		22.0	19.5	18.0	
湖南	1930	1740	1550		19.0	17.0	15.0	
广东	2300	1900	1720	1620	22.2	18.1	17.0	16.1
其中：深圳	2360				22.2			
广西	1990	1840	1690		20.1	18.6	17.0	
海南	2010	1850			17.9	16.3		
重庆	2100	2000			21.0	20.0		
四川	2100	1970	1870		22.0	21.0	20.0	
贵州	1890	1760	1660		19.6	18.3	17.2	
云南	1990	1840	1690		19.0	18.0	17.0	
西藏	2100				20.0			
陕西	2160	2050	1950		21.0	20.0	19.0	
甘肃	2020	1960	1910	1850	21.0	20.5	20.0	19.5
青海	1880				18.0			
宁夏	2050	1900			20.0	18.0		
新疆	1900	1700	1620	1540	19.0	17.0	16.2	15.4

注：本表数据时间截至2024年7月1日。

资料来源：中华人民共和国人力资源和社会保障部：《全国各省、自治区、直辖市最低工资标准情况》。

四 实行数量限制

政府为了某种目的限定市场供给的数量,这叫数量限制。20世纪30年代,纽约市建立了出租车执照制度,只有那些获得了出租车执照的出租车才能载客。这个制度的目的是保障服务质量,持有执照的车主被要求保证达到安全、清洁等服务标准。出租车执照制度是数量管制,而不是价格管制。政府规定某种配额限制,通常通过发放许可证或者执照等方式,以限制市场上的交易数量,拥有许可证或者执照的人才能合法地提供这种商品。出租车的执照就是一种许可证,纽约市政府通过限制出租车许可证的数量来限制人们乘坐出租车的次数。其他的数量限制如限制允许捕捞的渔船数量或限制允许捕杀的鲸鱼数量等,总是出于某种似乎合理的目标。虽然价格管制可以规定在均衡价格之上或之下,但实践中的数量管制总是管制数量的上限,将供给数量限制在市场均衡数量之下,这会造成某种程度的稀缺。限制数量的图示如图21-5所示。

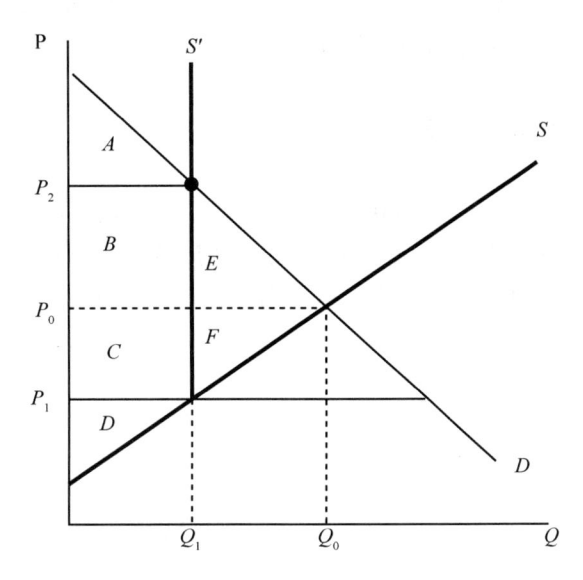

	市场均衡	实行数量限制	福利变化
消费者剩余	$A+B+E$	A	$-B-E$
生产者剩余	$C+D+F$	$B+C+D$	$B-F$
总剩余	$A+B+C+D+E+F$	$A+B+C+D$	$-E-F$

图21-5 限制数量

政府将市场供给的数量限定在 Q_1,这是低于市场均衡数量 Q_0 的数量,因而起到限制作用。对应供给数量 Q_1，产生了两个价格，一个价格 P_1 反映供给的边际成本，另一个更高的价格 P_2 反映消费者的支付意愿，这两个价格之差就是执照持有人获得的配额租金，正是配额租金使需求价格和供给价格之间出现了差别，这个价格差额反映了执照市场的价格。以出租车市场为例，P_1 是一次服务的边际成本，P_2 是消费者为一次服务支付的价格，P_2-P_1 是执照持有人对这次服务收取的租金。正是因为执照持有人可以凭执照的稀缺性获得租金收入，出租车执照的拍卖会变得非常昂贵。

对数量限制的福利分析可以得出，数量限制会降低社会总剩余。市场运行价格为 P_2，市场数量运行在 Q_1，消费者剩余是 A，生产者剩余是 $B+C+D$。数量限制前市场价格是 P_0，市场数量是 Q_0，消费者剩余是 $A+B+E$，生产者剩余是 $C+D+F$。因此，数量限制会造成无谓损失，损失了 E 和 F 部分的剩余。执照持有人若自己经营，他得到的剩余是 $B+C+D$，若他不自己经营，而是把执照出租给他人经营，执照持有人获得的租金是 $B+C$，经营者得到的剩余是 D。无谓损失 E 和 F 也可这样理解，市场数量从均衡数量 Q_0 下降到 Q_1，在这部分数量上，每单位产量的消费者支付意愿高于生产成本，因而是有剩余的，这部分剩余因为市场数量的减少而损失掉了。数量限制对消费者一定不利，消费者剩余减少了 B 和 E，对生产者也不一定有利，取决于 $B-F$ 的符号。

五 政府对产品或服务市场征税

政府为了调节某种产品或服务市场，对该市场交易征税，同时获得一定的税收收入。例如在燃油市场，为了绿色发展，减少碳排放，政府对燃油市场交易征税；在烟草市场，为了减少香烟消费及香烟对健康的损害，政府对香烟市场交易征税。

市场交易税可以对卖方征税，见图 21-6（a），也可以对买方征税，见图 21-6（b）。

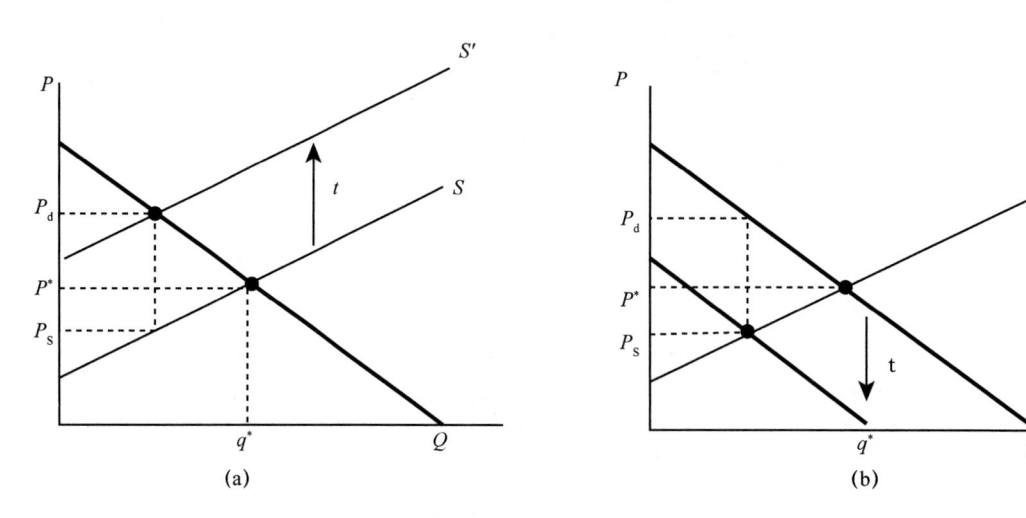

图 21-6 征税

不征税时，市场均衡数量是 q^*，均衡价格是 p^*，对卖方征税时，供给曲线上移单位 t，在新的均衡点，买方支付的价格为 p_d，此时，卖方得到 p_d，卖方支付税收 t，实际得到的价格为 p_s。若是对买方征税，需求曲线下移单位 t，在新的均衡点，卖方得到 p_s，买方支付给卖方 p_s，还要支付税收 t，实际支付的价格为 p_d。

不管是对买方征税，还是对卖方征税，实际结果是一样的，对商品市场征税后，相当于在需求曲线和供给曲线的左边打上了一个税收楔子 t（见图21-7）。税收楔子的顶端在需求曲线，对应着买方实际支付的价格为 p_d，税收楔子的底端在供给曲线，对应着卖方实际得到的价格为 p_s，且 $p_d=p_s+t$。征税后，市场数量减少到 Q_t，政府可以获得税收收入 $t \times Q_t$。因为市场数量减少，而减少的这部分数量上，消费者的支付意愿高于生产者的边际成本，因此，会造成 $E+F$ 社会福利的损失。这个无谓损失正是税收楔子与需求曲线、供给曲线所围的面积。

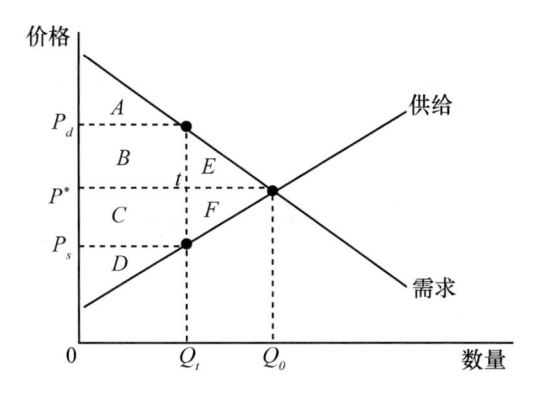

	市场均衡	实行征税	福利变化
消费者剩余	$A+B+E$	A	$-B-E$
生产者剩余	$C+D+F$	D	$-C-F$
政府收入	0	$B+C$	$B+C$
总剩余	$A+B+C+D+E+F$	$A+B+C+D$	$-E-F$

图21-7 征税及福利分析

对市场交易征税，税收是由买卖双方共同分担的，即使是对卖方征税，也是由买卖双方共同分担税收，或者对买方征税，也是由买卖双方共同分担税收，买方分担的单位产品销售的税收为 p_d-p^*，卖方分担的税收为 p^*-p_s。买卖双方各分担税收的多少与其价格弹性有关，税收会更多地落在缺乏价格弹性的一方身上。如图21-8所示，需求价格弹性较小，而供给价格弹性较大，税收更多地由消费者承担，更少地由生产者承担。

市场补贴与征税相反，不管是对买方补贴，还是对卖方补贴，都是在需求曲线和供给

结论：有效市场＋有为政府

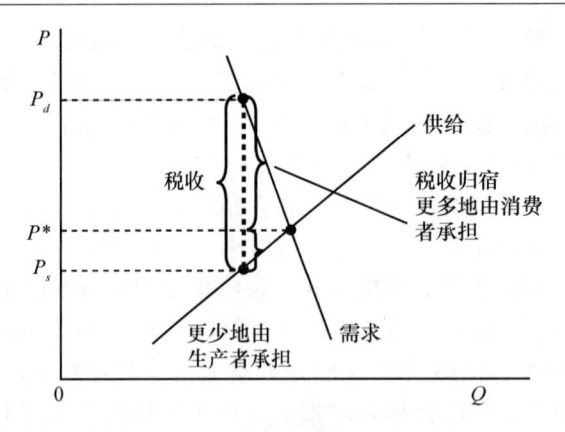

图 21-8 税收归宿与弹性的关系

曲线的右边打上一个补贴楔子 s，补贴楔子的顶端在供给曲线，对应着卖方实际得到的价格为 p_s，补贴楔子的底端在需求曲线，对应着买方实际支付的价格为 p_d，且 $p_s = p_d + s$。补贴也会造成无谓损失，即补贴楔子与需求曲线、供给曲线所围成的面积。

第二节 政府对垄断的管理

一 不完全竞争市场的市场失灵

完全竞争厂商最优化时，在 $P = MC$ 上定价，这是有效率的定价。垄断厂商最优化时，其垄断定价 $P^m > MC$，且垄断势力越大时，P^m 在 MC 基础上的加价率越高。只要 $P > MC$，每单位的生产就存在剩余（包括消费者剩余和生产者剩余），值得多生产，直到 $P = MC$ 时，每单位的生产剩余为零，如果 $P < MC$，则存在负的剩余，厂商有理由减少生产直到 $P = MC$。因此，在 $P = MC$ 时，即需求曲线和边际成本曲线的交点处，实现了社会总剩余的最大化，这时的产量是社会有效率的产量，这时的价格是社会有效率的定价。

垄断均衡时，在 $MR = MC$ 时，$P > MC$，此时的边际产量是存在剩余的，从社会的角度来看，理应增加生产直到完全竞争的产量（Q^c），但垄断厂商坚持在 $MR = MC$ 的产量上生产，这时它获得利润最大化。因此，与完全竞争的产量相比，垄断厂商的产量减少了 $Q^c - Q^m$，在这部分产量上，需求曲线均高于边际成本曲线，是有剩余的，垄断造成了这部分剩余的减少，这是垄断造成的无谓损失。

在图 21-9 中，垄断均衡时，消费者剩余减少了 A 和 B，因此，垄断对消费者很不友好，生产者剩余的变化是 $A - C$，生产者剩余是否增加取决于 A 和 C 谁大谁小。总剩余的变化是减少了 B 和 C，这正好是 $Q^c - Q^m$ 这部分产量需求曲线和边际成本曲线所围成的面积。这个面积也可以通过积分来计算：

$$\int_{Q^m}^{Q^c} [p(q) - mc(q)] dq$$

垄断导致总剩余降低，因此，垄断是低效率的，造成了无谓损失。垄断的低效率还可能包括垄断者为了维护其垄断地位，向规制部门、法律部门游说、寻租等付出的成本，这部分成本是非生产性的，仅为了巩固其垄断势力，避免政府规制或反垄断调查，这种情形对特许垄断尤其适用。垄断者为了威慑潜在的进入者不要进入，可能建立起多余的生产能力，进入者一旦进入，垄断者可以扩大生产，降低价格，让进入者血本无归，这种威慑使潜在进入者不敢进入，但这些多余的生产能力浪费了资源和更多的成本。有种观点认为，如果垄断者通过上述手段巩固了垄断地位，其创新的动力可能减弱，因为其垄断地位就足以获得高利润。

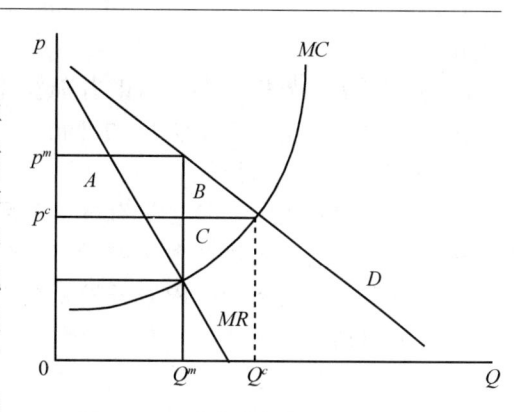

图 21-9　垄断市场的市场非效率

二　管制垄断与反垄断法

因为垄断造成低效率，产生无谓损失。垄断厂商获取高额垄断利润使消费者受损，造成不公平。垄断厂商对竞争的排斥是市场主义者坚决反对的。经济学家认为，竞争是市场效率的来源。

一是管制垄断。产业规制部门对垄断厂商的行为进行管制，如价格管制及其他行为管制。最有效率的定价是按边际成本定价，但对于垄断企业，特别是自然垄断企业，具有很强的规模经济效应，边际成本低于平均成本，若按边际成本定价，则厂商将陷入亏损。为避免亏损，规制部门可以将垄断企业的管制价格等于平均成本。规制部门也可以对垄断厂商规定一个正常的资本回报率，从而控制垄断者的价格和利润。对垄断厂商的产量管制与价格管制几乎是同一个问题，因为垄断厂商作为市场上的唯一供给者，特定的产量意味着特定的价格。

二是反垄断法。政府制定反垄断法或反托拉斯法来遏制垄断、保护竞争。如果市场中两个具有影响力的寡头想合并，定会受到政府反垄断机构的严格审查，如果被认为寡头合并将有损竞争和消费者，合并将会被制止。反垄断法不但可以阻止合并，甚至可以拆分垄断企业，以实现合理的竞争性。美国于 1890 年就通过了《谢尔曼反托拉斯法》，在 1914 年通过了《克莱顿反托拉斯法》。2007 年 8 月 30 日第十届全国人民代表大会常务委员会第二十九次会议通过《中华人民共和国反垄断法》；根据 2022 年 6 月 24 日第十三届全国人民代表大会常务委员会第三十五次会议《关于修改〈中华人民共和国反垄断法〉的决定》修正并于 2022 年 8 月 1 日起实施。制定该法旨在预防和制止垄断行为，保护市场公平竞争，鼓励创新，提高经济运行效率，维护消费者利益和社会公共利益，促进社会主义市场经济健康发展。

垄断厂商的垄断行为、不正当竞争行为均受到《中华人民共和国反垄断法》《中华人民共和国反不正当竞争法》的管制。《中华人民共和国反垄断法》规定的垄断行为包括：经营者达成垄断协议；经营者滥用市场支配地位；具有或者可能具有排除、限制竞争效果的经营者集中。禁止具有竞争关系的经营者达成下列垄断协议：固定或者变更商品价格；限制商品的生产数量或者销售数量；分割销售市场或者原材料采购市场；限制购买新技术、新设备或者限制开发新技术、新产品；联合抵制交易；国务院反垄断执法机构认定的其他垄断协议。禁止经营者与交易相对人达成下列垄断协议：固定向第三人转售商品的价格；限定向第三人转售商品的最低价格；国务院反垄断执法机构认定的其他垄断协议。禁止具有市场支配地位的经营者从事下列滥用市场支配地位的行为：以不公平的高价销售商品或者以不公平的低价购买商品；没有正当理由，以低于成本的价格销售商品；没有正当理由，拒绝与交易相对人进行交易；没有正当理由，限定交易相对人只能与其进行交易或者只能与其指定的经营者进行交易；没有正当理由搭售商品，或者在交易时附加其他不合理的交易条件；没有正当理由，对条件相同的交易相对人在交易价格等交易条件上实行差别待遇；国务院反垄断机构认定的其他滥用市场支配地位的行为。经营者集中达到国务院规定的申报标准的，经营者应当事先向国务院反垄断执法机构申报，未申报的不得实施集中。经营者集中包括经营者合并、经营者通过取得股权或者资产的方式取得对其他经营者的控制权、经营者通过合同等方式取得对其他经营者的控制权或者能够对其他经营者施加决定性影响。

三 数字平台的垄断与反垄断

1. 数字平台与平台垄断

数字平台企业具有强规模经济效应。数字产品、数字平台具有高固定成本、低边际成本特征，平均成本随着销量扩大而不断降低。互联网创造的虚拟空间打破时空、物理的限制，实现全球范围大规模用户聚集；淘宝、京东等数字平台虚拟市场聚集了数百万供给者和数亿消费者，远远超过实体百货大楼所能承载的规模，基本不受物质资源的限制。数字平台企业的规模经济效应与自然垄断类似，理论上，市场全部由一家平台企业供给时，平均成本最低。

数字平台具有范围经济效应。数字平台产品种类的丰富性大大提升。若平台集中经营多种产品和服务的联合成本低于经营单种产品和服务的成本之和，则存在范围经济效应。对平台来说，可以避免产品销售大幅波动，部分产品销售下滑可以被另一些产品销售上升所抵消。因为平台受众规模很大，一些小众的利基市场也有生存空间；并且，长尾效应会显现，广泛的小众利基市场加总之后，所获得的收益并不比热门商品差。

数字平台具有网络效应。数字平台属于网络型产业，表现出很强的网络外部性。新消费者加入某数字平台时，为该平台中已有消费者带来正的效用。网络的价值随加入网络的消费者增加而增加，这叫网络效应。梅特卡夫法则指出，网络的价值与网络节点数的平方成正比。网络型产品追求用户网络规模，千方百计吸引消费者加入网络。某种具有初始优势的网络产品在达到临界容量之后，易于形成正反馈，正如花车效应，流行将导致更加流行。

数字平台企业的上述特征导致其具有垄断属性，数字平台具有网络型产业的常见特征，即赢者通吃、败者出局。因此，平台企业反垄断的重点不是反对垄断市场结构，而是反对平台企业的垄断行为。《国务院反垄断委员会关于平台经济领域的反垄断指南》是中国平台企业反垄断的根本遵循，其第十五条指出，限定交易属于滥用市场支配地位行为，包括要求交易相对人在竞争性平台间进行"二选一"或者其他具有相同效果的行为。

2. 对阿里巴巴等企业实施垄断行为的处罚

国家市场监管总局依据《中华人民共和国反垄断法》先后对阿里巴巴、美团和知网的市场垄断行为发起调查和处罚。以对阿里巴巴的行政处罚为例。

第一，明确合理界定阿里巴巴实施垄断行为的相关市场。市场垄断，关键是在什么市场是垄断的，这需要对市场进行界定。对相关市场的界定包括时间和空间的界定。国家市场监管总局认为，与阿里巴巴垄断行为相关的市场是中国境内网络零售平台服务市场。因而，不包括国外网络零售平台服务市场，当然也不是全球网络零售平台服务市场。当然，也不包括线下零售市场。

第二，证明阿里巴巴具有市场支配地位。界定相关市场是说明阿里巴巴占支配地位的前提。在此基础上说阿里巴巴在这个市场具有垄断力，具备实施垄断的条件和能力。归纳起来，这种支配地位表现在两个方面：一是阿里巴巴在相关市场的占有份额超过50%，二是它有较强的市场控制力。

第三，说明阿里巴巴实施了垄断行为。具有垄断力或者具有市场支配地位，并不能说就是垄断，关键是有没有垄断行为存在。根据调查取证，阿里巴巴限制平台内经营者在其他平台开店，也限制平台内经营者在其他平台开展促销活动等。简单地说，就是阿里巴巴实施了"二选一"的行为，这违背了相关法律。

第四，分析阿里巴巴实施"二选一"垄断行为造成的极大伤害。实施垄断行为，也不等于就要受到处罚，还需要看这种垄断行为对社会造成多大的危害。国家市场监管总局调查分析认为，它排除、限制了相关市场竞争，妨碍了市场资源要素自由流动，削弱平台创新动力和发展活力，损害了消费者的福利，也损失了生产经营者的权利和福利，以致损害了整个社会的福利。

第五，提出处罚决定。基于上面的说明，国家市场监管总局作出行政处罚决定：责令其停止违法行为并处以182.28亿元罚款，同时要求阿里巴巴全面自查整改，并连续三年向国家市场监管总局提交自查合规报告。

第三节　建立公平竞争的国内大市场

市场竞争有利于资源的合理配置，而市场垄断则会降低市场效率，损害社会福利。因此，必须清除阻碍资源自由流动的各种障碍，建立"公平竞争和充分开放"全国统一大市场。

一　市场中存在的不公平竞争

第一，滥用市场支配地位：一些大型企业或垄断企业通过滥用市场支配地位，限制竞争，妨碍其他企业进入市场，扰乱市场秩序。这可能导致价格垄断、产品和服务质量下降，消费者利益受损。

第二，不正当竞争：不正当竞争行为包括虚假宣传、恶意诋毁竞争对手、不正当获利等。这些行为扭曲了市场竞争的公平性，损害了消费者的权益和市场的健康发展。

第三，政府干预和扶持不公平竞争：政府在市场中的干预和扶持也可能造成不公平竞争。例如，政府可能通过补贴、准入限制、优惠政策等手段扶持某些企业或行业，导致其他企业难以公平竞争。

第四，不规范市场秩序：一些违法犯罪行为，如商业贿赂、商业诈骗、假冒伪劣等，扰乱了市场秩序，并对企业和消费者造成损失。

第五，不公正的知识产权保护：知识产权的保护对于创新和竞争至关重要。但有些企业侵犯他人的知识产权，或者政府对知识产权的保护不够严格，造成了不公平竞争。

二　市场中存在的市场割据

第一，地区间市场壁垒：由于地域差异和地方保护主义，一些地区在市场准入和经营环境上设置了壁垒，限制了其他地区企业的进入。这导致了市场分割，阻碍了全国范围内的自由竞争和资源配置。

第二，行业间市场分隔：一些行业存在行业垄断或行业协会的规则，限制了非行业内企业的进入。行业间的竞争壁垒和准入限制导致了市场的割据现象，使竞争受到限制，消费者选择受到限制。

第三，信息不对称：信息不对称是导致市场割据的一个重要原因。由于信息流通不畅，信息获取不对称，企业和消费者在不同地区或行业之间无法平等获取信息，导致市场不公平和割据。

第四，交通和物流壁垒：由于交通和物流条件的不同，一些地区或行业之间的交通和物流壁垒导致了市场的分割。这可能使一些地区或行业的企业在资源获取、销售渠道等方面处于不利地位。

第五，管理体制和监管力度不一致：不同地区和行业之间的管理体制和监管力度存在差异，导致市场规则和监管水平不统一。这可能导致市场分隔和不公平竞争现象的出现。

三 构建国内统一大市场的原因

不公平竞争行为严重影响了市场的公平性、透明度和效率，阻碍了企业的发展和创新，损害了消费者的利益。市场割据和市场分隔现象严重影响了市场的统一性、竞争力和资源优化配置。具体而言，构建国内统一大市场，有以下几个方面的原因。

第一，促进资源优化配置。统一的国内大市场可以促进资源的优化配置和流动，使各地区和行业之间的资源得以充分利用和共享。这有助于提高资源的利用效率和经济发展水平。

第二，扩大内需潜力。中国拥有庞大的人口基数，建立统一的国内大市场可以扩大内需潜力，促进消费升级和消费结构优化，推动经济增长的内生动力。

第三，提升产业竞争力。统一的国内大市场可以增加企业之间的竞争，促进产业结构的优化和升级。通过市场竞争，企业将不断提高产品和服务质量，降低成本，提升创新能力，从而提高整体产业竞争力。

第四，促进地区协调发展。统一的国内大市场有助于促进地区之间的协调发展。通过加强资源流动和市场一体化，可以缩小地区发展差距，推动经济发展整体水平的提升。

第五，增强国际竞争力。构建统一的国内大市场可以提高中国企业的竞争力，使其在国际市场上更具竞争优势。通过在国内市场中获得规模经济和创新能力的提升，企业可以更好地应对国际竞争和国际市场的挑战。

四 如何构建全国统一大市场

构建国内统一大市场，就需要解决不公平竞争问题和市场割据的问题。要实现公平竞争，必须加强监管执法、完善法律制度、加强市场监管和知识产权保护，以及提高消费者保护意识等。上述措施是解决不公平竞争问题的关键。要解决市场割据问题，需要通过加强市场监管和执法力度、推动市场准入和公平竞争的制度建设、改善信息不对称问题、降低交通和物流壁垒等措施，促进市场一体化和公平竞争的发展。总的来说，为了构建统一的国内大市场，中国需要加强市场监管和执法力度，推进市场准入和公平竞争的制度建设，加强信息流通和物流便利化，促进市场一体化和内外市场的互联互通。这将为中国经济的可持续发展和全球经济的稳定做出积极贡献。为了构建国内统一的大市场，我们可以采取以下方面的措施。

第一，加强市场监管和执法力度。加大对市场违法行为的打击力度，严厉打击垄断、价格操纵、虚假宣传等不正当竞争行为,确保市场竞争的公平性和透明度。

第二,推进市场准入和公平竞争的制度建设。建立健全的市场准入制度,降低准入门槛,取消地方保护主义和行业壁垒,促进各地区和行业的平等竞争。

第三,加强信息流通和互联互通。建立健全的信息共享机制,提高信息透明度,促进消费者和企业在不同地区和行业之间平等地获取信息,消除信息不对称问题。

第四,降低交通和物流壁垒。优化交通和物流网络,加快物流效率,降低物流成本,推动商品和服务的快速流通,减少地区和行业之间的壁垒。

第五,加强地方协调和合作。加强地方之间的协调和合作,促进资源的共享和流动,推动地区发展的协调一体化。

第六,改善企业营商环境。加强知识产权保护,简化行政审批程序,提供公平的创业和经营环境,激发企业创新活力和竞争力。

第七,加强国际合作和开放。积极参与全球经济合作,推动自由贸易和投资便利化,扩大对外开放,吸引外资和外商投资,提升中国企业的国际竞争力。

第四节　加快构建新发展格局

党的二十大报告强调,"加快构建以国内大循环为主体、国内国际双循环相互促进的新发展格局"。① 改革开放以来特别是加入世界贸易组织后,中国加入国际大循环,市场和资源"两头在外",形成"世界工厂"发展模式,对中国快速提升经济实力、改善人民生活发挥了重要作用。近年来,随着全球政治经济环境变化,逆全球化趋势加剧,有的国家大搞单边主义、保护主义,市场和资源"两头在外"的国际大循环动能减弱,而国内大循环活力日益强劲。中国作为人口众多和超大市场规模的社会主义国家,必须把发展立足点放在国内,更多依靠国内市场实现经济发展。大国经济的特征都是内需为主导、内部可循环。在当前国际形势充满不稳定性不确定性的背景下,立足国内、依托国内大市场优势,充分挖掘内需潜力,有利于化解外部冲击和外需下降带来的影响,保证中国经济基本正常运行和社会大局总体稳定。构建新发展格局是以全国统一大市场基础上的国内大循环为主体,不是各地都搞自我小循环。习近平总书记指出:"依托强大国内市场,贯通生产、分配、流通、消费各环节,打破行业垄断和地方保护,形成国民经济良性循环。"② 坚持扩大内需这个战略基点,扩大最终消费、投资是经济增长的持久动力,发挥政府投资撬动作用,激发民间投资活力,形成市场主导的投资内生增长机制。新发展格局要以国内大循

---

① 习近平:《高举中国特色社会主义伟大旗帜　为全面建设社会主义现代化国家而团结奋斗——在中国共产党第二十次全国代表大会上的报告》,人民出版社2022年版,第28页。

② 《中共中央关于制定国民经济和社会发展第十四个五年规划和二〇三五年远景目标的建议》,人民出版社2020年版,第15页。

环为主体,国内国际双循环相互促进,关键在于经济循环的畅通无阻。形成内需和外需相互促进的良性循环。着力扩大国内需求,中国超大规模市场锻造企业竞争力,提升产品技术、能耗、排放等标准,进而增加出口。有效出口会带动经济增长,提升居民就业和收入水平,带动国内市场的需求。

关键概念

支持价格　　限制价格　　数量限制　　征税　　管制垄断　　反垄断法

思考题

1. 对农产品的支持价格政策,是否会带来福利损失?
2. 限制价格的政策是否会带来福利损失?
3. 数量限制的政策是否会带来福利损失?
4. 对产品或服务交易征税,是否会带来福利损失?
5. 垄断是否会带来福利损失?

第二十二章 市场信号与机制设计

视频讲解

第一节 逆向选择与信号

一 逆向选择与低效率

信息不对称引起的逆向选择不仅仅存在于旧货市场，保险市场、劳动力市场、信贷市场也很常见。对于市场机制来说，逆向选择的存在是一个麻烦，因为它意味着市场的低效率以及市场的失灵，导致市场不能很好地运行甚至消失，市场卖者和买者都很少，成交量也很少，甚至根本不能成交，市场交易量会少于信息对称市场的均衡量。即使有交易发生，交易成本也很高，因为双方要经过反复的讨价还价过程。优质产品和要素不可能在市场上成交，也会造成资源的浪费。在产品市场上，由于信息不对称的问题出现逆向选择，高质量的产品无法成交，市场资源只配置到低质量的产品上，这显然是没有效率的。在劳动力市场上，由于信息不对称的问题，企业不会开出很高的工资，同时随着工资水平的下降，能力越强的人就越早被淘汰出市场，留下的都是能力较弱的应聘者，而企业最终招聘到的都是能力差的人。这显然不是帕累托最优的。因为如果企业能招聘到能力强的应聘者，能力强的人也得到相应的工资水平，则双方都有利，换句话说，这就是一种帕累托改进。

二 信号发送和信息甄别

逆向选择带来的低效率，关键在于信息少的一方无法准确区分不同质量的商品和要素。为了提高效率，就必须想方设法让信息少的一方掌握更多的信息，以至于有效区分不同质量的商品和要素。信号发送和信号筛选就是一些可行的办法。

1. 信号发送

信号发送是指拥有私人信息的一方通过采取可被观测到的行动向另一方发送信号来显

示私人信息。如二手车市场上优质车的卖主可以通过作出维修保证告诉"潜在"的买主，他的车不是蹩脚货。由于低质量二手车的卖主不太可能作出车辆维修保证，因此，二手车市场上的这类信号能够向处于信息劣势的买主揭示二手车的质量信息。信号发送有效是因为低质量二手车的卖主作出维修保证（发送信号）的成本较高。这类信号在产品质量不易被判断的商品市场上最为常见，例如个人电脑对普通家庭而言是一件比较复杂的商品，以国内众多的品牌机为例，用户根本无法一一了解其中各种配件的来源，即使知道也很可能对原始生产厂家的情况不太清楚。为此，品牌机生产厂家往往通过对整机及各配件分别作出不同期限的保退、保换、保修承诺来让用户知道其产品质量的可靠性，而那些"水货"的销售商是不会提供如此完善的售后服务的。

信号发送机制在现实生活中比比皆是。在劳动力市场上，文凭、工作经历、获奖情况都是有利于劳动者自身的信号。失业经历则是不利的信号，所以失业的时间越长，失业者就越不容易找到工作。在经理市场上，一个职业经理的履历就是一种信号，他过去为哪家公司工作、经营业绩如何，都直接影响到他被重新聘用时的收入。类似的，胜诉率高的律师总是能够得到更高的律师费，而初出茅庐的法学博士却并不一定能够同样得到很高的律师费，因为没有理由认为一个连一场官司都没打过的律师值得花大价钱去聘用。当然，与一般学校的法学博士相比，名校的毕业生还是值得信任的，因为他能够从名校毕业本身就是一种能力的证明。这些都是我们常见的信号发送机制。

信号发送的目的是让信息劣势方了解足够的信息。这可以通过以下几种方式实现。

一是建立商誉。商誉的一个重要含义是人们对企业具有的好感的价值，这种价值需要经过消费者长时间认同才能够形成，是企业的无形资产。当我们购买某种产品，特别是自己还不太了解的产品时，很少会买那些品牌不响亮的产品，而会购买那些名牌货（尽管这些货的价格一般较高昂）。因为如果没有品牌标识，信息的不对称很可能会引起逆向选择，"劣品驱逐良品"。但如果卖者能以某种公认的方式向消费者保证高价一定买到高质量的商品，逆向选择就会得到一定程度的克服，显然商誉是一种理想的保证书。这样，我们也就不难理解为什么世界上有一些企业，如可口可乐、西门子等企业的无形资产可以高达几十亿美元。这说明厂家的商誉的确是一种高质量的承诺。

二是标准化或国际标准认证。标准化可以保证消费者无论在何时何地都能得到同质量、同性能的产品。现在人们的收入提高了，对于生活质量有了更高的要求，对于食品卫生非常重视，比如，绿色食品（无污染食品）很受欢迎就是一个例证。显然，对于箱装的水果，有些水果没有洒过农药而有些水果洒过农药，两种水果应该标价不同（前者应更高）。但是由于存在信息不对称，消费者无从判断究竟哪种没有洒过农药，于是逆向选择就会发生，消费者也许吃不到无农药水果。现在有了绿色食品标志，有了这样一种认证标准，消费者就可以比较放心地以较高的价格买到无农药水果了。类似的例子还有国际认证的纯羊毛标志，它就可以让真正全羊毛的羊毛衫留在市场上不被劣货逐出。还有的世界性产品在全球有几千家连锁店，顾客无论在哪一家店购买，质量都是一样的。

三是通过契约引导和强制卖方披露对方至关重要的信息。比如，在旧车市场上好车的销售者一定很想向购买者传送某种信号表明他们的车的确是好车,值得卖一个高于平均价的价格。那么对于好车的所有者来说,向购买者提供质量保证书将是一种行之有效的方法。卖方在交易时可以向买方保证,如果所卖出的旧车是次一等级的车,那么卖者将根据保证书的条款向消费者补偿若干赔款。一般来讲,好车的销售者是用激励来提供这样一份保证书的,因为他们对自己车的质量和性能十分了解。但是,次品车的销售者却没有这种底气来提供一份内容相似的保证书,即次车的车主无法将自己的车充好车来卖。原因很简单,次车的车主同样对自己的车很了解,知道车的质量有问题,所以他自然不可能向消费者提供一份质量保证书。此时信息不对称问题就能得到解决。

2. 信息甄别

在非对称信息市场上,处于信息优势的一方可以通过向处于信息劣势的一方发送信号(选择特定的受教育水平)以显示自己的能力(生产效率),而处于信息劣势的一方通常则不会完全相信信息优势方发送的信息,其会通过一定的措施来甄别信息。信息甄别的机制也很常见。

在劳动力市场上,企业可以先制订出一套工资方案,给出不同受教育程度下将提供的工资水平,然后由工人选择企业,并根据工资方案接受教育并获得相应的工资。一家企业同时实行计件工资制和计时工资制,其结果是,生产率高于平均生产率的工人都会选择计件工资制,而生产率较低的工人则倾向于选择计时工资制。汽车保险市场的例子也很能说明信息甄别的作用。由于保险公司知道车主中有的人驾驶技术较好,有的人驾驶技术较差,根据他们的平均出事概率确定费率定会导致车技好的车主退出保险市场。于是保险公司便同时实行两种保险方案,一种是费率较高的全额保险,另一种是费率较低的部分保险。显然,车技较差的车主会选择前者,而选择后者的则是车技较高的车主。

大多数情况下,信号发送和信息甄别机制的引入能够有效地避免由于逆向选择问题造成的市场失灵现象,因此,市场上的信息是否真实就显得非常重要,而建设一个有效率的市场机制就要首先保证市场信息的真实性。

第二节 道德风险与机制设计

一 道德风险与低效率

无论什么契约,我们发现都会存在大量的隐藏行为。这些隐藏行为会导致道德风险。代理人追求自己最大利益的行为,会改变委托人盈或者亏的概率,使委托人面临更高的风险。在劳动或者经理市场上,劳动者和经理的偷懒行为使企业面临更大的亏损可能性。比如职业经理人可能以各种借口追求在职消费,追求豪车和豪华办公室,追求不合理的企业并购等。在信贷市场上,借款人为了自己的最大利益,可能冒险投资,使银行面临更多的不能回收贷款的风险。在保险市场上,投保人的放纵或者大意行为使保险公司面临更大的赔付的可能性等。为此，解决道德风险问题的关键在于监督和激励代理人的行为，这就是激励机制和制度设计。

二 解决股权合约中的道德风险

1. 股东监管以生产信息

由于经理人比股东更了解公司的生产经营活动，尤其是对公司的实际盈利状况拥有更多信息，所以就会出现委托人—代理人问题。作为股东，可以采取以下措施来监管经理人。

一是严格监督董事会。参与和监督董事会的选举和决策过程，确保董事会的独立性和有效性。可以投票支持独立董事的提名，并提出问题和关注事项，促使董事会更加负责地履行监督职责。二是行使股东权利。行使投票权或行使股东表决权，在公司股东大会上提出问题、表达关切，并投票支持或反对提案，以影响公司决策和管理层的动向。三是监督公司财务状况。审查公司财务报告和重要财务信息，了解公司的盈利能力、资本结构、债务状况等，以确保经理人按照法律法规和道德规范管理公司财务。四是监督经营绩效。关注公司的经营状况和业绩，通过定期报告、分析和对话，了解公司的战略和运营，评估经理人的绩效，并提出建议或要求改进。五是合理激励和约束机制。参与制定合理的激励和约束机制，包括薪酬制度、股权激励计划等，以促使经理人更好地服务股东利益和公司长期发展。六是组织股东联盟。与其他股东合作，组成股东联盟，共同监督和影响公司的决策和经营，通过集体行动增加监管力量。七是通过诉讼或举报机制。在必要时，采取法律手段，提起诉讼或向相关监管机构举报，揭露和追究经理人的违法违规行为，维护公司利益和股东权益。这些措施可以帮助股东更有效地监管经理人的行为，确保他们合规、负责、为股东利益和公司长期发展负责。

当然，股东进行这种监管成本可能高昂，因为不仅要花费大量的时间，还要花费不少金钱。股东监管更大的问题是"搭便车"。假设你知道你所持有其股票的公司活动正受到其他股东的监管，你就能搭这些股东的便车，选择不去监管经理人了。不仅你可以这样做，其他的股东也同样可以这样做，从而可能没有股东去监管经理人了。"搭便车"会减少道德风险的信息生产量，"搭便车"问题也弱化了监督。

2. 政府管理以增加信息

为了降低股票市场的道德风险，政府通常采取以下具体要求来增加信息披露和透明度。一是公司信息披露要求。政府要求上市公司按照规定披露财务报表、年度报告、中期报告、业绩预告等重要信息，确保投资者能够及时了解公司的经营状况和财务状况。二是内幕交易禁止和信息泄露防范。政府禁止内幕交易，要求公司高管和内部人员在持有关键信息时遵守严格的保密规定，以防止信息泄露和利益输送。三是信息披露透明度要求。政府要求上市公司提高信息披露的透明度，包括披露信息的真实、准确、完整，以及披露信息的时效性、公平性和一致性。四是监管部门审查和监督。政府设立独立的监管部门对上市公司的信息披露进行审查和监督，确保信息披露符合法律法规的要求，并对违规行为进行惩处。五是提高投资者保护意识和能力。政府通过加强投资者教育和培训，提高投资者的风险意识和投资能力，让投资者更好地理解和分析信息，从而减少道德风险。这些具体要求旨在提高股票市场的信息披露和透明度，增加投资者对市场的信心，减少不正当行为和操纵市场的可能性，提升整个市场的稳定性和健康发展。

当然，这些措施只有一定的效力，因为发现此类欺诈行为并不容易，欺瞒的经理人力图造成障碍和假象，使政府机构很难发现或证实这些欺诈行为。

3. 金融中介作用

像风险资本这样的金融中介机构有能力避免道德风险中的"搭便车"问题，从而相应减少委托人—代理人问题中的道德风险。其中的机制是这样的：风险资本公司把众多合伙人的资金聚集在一起，然后把这些资金用来帮助新生的企业创业。风险资本公司将风险资本放在新生企业中，就得到了企业的一定比例股权，为此它就可以委派自己人成为董事会成员，进入公司管理机构，以便更多更好地了解公司的活动和经理人的真实工作状况。由于风险资本公司为新生企业提供了启动资金后，新生企业的股份就只能卖给风险公司本身，不能卖给其他人，从而其他投资者就无法搭风险资本活动的便车了。这样一来，风险资本公司获得了风险鉴定活动的全部收益，这在一定程度上弱化了道德风险问题。

三 解决债券合约中的道德风险

1. 净值

资产净值是指个人、公司或其他组织在某一时点上，减去其负债后所拥有的净资产价值。它是通过计算总资产减去总负债得出的。在债权合约关系中，一个高净值的借款者，他出现道德风险的程度会大大降低，因为这样做，借款者自身将蒙受巨大损失。假设开设冰淇淋店或投资于研究设备的成本是 10 万美元而不是 1 万美元，这样一来，斯蒂夫就需要把他自己的 9.1 万美元投入其中，再加上你提供的 9000 美元贷款。现在，如果斯蒂夫没有开发出不含卡路里也不含脂肪的冰淇淋，他将损失净值中的 9.1 万美元（10 万美元资产减去你的 9000 美元贷款）。他在从事风险较大的投资时就会三思而行，他更有可能投资于较有把握的冰淇淋店。这样来看，当斯蒂夫自己投入的钱（净值）越多，你越有可能向他提供贷款。

资产净值的高低与借款者的道德风险大小相关，主要是因为资产净值是评估借款人在借款过程中的偿债能力和还款意愿的重要指标。一是还款能力。资产净值高的借款人通常具有更多的可用资金和财产，可用于偿还借款。他们有更多的抵押物或担保物来支持贷款，并有更多的资金来源来应对还款压力。相较之下，资产净值较低的借款人可能面临更大的还款压力和偿还能力不足的风险。二是还款意愿。借款人具有较高的资产净值可能表明他们有更多的利益损失风险，因此更有动力保持良好的信用记录并按时还款。相反，资产净值较低的借款人可能更容易在还款面临压力时选择逃避还款责任的行为。三是偿债能力和信用评级。资产净值较高的借款人通常被认为具有更好的偿债能力，因此可能获得更高的信用评级。这将有助于他们获得更有利的贷款条件和较低的利率。相反，资产净值较低的借款人可能被认为有较高的违约风险，可能会被评定为较低的信用评级，从而导致更高的利率和更严格的贷款条件。

因此，资产净值的高低与借款者的道德风险大小密切相关。资产净值较高的借款人通常具有更好的偿债能力和还款意愿，因此道德风险较低。相较之下，资产净值较低的借款人可能面临更大的还款压力，偿还能力不足的风险较高，因此道德风险相对较高。

2. 限制性契约的监督和执行

限制性契约是债权合约中的一种约束性条款。一是资产抵押或担保。限制性契约可以要求借款人提供抵押品或担保物作为贷款的担保。二是还款约束。限制性契约可能规定借款人必须按时支付利息和本金，并限制提前偿还债务或延长贷款期限。三是债务上限限制。限制性契约可以限制借款人在其他借款或负债方面的承诺。四是盈余分配限制。限制性契约可以规定借款人在经营盈余中支付利润分配的限制。

限制性契约的监督和执行可以降低道德风险，是因为限制性契约具有如下作用。一是约束借款人行为。限制性契约对借款人的行为进行约束，限制其在贷款期间的行为和决策。这有助于防止借款人以不负责任的方式使用借款资金，减少道德风险。二是提供监督和控制。限制性契约要求借款人遵守特定条件和规定，需要进行定期报告和监督。这使债权人能够更好地监督借款人的财务状况和行为，及时发现潜在的风险。三是增加违约成本。限制性契约可以规定违约时的制裁和惩罚措施，如罚金、利率提高等。这将增加借款人违约的成本，从而降低其道德风险。

综上所述，限制性契约通过约束借款人行为、提供监督和控制，并增加违约成本，能够有效地降低借款人的道德风险。

3. 金融中介的作用

金融中介在债权合约中可以发挥重要的作用，帮助减轻道德风险。一是信息收集和评估。金融中介在债权合约中扮演着信息中介的角色。它们通过收集、整理和评估借款人的信息，帮助债权人更好地了解借款人的财务状况和信用风险。这有助于减轻债权人由于信息不对称而产生的道德风险。二是信用评级和背书。金融中介可以对借款人进行信用评级，为债权人提供有关借款人信用状况的评估。这有助于债权人更准确地了解借款人的信用风险，并据此制定相应的债权合约。三是监督和执行。金融中介可以在债权合约期间对借款人进行监督和执行。它们可以定期审查借款人的财务状况，并确保借款人按时履行还款义务。这有助于遏制借款人可能存在的道德风险行为，如违约。四是分散化风险。金融中介通过将资金从多个投资者中集合起来，形成债权池或证券化产品。这样做可以分散风险，并减少单一借款人对债权人的道德风险。金融中介通过分散风险，使单个借款人的违约风险对整个投资组合的影响较小。五是避免"搭便车"行为。金融中介机构，特别是银行，因为它们主要提供私人贷款，私人贷款是不交易的，提供私人贷款的中介机构获得了监督和执行契约的收益，所以其他人不能搭中介机构监督执行限制性契约的便车。

综上所述,金融中介通过信息收集和评估、信用评级和背书、监督和执行以及分散化风险等方式,可以减轻债权合约中的道德风险。它们在债权合约中的角色和职责有助于保护债权人的利益,降低潜在的风险。

第三节 信息披露制度和职业道德建设

一 信息披露制度

信息不对称是商品交换本身所造成的,市场机制难以完全克服,需要借助国家权力,通过制定法律和法规的方式,消除信息不对称带来的各种不良后果。因此,政府是有重要作用的。

国家在消除信息不对称带来的不良后果时,其出发点是保护交易中处于信息劣势的一方。所以,在政策法规的制定过程中,其指导思想就是在交易前(事前)和交易过程中重点保护消费者,事后重点保护生产者。对于消费者处于信息劣势的情况,政府主要是从消费者的角度,通过法规和政策强制生产者向消费者提供足够的商品信息。同时,国家以法律的形式制定各种商品的质量标准。一种商品在上市之前,必须经过国家指定的检测部门的检验,取得国家颁发的质量合格证书。由于对国家的信任,消费者大胆地购买商品,这实际上是一种政治信任。国家将自己的信誉作为商品的质量保证,为消费者的不对称信息承担风险。为了确保在信息不对称的情况下消费者的利益不受损失,政府规定生产者或商家必须对所出售的商品负责,因而就有了商品的包退包换保修的三包制度。

国家制定保护消费者权利的法律,规定消费者有安全保障的权利、获得正确信息的权利和选择商品的权利。当消费者的这些权利受到损害时,比如受到虚假广告的欺骗,可以依法追究厂商的责任,针对信息在买卖双方的不对称,国家工商部门特别禁止虚假的或欺骗性的广告宣传,禁止在广告和商品的装潢上向消费者提供与商品实际性能不符的信息。国家对市场的这种干预旨在恢复市场优胜劣汰的功能。

在避免道德风险的问题上,政府的作用更加明显。道德风险发生在交易行为以后,卖方由于缺少关于买方可能行为的了解,无法对买方进行有效的监督。这时就需要借助公共权威机构,制定相关的制度、法律和政策,对买方的行为进行约束。首先,对于那些利用商品售后保证制度和保险业理赔制度进行欺诈的消费者,给予法律制裁,保护生产者的合法权益。其次,对委托—代理关系中的代理方利用职权损害委托方利益的行为给予法律制裁。目前各国都建立了关于股份公司的法律,严格规定经理或厂长的资格,严格限制他们的行为。法律规定经理或厂长的经营行为受股东大会产生的监事会的监督。对于股份公司的会计制度、会计人员资格和权力也有强制性规定,意在防止经理人员伙同会计人员以权谋私。审计制度也是由法律形式固定下来的，股东有权对企业的经营情况进行公开检查。

二 职业道德建设

顾名思义，道德风险有时称为败德行为，在经济学上的本质是一个道德问题，比如，在同样的激励—约束条件下，为什么有些人会不诚实守信，有些人会贪赃枉法违法犯罪，这与一个人的道德有关，因此需要通过职业道德来克服。医生有医生的职业道德，教师有教师的职业道德，公务员有公务员的职业道德，会计人员有会计人员的职业道德。

职业道德的概念有广义和狭义之分。广义的职业道德是指从业人员在职业活动中应该遵循的行为准则，涵盖了从业人员与服务对象、职业与职工、职业与职业之间的关系。狭义的职业道德是指在一定职业活动中应遵循的、体现一定职业特征的、调整一定职业关系的职业行为准则和规范。不同的职业人员在特定的职业活动中形成了特殊的职业关系，包括职业主体与职业服务对象之间的关系、职业团体之间的关系、同一职业团体内部人与人之间的关系，以及职业劳动者、职业团体与国家之间的关系。

不同的职业和行业可能会有不同的职业道德要求，但一般来说，以下是一些基本的职业道德要求和内容。一是诚实和诚信。从事任何职业的人都应该保持诚实和诚信的态度。这包括不说谎、不欺骗、不隐瞒信息，并遵守职业道德和行业规范。二是保密和隐私保护。许多职业要求处理敏感信息或个人隐私，因此保密和隐私保护是非常重要的要求。从业人员需要尊重他人的隐私权，妥善处理和保护机密信息。三是尊重他人和多样性。从业人员应该尊重他人的权利、尊严和多样性。不歧视、不偏见，对待所有人应该平等和公正。四是职业责任和专业素养。从业人员应该承担起自己的职业责任，具备专业素养。这包括持续学习和提升自己的专业知识和技能，以及积极参与职业发展和行业规范制定。五是遵守法律和法规。从业人员应该遵守法律和法规，并遵守相关职业行业的规定和道德准则。不从事违法、不道德或不合规的行为。六是客户服务和维护利益。从业人员应该以客户利益为中心，提供优质的服务，并维护客户的合法权益。不利用职位或权力谋取不正当利益，避免利益冲突。七是社会责任和环境保护。从业人员应该承担社会责任，积极参与社会公益事业，并关注环境保护和可持续发展。不从事损害社会或环境的行为。

这是一些基本的职业道德要求和内容，具体的职业道德规范可能因行业、职业和国家而有所不同。从业人员应该熟悉并遵守相关的职业道德准则和规范，以保持良好的职业操守和行为规范。

三 己所不欲，勿施于人

"仁"的根本精神是推己及人。《论语》讲"克己复礼为仁"。要克制自己的私欲，使言行举止合乎礼节。《论语》讲"己所不欲，勿施于人"，意思是自己不希望他人对待自己的言行，自己也不要以那种言行对待他人。自己不想要的东西，切勿强加给别人。人应该宽恕待人，提倡"恕"道，这是仁的表现。《论语》讲"己欲立而立人，己欲达而达人"，仁者自己想立身于世，也要使别人立身于世，自己想做事通达，也要使别人做事通达。亚当·斯密的《道德情操论》从人类的情感和同情心出发，用同情心基本原理阐释正义、仁慈、克己等一切道德情操产生的根源，进而揭示人类社会赖以维系、和谐发展的基础以及人的行为应遵循的一般道德准则。中华优秀传统文化主张"明德修身""德主刑辅助""道之以德，齐之以礼，有耻且格"，道德对于社会整合、建构社会秩序、凝聚社会合力等具有举足轻重的作用。

我们不是像鲁滨逊一样生活在孤岛上，而是生活在人类社会，每个人的选择不仅受到资源的约束，而且受到其他人选择的约束，我们生活的社会就是相互依赖的群体。协调和合作是社会最基本的两个问题。犹如在道路上行驶的汽车，不能自己想怎么行驶就怎么行驶，这样只会害人也害己。讨厌别人随意行驶，则自己也莫随意行驶。正式制度和非正式制度都是人际协调和合作的机制。交通法规作为正式制度，协调着人们的行驶，正式制度需要第三方权威来实施，具有较高的实施成本。像社会规范这样的非正式制度一般靠私人秩序来实施，实际上是一种声誉机制，如果违反社会规范，会被他人所鄙视而声誉受损，与法律这样的正式机制相比，非正式机制的实施成本相对较低。

党的二十大报告强调，"坚持依法治国和以德治国相结合，把社会主义核心价值观融入法治建设、融入社会发展、融入日常生活"。[1] 习近平总书记指出，"法律是成文的道德，道德是内心的法律，法律和道德都具有规范社会行为、维护社会秩序的作用。治理国家、治理社会必须一手抓法治、一手抓德治，既重视发挥法律的规范作用，又重视发挥道德的教化作用，实现法律和道德相辅相成、法治和德治相得益彰"。[2]

在劳动关系中，若隐藏行为则行使偷懒这样的机会主义行为是不道德的。在保险关系中，购买了车险，就不爱惜汽车，增加不文明驾车行为，这是不道德的，会害人害己。己所不欲，勿施于人，道德上应感到羞耻，当然也会受到法律和相关制度的约束。

关键概念

信号发送　信息甄别　机制设计　职业道德建设　监督监管

---

[1] 习近平：《高举中国特色社会主义伟大旗帜　为全面建设社会主义现代化国家而团结奋斗——在中国共产党第二十次全国代表大会上的报告》，人民出版社2022年版，第44页。

[2] 中共中央文献研究室编：《习近平关于全面依法治国论述摘编》，中央文献出版社2015年版，第29、30页。

思考题

1. 解决逆向选择问题的主要机制有哪些？
2. 解决道德风险问题的主要机制有哪些？
3. 信号发送为何可以缓解逆向选择问题？
4. 保险合同中的免赔额条款能否缓解道德风险问题？

第二十三章 基础设施建设与绿色发展

视频讲解

第一节 公共物品生产和公共资源保护

一 公共物品的有效提供

1. 公共物品提供的低效率

由于公共物品的非排他性和非竞争性，私人是不愿提供公共物品的，或者提供的公共物品不足，这意味着市场失灵。从另一个角度看，由私人来提供公共物品，容易出现"囚徒困境"，这也是没有效率的。公共物品短缺是这种低效率最现实的表现。关于落后地方的公共物品短缺，有一种很流行也很形象的说法：交通基本靠走，通信基本靠吼，医疗基本靠酒，取暖基本靠抖。这说明了经济落后的地区，人们不仅收入很低，而且公共交通、公共通信、公共医疗、公共取暖的严重短缺。

2. 公共物品由政府提供

既然在公共物品的消费和生产过程中，完全由私人提供无法达到有效的结果，难以避免"搭便车"问题，这种市场失灵为政府介入公共物品的供给提供了依据，由政府提供并根据社会福利原则分配公共物品也就成为解决"搭便车"问题的一种选择。需要指出的是，政府的职能是"提供"而不是"生产"公共物品。"政府提供"与"政府生产"这两个概念之间存在一定的区别。后者是指政府建立企业对公共物品直接进行生产，前者则不仅包括政府直接生产公共物品，而且包括政府通过某种适当方式将公共物品委托给私人企业进行间接的生产。另外，政府提供的物品也未必都是公共物品，也提供某些与私人企业所生产的完全相同的物品。

一般来说，对人民福利影响既深且广的公共物品如国防、治安及重要的交通设施等，通常均由政府兴办，其他只能给少数人带来实惠或影响不大的公共物品则鼓励私人兴办。对于准公共物品，部分仍需要政府提供，例如，机场、港口、铁路等具有一定基础设施排他性。私人厂商原则上也可以投资建造这些基础设施，然后对使用这些基础设施的航空公司、航运公司、铁路公司收取费用。但是，这类基础设施私人厂商一般不愿意建造，因此需要由政府提供，即纯公共物品和自然垄断性很高的准公共物品通常采取政府直接生产的方式提供。

党的二十大报告指出："加快发展物联网，建设高效顺畅的流通体系，降低物流成本。加快发展数字经济，促进数字经济和实体经济深度融合。优化基础设施布局、结构、功能和系统集成，构建现代化基础设施体系。"[1]

全面建设社会主义现代化国家，应打造系统完备、高效实用、智能绿色、安全可靠的现代化基础设施体系，布局建设信息基础设施、融合基础设施、创新基础设施等新型基础设施，加快5G网络、数据中心、人工智能、工业互联网、物联网等新型基础设施建设。加强交通基础设施建设，加快建设交通强国，加快形成现代化综合交通运输体系，完善综合运输大通道，构建现代能源体系，推进能源革命，建设清洁低碳、安全高效的能源体系，提高能源供给保障能力，加强水利基础设施建设，提升水资源优化配置和水旱灾害防御能力，加强农业农村基础设施建设，推动农村基础设施建设提档升级，补齐农村基础设施短板，重点抓好高标准农田、农田水利、农业机械化、农村交通运输、农村饮水、乡村物流、宽带网络、污水和垃圾收集处理等基础设施建设。

3．政府安排私人生产准公共物品

由私人厂商提供，即采取由政府间接生产的方式，引导私人企业参与公共物品生产。其实质是，在公共物品的提供过程中引进市场和私人的力量。其主要形式如下：①授权经营。在一些市场经济国家，政府通常将现有的公共设施委托给私人公司经营，如自来水供应、电话、电台、报纸、供电等。②资助。主要领域是科学技术研究、住宅、教育、卫生、保健、复员军人安置、图书馆、博物馆等。主要形式有优惠贷款、无偿赠款、减免税收、财政补助等。③政府参股。主要应用于桥梁、水坝、发电站、高速公路、铁路、港口、电信系统、高科技等。政府参股又分为政府控股和政府入股。④其他合同形式。政府与企业签订合同提供公共物品是最为普遍的一种形式，主要适应于具有规模经济的自然垄断性物品。如政府通过与企业签订合同，一般采取公开招标方式，允许企业投资建设基础设施，通过若干年的特许经营，收回投资并赚取一定利润，之后再由政府接收该基础设施。⑤自愿社会服务。在西方国家，许多公共领域允许、鼓励个人和各种社会团体，在法律许可的范围内，自愿提供服务。例如，部分可以收费的公路、桥梁、跨海隧道等，虽然投资数额较大，但是利润率较高，可以由私人厂商建造。但是，在某种情况下，这类准公共物品由私人厂商提供会造成经济效率的损失，如消防队可以对居民收费，但不利于效率。

4．公共物品成本补偿

公共物品成本补偿的形式大致有三种。一是税收形式。一种公共物品如果受惠的对象

---

[1] 习近平：《高举中国特色社会主义伟大旗帜　为全面建设社会主义现代化国家而团结奋斗——在中国共产党第二十次全国代表大会上的报告》，人民出版社2022年版，第30页。

是全体国民，则以收税的方式来筹措，纯公共物品适用这一形式，如国防、立法、新闻等。消费者无须直接支付费用，但以税收的形式间接支付。二是价格形式。一部分准公共物品如果只供某部分人享用，则以使用者付费的方式来筹措经费，采用这种形式的有邮电、交通、供水、供电、供气等。三是补贴加收费形式。一些政府管理的公共物品供应部门，出于公平、社会稳定等因素的考虑，往往采取一种部分由政府补贴，另一部分以较低价格收费的形式补偿成本，如医疗、教育等。一项公共物品如果收费过高，则将降低其利用率而使经济效率降低；反之，如果收费过低，则将降低其服务品质，使经济效率降低。因此，制定公共物品的收费标准必须兼顾它的品质和利用两个方面。对于一种公共物品，如认为它的充分利用更重要，就可以少收费甚至不收费，比如某些大众化的公园及公厕等通常不收费；反之，一种公共物品，如果我们认为维持好的品质更重要，就可以多收费，如某些高水准的博物馆及演艺场所等。

二 公共资源的有效保护

1. "公地悲剧"与低效率

由于公共资源具有非排他性和竞争性，因而私人竞争会导致过度使用，发生"公地悲剧"。这说明在公共资源的使用上会出现市场失灵。从另一个角度看，在公共资源的使用上，人们的竞争也会陷入"囚徒困境"，这也说明其是没有效率的。因此，需要采取措施来保护公共资源，避免悲剧的发生。

2. 进入限制

要想防止因公共资源被过度利用而导致的资源枯竭或环境恶化，政府可以通过必要的进入限制来解决这个问题。政府有权制定必要的规章制度，对某种资源的开发利用进行管理，对进入进行控制，这样，就有可能在公有制的条件下把资源利用水平持续地控制在资源负荷能力的承受范围内。如针对公共牧地被过度利用的例子，政府可以通过立法或强制手段如征税的方式来提高养羊成本，使村民在自利的决策下让养羊的数量不能超过牧场的最大负荷量。

党的二十大报告强调："推行草原森林河流湖泊湿地休养生息，实施好长江十年禁渔，健全耕地休耕轮作制度。"[①] 2020年1月，农业农村部发布关于长江流域重点水域禁捕范围和时间的通告，宣布从2020年1月1日0时起开始实施长江十年禁渔计划，长江干流和重要支流除水生生物自然保护区和水产种质资源保护区以外的天然水域，最迟自2021年1月1日0时起实行暂定为期10年的常年禁捕，其间禁止天然渔业资源的生产性捕捞。长江十年禁渔是为了保护野生渔业资源而实施的进入限制行动。

[①] 习近平：《高举中国特色社会主义伟大旗帜 为全面建设社会主义现代化国家而团结奋斗——在中国共产党第二十次全国代表大会上的报告》，人民出版社2022年版，第51页。

3. 强化人们的资源保护意识

在进一步改进和完善政府规章制度设计的同时，更重要的是激发和保护公众关心社会公共事物和公共目标的公民素质。只有这样，才能让反"公地悲剧"具有坚实的社会基础，使人们在做出行为决策时，能够考虑到对生态的影响。

4. 明确产权

把负外部性内在化，让消费者对环境的使用付出成本。由于公共资源具有非排他性，且产权不清晰，每个人都可以免费地不受限制地使用，所以才产生了外部性问题或"公地悲剧"。解决这个问题的一个关键就是重新界定产权，使产权明晰化。比如可以把公共的草地以某种方式分发给每个村民，每个村民只能在自己的草地上养羊，于是草地就变成为一种排他性、竞争性的私人物品。这时，私人的决策或者市场的方式就能有效地配置这种资源，使草地上羊的数量维持在最优数量，"公地悲剧"问题也就消失了。

第二节 科斯定理和庇古税

一 外部性与低效率

由于产权的不完全，人们的市场行为会产生外部性。如果是正外部性，市场机制会配置过少的资源到相应的产品上。如果是负外部性，市场机制会配置过多的资源到相应的产品上。无论是哪种外部性，都意味着在有外部性的领域，市场的配置效率低，即出现了市场失灵。

从前面关于外部性的分析中，我们知道出现这种市场失灵，实际上是正外部性的提供者没有从市场上得到它创造的外在收益，从而出现了激励不足，或者是负外部性的提供者没有承担它创造的外在成本，从而出现了约束不力。因此，要克服外部性带来的低效率，就需要强化激励和约束。在经济学上，这种思路被称为外部性的内在化。外部性的内在化，一方面是把外在收益转化为私人收益，使私人收益等于社会收益，另一方面是把外在成本转化为私人成本，使私人成本等于社会成本。外部性的内部化，既可以通过市场的措施来实现，也可以通过政府强制力来实现。

二 市场方案：科斯定理

1991年诺贝尔经济学奖获得者、芝加哥大学的罗纳德·科斯（Ronald Coase）在1960年写的一篇重要论文《社会成本问题》里指出，在某些情形下是存在解决外部性问题的市场方案的。[①] 要理解科斯的观点，有一点是很重要的，就是要意识到完全消除外部性并不一

---

① [美] 罗纳德·科斯等：《财产权利与制度变迁——产权学派与新制度学派译文集》，刘守英等译，上海三联书店、世纪出版集团、上海人民出版社1994年版。

定符合经济效率。比如说污染，实际上污染减少量也有一个经济效率水平。这看起来似乎矛盾。污染是不好的，你可能会认为一个不好的东西的有效数量应该是零。然而它不是零（见图23－1）。

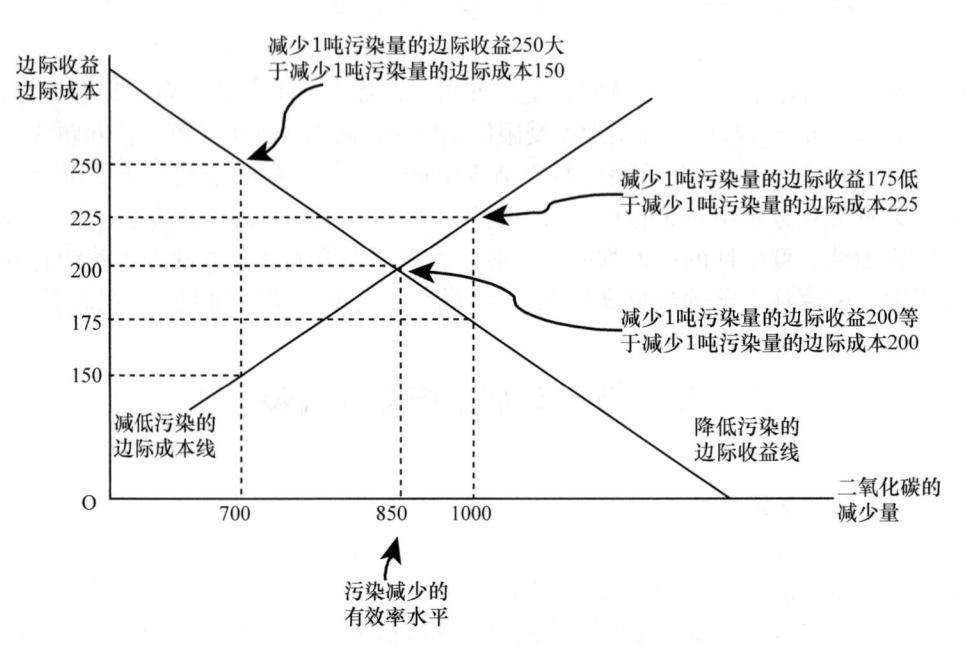

图23－1 污染减少带来的边际收益与边际成本应该相等

1. 降低污染的经济效率水平

最优的决策是将某一经济活动持续地进行到边际收益等于边际成本的那一点。这一原理可以同样运用于降低污染。二氧化硫的排放造成烟雾和酸雨。随着二氧化硫或其他类型的污染排放量的降低，社会收益是更少的树死掉、更少的建筑遭破坏，并且更少的人患呼吸道疾病。但是关键在于随着二氧化硫排放量的减少，边际减少1吨二氧化硫排放所增加的额外收益（边际收益）也将会降低。

我们来看看为什么会这样。想象一下，如果不减少二氧化硫的排放量，事情将会怎样？在这种情况下，美国中西部和东北部的城市将有很多天会笼罩在烟雾弥漫中。如果二氧化硫的排放量减少，这种烟雾弥漫的天气就会减少，健康的人也就不会再患上呼吸道疾病。最后，当二氧化硫的排放量降低到更低的水平时，就算是患有哮喘的人也不会受到影响。因而再进一步降低二氧化硫的排放量只会带来很少的额外收益。其他方面的收益也是一样的：随着排放量的减少，从更少的建筑和树木遭破坏以及湖泊遭污染中得到的收益也会减少。

发电厂减少污染的边际成本是什么呢？为了减少二氧化硫的排放量，发电厂必须从燃烧高硫煤转向燃烧成本更高的低硫煤，或者它们必须建造像洗涤塔那样的污染控制设备。

随着污染程度的降低，进一步降低污染的成本将变得越来越高。要把排放量或其他类型的污染降到非常低的水平，则需要复杂和昂贵的新技术。

减少污染的社会净收益等于减少污染带来的收益减去降低污染的成本。要使社会净收益达到最大，二氧化硫或其他类似污染物的排放量应该减少到这一个点：边际收益等于边际成本。

2. 市场方案

讨论市场方案可能会解决外部性问题的时候，罗纳德·科斯强调当污染超过最优水平时，将污染降低到最优水平的边际收益会大于其边际成本。边际收益曲线表示每减少1吨二氧化硫排放量的额外收益。把排放量从一个水平降低到另一个水平的总收益，则可以用边际收益曲线下两个排放量水平之间的面积来表示。比如，把二氧化硫的排放减少量从700吨提高到850吨时，增加的总收益就是 A 和 B 的面积之和。边际成本曲线表示每减少1吨排放量增加的成本。把排放量从一个水平降低到另一个水平的总成本，则可以用边际成本曲线下两个排放量水平之间的面积来表示。把二氧化硫的排放减少量从700吨提高到850吨时，增加的总成本就是 B 的面积。从减少排放量中获得的净收益就是总成本和总收益之间的差值，即图23-2中三角形 A 的面积。

在讨论发电厂和受污染之害的人之间的讨价还价时，我们假设发电厂是不需要为它们所制造的破坏承担法律责任的。也就是说，污染的受害者不能通过法律来保护他们的产权不受侵害，所以他们不得不付费来减少污染。但是如果发电厂要为这种破坏承担法律责任的话，情况会有什么不同吗？令人惊讶的是科斯第一个指出这并不会影响污染的减少

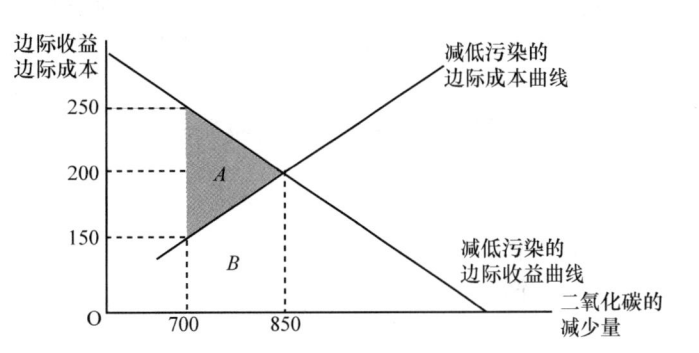

图 23-2 将污染减少的收益大于成本

量。唯一的不同是，现在是发电厂必须因为污染权而支付给污染受害者费用，而不是受害者必须支付给发电厂费用来减少污染。因为减少污染的边际收益和边际成本不会改变，所以讨价还价仍然会使污染减少量达到有效水平——在我们的例子中是850吨。

在发电厂不需要为污染承担法律责任时，污染的受害者有动力支付给发电厂费用，使污染减少到最后1吨的边际成本等于边际收益的那一点。然而在发电厂需要承担法律责任时，它们则有动力支付污染受害者费用以允许它们污染到同样的水平。

不幸的是，在实际运用私有方案解决外部性问题上经常会遇到一些困难。例如，在污染这个问题中，既存在许多的污染制造者，也存在许多污染受害者。把所有污染受害者和所有污染制造者聚起来并商量一个协议经常会因为交易成本太高而失败。交易成本是指交易各方在达成协议及在进行产品或服务的交换过程中花费在时间和其他资源上的成本。在这个例子

中，交易成本应该包括时间和其他磋商协议、拟订合同、购买保险和监督协议实施的成本。当有很多人进行这项交易时，交易成本经常高于从减少外部性中得到的收益。因而交易成本最终超过从交易中获得的收益。在这种情况下，解决外部性问题的方案是不可行的。

科斯关于私有方案解决外部性问题的可能性论断总结在科斯定理（Coase Theorem）中：如果交易成本很低，自主谈判可以给外部性问题提供一个有效的解决方案。通过前面列举的发电厂污染的例子，我们已经知道科斯定理的基础。因为从减少污染中得到的收益常常大于其成本，所以自主谈判可以达到一个有效结果。但是我们也知道只有在交易成本很低时这个有效结果才会产生，而污染情况常不是这样的。通常来说，谈判方数量很少时，自主谈判就很有可能产生一个有效结果。

在实践中，我们还必须给科斯定理增加一些其他限制。除了很低的交易成本，协议的各方还必须拥有与外部性相关的成本和收益的全部信息，而且各方都愿意接受一个合理的协议，只有这些条件都满足，解决外部性问题的私有方案才能产生。例如，如果那些在污染中受害的人没有关于减少污染成本方面的信息，他们也就不太可能达成什么协议。不合理的需求也会阻碍协议的达成。例如，在发电厂制造污染的例子中，减少二氧化硫排放量的总收益是 3.75 亿美元。即便协议的成本非常低，但如果发电厂坚决要求得到多于 3.75 亿美元的支付才肯减少二氧化硫排放量的话，那么任何协议都不可能达成，因为那些从气体排放中受害的人支付的费用超过了他们从中得到的收益。

三 借鉴国外政府方案：庇古税和管制

1. 税收和补贴

当解决外部性问题的私有方案不可行的时候，政府应该如何干预呢？第一个系统地研究市场失灵的经济学家是剑桥大学的庇古。庇古认为，为了处理生产过程中负的外部性问题，政府应该征收一个等于外部性成本的税。图 23-3 描述了这种税的效果。

通过对发电厂征收一个等于酸雨成本的税，政府内部化了发电厂的外部性效应，使酸雨的成本成为由发电厂承担的私人成本，供给曲线从 S_1 移到 S_2，在均衡时电的产量从 Q_1 降低到有效水平 Q_2。消费者支付的电价也将从 P_1（没有反映酸雨成本的价格）上升到 P_2，反映了酸雨的成本；生产者也会接受价格 P_2，$P_2 = P_1 +$ 分摊的税收。

庇古还提出政府可以通过给予消费者补贴或支付的方式来处理消费中存在的正的外部性问题。补贴的大小等于外部价值。补贴的效果如图 23-4 所示。通过支付给大学生一个大小等于大学教育外部性收益的补贴，政府就可以使学生内部化这种外部效应，也就是说从大学教育中得到的外部性收益将成为大学生获得的私人收益，大学教育的需求曲线就会从 D_1 移到 D_2。大学教育的均衡供给量将从 Q_1 增加到有效水平 Q_2。生产者会接受价格 P_2，同时消费者支付价格为 P_2，$P_2 = P_1 +$ 分摊的补助金。实际上，政府并没有很多地补贴大学教育。在美国每个州都有政府管理的大学，其所收取的学费都低于教育供给成本。美国州和联邦政府也都提供学生补助金和低息贷款以补贴大学教育。这些项目的经济学解释是

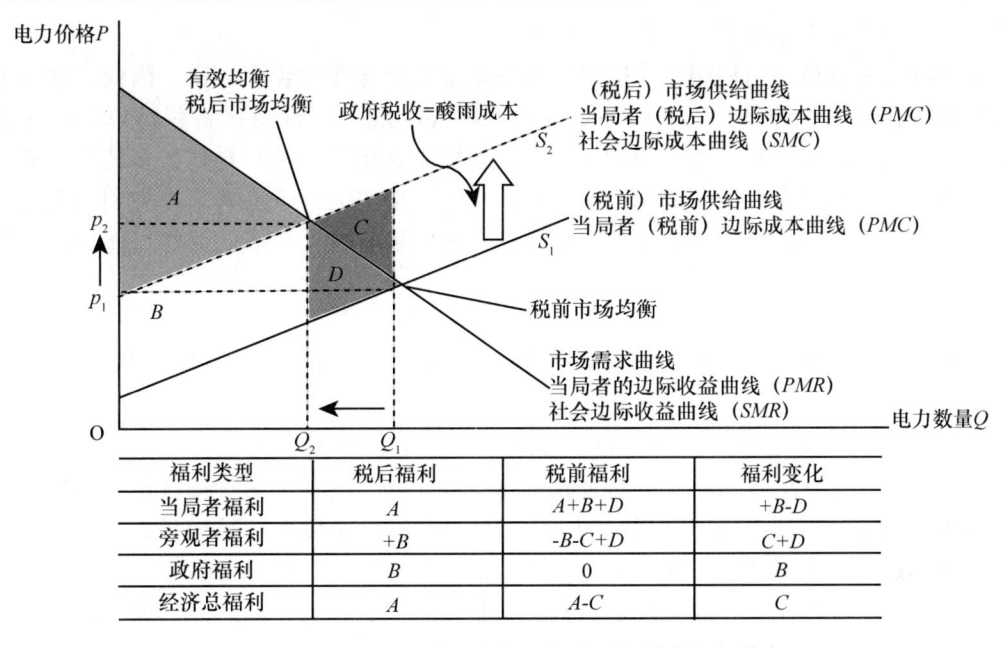

图 23-3 通过税收来解决负外部性引起的市场低效率

福利类型	税后福利	税前福利	福利变化
当局者福利	A	A+B+D	+B-D
旁观者福利	+B	-B-C+D	C+D
政府福利	B	0	B
经济总福利	A	A-C	C

图 23-3 通过税收来解决负外部性引起的市场低效率

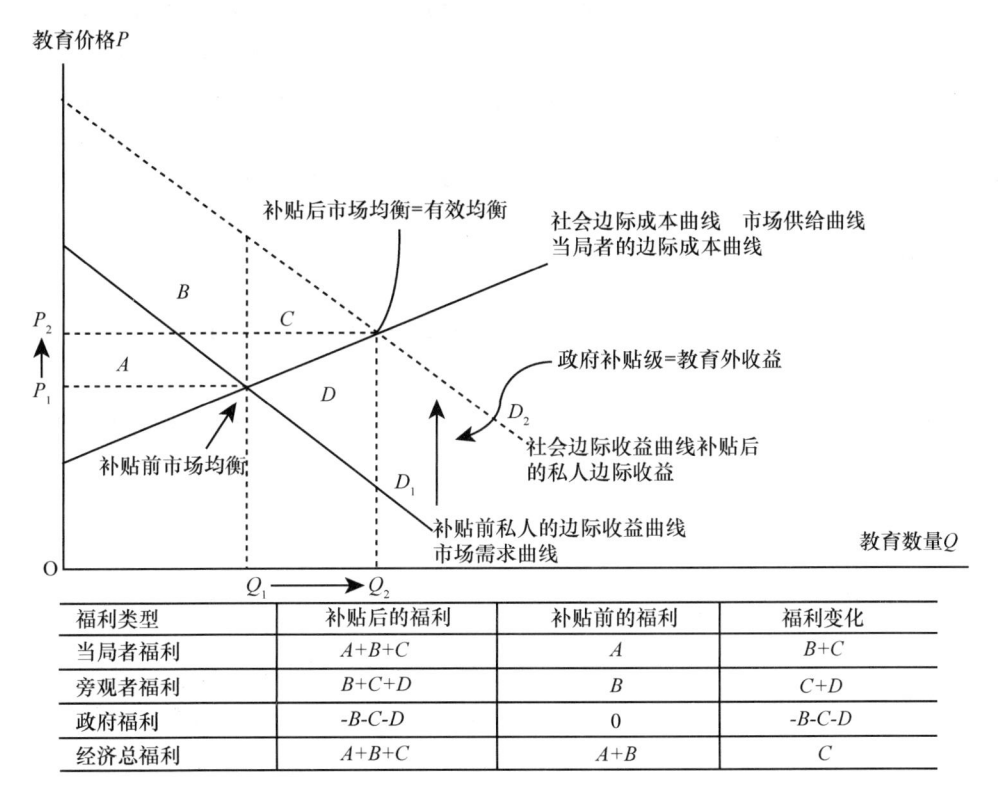

福利类型	补贴后的福利	补贴前的福利	福利变化
当局者福利	A+B+C	A	B+C
旁观者福利	B+C+D	B	C+D
政府福利	-B-C-D	0	-B-C-D
经济总福利	A+B+C	A+B	C

图 23-4 通过补贴来解决由正外部性导致的市场低效率

263

大学教育会给社会带来外部性收益。

因为庇古是首位提出利用政府征税和补贴来应对外部性的经济学家，因此，这一方案有时也被称作庇古税与补贴（Pigovian Taxes and Subsidies）。注意庇古税可以消除净福利损失，从而提高经济效率。这与我们所看到的情形刚好相反。我们看到大多数税收都会减少消费者剩余和生产者剩余，从而产生净福利损失。事实上，经济学家支持利用庇古税来应对负的外部性的原因之一便是政府可以用庇古税的税收收入来降低那些可能导致经济效率下降的税收水平。

2. 命令和控制

尽管政府有时候使用税收和补贴来处理外部性问题，但在处理污染问题的时候，对制造污染的公司采取的更多的却是传统的命令和控制方式。在减少污染时，命令和控制方式包括政府限制企业可以制造的污染量，要求企业安装特殊的污染控制设备。例如，1983年，美国政府要求新的汽车必须安装催化式排气净化器，以减少尾气排放量。政府也可以用直接控制污染的方法来处理酸雨问题。它可能会要求每个发电厂减少排放量。但这种方法并不是解决这个问题的经济效率方法。不同的电厂减少二氧化硫排放量的成本不同。有些公司要以高成本使用低硫煤来降低二氧化硫排放量，而其他公司能以低成本减少二氧化硫排放量。

政府决定通过设定可交易排放许可的总量管理制度，从而利用市场化方法来减少二氧化硫的排放。政府给予公用事业单位的排放许可是与允许的二氧化硫排放量相等的。然后公用事业单位就可以对这些许可自由买卖。芝加哥商品交易所便是该许可进行交易的一个活跃市场，可以较低成本降低排放的企业就可以将它们的许可卖出去，而那些成本较高的企业则可以买入许可。使用可交易排放许可对于减少酸雨起到了很好的作用，并且还使公用事业单位的减排成本比政府所预期的低很多。

第三节 网络基础设施建设和绿色发展

在前面两节，我们分析了公共品和正外部性，分析了"公地悲剧"和负外部性，它告诉我们：要满足人民群众对美好生活的需求，就必须提供更多更好的公共物品，更好地保护公共资源和生态环境，实现绿色发展。

一 中国网络基础设施建设

人们常说的中国新的四大发明就是高速铁路、扫码支付、网上购物、共享单车，它们实际上依赖于中国公共物品投资和建设——网络基础建设。总的来说，云计算、数据中心和网络基础设施是互联网基础建设的重要组成部分，它们共同构成了现代互联网的基础。

1. 数字基础设施建设进一步加快，资源应用不断丰富

一是宽带网络普及：中国建设了全球最大的宽带网络，覆盖了城市和农村地区。高速宽带网络的普及率大幅度提高，使更多的人能够接入互联网和享受高速网络服务。二是移动通信网络建设：中国发展了世界领先的 4G 和 5G 移动通信网络，实现了较高的覆盖率和网络速度。5G 网络的商用推动了物联网、智能城市、自动驾驶等新技术的发展。三是数据中心建设：中国建设了大量的数据中心，提供存储和处理海量数据的能力。这为云计算、大数据分析和人工智能等技术的发展提供了支撑。四是全国互联网骨干网建设：中国建设了高速、安全稳定的全国互联网骨干网，连接了各地区的互联网主干节点，实现了全国范围内的互联互通。五是云计算和大数据基础设施：中国建设了一批大规模、高性能的云计算和大数据中心，提供了云计算资源和大数据处理能力。这为企业和个人提供了强大的计算和存储能力。六是电子政务基础设施：中国政府积极推进电子政务建设，建立了全国范围内的政务数据中心和政务网络。这为政府部门提供了数据共享和协同办公的平台。总的来说，中国在数字基础设施建设方面取得了显著成就，为数字经济的发展提供了坚实的基础，推动了信息化社会的建设和进步。

2. 工业互联网基础设施持续完善

一是工业互联网平台建设。中国建设了一批工业互联网平台，如国家工业互联网创新中心、工业互联网开放实验室等。这些平台提供了基础设施和技术支持，促进了工业互联网应用的发展。二是云计算和大数据技术支持。中国建设了一批云计算和大数据中心，为工业互联网提供了强大的计算和存储能力。同时，大数据技术的应用使工业数据的采集、存储和分析更加高效和精准。三是物联网技术应用。中国在物联网技术应用方面取得了重要进展，推动了工业设备的智能化和连接。通过物联网技术，企业可以实现设备的远程监控、预测性维护和优化生产过程。四是 5G 网络建设。中国建设了全球领先的 5G 移动通信网络，为工业互联网提供了更高速、更稳定的网络连接。5G 网络的低延迟和高带宽特性，支持了更多的工业应用场景，如智能制造、智慧物流等。五是安全保障体系建设。中国建立了一套完善的工业互联网安全保障体系，包括网络安全法律法规的建设、安全技术标准的制定和安全评估机构的建立等。这为工业互联网的安全操作提供了保障。总的来说，中国在工业互联网基础建设方面取得了重要成就，为推动工业互联网的发展提供了良好的基础和条件。这将进一步提升我国制造业的智能化水平，加快推动经济转型升级。

3. 各类互联网应用持续发展

一是用户规模。中国拥有世界上最大的互联网用户规模，截至 2024 年 6 月，中国互联网用户数量已达到 10.9967 亿人，普及率达到 78%。二是移动互联网普及。中国是全球最大的移动互联网市场，移动互联网的普及率非常高。大部分互联网用户通过移动设备（如智能手机）接入互联网。三是电子商务发展。中国的电子商务市场规模巨大。中国的电子商务平台（如阿里巴巴、京东）在全球范围内具有重要影响力，电子商务的交易额居全球首位。四是互联网金融创新。中国的互联网金融行业发展迅猛，包括网上支付、网上

借贷、第三方支付等。互联网金融的创新为金融服务提供了更多便利和选择。五是社交媒体和短视频。中国的社交媒体平台（如微信、微博）和短视频平台（如抖音、快手）非常受欢迎，成为人们获取信息、交流和娱乐的重要渠道。六是云计算和大数据。中国在云计算和大数据方面取得了显著进展。云计算技术的广泛应用推动了企业的数字化转型，大数据的分析利用也在不断提升。七是电子政务。中国政府大力推进电子政务建设，提供在线政务服务，便利了群众办事，提高了政府的效率和透明度。八是"互联网＋"产业升级。中国积极推动互联网与传统产业的融合发展，通过互联网技术提升传统产业的效率和竞争力，推动产业升级和经济转型。总的来说，中国在互联网建设和使用方面取得了许多成就，互联网的普及和创新为经济社会发展带来了巨大的潜力和机遇。

二 "双碳"目标与绿色发展

1. "双碳"目标的提出

中国的"双碳"目标是指在碳达峰和碳中和两个方面采取措施，实现二氧化碳排放的峰值和减少二氧化碳排放总量，最终达到碳中和状态。具体内容如下。碳达峰：力争在2030年前后二氧化碳排放达到峰值，即二氧化碳排放量不再增加。碳中和：力争在2060年前后实现碳中和，即二氧化碳排放量减少到能够被自然系统吸收和人工措施吸收的程度，实现净零排放。

中国提出这个目标的背景是全球对气候变化问题的日益关注和应对。气候变化带来的极端天气事件和环境问题对人类社会和可持续发展造成了严重威胁。作为全球最大的碳排放国家，中国承担着减缓气候变化的责任和义务。通过提出"双碳"目标，中国积极响应全球气候变化合作，为实现全球温室气体减排目标做出贡献。此外，提出"双碳"目标还有以下背景。一是经济转型和可持续发展。实现"双碳"目标有助于推动经济结构调整和转型升级，推动绿色低碳发展，增强经济的可持续性和竞争力。二是国际合作与应对压力。随着全球气候变化议程的推进，各国对减排行动的要求越来越高。提出"双碳"目标有利于积极参与国际合作，提升中国的国际影响力和应对气候变化的能力。三是能源安全与环境质量改善。减少对传统化石能源的依赖，推进清洁能源发展，有助于提高中国的能源安全性，同时改善空气质量和生态环境。

总的来说，提出"双碳"目标是中国在应对气候变化问题上的积极举措，旨在推动经济转型，增强可持续发展能力，并为全球气候变化合作做出贡献。

2. 实现"双碳"目标的行动

为了实现"双碳"目标，中国需要采取以下行动。一是能源结构转型。加快推进清洁能源的开发和利用，特别是加大对可再生能源如太阳能、风能、水能等的投资和利用。同时，减少对煤炭等传统化石能源的依赖，推动能源结构向清洁低碳方向转变。二是促进能源节约和能效提高。大力推进能源节约和能效提高，通过技术创新和管理措施降低能源消耗，减少二氧化碳排放。包括加强节能技术研发、推广能效标准和政策支持，提高工业、建筑、交通等领域的能源利用效率。三是发展碳捕集利用与储存技术。加大对碳捕集、利用与储存技术的研发和推广应用。通过捕集和利用二氧化碳，将其转化为有用产品，或者将其安全储存，以减少二氧化碳的排放。四是加强碳市场建设。建立健全碳市场机制，通过碳排放权交易和碳定价等手段，引导企业减排，推动碳减排技术的应用和创新，促进低碳经济的发展。五是提高生态碳汇能力。加强生态系统保护鼓励植树造林、利草治沙。六是加强政策支持和法规制度建设。出台和完善相关政策和法规，提供支持和激励措施，引导企业和社会各界积极参与减排行动。例如，加大对清洁能源发展的财政补贴和税收优惠政策，以及对碳排放高的行业实施更加严格的环境监管和减排要求。七是加强科技创新和国际合作。加大科技创新投入，提高技术创新能力，推动低碳技术的研发和应用。同时，加强国际合作，与其他国家分享经验、技术和资源，共同应对气候变化挑战。这些行动的实施需要政府、企业和社会各界的共同努力，形成多方参与、合作共赢的良好局面。

党的二十大报告强调："积极稳妥推进碳达峰碳中和。实现碳达峰碳中和是一场广泛而深刻的经济社会系统性变革。立足我国能源资源禀赋，坚持先立后破，有计划分步骤实施碳达峰行动。完善能源消耗总量和强度调控，重点控制化石能源消费，逐步转向碳排放总量和强度'双控'制度。推动能源清洁低碳高效利用，推进工业、建筑、交通等领域清洁低碳转型。深入推进能源革命，加强煤炭清洁高效利用，加大油气资源勘探开发和增储上产力度，加快规划建设新型能源体系，统筹水电开发和生态保护，积极安全有序发展核电，加强能源产供储销体系建设，确保能源安全。完善碳排放统计核算制度，健全碳排放权市场交易制度。提升生态系统碳汇能力。积极参与应对气候变化全球治理。"[①]

3. 绿色发展和可持续发展

绿色发展是指在经济发展的同时，注重环境保护、资源节约和生态平衡的可持续发展模式。它强调在实现经济增长的同时，最大限度地减少对环境的负面影响，提高资源利用效率，保护生态系统，提高人民生活质量。

我们实现绿色发展的重要原因有以下几点。一是环境保护。传统的经济发展模式通常会导致资源过度消耗、环境污染和生态破坏，给人类社会和生态系统带来巨大压力。绿色发展可以有效降低环境污染和生态破坏，保护环境资源，提高生态系统的稳定性和韧性。二是资源节约。绿色发展强调资源的有效利用和循环利用，可推动资源节约和再生利用，减少对有限资源的过度开采和浪费，实现资源的可持续利用。三是健康与安全。绿色发展可以改善环境质量，减少污染物排放，提高生活质量和健康状况，降低环境和健康风险，保障人民的身体健康和生活安全。四是经济增长。绿色发展并不是牺牲经济增长，而是通过推动环保产业的发展、提升技术水平和创新能力，实现经济结构的优化和转型升级，为经济可持续发展提供更加稳定、健康的基础。

为实现绿色发展，可以采取以下措施。一是制定和完善环境保护政策和法规，建立环

---

① 习近平：《高举中国特色社会主义伟大旗帜　为全面建设社会主义现代化国家而团结奋斗——在中国共产党第二十次全国代表大会上的报告》，人民出版社2022年版，第51、52页。

境保护制度体系。二是加大对环保技术研发和应用的支持力度,推动绿色技术的创新和推广应用。三是加强环境监管和执法力度,严格执行环境标准和排放限值,加大对环境违法行为的处罚力度。四是推动能源结构转型,大力发展清洁能源,减少对传统化石燃料的依赖。五是加强资源管理和循环利用,推动资源节约和再利用,发展循环经济。六是提倡绿色生活方式,加强环境教育和意识形态引导,培养公民环保意识和责任感。七是加强国际合作,共同应对全球环境问题,推动国际环保合作机制的建立和发展。

总之,实现绿色发展是保护生态环境、实现经济可持续发展的重要途径,需要政府、企业和社会各界的共同努力和合作。网络视频、短视频的用户规模仍稳居前三。截至2023年6月,即时通信、网络视频、短视频用户规模分别达10.47亿人、10.44亿人和10.26亿人,用户使用率分别为97.1%、96.8%和95.2%。二是网约车、在线旅行预订、网络文学等用户规模实现较快增长。截至2023年6月,网约车、在线旅行预订、网络文学的用户规模较2022年12月分别增长3492万人、3091万人、3592万人,增长率分别为8.0%、7.3%和7.3%,成为用户规模增长最快的三类应用。截至2023年6月,中国网民规模达10.79亿人,较2022年12月增长1109万人,互联网普及率达76.4%。

关键概念

科斯定理　产权明确　庇古税　管制　排污许可交易

思考题

1. 为何公共物品一般由政府提供?
2. 对于公共资源,强化进入限制为何可缓解"公地悲剧"问题?
3. 解决负外部性市场失灵的政府干预措施主要有哪些?
4. 市场机制解决负外部性市场失灵是否可行?

第二十四章 反贫困和共同富裕

视频讲解

第一节 收入决定与贫富差距

改革开放以来，中国经济发展的蛋糕不断做大，人民收入水平不断提高，生活水平不断改善，总体上达到小康水平。但分配不公问题比较突出，城乡之间、地区之间、行业之间以及不同社会成员之间的收入差距仍然存在，而且不断拉大的趋势还没有得到根本扭转。具体而言，形成收入差距和贫富差距的因素主要有以下几个方面。

一 工资差别形成收入差距

对于绝大多数家庭而言，它们没有资本要素的利润收入，没有房地产的租金收入，也不具有企业家才能的管理收入，因此工资收入是最主要的家庭收入，几乎占到整个家庭收入的90%以上。劳动者的工资收入是企业根据劳动者的工作量和技能水平支付的工资和奖金。因为一般家庭都有工资收入，从这个意义上讲，它不是形成收入差距的重要因素。但是由于存在工资差别，它们也是形成收入差距的重要因素。在劳动市场上，客观存在两个方面的问题：一是即使在不存在工会垄断的情况下，各个工人之间的工资也存在差别；二是存在工人偷懒的现象，需要用人单位对员工进行适当有效的约束与激励。工资差别包括以下情况。

一是补偿性工资差别。补偿性工资差别与职业性质相关联，也就是与工作的非货币特征有关，比如一份工作能够给予工人多大的自主程度、工人需要承担的风险大小、工作环境的好坏，以及在工作中享有的乐趣多少等。企业会根据这些非货币特征的不同之处来制定和调整工资水平，对完成工人满意度差的工作进行相应补偿。这种与职业的非货币特征相关的、为补偿工人完成的不合意工作所形成的工资差别，就是补偿性工资差别。

二是效率性工资差别。顾名思义，效率性工资差别与生产效率有关。即使工人之间具有相同经历和受相同的教育，也会存在一些工人的生产率的差别。企业会给予效率高的工人更高的待遇,而效率低的工人得到的工资就会低一些。这种因为个人生产效率不同而形成的工资差别被称为效率性工资差别。在实际生活中,计件工资制度就是一种效率性工资差别,因为是指企业按照工人生产的产品数量来支付报酬的。

三是歧视性工资差别。工资差别还与企业对工人的歧视有关系。在具有类似教育背景、工作经历和大致相同的生产率情况下,通常年纪大的工人的工资比中青年工人工资低,非洲裔的工资比欧洲裔低很多,女性工人的工资也比男性工人低,社会地位较低的阶层很少有机会得到收入更高的工作。这种因为年龄歧视、种族歧视、性别歧视和阶层歧视形成的工资差别就是歧视性工资差别。

四是激励性工资差别。除非出故障,它总是按照人们所要求的那样去工作,因而机器没有道德风险问题。但是工人不同于机器,在缺乏有效的约束和激励的情况下,工人会偷懒取巧磨洋工。为了使工人充分有效地生产,企业管理者设计出效率工资制度。

如果劳动市场是完全竞争的,所有工人都有得到相同的等于工人边际产出水平的工资。不仅如此,所有想工作的人都会在这个工资水平上找到工作,即使他们被某个企业解雇,也能够在其他地方以相同的工资就业。因此,工人有积极性偷懒,也不担心失业,甚至会不断跳槽。为了减少工人跳槽,也为了激励员工高质量的工作,厂商就向工人支付比他们在其他企业和其他岗位所得报酬更高的工资。在这个高工资水平上,员工会很在乎和珍惜他的工作,就会努力工作,就会对企业忠诚,因为他一旦由于偷懒而被解雇,就面临工资降低的风险。这种可以防止工人跳槽、激励工人有效生产的高工资就称为效率工资,因为效率工资而形成的工资差别就是激励性工资差别。

二 利润收入形成收入差距

资本所有者的利润收入是企业根据资本所有者的投资额度和风险程度支付的利润和股息。只有资本所有者才能获得利润收入和股息收入。利润收入和股息收入的高低,与投资的公司业绩和股利分配制度有关,有些公司多年不分红或者分红很低,而有些公司年年分红,而且股利很高。由于资本投资是具有风险的,所以这部分收入的高低有无具有不确定性,它不是稳定的收入。

一般而言,资本投资的收入主要受以下因素影响。一是投资类型和风险:不同类型的资本投资具有不同的风险和收益特征。例如,股票投资、债券投资、房地产投资等都有不同的风险和收益水平。二是投资额度和持有期限:投资额度和持有期限长短决定了资本投资的规模和收益。一般来说,投资额度越大、持有期限越长,收益潜力也越高。三是市场条件和经济环境:市场条件和经济环境的变化会对资本投资的收益产生影响。市场波动、通货膨胀、利率变动等都可能影响资本投资的收益水平。四是投资技巧和经验:投资者的投资技巧和经验也会影响资本投资的收入。具备更好的投资决策能力和市场洞察力的投资者往往能够获得更高的收益。

一般来说,较为富裕的家庭在资本投资方面更具有优势,因为它们拥有更多的可投资资金。在中国转型过程中，存在多次投资致富的风口，有一部分人投资发大财，有一部分人投资房产赚大钱，有一部分人倒卖紧俏商品和物资获得第一桶金……但是，我国大部分家庭都没有资本要素，也就没有这部分利润收入和股息收入，这形成居民收入的巨大差距。

根据中国国家统计局的数据，在过去几十年里，劳动收入一直占据中国收入构成的主要部分。然而，随着经济发展和产业结构的变化，资本收入在整体收入中的比重逐渐增加。根据统计数据，2019年，中国劳动收入占总体居民收入的比重为56.2%，资本收入占比为36.2%。这意味着劳动收入仍然是中国收入构成中的主要组成部分，但资本收入的比重也在逐渐增加。尤其是在近年来，随着中国深化改革开放和加快经济转型升级，资本市场的发展和投资机会的增加，资本收入的比重有所上升。政府也在积极推动资本市场改革和创新，以促进资本收入的增长。

三 租金收入形成收入差距

人们凭借房地产的所有权获得的房租和地租收入。在中国，土地是国有或者集体所有的，因此家庭没有地租收入。同样的，中国的不少家庭没有自己的住房，依靠租房过日子，不仅没有房租收入，还要支付房租。房租收入的高低取决于出租房产的数量和房租水平。如果一个家庭拥有很多出租的房产，它们可以获得不菲的房租收入。房租水平的高低就由租房市场的供给和需求来决定，如转移地租、经济租金。

转移地租是指土地所有者从土地租赁中获得的收入，这些收入实际上是由承租人支付的租金。转移地租的多少受以下因素影响。一是土地供需关系。土地供求关系是决定土地租金水平的重要因素。当土地供应有限而需求高涨时，租金会相应地增长；反之，当土地供应过剩时，租金水平会下降。二是土地的地理位置和地理环境。土地的地理位置和地理环境也会影响土地的租金水平。具有优越地理位置和良好地理环境的土地通常更受欢迎，租金水平更高。三是土地用途和开发潜力。土地用途和开发潜力也会影响租金水平。例如，用于商业用途或高价值开发项目的土地往往租金更高，因为这些土地具有更大的收益潜力。四是政府政策和规划。政府政策和规划对土地租金的形成和调控有着重要影响。政府的土地政策、土地开发规划以及土地使用限制等都会影响土地租金水平。五是经济发展和市场状况。经济发展水平和市场状况也会对土地租金产生影响。随着经济的繁荣和市场的活跃，土地租金往往会上升；相反，经济低迷和市场不景气则可能导致土地租金下降。

经济租金是指超过生产要素边际成本的收入，也可以理解为生产要素（如土地、劳动、资本）的收入与其最低必要成本之间的差额。经济租金的多少受以下因素影响。一是市场供需关系。供需关系是决定经济租金的重要因素。当某种生产要素的供应相对稀缺而需求高涨时，其经济租金水平会相应地增长；反之，当供应过剩时，经济租金水平会下降。二是生产要素的稀缺性。生产要素的稀缺性是影响经济租金的关键因素。如果某种生产要素在市场上非常稀缺，那么其经济租金会相应地增加；相反，如果生产要素相对充足，经济租金则会相对较低。三是生产要素的质量和特性。生产要素的质量和特性也会影响其经济租金。高质量、高附加值的生产要素通常能够获得更高的经济租金，因为它们能够为生产过程带来更大的价值。四是技术进步和创新。技术进步和创新对生产要素的需求和稀缺性产生重要影响，进而影响经济租金的水平。新技术和创新的引入可以改变生产要素的供需关系，从而影响其经济租金。五是政府政策和管制。政府的政策和管制也会对经济租金产生影响。政府的税收政策、市场管制以及扶持政策等都可能影响生产要素的供需关系，从而影响经济租金的水平。

无论是转移地租，还是经济租金，中国许多家庭和个人是没有的，而少部分家庭却拥有众多的这种收入。因而这些租金收入的差距也构成收入差距的一部分。

四　管理收入形成收入差别

企业根据管理者的管理能力和贡献支付的管理费和奖金。在经济学上，管理者收入包括风险收益和创新报酬。

风险报酬是指投资者为承担风险而获得的回报或补偿。它是指投资者由于承担了风险而获得的额外收益，以补偿其可能面临的损失风险。风险报酬的多少受以下因素影响。一是风险水平。通常情况下，风险报酬与风险水平成正比关系。较高的风险通常意味着较高的潜在损失，因此投资者要求更高的报酬来补偿风险。二是市场预期。市场预期对风险报酬的影响也很重要。如果市场预期未来收益会增加，投资者可能会降低对风险的担忧，导致风险报酬的要求降低。三是投资类别和行业。不同的投资类别和行业有不同的风险水平和预期收益率。一般来说，高风险投资类别和行业可以获得更高的风险报酬。四是经济环境。经济环境的稳定性和增长前景也会影响风险报酬。在经济不稳定或衰退的情况下，投资者可能要求更高的风险报酬来补偿不确定性。五是投资期限。投资期限也会影响风险报酬的水平。一般来说，长期投资往往承担更多的风险，因此投资者可能要求更高的报酬。六是投资者风险偏好。投资者的个人风险偏好也会影响其对风险报酬的要求。风险厌恶的投资者可能要求更高的报酬，而风险承受能力较强的投资者可能对风险报酬的要求较低。

创新报酬是指由创新活动所带来的额外收益或回报。它是指创新者由于其创新行为而获得的经济利益，包括利润、市场份额增长、竞争优势等。创新报酬具有以下特点。一是高风险高回报。创新活动通常伴随较高的风险，因为创新往往涉及不确定性和未知的因素。然而，成功的创新可以带来巨大的回报，因为创新者可以通过独特的产品、服务或业务模式获得市场竞争优势。二是长期性。创新报酬通常是长期积累的结果。创新需要时间和资源来研发、测试和推广，因此创新报酬通常在较长的时间周期内实现。三是知识产权保护。知识产权的保护对于创新报酬的实现至关重要。通过知识产权（如专利、商标、版权等）的保护，创新者可以获得独占性权利，防止他人的侵权行为，从而确保创新报酬的实现。四是竞争压力。创新报酬的特点还包括竞争压力。一旦创新被成功推出市场，其他竞争者可能会迅速模仿或推出类似的产品或服务，从而降低创新者的市场份额和利润。因此，持续的创新活动对于保持竞争优势和持续的创新报酬至关重要。五是社会价值。创新报酬不仅仅是经济利益，还包括对社会的贡献和价值。创新可以改善产品、服务和生产过程，促进社会进步和发展。

风险报酬和创新报酬的获得者都是高级管理人和风险承担者才能得到的收入，这与大多的老百姓几乎没有关系，因而也是收入差距的成因之一。

第二节　精准扶贫和乡村振兴

巨大的收入差距就会产生贫富分化，从而形成贫困。贫困是指一个人或一个家庭无法满足基本生活需求的状态，其中的绝对贫困是指一个人或一个家庭无法购买足够的食物、衣物、住房、医疗保健和教育等基本生活必需品的状态。

面对整个世界的绝对贫困，联合国制定了一个千年发展目标。2000年9月，在联合国千年首脑会议上，世界各国领导人就消除贫穷、饥饿、疾病、文盲、环境恶化和对妇女的歧视，商定了一套有时限的目标和指标。即消灭极端贫穷和饥饿，普及小学教育，促进男女平等并赋予妇女权利，降低儿童死亡率，改善产妇保健，与艾滋病、疟疾和其他疾病作斗争，确保环境的可持续能力，全球合作促进发展。

千年发展目标是有史以来最成功的全球性消除贫困行动。为实现这一目标，中国政府实施了一系列扶贫政策，包括提供基本生活保障、改善基础设施、发展农村经济等。进入新时代，在总结过去粗放式扶贫经验教训的基础上，中国实施了精准扶贫战略。

一　中国的精准扶贫

精准扶贫是打赢脱贫攻坚战的基本方略，旨在稳定实现农村贫困人口不愁吃、不愁穿，义务教育、基本医疗和住房安全有保障，贫困地区农民人均可支配收入增长高于全国平均水平，基本公共服务主要领域或指标接近全国平均水平，按照现行标准使农村的全部贫困人口摆脱贫困、贫困县全部摘帽，区域性整体贫困得到解决。

1. 中国扶贫的"六个精准"

中国的扶贫攻坚工作，增加扶贫投入，出台优惠政策措施，坚持中国制度优势，坚持分类施策，因人因地施策，因贫困原因施策，因贫困类型施策，通过扶持生产和就业发展一批，通过易地搬迁安置一批，通过生态保护脱贫一批，通过教育扶贫脱贫一批，通过低保政策兜底一批，广泛动员全社会力量参与扶贫。

精准扶贫的六个精准如下。第一，扶持对象要精准。国家必须要精准识别好扶持对象，在精准扶贫的项目中得到较为良好的成效。如果要更好地做到扶持精准的对象，必须要采用相对比较针对性的方式来识别并且确定好需要扶持的对象。第二，项目安排要精准。扶贫资金的审核和项目安排的审计必须要做到二者相对平衡,不可以存在任何不利的关系。第三,资金使用要精准。首先要做到的是资金的使用一定要非常精准。项目安排必须要及时地建立好完善的扶贫资金,探索项目安排之间平衡的关系。第四,措施到位要精准。在通过扶贫的实践计划中,必须要找准关于导致贫困地区无法发展的原因,对此要采取相对性的措施。然后集中这些力量的开发,从而能找到更好的措施来改善贫困地区的生活条件以及生活方式。第五,因村派人要精准。必须要做到从实际中更好地发挥出对于农村最好的战斗计划作用,为此可以实现出更好的社会良性秩序作用。第六,脱贫成效要精准。务必要做好脱贫的早期计划准备,让国家更好做到早日脱贫攻坚的国家目标。

2. 精准扶贫的成就

2021年2月25日,习近平总书记在全国脱贫攻坚总结表彰大会上庄严宣告:"经过全党全国各族人民共同努力,在迎来中国共产党成立一百周年的重要时刻,我国脱贫攻坚战取得了全面胜利,现行标准下9899万农村贫困人口全部脱贫,832个贫困县全部摘帽,12.8万个贫困村全部出列,区域性整体贫困得到解决,完成了消除绝对贫困的艰巨任务,创造了又一个彪炳史册的人间奇迹!"[1]我国脱贫事业为世界减贫做出突出贡献,改革开放以来,按照世界银行每人每天1.9美元的国际贫困标准,我国减贫人口占同期全球减贫人口70%以上。贫困地区农村居民收入持续较快增长,生活水平不断提高。2020年贫困地区农村居民人均可支配收入12588元,2013—2020年年均增长11.6%。贫困地区基础设施持续完善。贫困地区中,通硬化路的行政村比重99.6%,其中具备条件的行政村全部通硬化路;通动力电的行政村比重99.3%,其中大电网覆盖范围内行政村全部通动力电;通信信号覆盖的行政村比重99.9%;通宽带互联网的行政村比重99.6%;广播电视信号覆盖的行政村比重99.9%;有村级综合服务设施的行政村比重99.0%;有电子商务配送站点的行政村比重62.7%。贫困地区教育文化设施及服务水平提升。有寄宿制学校的乡镇比重94.1%。有公共图书馆的县比重98.1%,有综合文化站的乡镇比重99.4%,有图书室或文化站的行政村比重98.9%。贫困地区医疗卫生服务体系不断健全。贫困地区中,至少有一所县级公立医院(含中医院)的县比重99.8%。所在乡镇有卫生院的行政村比重99.8%。所在乡镇卫生院服务能力达标的行政村比重98.9%。有卫生室或联合设置卫生室的行政村比重96.3%。卫生室服务能力达标的行政村比重95.3%。贫困地区农村居住条件明显改善。贫困地区中全部实现集中供水的行政村比重65.5%;全部实现垃圾集中处理或清运的行政村比重89.9%。[2]

---

[1] 习近平:《在全国脱贫攻坚总结表彰大会上的讲话》,2021年2月25日,https://www.12371.cn/2021/02/25/ARTI1614258333991721.shtml。

[2] 《党的十八大以来经济社会发展成就系列报告:脱贫攻坚战取得全面胜利 脱贫地区农民生活持续改善》,https://www.gov.cn/xinwen/2022-10/11/content_5717712.htm。

二 乡村振兴

脱贫摘帽不是终点，而是新生活、新奋斗的起点。要针对主要矛盾的变化，厘清工作思路，推动减贫战略和工作体系平稳转型，统筹纳入乡村振兴战略，建立长短结合、标本兼治的体制机制。2020年是中国农村地区实现全部脱贫的一年，为巩固脱贫攻坚成果以及带领广大农村地区的群众发家致富，国家制定了乡村振兴战略。

1. 为什么要实施乡村振兴

脱贫攻坚取得胜利，仅意味着消除贫困和在一定程度上的改善民生，但尚未实现共同富裕。当前，城乡差异、区域差异、贫富差距仍然较大，因此，在摆脱贫困之后推进乡村振兴，是走向共同富裕的必由之路。具体而言，有以下几个方面的原因。一是不平衡不充分发展。尽管贫困人口数量减少，但贫困地区与发达地区之间的发展差距仍然存在。乡村振兴旨在解决贫富差距问题，实现城乡发展的协调和均衡。二是农村经济结构调整。过去，农村主要依赖农业生产维持生计，但这种模式已经无法满足人民群众的多样化需求。乡村振兴旨在推动农村经济结构转型升级，发展现代农业、农村工业、农村旅游等产业，提高农民收入水平。三是保护生态环境。农村地区是生态环境脆弱的地区，也是生态保护的重要对象。乡村振兴旨在推动绿色发展，保护生态环境，提高农村地区的生态品质。四是实现乡村文化繁荣。乡村振兴不仅仅是经济发展问题，更重要的是实现农村社会和文化的全面繁荣。通过加强乡村文化建设，保护传统文化，提升农村居民的文化素质和幸福感。五是解决农民问题。农民是我国农村的基本主体，他们面临土地流转、就业、教育、医疗等一系列问题。乡村振兴旨在解决这些问题，为农民提供更好的生活条件和发展机会。

综上所述，乡村振兴是对农村脱贫工作的延伸和拓展，旨在实现农村经济社会的全面发展，并解决农村地区面临的各种问题，从而实现全面建设社会主义现代化国家的目标。按照"产业兴旺、生态宜居、乡风文明、治理有效、生活富裕"二十字方针全面推进乡村振兴。

2. 乡村振兴的内容

党的二十大报告指出："全面推进乡村振兴。全面建设社会主义现代化国家，最艰巨最繁重的任务仍然在农村。坚持农业农村优先发展，坚持城乡融合发展，畅通城乡要素流动。加快建设农业强国，扎实推动乡村产业、人才、文化、生态、组织振兴。全方位夯实粮食安全根基，全面落实粮食安全党政同责，牢牢守住十八亿亩耕地红线，逐步把永久基本农田全部建成高标准农田，深入实施种业振兴行动，强化农业科技和装备支撑，健全种粮农民收益保障机制和主产区利益补偿机制，确保中国人的饭碗牢牢端在自己手中。树立大食物观，发展设施农业，构建多元化食物供给体系。发展乡村特色产业，拓宽农民增收致富渠道。巩固拓展脱贫攻坚成果，增强脱贫地区和脱贫群众内生发展动力。统筹乡村基础设施和公共服务布局，建设宜居宜业和美乡村。巩固和完善农村基本经营制度，发展新型农村集体经济,发展新型农业经营主体和社会化服务,发展农业适度规模经营。深化农村土地制度改革,赋予农民更加充分的财产权益。保障进城落户农民合法土地权益,鼓励依法自愿有偿转让。完善农业支持保护制度,健全农村金融服务体系。"[①]

第三节 效率、公平与共同富裕

习近平总书记在中央财经委员会第十次会议上强调,共同富裕是社会主义的本质要求,是中国式现代化的重要特征,坚持以人民为中心的发展思想,在高质量发展中促进共同富裕。[②] 党的十八大以来,党中央把逐步实现全体人民共同富裕摆在更加重要的位置上,必须把促进全体人民共同富裕作为为人民谋幸福的着力点,不断夯实党长期执政基础。共同富裕是全体人民的富裕,是人民群众物质生活和精神生活都富裕,不是少数人的富裕,也不是整齐划一的平均主义,要分阶段促进共同富裕。要鼓励勤劳创新致富,坚持在发展中保障和改善民生,为人民提高受教育程度、增强发展能力创造更加普惠公平的条件,畅通向上流动通道,给更多人创造致富机会,形成人人参与的发展环境。允许一部分人先富起来,先富带后富、帮后富,重点鼓励辛勤劳动、合法经营、敢于创业的致富带头人。正确处理效率和公平的关系,构建初次分配、再分配、三次分配协调配套的基础性制度安排,使全体人民朝着共同富裕目标扎实迈进。

党的二十大报告强调:"完善分配制度。分配制度是促进共同富裕的基础性制度。坚持按劳分配为主体、多种分配方式并存,构建初次分配、再分配、第三次分配协调配套的制度体系。努力提高居民收入在国民收入分配中的比重,提高劳动报酬在初次分配中的比重。坚持多劳多得,鼓励勤劳致富,促进机会公平,增加低收入者收入,扩大中等收入群体。完善按要素分配政策制度,探索多种渠道增加中低收入群众要素收入,多渠道增加城乡居民财产性收入。加大税收、社会保障、转移支付等的调节力度。完善个人所得税制度,规范收入分配秩序,规范财富积累机制,保护合法收入,调节过高收入,取缔非法收入。引导、支持有意愿有能力的企业、社会组织和个人积极参与公益慈善事业。"[③]

在中国特色社会主义市场经济中,中国实行这样的分配制度:以按劳分配为主体,多种分配方式并存;鼓励一部分人通过诚实劳动与合法经营先富起来,最终实现共同富裕;效率优先,兼顾公平,规范收入分配,克服平均主义,防止两极分化。相应的,社会收入分配机制主要有三个层次:初次分配、再分配、第三次分配。

[①] 习近平:《高举中国特色社会主义伟大旗帜 为全面建设社会主义现代化国家而团结奋斗——在中国共产党第二十次全国代表大会上的报告》,人民出版社2022年版,第30、31页。

[②] 习近平:《习近平谈治国理政》第四卷,外文出版社2022年版,第142、144页。

[③] 习近平:《高举中国特色社会主义伟大旗帜 为全面建设社会主义现代化国家而团结奋斗——在中国共产党第二十次全国代表大会上的报告》,人民出版社2022年版,第46、47页。

一 收入初次分配中的效率与公平

1. 初次分配中的收入决定

在经济学来看,个人或者家庭是劳动、资本、土地、技术和数据等生产要素的所有者。在要素市场上,所有生产要素都是稀缺资源,都有非零价格,任何人使用这些生产要素都必须付费。初次分配主要指在生产过程中,企业将生产要素的收入支付给劳动者和资本所有者的过程。初次分配的收入主要包括劳动者的工资收入、资本所有者的利润收入、房地产所有者的租金收入和管理者的管理收入。正如商品价格是由商品的市场供求决定一样的,要素价格也是由要素的市场供求决定的。工资取决于劳动的市场供求,利息、股息和利润取决于资本的市场供求,租金取决于房产和地产的市场供求,管理收入取决于管理者的市场供求。因此,收入的初次分配是通过市场机制来完成的,也就是各种要素价格的决定过程。

2. 初次分配能够实现效率

在初次分配中,我们坚持按劳分配和按要素分配相结合。无论是按劳分配还是按要素分配,都是依靠市场机制来完成的。由于市场机制是能够合理配置资源的,所以初次分配是能够带来效率的。在劳动力市场上,工资由劳动市场的供求决定,工资上升会引起劳动供给增加和劳动需求减少,工资下降会引起劳动供给减少和劳动需求增加,并最终达到劳动力市场均衡,实现劳动力要素的合理配置。在资本市场上,利润、利息由资本市场的供求决定,利润、利息上升会引起资本供给增加和需求减少,利润、利息下降会引起资本供给减少和需求增加,并最终达到资本市场均衡,实现资本要素的合理配置。同样的,在房地产市场上,租金由房地产市场的供求决定,租金上升会引起房地产供给增加和需求减少,租金下降会引起房地产供给减少和需求增加,并最终达到房地产市场均衡,实现土地和房屋的合理配置。

3. 初次分配不利于实现公平

收入初次分配是市场经济中最重要的分配方式之一,它直接影响到劳动者的收入水平,也决定家庭的收入差距和社会的公平性。既然初次分配的收入是由市场来完成的,那么由于市场的原因就会使不同的个人和家庭获得不同的收入,从而形成收入差距,甚至是巨大的收入差距。原因如下。一是在市场经济条件下,市场竞争会造成一定程度的收入差距。个人能力差别、努力程度不同、决策准确与否,都会导致人们在市场竞争当中获得的收入不同。工资激励和工资差别体现了这一点。二是地区之间、城乡之间发展水平差距较大,导致收入差距的扩大。比如,干同样的工作,在东部发达地区的工资收入水平就远高于在中西部不发达地区。从中国不同地区的平均收入水平的差异也能看出这种差异。三是行业之间的差异形成收入差距。朝阳产业与夕阳产业之间、新兴产业与传统产业之间、竞争产业与垄断产业之间、民营经济与国有经济之间,人们的收入都会存在差距。四是人们的初始禀赋不同导致收入差距。从总体上讲,初始分配的收入包括工资收入、利息收入、租金收入和利润收入,但并不是每个人、每个家庭都能获得这些收入。在我们国家,大多数家庭没有资本投资的利息和利润收入,没有房地产出租的租金收入,没有企业家才能带来的利润收入,有的只是一个普通劳动者赚取的工资收入。但是,有些个人和家庭拥有巨大的资本投资,有多套房产出租,还占有公司高管的职位,其就拥有高收入。五是在逐步完善市场经济体制的过程当中,市场机制不健全、体制政策和法律不完善,不同地区行业和领域改革的进度和力度不尽相同,在市场竞争中享有的机会和资源存在差异,也客观上拉大了收入差距。

二 收入再次分配中的效率与公平

初次收入分配会形成收入差距,甚至贫富悬殊。为此,需要对初次分配形成的收入进行再次分配。

一是再次分配是政府主导的分配。初次分配形成一个国家的国民收入,它是各种要素的收入总和,国民收入＝工资收入＋租金收入＋利息收入＋利润收入＋间接税。在再次分配中,就要从工资收入中扣除个人所得税和个人部分社会保险税,在利息收入中扣除利息税,在利润收入中扣除企业所得税和企业部分的社会保险税,然后再加上政府的转移支付,比如失业救济金和各种补贴,最后形成个人收入。国民收入到可支配个人收入的过程,实际上就是加入了再次分配的过程,主要的变化就是政府税收和政府转移支付。显然,政府税收和转移支付的多少由政府来决定。因此,再次分配是指在初次分配的基础上,通过税收和社会保障系统对国民收入的第二次分配,主要是政府调控机制起作用。

二是再次分配有助于实现公平。初次分配和再次分配形成的收入主要差异在于政府税收和转移支付。政府税收既为国家筹集财政资金,又起到调节国民经济的作用。就我国实行的累进所得税制度来说,它能够在一定程度上缩小高低收入家庭的收入差距,因为收入高的企业和家庭适用税率更高,从而上缴的税收更多。就转移支付而言,它主要用来支付养老金、失业救济金、退伍军人补助金、农产品价格的补贴等,本身就是政府或企业免费支付的一笔资金费用,给特殊的人群增加其个人收入,提高购买力。显然,这有助于缩小收入差距。

三是再次分配对效率的影响是不确定的。分析再次分配的效率影响,涉及政府征税对个人和企业效率的影响,也涉及政府运用税收效率的影响,还涉及转移支付对个人和企业的效率变化,以及转移支付的资金在其他用途使用的效率比较。可以肯定的是,作为资源配置手段,转移支付和政府税收既有提高效率的一面,也有降低效率的一面。

三 收入第三次分配中的效率与公平

1. 第三次分配

第一次分配是通过市场机制和合同约定,将收入分配给生产要素所有者(如劳动者和资本所有者)的过程,是市场主导的分配。第二次分配是指通过纳税和社会保障制度,将一部分收入从高收入人群转移到低收入人群的过程，这是政府主导的分配。然而，由于市场这只"看不见的手"是有缺陷的，政府这只"看得见的手"也不是万能的，所以第一次分配和第二次分配并不能完全消除贫富差距和不平等现象，因此需要进行第三次分配。第三次分配是指动员社会力量，依靠社会互助，通过社会救助、民间捐赠、慈善事业和志愿者行动等多种形式进行的收入分配。

市场调节存在贫富分化和分配不公，政府调节力量有限而且覆盖面不足，第三次分配可以克服第一次分配的弊端，还能弥补第二次分配的不足，所以它是托起社会和谐公平的"第三只手"。需要说明的是，与再次分配一样，第三次分配本身也是为了调节收入差距的，所以有助于实现公平。与再次分配不同的是，第三次分配可以优化资源配置，提高经济效率。因为社会救助、民间捐赠、慈善事业和志愿者行动都是基于道德和个人自愿进行的，这不会对捐赠者的效用带来明显损失，甚至还可能因为社会对他们良好评价提升其声誉价值。同时，因为第三次分配得到捐赠帮助的人可能会更加友善、更加努力，可提高个人能力、提高效率。

2. 第三次分配大有可为

再次分配发生在国民收入到个人可支配收入环节，第三次分配就发生在可支配个人收入和企业未分配利润上。一般而言，可支配个人收入＝消费＋储蓄，第三次分配主要就是把用于个人消费和个人储蓄的一部分钱用于社会救助、民间捐赠、慈善事业和志愿者行动。企业也可以把未分配利润中的一部分用于社会救助、民间捐赠、慈善事业和志愿者行动。

中国的慈善捐赠规模在过去几年有显著增长。2023年，中国慈善捐赠总额已突破2000亿元，其中，企业捐赠占到社会捐赠总额的60%左右。[1] 全国社会组织捐赠收入达1363.8亿元（见图24-1）。社会组织的捐赠收入近年来保持稳定增长。

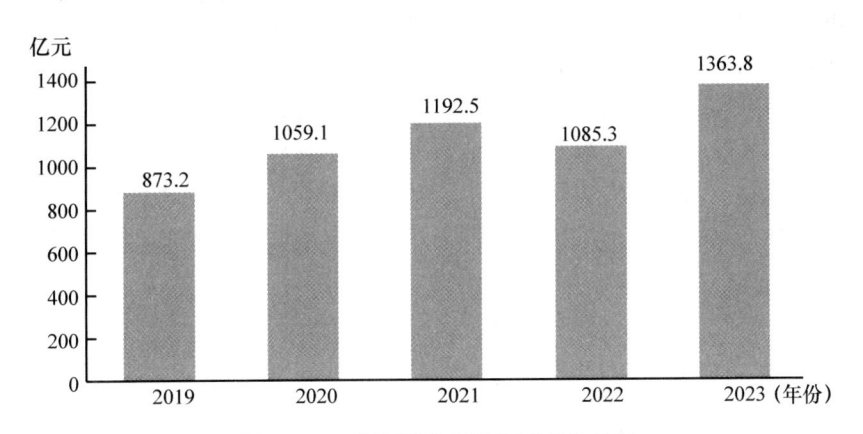

图24-1 中国社会组织捐赠收入情况

资料来源：参见中华人民共和国民政部《2023年民政事业发展统计公报》。

---

[1] 《中华慈善总会党委书记孙达：以新质生产力为引领 推动公益慈善事业创新提质、健康发展》，http://www.chinacharityfederation.org/nv.html？nid＝c94dabe3－2c82－4979－81a2－6590ca3be941。

慈善捐赠的结构主要包括个人捐赠、企业捐赠和社会组织捐赠。个人捐赠一直是中国慈善捐赠的主要来源，占据了绝大部分比例。企业捐赠也在近年来逐渐增加，尤其是一些大型国有企业和民营企业积极参与慈善事业。社会组织捐赠则包括非营利组织、基金会等机构的捐赠。然而，中国的慈善捐赠仍然存在一些不足之处。一是捐赠意识和参与度相对较低。相比于发达国家，中国的捐赠意识和参与度仍有提升空间。一部分人对慈善事业的认识和了解度不高，对捐赠的信任度仍有待加强。二是捐赠结构不平衡。个人捐赠仍占据主导地位，而企业捐赠和社会组织捐赠相对较少。这导致慈善捐赠的结构不够多元化，需要进一步鼓励企业和社会组织积极参与慈善事业。三是捐赠管理和透明度有待加强。一些慈善组织和基金会的管理和运作仍存在问题，包括资金使用的透明度、项目效果的评估等方面。这也影响了人们对慈善捐赠的信任度和参与度。四是制度建设仍不完善。慈善法规体系仍在完善中，相关政策和制度的建设亟待加强。例如，对于企业捐赠的税收优惠政策、对于慈善组织的监管等方面还需要进一步完善。

综上所述，尽管中国的慈善捐赠规模在增长，但仍面临一些挑战和不足之处。需要加强公众的捐赠意识和信任度，促进企业和社会组织的积极参与，加强捐赠管理和透明度，以及进一步完善相关的制度建设。

3. 如何发展未来中国的慈善事业

发展中国的慈善捐赠事业需要全社会的共同努力。通过加强意识和教育、制定政策和法规、鼓励企业参与、促进社会组织发展、加强信息透明和监管，以及加强国际交流与合作，可以逐步提升慈善捐赠的规模和质量，为社会发展做出更大的贡献。一是意识和教育。加强慈善事业的宣传和教育，提高公众对慈善的认识和了解，增强捐赠意识和参与度。可以通过媒体、教育机构和社会组织等渠道开展宣传和教育活动。二是政策和法规。完善相关的慈善捐赠政策和法规，建立健全的制度体系。包括提供慈善捐赠的税收优惠政策、规范慈善组织的注册和运作等，以吸引更多的企业和个人积极参与捐赠。鼓励企业积极参与慈善捐赠，推动企业社会责任的实践。可以通过建立企业慈善基金、推行员工捐赠计划等方式鼓励和支持企业的捐赠行为。适时开征资本利得税、遗产税等富人税，部分税收收入可注入公益基金会、慈善机构等组织。这些机构和组织所带来的第三次分配实际上在社会生活中和收入分配中会起到很强的调节作用，而这些组织具有持续稳定的资金来源和资金基础是这一切形成的前提条件。三是社会组织发展。加强对社会组织的支持和监管，提升其运营管理和项目执行能力。同时，提供透明的信息和公示渠道，增加社会组织的信任度，吸引更多人捐赠。四是信息透明和监管。加强慈善捐赠的信息透明度，建立公开、可追溯的捐赠信息平台，使捐赠者能够了解资金的使用情况和项目效果。同时，加强对慈善组织的监管，确保捐赠资金的合法使用和社会效益。五是国际交流与合作。与国际社会分享慈善捐赠的经验和成果，学习借鉴先进国家的慈善发展经验，促进国际合作和交流，提升中国慈善捐赠的水平和影响力。

关键概念

收入差距　共同富裕　精准扶贫　乡村振兴　初次分配　再次分配　第三次分配

思考题

1. 决定收入及收入差距的主要因素有哪些？
2. 中国脱贫攻坚取得了怎样的巨大成就？
3. 简述乡村振兴的二十字方针及乡村振兴的主要内容。
4. 促进共同富裕的主要分配机制有哪些？

参考文献

白永秀、王颂吉：《我国经济体制改革核心重构：政府与市场关系》，《改革》2013年第7期。

白永秀、严汉平：《试论国有企业定位与国企改革实质》，《经济学家》2004年第3期。

陈云贤：《中国特色社会主义市场经济：有为政府＋有效市场》，《经济研究》2019年第1期。

陈占夺：《中国特色国有企业管理》，中国经济出版社2022年版。

董晓倩：《浅析政治认同与地方政府绩效的关系》，《学术交流》2007年第8期。

杜志章：《如何从"脱贫攻坚"走向"乡村振兴"》，《国家治理》2020年第1期。

段婧婧：《反垄断法实施的经济学层面反思》，《法制与社会》2007年第12期。

高鸿业主编：《西方经济学》（微观部分·第六版），中国人民大学出版社2014年版。

高齐云：《把握邓小平理论的根本依据和首要问题》，《学术研究》1999年第12期。

何黎：《完善慈善捐赠税收政策和管理的思考》，《税务研究》2022年第12期。

贺大兴、姚洋：《社会平等、中性政府与中国经济增长》，《经济研究》2011年第1期。

洪银兴：《论市场对资源配置起决定性作用后的政府作用》，《经济研究》2014年第1期。

胡代光、周安军编著：《当代国外学者论市场经济》，商务印书馆1996年版。

黄理倩：《路在何方：反思我国慈善捐赠税收制度激励不足问题——以对捐赠主体的法律保护为视角》，《法制与社会》2012年第19期。

兰小欢：《置身事内：中国政府与经济发展》，上海人民出版社2021年版。

李杨：《中国资本市场：理论与实践》，《财贸经济》1998年第1期。

林毅夫：《新结构经济学——反思经济发展与政策的理论框架》，苏剑译，北京大学出版社2012年版。

林毅夫、蔡昉、李周：《中国的奇迹——发展战略与经济改革》，格致出版社、上海人民出版社2012年版。

刘诗白主编：《政治经济学》第4版，西南财经大学出版社2014年版。

雒树刚：《新时代文化新使命》，《毛泽东研究》2017年第6期。

马君潞、杨建：《社会主义市场经济体制进程测度的定量评价体系研究——基于天津滨海新区数据的经验分析》，《天津社会科学》2013年第3期。

毛增余：《斯蒂格利茨与转轨经济学——从"华盛顿共识"到"后华盛顿共识"再到"北

京共识"》，中国经济出版社2005年版。

毛增余：《斯蒂格利茨与转轨经济学》，博士学位论文，中国人民大学，2005年。

聂辉华：《政企合谋与经济增长：反思"中国模式"》，中国人民大学出版社2013年版。

彭国华：《错误思潮背后的安全"陷阱"》，《红旗文稿》2017年第7期。

綦好东、彭睿、苏琪琪等：《中国国有企业制度发展变革的历史逻辑与基本经验》，《南开管理评论》2021年第1期。

阙方平：《中国银企金融交易：信息不对称及其对策研究》，《经济评论》2000年第1期。

沈路涛：《社会主义市场经济体制纳入基本经济制度的深刻意蕴》，《中共党史研究》2020年第3期。

盛洪主编：《现代制度经济学》（上下卷），北京大学出版社2003年版。

唐凯麟、罗能生：《冲突、契合、互补优化——论儒家伦理与现代市场经济》，《孔子研究》2000年第2期。

汪宗田、张存国、朱桂莲：《"什么是社会主义"30年研究述评》，《当代世界与社会主义》2011年第2期。

王名、蓝煜昕、王玉宝等：《第三次分配：理论、实践与政策建议》，《中国行政管理》2020年第3期。

王淑芹：《实现共同富裕的思想源流、风险挑战与关键路径》，《马克思主义研究》2022年第8期。

吴元波：《试探中国经济发展中从"政府失效"到"政府有效"》，《理论探讨》2007年第3期。

肖经建：《现代家庭经济学》，上海人民出版社、智慧出版有限公司1993年版。

邢祖礼：《转型经济中的寻租活动研究》，博士学位论文，西南财经大学，2006年。

杨斌：《第三次分配的内涵、特点及政策体系》，《学习时报》2020年1月1日。

杨其静、郑楠：《地方领导晋升竞争是标尺赛、锦标赛还是资格赛》，《世界经济》2013年第12期。

姚洋：《政治平等、联盟和经济绩效》，《经济学（季刊）》2021年第2期。

曾国安：《西方经济学中的"政府失效"观》，《湖北社会科学》1995年第3期。

张军：《现代产权经济学》，上海三联书店、上海人民出版社1994年版。

张军等：《中国为什么拥有了良好的基础设施？》，《经济研究》2007年第3期。

张林：《新制度经济学》，经济日报出版社2006年版。

张维迎：《博弈论与信息经济学》，上海三联书店、上海人民出版社1996年版。

张五常：《中国的经济制度——中国经济改革三十周年》（神州大地增订版），张五常译，中信出版社2009年版。

郑永年：《中国的行为联邦制：中央—地方关系的变革与动力》，东方出版社2013年版。

郑永年：《中国模式：经验与挑战》（全新修订版），中信出版社2016年版。

周飞舟：《锦标赛体制》，《社会学研究》2009年第3期。

周黎安:《晋升博弈中政府官员的激励与合作:兼论我国地方保护主义和重复建设长期存在的原因》,《经济研究》2004年第6期。

周黎安:《中国地方官员的晋升锦标赛模式研究》,《经济研究》2007年第7期。

周其仁:《经济体制成本与中国经济》,《经济学(季刊)》2017年第3期。

周新城:《关于社会主义市场经济的几个理论问题——在市场经济问题上马克思主义与新自由主义的原则分歧》,《当代经济研究》2016年第7期。

周新城:《评俄罗斯七年经济改革(二)》,《马克思主义研究》1999年第5期。

周新城:《在市场经济问题上马克思主义与新自由主义的原则分歧》,《马克思主义理论学科研究》2016年第3期。

[比] 热若尔·罗兰:《转型与经济学》,张帆、潘佐红译,北京大学出版社2002年版。

[美] 阿瑟·奥肯:《平等与效率》,王忠民、黄清译,四川人民出版社1988年版。

[美] 埃莉诺·奥斯特罗姆:《公共事物的治理之道——集体行动制度的演进》,上海三联书店2000年版。

[美] 奥利弗·E. 威廉姆森:《反托拉斯经济学——兼并、协约和策略行为》,张群群、黄涛译,经济科学出版社1999年版。

[美] 奥利弗·E. 威廉姆森:《资本主义经济制度——论企业签约与市场签约》,段毅才、王伟译,商务印书馆2003年版。

[美] 道格拉斯·C. 诺思:《经济史中的结构与变迁》,陈郁、罗华平等译,上海三联书店1991年版。

[美] 道格拉斯·诺思:《理解经济变迁过程》,钟正生、邢华等译,中国人民大学出版社2008年版。

[美] 德隆·阿西莫格鲁、詹姆斯·A. 罗宾逊:《国家为什么会失败》,李增刚译,湖南科学技术出版社2015年版。

[美] 戈登·塔洛克:《官僚体制的政治》,柏克、郑景胜译,商务印书馆2010年版。

[美] 哈罗德·德姆塞茨:《所有权、控制与企业——论经济活动的组织》,段毅才等译,经济科学出版社1999年版。

[美] 科斯、哈特、斯蒂格利茨等:《契约经济学》,李风圣主译,经济科学出版社1999年版。

[美] 罗纳德·哈里·科斯:《论生产的制度结构》,盛洪、陈郁等译,上海三联书店1994年版。

[美] 曼昆:《经济学原理》(第7版),梁小民、梁砾译,北京大学出版社2015年版。

[美] 米什金:《货币金融学》第4版,李扬、施华强等译,中国人民大学出版社1998年版。

[美] R·科斯等:《财产权利与制度变迁——产权学派与新制度学派译文集》,刘守英等译,上海三联书店、世纪出版集团、上海人民出版社1994年版。

[美] 平狄克、鲁宾费尔德:《微观经济学》第4版,张军、罗汉等译,中国人民大学出版社2000年版。

[美]斯蒂格利茨：《政府为什么干预经济——政府在市场经济中的角色》，郑秉文译，中国物资出版社1998年版、中国发展出版社2002年版。

[美]唐·E.沃德曼、伊丽莎白·J.詹森：《产业组织：理论与实践》（原书第3版），李宝伟、武立东、张云译，机械工业出版社2009年版。

[美]魏德安：《双重悖论：腐败如何影响中国的经济增长》，蒋宗强译，中信出版社2014年版。

[美]小艾尔弗雷德·D.钱德勒：《看得见的手——美国企业的管理革命》，重武译，商务印书馆1987年版。

[美]约拉姆·巴泽尔：《产权的经济分析》，费方域、段毅才译，上海三联书店、上海人民出版社1997年版。

[日]青木昌彦等编著：《市场的作用 国家的作用》，林家彬等译，中国发展出版社2002年版。

[瑞典]冈纳·缪尔达尔：《亚洲的戏剧——南亚国家贫困问题研究》（重译本），方福前译，首都经济贸易大学出版社2001年版。

后记　大声说感谢

　　作为微观经济学教师，过去几十年使用的都是西方经济学教材，我们深感有必要编写一本反映中国特色的微观经济学教材。今天，这本《中国微观经济学》教材终于编写完成并出版发行。丑媳妇总要见公婆！我们心里有些许高兴，但更多的是忐忑不安。

　　编写中国特色的微观经济学教材是一件探索性工程，不仅需要懂得政治经济学和西方经济学理论，了解博大悠久的中国历史和文化，更要熟悉近几十年中国特色社会主义市场经济的伟大实践。由于我们的理论知识有限，对中国的历史文化了解有待深入，对实际经济生活也有待熟悉，特别是理论抽象和概括能力有待加强，所以这本教材一定还存在诸多不足。为此，真诚地希望得到各位专家学者和广大读者的指教指正，我们也将继续努力并不断完善本教材。在《中国微观经济学》得以正式出版发行的时刻，作为编者最想说的话，除了感谢，还是感谢。

　　首先，要感谢的是西南财经大学经济学院，为我们提供了编写和出版的资金支持，感谢学院盖凯程院长，给予了我们特别的指导，感谢学院黄莎莎女士，具体负责我们与出版社的联系。

　　其次，我们要感谢中国社会科学出版社王衡女士，具体负责我们这本教材的编辑和出版工作。从教材的查重、修改、校对到定稿，从文字表述、公式编辑、做图标识到参考文献，王衡女士都给予了细心、耐心和专业的指导建议。

　　最后，我们要特别感谢教材编写中所引参考文献的专家作者。我们是站在巨人的肩膀上的，没有你们的智慧和贡献，这本教材恐难以成型面市。我们在参考文献部分尽可能详细罗列出这本教材的参考文献以及作者清单，但难免会有疏漏，给予我们启发和帮助的专家学者肯定不止这些。在此，我们要大声说：感谢你们！